中國傳統「國際關係」之論述

——〈五倫天下關係論〉的規範性理論建構

張啟雄　著

五南圖書出版公司 印行

序

　　丁韙良（William Alexander Parsons Martin）曾於同治三年（1864年）將亨利・惠頓（Henry Wheaton）所著Elements of International Law（國際法原理）學說譯爲《萬國公法》，並由京師同文館公刊出版。在此之前，《萬國公法》只是規範西方民族國家之間的國際秩序原理，其道理在於各國際體系因其歷史文化價值各有不同所致，故其國際秩序原理也就各有不同。

　　因此，英國曾於1793年派遣馬戛爾尼出使中華，於朝見乾隆皇帝時，中國依〈天朝定制論〉往例以貢使待之，因而爆發「天朝上國」對「大英王國」的衝突。此即東方依「天下階層體制」與西方循「主權對等體制」之「天下秩序原理」與「國際法秩序原理」間的衝突。

　　然自工業革命後，西方國力急速上昇，英國在國富兵強後，於清末先挾其「船堅炮利」的武威，在鴉片戰爭中擊敗清朝，再以《萬國公法》的文攻強迫簽訂不平等條約以束縛中國，進而將鴉片貿易合法化以麻醉中國。從此，清朝由《天下秩序原理》規範的天下，淪落成爲《萬國公法》規範下的老弱國家。從此，隨著清朝中國的式微，《天下秩序原理》＝《中華世界秩序原理》從此就消失不見了。

　　規範「東亞國際體系」的「國際秩序原理」，本書稱之爲《中華世界秩序原理》或《天下秩序原理》。然而，何謂《中華世

界秩序原理》或《天下秩序原理》？於今，其內涵卻無人真正知曉，蓋其非成文法所致。就二戰後費正清（John King Fairbank）所組織編纂之研究團隊的研究成果《中國的世界秩序》（The Chinese World Order）一書來看，這是天下秩序中關於「朝貢體制」的「現象研究」，而非針對天下秩序的「原理研究」。此外，戰後以日本東京大學西島定生為主體之東洋史研究則提出「東亞世界與冊封體制」的研究。前者，開啟了朝貢體制的研究。後者，則開啟了冊封體制研究，可謂東西相互輝映。二位大師因之開創了戰後「朝貢體制」與「冊封體制」的「冊封朝貢體制」研究熱潮，乃有今日百尺竿頭更進一步地將現象結合理論的〈封貢體制論〉研究，站在巨人的肩膀上，甚至擴大其研究的廣度與深度而有進一步拓展建構成為《天下秩序原理》＝《中華世界秩序原理》的趨勢。

　　《中國傳統「國際關係」之論述──〈五倫天下關係論〉的規範性理論建構》一書，即是一本企圖將傳統中國之「天下關係」與西方之「國際關係」進行切割，進而建構、詮釋中國之〈五倫天下關係論〉的嘗試性作品。按國際關係一詞乃源自西方，指國家與國家之間的政治、經濟、文化等各式各樣關係。眾所皆知，西方的「國家」是指民族國家（nation state），理論上為「一個民族組成一個國家」的政治實體，實質上在世界上幾乎沒有真正屬於一個民族組成一個國家的案例，比如，較單純的英國尚有英格蘭、蘇格蘭以及愛爾蘭等民族，美國也有原住民印地安民族，西班牙則有加泰隆尼亞民族，日本也有蝦夷民族。那麼，中國的「國際關係」與民族組成又如何？中國因自古以來，即為由多民族所組成的「天下國家」，故它與西方民族國家的觀念截然不同，相互之間所運作的聘交關係，不是西方式的國際關係，而是基於「天下國家」概念所進

行之「天下與邦國」間的「事大關係」和邦國與邦國間的「交鄰關係」，因此合稱之爲〈事大交鄰論〉。但是天下的共主則由「天下國家」之中，不但最具活力，且最強大的邦國或民族，透過《中華世界秩序原理》的〈爭天下論〉，進行朝代更迭，雖以漢族爲主體，但非任何一個民族或某一邦國所得以永久把持或掌控。其中，有華對華的「異姓革命」，也有夷對華的「夷狄入主中國」，因此中國有二十五史記載華夷融合的朝代盛衰興亡。

在「中華世界帝國」的天下概念下，諸民族在〈封貢體制論〉之下，各自組成邦國，一面向天朝貢獻，一面接受天朝的冊封，故天下之中既有稱可汗的汗國，也有稱國王的王國。相對於汗國、王國，天下之中更有稱皇帝的帝國，統轄汗國與王國，因爲它是由多民族所共同組成的「天下國家體系」，乃屬「階層型」且具「倫理價值」的天下關係，本文稱之爲「五倫天下關係」，乃是完全異於西方民族國家之間所組成的「國際關係」。

中國自近代爆發鴉片戰爭以降迅即成爲西方的侵略藉口，理由是中國並非「一個民族組成一個國家」的西方式民族國家或近代國家。此外，中國對轄下諸多民族，基於歷史文化價值的〈以不治治之論〉，採消極性之「因人制宜、因時制宜、因地制宜、因俗制宜、因教制宜」之治，也是積極的「民族自治、汗國自治、王國自治」等先進的地方自治。「天下國家」之「皇帝天可汗」，對於其轄下「自治汗國、自治王國」的「可汗、國王」，一般而言，都視爲「客臣」，故都以客禮待之，位在諸侯王上，且採「不治之治」尊崇待之。惟時值西方帝國主義的殖民時代，列強遂假〈實效管轄領有論〉爲其藉口，先稱「民族自治、汗國自治、王國自治」爲「不治」的無主地，優禮待之反而成爲罪名，然後西方又赤裸裸的

挾其近代「工業革命」的「船堅炮利」，既以武力決勝負，也以武
論斷非西方民族國家的興亡榮辱。就文化摩擦（cultural conflict）
的角度而言，這何止是帶刺的文化摩擦，更是赤裸裸的武力侵略。

　　清朝在前近代因錯過工業革命，故其國家雖大卻弱，多民族
組成的「天下國家」因不符西方「民族國家」的定義，不被承認爲
「近代國家」遂淪爲帝國主義的待宰肥羊，在屢戰屢敗又屢敗屢戰
下，屢屢簽訂城下之盟，割地賠款，至此清朝奄奄待斃。革命志士
爲了拯救天下國家於既倒，更爲了圖謀西方國家承認中國做爲「民
族國家」的資格，乃模仿西方，創造了「中華民族」一詞，試圖詮
釋現代中國乃由「一個中華民族組成一個中華民國」的國家，企求
列強的承認。其後先賢仍站在同樣的愛國救國情操下，詮釋中國乃
是「一體多元」的中華民族。因此，中華民族觀開始由多元走向一
體，一體之中有多元，多元之中有一體，於是將「中華民族」建構
成爲「命運共同體」，並融於一爐，用以形成嶄新的中華民族觀念
與國族思想。

　　近代西方國家號稱民族國家，故其民族國家間的關係稱爲
「國際關係」，那麼傳統的「天下國家」內，其各式各樣族國關係
的稱謂又是什麼？由上可知，它絕非「民族國家」的主權對等國際
關係，而是「天下國家」內部間具有階層性的「天下關係」。扼要
來說，就是「皇帝天可汗」之天下與「可汗」統治的汗國，再加上
「國王」統治的王國之間的事大交鄰關係，乃《中華世界秩序原
理》＝《天下秩序原理》下〈五倫天下關係論〉與〈事大交鄰論〉
之「倫理典範」所規範的「天下關係」與「倫理秩序」。所以，採
用「天下關係」才是正確的中華學術用語。雖然東方學術用語洋化
已久，但是爲避免讀者望文生義與理解起見，本書擬斷然採用東方

式〈五倫天下關係論〉，而非〈五倫國際關係論〉的用語，合先敘明。

　　此外，西方的國際關係因源於「主權對等」的國際法，此其優點；但因其民族國家觀念源於西伐利亞條約體制（Peace Treaty of Westphalia），允許爲了國家利益，對外可「強凌弱，眾暴寡」，故唯利是圖，此爲其根本缺點。相對的，東方的「天下關係」因源於「五倫」的倫理擴大，故恆先以倫理秩序來制止侵略行爲，此其優點，但天下對汗國與王國的關係屬於階層體制，或其缺憾。雖然各有優缺點，但是智者樂山，仁者樂水，各取所需以濟世，其要在長治久安，人民幸福，天下太平而已。

　　總之，東西方最大的不同，在於西方崇尚權力，東方尊崇倫理。西方雖然在名義上主張主權對等，但是在實際上因國家有強弱有別，故主權絕非對等，此西方列強動輒假借人權之名，而行干涉他國內政之實，並未眞正實行主權對等。俾斯麥說：一車的國際法，不如一箱的子彈。此即西方國際關係之源頭的西伐利亞條約體制所遺留的重大缺陷，允許西歐國家爲了生存發展而可以向外擴張侵略，遂造成歐美國家在近代以降將全球夷爲殖民地，此乃迄今弱小國家仍陷哀鴻遍野，中東戰亂不止的主因。

　　相對的，以中國爲中心的天下，因形成「天下共同體」，皇帝是最高政治中心，下轄諸汗國、諸王國，實行〈以不治治之論〉＝「內政不干涉原則」，故對其沿海周邊的少數民族地區實行「王國自治」，對其內陸沿邊的少數民族則實行「汗國自治」。「王國自治」與「汗國自治」皆屬「天下共同體」下的「民族自治」與「地方自治」，因在歷史上一脈相傳，直到清代，始將「自治王國」劃歸禮部管轄，「自治汗國」劃歸理藩院管轄。

　　近代以後，清朝中國爲了抵抗帝國主義的侵略而屢戰屢敗。但屢戰屢敗的眞正原因，並非「中華歷史文化價值」所創造之《中華世界秩序原理》＝《天下秩序原理》不如西方，而是清朝錯失了工業革命的機遇。此由1980年代前後的中國在無外患侵略之下，參與了「現代化」的新工業革命以來，台灣雖小但迅即成爲亞洲四小龍之首；大陸自「和平崛起」後，迅速成爲「世界工廠」，進而快速轉型成爲「世界市場」。尤其是在其展望未來之餘，又進而規劃出「中國製造2025」，企圖邁向先進人工智能（Artificial Intelligence）的國家，力圖仿造人的智能、智慧，讓機器能如人般的思考、工作、表達，甚至以超越人腦的極速運作，產生超越人腦的智能與智慧，以服務人類社會。如今，中國在一帶一路的政策規劃下，也轉型成爲舉世G2大國，更應當以天下爲己任，迅速找回已經消失不見的歷史文化價值＝《中華世界秩序原理》＝《天下秩序原理》，應超越獨樂而邁向眾樂的世界，善待四鄰，服務全球，傳播「天下爲公」理想，讓全球邦國建構成爲「兄弟之邦」，將歷經百餘年只有交涉而無戰事的歷史經驗，普施天下，攜手全球，以共同邁向「大同世界」，既可完成中國人夢想，也可建構世界成爲「天下共同體」。

　　何謂天下共同體？天下共同體乃指將全球融合成爲天下型的共同體。全球約可劃分爲以儒家文化文明所形成的天下體系＋以基督教文明所形成的歐美國際體系＋以東正教文明所形成的國際體系＋以可蘭經教義所形成的國際體系＋以印度教教義所形成的國際體系＋非洲國際體系＋中南美國際體系＝天下共同體。又在「國際體系自治」的原則下，融合各國際體系的文明及其歷史文化價值，以形成新的天下文明與文化，建構共同夢想的天下秩序原理，以規範

未來共同夢想的大同世界＝天下共同體，而高倡人類命運共同體之
「一帶一路」的新絲路思維正是透過歷史經驗，既具有實施的著力
點，且能連結各國際體系的最佳方法，以富含「倫理典範」的歷史
文化價值共同建構「天下秩序原理」，用以規範世界共同建構之
「天下共同體」或「全球共同體」的秩序。

　　因此，未來需要有如唐朝般備受四鄰推戴爲「皇帝天可汗」的
文治武功，爲天下排難解紛，進而創造和平安祥的天下，高度的經
濟發展，尖端的科學技術，領先的文明，高尙有品的社會，值得尊
崇的文化。此外，在眞實的天下中，或建構「兄弟倫」，以「兄友
弟恭」、「長幼有序」或「兄前弟後」的「倫理典範」做爲借鏡，
以讓世界成爲由「倫理典範」所規範的「兄弟之邦」，最後能走向
長治久安之和平、幸福、安康的大同世界。此即，建構「天下共同
體」之意義所在。是爲序。

張啓雄　謹識於南港中央研究院

2021年10月4日

目　錄

緒　論

　　不同的民族或國家，各有不同的歷史文化價值；不同的歷史文化價值，將各自形成不同的國際體系；不同的國際體系，各有不同的國際秩序原理，用以規範其國際秩序，詮釋其國際行爲。截至近代，古今中外，莫不如是。嚴密而言，傳統中華世界稱天下，西伐利亞條約體制下的歐美世界則稱爲國際，頗有不同。

　　東西方之間的天下關係與國際關係，其最大差異點在於組成體不同。扼要言之，西方是由nation state＝民族國家之間所形成的各種關係，東方則是由天下與國家間所形成的種種關係。西方稱爲國際關係，東方稱此天下關係爲事大交鄰關係，亦稱天下國家關係，統稱天下關係。因此，以西方民族國家間的國際關係來定義、詮釋以及規範東方間傳統的天下國家關係是錯誤的，因爲它不但犯下了時空倒置的錯誤，而且也犯下了西洋價值中心主義的偏頗。

　　因此，本書在研究上所設定的問題意識，在於重新認識東方的「天下國家關係」，進而還其本來面目與樣態。那麼，東方間之傳統天下國家關係（西方稱爲國際關係）的原貌是什麼？對此，本書擬透過各朝各代的第一手史料，以還原其史實眞相，進而找出其規範華夷間之天下國家關係的秩序原理，稱之爲「天下秩序原理」或「中華世界秩序原理」，然後透過「天下秩序原理」或《中華世界秩序原理》重新詮釋「華夷世界」的秩序運作，除用以進行深入的分析與論述外，並用以還原東方天下國家之中華世界秩序的眞正面目。

　　自古以來，中國即是由「多民族所構成的天下國家」；然西方自羅馬帝國崩解以降，就演變爲「一個民族組成一個國家的民族國家」。多民族國家與單一民族國家，組成的民族元素各有不同，故其所各自構成的國際體系當然也就有所不同，而規範各該天下體系或國際體系及其天下關係或國際關係的天下或國際之秩序原理，當然也會有所不同。以儒家文化、文明所構成的天下體系或天下秩序原理稱之爲《中華世界秩序原理》或《天下秩序原理》，因而稱其天下邦國關係或國際關係爲「五倫天下關係」，故又稱其規範天下對邦國關係的原理爲〈五倫天下關係論〉。相對的，本文稱規範以基督教文明爲中心之西方國際秩序爲國際關係，並稱規範近代西方國際關係的原理爲《萬國公法》或統稱爲《國際法》。

　　又，規範東方之天下關係（或稱天下國家關係、天下邦際關係）的〈五倫天下關係論〉是涵蓋「五倫」之「倫理典範」的天下秩序原理；相對的，規範西方以基督教文明爲中心的「國際關係典範」則是以「國家利益」爲主的國際秩序原理。前者，追求「共善」，是具有倫理價值判斷的天下階層邦際關係體制；後者，雖然追求主權對等，但卻純以自身國家利益爲考量之「獨善」理性判斷的國際關係體制。二者之主要差別，在於包容性，此猶如「多神教」對「一神教」所延伸的「共善觀」對「獨善觀」。

　　惟自歐美工業革命爆發以降，近代科技日新月異，其資本主義的發展達於高峰，旋即轉換成爲「獨善其身」進而「以鄰爲壑」的帝國主義，透過科技武力的提升而殖民全球，西方《國際法》隨著西力擴張遍及全球。東方由於西力東漸，西方遂挾其堅船利炮之霸道外交，乃開始挑戰強調「義利之辨」的東方王道政治。清朝因屢戰屢敗而屈居劣勢，遂在西方近代《萬國公法》的宰制下，一而

再，再而三的簽訂城下之盟，從此規範中華天下之東方天下體系的
天下秩序原理，自此消聲匿跡。由此可知，中華天下體系之所以敗
於西歐國際體系，其實並非其天下秩序原理劣於西方國際法所致，
而是中國未曾參與歐美工業革命使然。是故，當科學與科技正迎頭
趕上之際，東方如何找回強調「義利之辨」的王道政治，重新建
構此一規範東方天下秩序的《中華世界秩序原理》，尤以重構具有
倫理典範的〈五倫天下關係論〉為先，進而運用《中華世界秩序原
理》詮釋天下秩序之發展，深入挖掘演繹「中華歷史文化價值」，
此乃本書之研究宗旨。

　　以傳統中國為中心的〈五倫天下關係論〉，曾規範東方天下秩
序長達二千年以上。以其天下秩序原理＝《中華世界秩序原理》≒
「中華天下邦際法」之〈事大交鄰論〉為主體所建構的天下邦際關
係，必然和西方以近代《國際法》為主體所建構之主權對等的國際
關係，截然不同。在《中華世界秩序原理》〈事大交鄰論〉下，事
大關係建立君臣體制而形成天下對邦國的上下階層關係，此即君臣
之邦；交鄰關係則建立在階層性天下體制的前提下，因邦國與邦國
間相互往來而建立具相對之對等關係，稱之為兄弟之邦。同時，天
下間也因「和親」關係之故，建立天下與邦國間的姻親關係，因而
形成階層性天下邦國秩序體制。總之，天下關係體制，因屬透過五
倫的「倫理典範」，來規範其邦際關係，建構其天下秩序，因此形
成「君臣之邦、父子之邦、夫婦之邦、兄弟之邦、朋友之邦」的天
下體制與秩序。又，因〈事大交鄰論〉故在中華世界秩序體制中具
有「天下」與「邦國」並存的「天下國家關係」。「天下＋邦國」
的「天下關係」，其最大的特徵就是天下共主居於頂點，透過家族
倫理的「五倫」序列，將「天下一家」的概念加以「階層化」，用

以統轄華夷四裔，進而規範其轄下之天下邦國階層秩序，故稱之為天下階層秩序體制。

以傳統觀念而言，此即規範「事大交鄰」的秩序體制，而規範其天下秩序體制的原理就是〈五倫天下關係論〉。因此在〈五倫天下關係論〉中，五倫所屬之邦（國）際關係，各有其規範性的倫理典範。其中，「君臣倫」規範「君臣之邦」；「父子倫」規範「父子之邦」；「夫婦倫」規範「夫婦之邦」；「兄弟倫」規範「兄弟之邦；「朋友倫」則規範「朋友之邦」。最後，因〈五倫天下關係論〉結合了〈封貢體制論〉，故在政治與倫理兩相結合之後，開始以五倫的「家族倫理秩序」來規範天下的「政治倫理秩序」，而規範其「君臣、父子、夫婦、兄弟、朋友」等「五倫之邦」政治秩序的共同公約數就是「倫理」，因其規範天下秩序即「宗藩秩序與藩藩秩序」的倫理計有五種，故合而稱為〈五倫天下關係論〉。

一般而言，規範天下秩序體制者，或可稱之為天下邦際關係，而規範西方民族國家間之國際秩序者則稱之為國際關係。由於「國際關係」一詞，早已隨著西方學界定義民族國家間主權對等的概念，並已成為普及全球學界的用語。相對的，在傳統的中華世界中，並無西方式的民族國家，也無西方主權對等的概念。因此，歐美的「國際關係」、「國際法」，並無法對近代以前之東方「天下關係」、「天下秩序原理」進行正確而合宜的詮釋，因為天下及其秩序原理乃是充滿倫理價值與階層秩序的概念與規範。

基於「東西國際秩序原理」的形成具有根本上的差異，為了便於理解，也為了調和東方與西方學界、溝通人文與社會科學間之概念與見解上的歧異起見，尤其是因社會科學界掌握了普及全球的「國際關係」概念，而人文學界則堅守「天下關係」概念，日益形

成楚河漢界的鴻溝。因此，既不需要也無須勉強調和雙方在概念上的衝突，但是必須對雙方之歷史文化價值迥異的用語，基於史實做客觀的表達，讓東方、西方學界與人文方、社會科學方對其所見所體會之歷史文化價值與史實真相都能客觀的呈現。因此，我們必須容忍異見，早日挖掘經學史的歷史文化價值，透過客觀史料重建史實，並進一步詮釋中華世界「天下體系」的原理原則，此即本文的研究宗旨所在。

　　五倫之中，華夷雙方透過天下或邦國的「統治者」＝「皇室」或「王室」相互之間的和親關係，所建構遵循的天下關係，是為「夫婦倫」的天下關係及其天下秩序。[1]所以「夫婦倫」天下關係，原植基於華夷間基於和親所形成之天下國家間的倫理秩序。以此類推，華夷雙方透過天下或邦國的「統治者」＝「皇室」或「王室」相互之間的君臣關係、父子關係、夫婦關係、兄弟關係、敵體關係，所建構遵循的天下關係，是為基於「和親關係」所形成的「夫婦倫」，進而衍生出「君臣倫」、「父子倫」、「兄弟倫」、「朋友倫」的天下關係及其大下秩序。又，如何建構「夫婦倫」、「君臣倫」、「父子倫」、「兄弟倫」、「朋友倫」之「天下關係」的政治性華夷倫理秩序，包括進行理論建構，歷史事例的驗證，及其概念與論述的發揮，就是本書的問題意識以及行文建構《天下秩序原理》之〈五倫天下關係論〉的內涵。

　　因此，本文擬依歷史發展過程，先行建構〈五倫天下關係論〉的理論論述，進而以兩漢、隋、唐、五代以及宋遼與周邊民族

1　關於和親的通盤性研究，請參閱：崔明德，《中國古代和親通史》，（北京：人民出版社，2007年）。林恩顯，《中國古代和親研究》，（哈爾濱市：黑龍江教育出版社，2012年）。

或國家間，因敵體建立朋友之邦、兄弟之邦；因和親而建立夫婦之邦、君臣之邦；因大一統而建立君臣之邦、父子之邦；因王朝崩解而建立君臣之邦、父子之邦、兄弟之邦，甚至夫婦之邦；又，因天下分裂，南北對立且勢均力敵而建立兄弟之邦，最後因敵體抗禮而演變成為敵體的朋友之邦等五倫天下關係的變化史例；進而以此做為事例，並進一步驗證「君臣倫」、「父子倫」、「夫婦倫」、「兄弟倫」、「朋友倫」等「五倫典範」對天下關係、對天下秩序之穩定與維持所扮演的角色與作用，均已告明白。至此，基於「五倫」的政治倫理所建構之〈五倫天下關係論〉皆已一一呈現。理論建構既已告完成，研究目的也就達成階段性的任務與目的。

　　總之，〈五倫天下關係論〉源於儒家規範人倫的五倫＝(1)君臣倫、(2)父子倫、(3)兄弟倫、(4)夫婦倫、(5)朋友倫。其後，透過修身、齊家、治國、平天下的推論過程，遂由倫理轉為實學，由個人修身擴大為氏族齊家、經封建治國而終於平天下，具有上下尊卑與長幼有序的差異。規範「一家」需要「夫婦倫、父子倫、兄弟倫」，規範「天下」需要「君臣倫」，規範「社會」需要敵體抗禮的「朋友倫」，因而有了穩定而鞏固的君臣之邦、父子之邦、夫婦之邦、兄弟之邦、朋友之邦。其中，五倫各有倫理典範以規範其倫理秩序，是為君臣有義、父子有親、夫婦有別，長幼有序，朋友有信。此即，中國將其歷朝歷代所積累的歷史文化價值結晶，透過《十三經》與歷朝歷代史料，將家族、社會、國家以至於天下之「倫理典範」的運作，所形成的《中華世界秩序原理》＝《天下秩序原理》。正因為有此《中華世界秩序原理》＝《天下秩序原理》的運作，乃得以一窺〈五倫天下關係論〉對維護天下倫理關係，追求天下共善，邁向天下和平的運行特色。

第一章
〈五倫天下關係論〉的理論論述

　　《尚書・洪範》，曰：「天子，作民父母，以爲天下王」，[1]
就是期待代替「天上」（天帝）統治「天下」的「天子」（周
王），必須視民如「赤子」，養之育之。相對的，「赤子」亦須視
「天子」如「父母」，愛之戴之。因此，在〈天命論〉的基礎下，
天子成爲人民的父母，天下再透過「宗法」與「封建」的觀念，成
爲家族與家族、君王與諸侯，特別是在華夷間皇帝與部族的結合動
力，將政治倫理與家族倫理相結合，形成「天下一家」的觀念。以
中國爲中心的天下≒中華世界，遂將家族性的倫理關係，延伸擴展
成爲天下的邦交關係。

　　何謂〈天命論〉？乃由「天上－天下－天命－天子－天朝－子
民」等六個連續概念所組織形成的神話。古人相信，「天上」統治
「天下」，但因「上天」高遠莫測，無影無形，「天帝」乃派遣其
「元子」＝「長子」＝「天之子」＝「天子」降臨「天下」，依照
「天命」，開創王朝＝「天朝」，代替上天，統治「王臣」與「王
土」。因「天下」無邊無際，故「王土」無窮，「王臣」無盡。
又「上天」監臨「天下」，探求「民瘼」，以定「天命」之歸趨，

1　《尚書・洪範》。以下經書均出自《十三經注疏》，（新北市：藝文印書館，
　　1989年），合先敍明。

「天下」之所屬。「皇天上帝，改厥元子」就是「天命」變革，而這種受到「上天」之「任命」，代理「天上」統治「天下」的「天命」政治信仰，就是〈天命論〉。扼要言之，得天命者，得天下。於是，〈天命論〉就形成《中華世界秩序原理》中，「天子」統治「天下」的理論基礎。[2]中華天子≒皇帝，如皇帝天可汗，乃依其古典歷史文化價值統治天下＝「中華」＋「四夷」。原則上，皇帝對外稱天子，對內仍稱皇帝。

　　《論語》曰：「君君、臣臣，父父、子子。」[3]明定君父臣子的名分秩序；《孟子》云：「父子有**親**，君臣有**義**，夫婦有**別**，長幼有**序**，朋友有信」等乃是五倫的「倫理典範」，用以規範「君臣、父子、夫婦、兄弟、朋友」[4]之關係與秩序。中國後世乃將此源自周朝以宗法組織結合封建組織而形成的政治體系，用為規範家族體系的倫理，再滲透到政治體系，轉換成規範政治體系的政治倫理，進而推廣於天下，擴大成為規範華夷天下秩序的外交倫理，再經歷代採擇遵行，而不斷揚棄糟粕，遂釀造出〈五倫天下關係論〉，形成規範天下政治外交的倫理性歷史文化價值。換句話說，在傳統中國歷史文化價值之下的天下秩序，就是在〈五倫天下關係論〉之下，體現天下之名分與秩序的倫理性文化價值。

　　在封建制度下，做為最高統治者的天子＝王，冊封同宗子弟、異姓功臣等成為諸侯，用以藩屏王朝。為天下長治久安計，王

2　張啟雄撰，〈中華世界秩序原理的源起──近代中國外交紛爭中的古典文化價值〉，吳志攀等編，《東亞的價值》，（北京：北京大學出版社，2010年），頁112-114。

3　《論語・顏淵》。又，《論語・八佾》，亦稱：「君使臣以禮，臣事君以忠」。

4　《孟子・滕文公》上，《十三經注疏》，（新北市：藝文印書館，1989年）。

朝又構建宗法制度，對同姓諸侯以嫡長子（王室稱太子，諸侯稱世子）爲大宗來繼承爵位，天子遂成天下大宗的總宗主，既是君王，又兼爲族長。對異姓功臣則以聯姻爲手段，來加以籠絡。使同姓諸侯皆爲兄弟、伯叔的血親連繫，異姓諸侯也皆爲翁婿、表兄弟、舅甥、外公孫等姻親連繫，於是形成所謂「天下一家」、「四海皆兄弟」的天下共同體。一旦當中華思想與華夷思想互相結合，遂產生以中華爲主體、以夷屛華且華夷共存共榮之「中華世界」思想。中國＋四夷＝華夷，兩者的主屬、宗藩關係若透過〈王化論〉之化夷爲華與〈爭天下論〉之夷狄入主中華，則中華世界就隨之擴大不已。降及後世，民族接觸日益頻繁，加以中國國勢時強時弱，強則征伐有罪，弱則偏安一隅，以華爲主，以夷爲屬。強弱不同，華夷易勢，必然牽動階層關係的變化，於是有「華夷變態」或入主中華的「王朝交替」。

至於屬藩對屬藩間的關係，則介於兄或弟的序列先後，或類似朋友的對等關係。但考查中國與四夷的邦交關係，在「天下一家」的觀念下，恆將規範一家的倫理，擴大爲規範天下的倫理。要之，兩者都以五倫做爲規範體系成員的倫理。因此，隨著國勢的強弱不同，天下邦國的世界秩序，也隨之變動不已。「五倫天下關係」的稱謂與「事大交鄰」的外交禮儀，也隨情勢變遷而產生變化。尤其是在天下中心崩解，周邊紛紛崛起的時代，例如春秋戰國、魏晉南北朝、唐宋、五代十國，更是千變萬化，內容極其豐富。

在正常的情況下，中國與周邊民族間建立君臣關係。又因公羊詮釋春秋時稱：「事君猶事父」[5]，故君父遂結爲一體，漢代更

---

5 《春秋公羊傳・定公四年》，冬十有一月，（新北市：藝文印書館，1989年）。

罷黜百家，獨尊儒術，進而伴隨科舉制度施行以降，儒家「臣之事君，猶子之事父；君之愛民，猶父之愛子」的互動概念，就愈加普及且深入，甚至成為士大夫俯仰於天下，為了實現其抱負與理想的根源所在，乃有「趙普半部論語治天下」之說。所以「君臣倫」的關係，同時也成為「父子倫」的關係。根據此一秩序原理，中國遂將「君對臣」的政治關係、「父對子」的家族關係結合起來，發展並建構出「君父對臣子」等上下、尊卑的縱軸（正向階層）倫理關係。一旦國勢衰微，則改變為「兄弟」、「叔姪」、「叔祖姪孫」等序列先後的「兄弟倫」關係；國勢再衰，則只能建立「朋友倫」關係等平行的橫軸（對等）關係；及既衰且弱之時，不得已只好建立「翁婿、表兄弟、舅甥、外公外孫」等具安撫性甚至屈辱性的「夫婦倫」等斜軸（半階層）關係；[6]更有甚者，或因時勢所迫，而建立屈辱性關係逆轉之「兒皇帝」、「孫皇帝」的階層性倫理；或等而下之，在政治倫理上，淪為關係至為屈辱、地位完全逆轉的「君臣倫」、「父子倫」等縱軸之負向階層關係者，亦不乏其例。故後三者，在〈五倫天下關係論〉的座標上，若非斜軸，則為縱軸之負向階層的華夷逆轉性階層關係。（參見圖一）此時，中華淪為夷狄，夷狄進於中華，甚至於夷狄入主中國之際，或稱此為「五胡亂華」，其實是因為華夷易勢，而造成族群因移動、往來、混居、衝突、揚棄、接納以及融合等文化觸變（acculturation）過程，[7]

6　惟強大如唐朝，為安定天下亦實施安撫性質之「夫婦倫」的「翁婿之邦」或「舅甥之邦」。

7　平野健一郎，《國際文化論》，（東京：東京大學出版會，2000年），頁47-146。平野健一郎著，張啟雄等譯，《國際文化論》，（北京：中國大百科全書出版社，2011年），頁45-143。

而此一歷史進程乃「中華世界帝國」的擴大期。換句話說，雖然天下大亂，但是在《中華世界秩序原理》〈爭天下論〉的原理規範下，天下＝「中華世界帝國」雖然會爆發朝代更迭，但是無論華華之間的「易姓革命」，或是華夷之間的「華夷變態」等「王朝交替」。最終，天下仍將回歸〈大一統論〉之下的大時代，獲得「天命」的革命者，無論華夷，都將成為正統王朝。

最後，無論是華華間或華夷間的朝代變革，已在〈大一統論〉的號召下，華夷間透過文化融合，民族間通過血緣融合，形成一體多元的新興中華。因華夷民族融合與文化融和而誕生的新興中國正統王朝，又為回歸大一統的天下帶來新朝氣而邁向盛世發展，形成良性循環。據此，新興王朝創建新正統，宗藩關係也隨之回歸「君父對臣子」之名分秩序的原理規範，而開拓出新的和平時代，建構出大一統的新世界秩序。這種〈五倫天下關係論〉的邦交關係變化，史書上不乏其例，尤其是在朝代更迭、天下分崩離析之際，更加顯著。考查歷代宗藩關係，最後在〈五倫天下關係論〉的座標上（圖一、圖二），無不由橫軸回歸縱軸，呈現新興王朝之天下長治久安景象。誠如《春秋公羊傳》所稱：「事君猶事父也」，雖用來描述宗周的春秋時代邦交關係，惟在後世，屬藩於朝貢中國之時，亦經常提及「以小事大，如子事父」、「義為君臣，情同父子」，其根據即在於此。

第一節　〈五倫天下關係論〉的倫理概念架構

《禮記・昏義》稱：「禮之大體，而所以成男女之別，而立夫

婦之義也。男女有別，而后夫婦有義；夫婦有義，而后父子有親；父子有親，而后君臣有正」。[8]由此可知，男女有別的夫婦關係，乃五倫關係之始。其中，夫婦、父子、兄弟等三倫，源於夫婦婚配而成一家，於是有父子血胤、兄弟血親等親情，是爲天倫。因此，天倫的親情經常爲亂世豪傑借用，成爲爭天下或安定天下的利器。據此，「五倫」與「傳統國際關係」結上不解之緣，遂形成〈五倫天下關係論〉。

　　根據《孟子‧滕文公上》所言，五倫乃「父子有『親』，君臣有『義』，夫婦有『別』，長幼有『序』，朋友有『信』」的社會倫理。其中，「親、義、別、序、信」則爲其倫理價值觀的「典範」，也是構成家族、社會、國家、天下等倫理關係的關鍵概念。其規範對象，由原來規範父子、君臣、夫婦、兄弟、朋友等人際人倫關係的名分秩序，推而廣之，及於天下的邦際秩序，構成「君臣之邦」有義、「父子之邦」有親、「夫婦之邦」有別、「兄弟之邦」有序、「朋友之邦」有信等天下或宗藩關係之倫理性概念架構。其更可貴者，乃「君君、臣臣」觀念的建構，形成君臣、父子、夫婦、兄弟、朋友等五倫關係並非單向的倫理規範，而是雙方各享權利、各負義務的對等關係。《孟子‧離婁下》有言：「君之視臣如手足，則臣視君如腹心；君之視臣如犬馬，則臣視君如國人；君之視臣如土芥，則臣視君如寇讎」。《荀子‧子道》曾就此進一步詮釋，稱：「從道不從君，從義不從父，人之大行也」。由此可知，性惡論者也同樣強調，無論政治關係或者人倫關係，形而上的道義乃規範形而下之君臣、父子關係的至高準則，將「道高於

8　《禮記‧昏義》，《十三經注疏》（新北市：藝文印書館，1989年）。

君」的政治規範結合「義先於父」的人倫規範而形成獨特的中華歷史文化價值，成爲開創安定天下之「五倫天下關係」的倫理性規範理論。

《孟子·離婁下》說：「人之所以異於禽獸者幾希」。家國天下乃人之組合，有倫理規範，它與禽獸爲生存而競爭的法則不同。人因倫理規範而創設典範，是故人獸之辨在於倫理典範。因爲家、國、天下皆爲人之組合，故將家族之人倫推廣，而及於國家、天下，進而以倫理規範之行與否，而有君子之國與禽獸之邦的分別。根據此一邏輯，五倫遂同時成爲規範人、家、國、天下的倫理。因此，〈五倫天下關係論〉遂成爲規範「中華世界帝國」邦交關係的倫理。其理想在於建立承平之時與亂世之際的倫理規範，同時也成爲修身、齊家、治國、平天下的利器。茲就〈五倫天下關係論〉的倫理概念與倫理典範，扼要詮釋如次。

(一) 君臣之邦

基於「君臣有義」，臣事君以忠，君使臣以禮，「君君」然後「臣臣」，各有權力、義務，恪守名分，遵行秩序，故「君禮臣忠」，爲其典範。漢唐明清等盛世，尤其以備受華夷愛戴而獲「皇帝天可汗」尊號的唐太宗，爲其典型史例，是爲「君臣倫」，乃創建、護持天下秩序之歷史常態。

(二) 父子之邦

基於「父子有親」，故「父慈子孝」爲「父子倫」典範。漢唐明清等盛世，特別是清世宗雍正帝對屬藩琉球朝貢的憐惜、慈愛，爲其典型史例；反之，則有契丹與後晉。後晉石敬塘雖對契丹稱臣，並自稱兒皇帝，但其子石重貴則以稱臣爲辱，乃表示但稱孫而

不稱臣之故，終爲遼所滅。雖是「父子倫」，但祖不慈、孫不孝。

(三) 夫婦之邦

　　基於「男有分，女有歸」的觀念，故以男爲主體，女爲歸依，而形成「夫婦有別」的社會現象。又，夫婦因職分內外，男主外而女主內，各守本分，相敬如賓，舉案齊眉，相親相愛，故夫唱而婦隨，夫主而婦從。其中，尤以愛屋及烏，而兼及家人，故姻親相安，互相扶持而共存共榮，此爲「夫婦倫」典範。

　　因和親而形成夫婦之邦的國家關係，傳及後世，因宗族繁衍，而有輩分高低，年齒長幼之別。論其內涵，計有翁婿關係、舅甥關係、表兄弟關係、外公外孫關係等四種類型。一般而言，中華爲父國，四夷爲夫邦，具上下關係。「和親」乃透過「皇室」家族間的結合，進而謀「家國」安泰，天下太平，故始於「齊家」，而擴及雙方家國（皇室與國朝）的「治國」，終於「天下一家」的「平天下」。

　　一般而言，因古代中國只見「敵體抗禮之邦」，而無「友邦」之名，故在「夫婦之邦」成立之前，須先始於兄弟關係。兩造爲化敵爲友需透過和親，構成以公主爲中心之家族擴大的倫理與名分秩序，然後形成上下尊卑的姻親「家族網絡」，如翁→婿、表兄→表弟、舅→甥、外公→外孫等關係，其後又漸走向君臣的「天下國家」關係網絡。何以「夫婦之邦」始於兄弟關係？蓋中國天下型邦際關係的歷史文化價值，雖在〈五倫天下關係論〉的理論上，有「朋友之邦」，但卻認爲「朋友之邦」乃「敵體抗禮」的平行關係，既非傳統君父、臣子的階層關係，也非夫婦、兄弟可區分內外，實行封貢或建立長幼的準階層關係，甚至淪爲類似民族國家

（nation state）主權對等的相互對抗體系。因此，直到近代西力東漸時，中華國際體系均不承認「敵體抗禮」的「朋友之邦」存在，但容許具「長幼有序」之「倫理典範」的「兄弟之邦」交聘。是故，階層性天下邦際關係，不可與西方主權對等且相互對抗的國際體系相提並論，蓋歷史文化價值不同且各有優劣所致。因此，〈五倫天下關係論〉在實質外交上獨缺「朋友之邦」，其道理在於「階層體制」與「對等體制」互不相容所致。正如前近代，當英國碰到中國，即馬戛爾尼使節團轉赴熱河晉見乾隆皇帝之時，就是爆發「主權對等國際體系」碰到「天下階層體系」的衝突之際。因此，在傳統中國的五代之時，雖然曾經短暫出現國書「敵體抗禮」的情況，但隨著使節旋即遭到拘禁，以致受「朋友倫」之倫理典範＝「敵體抗禮」規範的「朋友之邦」，只有走向消蹤匿跡之途，而未見其進一步發展。

　　至於規範天下的倫理，無論齊家、治國、平天下，皆以孝悌、禮敬、忠信爲私德之典範，以友好、互助、發展爲公德之典範。又，因夫婦之邦乃透過公主與汗王和親而形成家族性邦際政治關係，故在倫理上既適用家族倫理，也適用政治倫理。在家族倫理上，和親公主與皇帝的關係可能既是父女關係或兄妹關係的同時，在政治倫理上也是君臣關係。因此，皇帝對和親公主及其夫婿可汗（單于或贊普等）而言，也同時形成家族倫理與政治倫理。所以，在「和親倫理」上，皆以「翁」、「表兄」、「舅」、「外公」等爲「主體」，以「婿」、「表弟」、「甥」、「外孫」等爲「從體」。因此，翁婿關係、表兄弟關係、舅甥關係、外公外孫關係等家族倫理，逐漸演變成「主從關係」的政治倫理，最後則走向〈五倫天下關係論〉的極致，形成「君臣vs.父子」＝「君父vs.臣子」

之邦。臣子入朝，朝貢君父，進而接受君父冊封，直到「天下一家」的天下秩序網絡建構完成爲止。

是故，因「和親」而形成「夫婦之邦」的「君父vs.臣子」之邦的典範，遂成爲「中華世界帝國」天下關係轉爲超穩定結構的根本因素。其道理在於君臣關係具有「因名定分，因分定序，循序運作，秩序井然」的連貫性倫理邏輯功效所致。在「君禮臣忠」、「相敬如賓」以及「信守承諾」的典範下，君不侵略臣，夫不侵略婦，國泰而民安，天下泰而平。反之，夫婦之間也可能因勃谿而反目，因利害衝突而離異。同樣的，天下政治下的「夫婦之邦」，一旦背離「倫理」的規範，輕者可能因歷史文化價值而疏離或衝突，重者或因利害關係的衝突而爆發戰爭。

有唐一代，共有20位公主與10個不同的民族和親。其中，唐太宗曾經以宗女宏化公主嫁吐谷渾王，文成公主嫁吐蕃贊普；唐肅宗以後，唐天子也曾先後以親生公主甯國公主、咸安公主、太和公主降嫁回紇（回鶻）可汗和親。[9]漢唐時代的漢胡華夷關係，即因中外和親而有「翁婿之邦」、「舅甥之盟」，並留下「舅甥碑」流傳至今，爲其史例。其中，尤以回鶻出師勤王，唐鶻因而締結「翁婿之邦」，輔助「天可汗」平天下而傳爲和親史上之典型嘉例，是爲「夫婦倫」。

對漢胡或華夷雙方而言，和親都是手段而非目的。就漢或華的目的而言，和親是爲了安定天下邦國秩序，讓天下的邦際關係隨著「夫婦倫」的「倫理典範」運作，而發揮「夫婦之邦」的倫

9　劉美崧，〈唐代真公主與回紇的和親〉，《江西師院學報》（哲學社會科學版），第四期，1981年，頁42。

理性階層邦際秩序，以資安定或鞏固天下秩序而得以長治久安，並在〈以不治治之論〉＝「內政不干涉原則」下，採戰略性政治思惟的羈縻府州體制以規範天下氏族邦國。就胡或夷的目的而言，和親主要是基於戰略思惟，藉以確認雙方之結盟或親善關係的程度，或企圖從農業國家獲取互市的機會而得獲以有易無，保障其生活所不可或缺的物資而避免透過劫掠邊境物資的手段，而妨害邦際親善關係，所以也是基於戰略性考量的政治思惟，兼具和平獲取資源的經貿考量。因此，只有當手段不能滿足目的之際，雙方才會爆發政經摩擦，甚至引爆戰爭。若從安定天下秩序、圖謀長治久安的角度來看，和親雖可藉皇室聯姻而促進邦誼，也能以有易無，但其邦交也可能因歷史文化價值的衝突與邦國利益之不同，而具有一定程度的脆弱性。據此，透過和親的人員往來、族群交流、資源交換以及文化交流，可以強化互信而產生親暱互賴，進而帶來太平天下與長治久安。

(四) 兄弟之邦

　　基於「長幼有序」，故「兄友弟恭」，「兄前弟後」，為其典範。兄弟雖或有鬩牆，然外禦其侮。鬩牆之兄弟，何以能團結一氣，外禦其侮？蓋親疏有別，血濃於水之故使然。又，因志同道合而壯士有桃園結義開創三國政局，江湖好漢也有梁山歃血，是故家國天下於擬人化後亦有宋遼「兄弟之邦」的百年邦誼。以梁山泊而言，各路好漢結拜於「忠義堂」，「排座次」。忠義堂排座次講究起義有忠、為友有信、做人有義，故同受「君臣倫」有義、「朋友倫」有信、「兄弟倫」有序等倫理典範的約束與規範。此外，排座次就是將「朋友倫」化為「兄弟倫」，讓異姓兄弟遵照「兄友弟

恭」的典範，力行「兄前弟後」的年齒長幼之倫理秩序，以利在和諧不紊的狀態下，赴湯蹈火完成共同目標。

　　異姓之人，如有典範可遵，並有其秩序可循，則雖異姓亦可為兄弟，親如家人，且有甚於同胞兄弟者，故《論語‧顏淵》篇，稱：「君子敬而無失，與人恭而有禮，四海之內皆兄弟也」。推而廣之，若「四海皆兄弟」，則「天下若一家」。兄弟之邦的「倫理典範」，本於「長幼有序」，故「兄友弟恭」、「兄前弟後」。因此，宋遼澶淵締盟，結為「兄弟之邦」，本乎人倫典範，遵循其兄前弟後之先後秩序，故兄友愛於弟而弟恭敬於兄，為其典型史例，是為「兄弟倫」天下關係。

(五) 朋友之邦

　　朋友之邦，源於政治實體間之「敵體抗禮」的邦交往來，基於「朋友有信」，故「信守承諾」為其典範。然益者三友，損者亦三友。子曰：「友直，友諒，友多聞，益矣；友便辟，友善柔，友便佞，損矣」。[10] 推而廣之，結交具有正義感、誠信、知識廣博等益友之邦，則可以提高國家品格；相對的，若結交邪門左道、諂媚奉迎與巧言令色等損友之邦，則於國家品格有損而無益。故「朋友之邦」亦可分為「損友之邦」與「益友之邦」兩大類型。損益之別，在於國家之品格高下，國家品格之高下，則決定於國家在開創期是否具有其「倫理規範」，是否為其高遠的理想奠定思想基礎，並在其悠久的歷史發展中是否累積出放諸四海而皆準的普世歷史文化價值。此為品評天下之品味與國家之國格的重要指標。

10　《論語‧季氏》，第十六，《十三經注疏》（新北市：藝文印書館，1989年）。

　　早在戰國時代，梁惠王對孟子說：「叟不遠千里而來，亦將有以利吾國乎？」孟子對曰：「王何必曰利，亦有仁義而已矣。王曰：何以利吾國，大夫曰：何以利吾家，士庶人曰：何以利吾身，上下交征利而國危矣」。[11]孟子提出以「仁義」取代「利益」做爲規範天下邦際關係的指標，讓「倫理道德」成爲檢驗國家品格的基準，故國與國相交，不只是利益層次的低階問題，更有國家品格層次的高階問題。此即，國不出無名之師，人不取無義之財的道理所在，故人與政府同受倫理道德的約束。從此，以天下「仁義」爲先，國家「利益」爲次的觀念，深深烙印在中國的歷史文化價值之上，提升爲治國、平天下的邦交往來之道，這就是「義利之辨」的外交。其中，以「仁義」來取代「利益」或以「倫理典範」優先於「家國自利」的邦交關係就是東方型的「朋友之邦」。反之，凡事以「利益」取代「仁義」的唯利是圖邦交關係，就是西方式的「友邦」外交關係。所以，「王霸之別」就在於「義利之辨」的有無。故以儒家倫理典範爲主體的中華世界提倡王道思想，相對的，西方因崇尚資本主義乃挾船堅炮利以圖商貿利益，遂形成霸道的近代帝國主義。

　　1870年代，是近代日本在東亞擴張之始。福澤諭吉曾於吸收西方「霸道」文化之後，在1885年發表〈脫亞論〉，宣稱清朝與朝鮮乃半文明、半野蠻之國，爲日本在東亞之「惡友」，與其交鄰將受西洋恥笑，今後以列強之道待之可也。[12]近代列強之道爲何？

---

11 《孟子・梁惠王章句上》，《十三經注疏》（新北市：藝文印書館，1989年）。

12 福澤諭吉，〈脫亞論〉，《時事新報》，1885年3月16日。其後，收入《福澤諭吉全集》第十卷，《時事新報論集三》，（東京：岩波書店，1960年），頁238-240。

乃強調「一車的國際法不如一箱的子彈」之帝國主義時代，而不以侵略弱小為恥為辱，其所累積之國際歷史文化價值於今猶存，並歷歷在目。日本尊福澤為「近代啟蒙者」，然其所啟蒙者為何？其實就是效法西洋的「友邦」意義，以「利益取代仁義」的西式外交。從此日本背離東方王道，走向西方霸道，為了國家利益，開始侵凌四鄰，雖損人利己可也。從胸懷天下，普施倫理的中華歷史文化價值來看，不知何謂「義利之辨」者，即儒道之「惡友、損友」之邦，蓋「離經叛道」莫此為甚。

同理可知，歷任的美國總統或西方的政界領袖，經常異口同聲表示：「此符合美國之利益」或「此符合吾國之利益」。類此說法，無一不是西方國家「友邦」（友邦≠「朋友之邦」）間，但知「國家利益」而不解邦交往來亦講究「仁義倫理」。此事，雖然是東西方基於歷史文化價值不同而產生之「國際秩序原理」的差異，但是國際之間陽稱「友邦」，卻陰圖「交征利」，並行強凌弱、眾暴寡之實，則國際秩序豈有寧日。是故，國際間爆發利益衝突之際，就是惡友持槍擁炮相向之始。

鑒於孟子所稱「上下交征利而國危矣」的訓示，故「朋友之邦」以「義利之辨」為其典範，也是東西方之國際秩序原理與國際關係的最大差別所在。所以，「義利之辨」乃中國儒家所特有的歷史文化價值，而其「天下倫理」則是東西方在「國際關係」與「天下關係」上的最大差別所在。蓋東方基於「義利之辨」的倫理秩序，而歐美則基於相互毀滅之「恐怖平衡」，而後產生「和平」。其結果可能相近，但其根本則大為不同，蓋「歷史文化價值」影響下的「國際秩序原理」使然。

概括而論，益友守信，損友謀利，遇有利害衝突，棄友背

信，唯利是圖，甚至訴諸武力，乃西方國際關係之所以不穩定的根源。戰國七雄相互征戰，遭孟子及後世批判，爲其典型史例，是爲「朋友倫」之「損友」象徵。近代以降，中國與西方列強之間，雖美其名爲「主權對等」之「友邦」，卻經常遭受其船堅炮利侵害，屢訂城下之盟，割地賠款，國破家亡，幾乎淪爲歐美、日本等國家之殖民地。至於其他亞、非、拉美、紐澳的國家，名義上雖號稱爲西方《國際法》下「主權對等」的「友邦」，然幾乎皆慘遭歐美近代國家夷爲「殖民地」，以致連做爲「國家」的地位、資格以及機會都被剝奪殆盡，完全淪爲帝國主義予取予求的歷史惡例。由此可見，利益與野心，乃西方式「友邦」間之共同價值觀，但卻是東亞儒教文明「朋友之邦」的大敵，是爲〈五倫天下關係論〉中最不穩定，且難得出現的類型。

　　總之，五倫，乃君臣、父子、夫婦、兄弟、朋友間之倫理，是所以明上下、主從、尊卑、長幼、內外、親疏、遠近、義利之禮儀也。原屬於規範「一家」的齊家之學，推而廣之用於社會、國家以及國際關係，始轉爲規範「邦國」的治國、規範「天下」的平天下之學，於是有〈五倫天下關係論〉的君臣之邦、父子之邦、夫婦之邦、兄弟之邦、朋友之邦。在「中華世界帝國」＝「天下」之中，有違反〈五倫天下關係論〉的「倫理」者，將受到懲罰，能恪守其「倫理」者，將受到保護。因爲〈五倫天下關係論〉的「倫理」具有規範力所致。因之，「中華世界帝國」得以長治久安，其天下秩序也得以長維久繫。

　　由上可知，〈五倫天下關係論〉在歷史文化價值上有其典範用以規範歷史，在歷史上其典型善例也所在多有，並傳世以供師法，惟亦偶有反其道而行之惡例留存以爲警世。惟當〈五倫天下

關係論〉慘遭惡用之時則狼煙四起，國破家亡，家園殘破，社會動盪，人心不安，互信蕩然，甚至萬里為之一空。反之，於善用〈五倫天下關係論〉之際，則天下可化暴戾為祥和，社會也因之而安和好禮，進而為「中華世界帝國」開太平盛世，亦屬耳熟能詳之事。此不外存乎一心，善用倫理典範而已。歷史文化價值發揚倫理典範與否，國際社會遵循典範與否，全視其是否心存善念，心益則有善行，心損必有惡例，全視其國際（天下）秩序原理是否具有「義利之辨」的歷史文化價值與倫理規範而已。因此，唯利是圖則國際關係詭譎多變，恃強凌弱，以眾暴寡，明知以鄰為壑，卻仍執迷不悟；反之，講求「義利之辨」則國際社會好禮行義，富於倫理規範，[13]秩序井然，甚至盛世可期。何者適於人類之和平共存，何者有益於國際社會之公益營運，不言自明。

在「中華世界帝國」的「天下」中，中華文化積深累厚，因宗藩歷史悠久，再透過漢字、漢詞、漢文的傳播，「五倫」的「倫理文化價值」遂普及於東亞。因其「政治生活」淵源於「家族生活」，故一向寓其「政治生活」於「家族生活」之中，雖不教而能行。於宗藩之中、在藩藩之間，因其歷史文化價值相近，故其國情亦大略相同，其生活習俗也較相近，再透過中華外交禮儀，二千年來邦國之摩擦較諸西方而言，可謂微乎其微。何況，規範「中華世界帝國」之《中華世界秩序原理》中，因有〈事大交鄰論〉的禮儀規範，故君不必侵略臣，父無需侵略子，夫不必侵犯婦，兄也無需侵犯弟，朋友則講信修睦，因此五倫天下關係各有倫理分際，以供

---

13 關於倫理禮儀，請參閱：王景海等編，《中華禮儀全書》，（長春：長春出版社，1992年）。

遵循，一向圓潤，何況有〈以不治治之論〉的天下秩序原理可供遵行，上國既不干涉屬藩內政，屬藩也恪守職分，故宗藩絕少摩擦；又有〈興滅繼絕論〉，上國對屬藩負有存國存祀之義務，鋤強扶弱，濟弱扶傾，故周邊諸藩雖歷經二千餘年，直到西力東漸前夕，宗藩間仍行禮如儀，故家國得以長存不輟。直到近代帝國主義興起，挾工業革命後科技創新之餘威，駕堅船、持利炮東來，始爆發三千年來未有之變局。

第二節　〈五倫天下關係論〉的倫理概念圖示

「中華世界帝國」之宗藩秩序體制，乃源於規範家族倫理或規範社會倫理之「君臣、父子、夫婦、兄弟、朋友」的五倫精神，推而廣之，遂轉換成為政治倫理的「君臣之邦、父子之邦、夫婦之邦、兄弟之邦、朋友之邦」的「五倫邦交體制」。在治世，規範「中華世界帝國」之《中華世界秩序原理》的〈五倫天下關係論〉中，「君臣之邦」、「父子之邦」等二倫成為常規，（雖亦雜有「夫婦之邦」的史例，然多意在安撫）。此時〈五倫天下關係論〉之「君父」對「臣子」倫理，規範「中華世界帝國」的天下秩序就更為穩定而有力。然而處於亂世之際，尤其是當其國力衰頹之時，群雄並起，〈五倫天下關係論〉的類型乃相繼出現，以為紛擾不安的國際社會扮演安定秩序的角色與作用。總之，〈五倫天下關係論〉之要，乃在於以五倫之「倫理」論述，做為規範宗藩間與藩藩間的「邦際名分」與「天下秩序」，並據此形成東方各國迄近代已運作逾二千年之事大交鄰體制的〈五倫天下關係論〉。至於《中華

世界秩序原理》〈五倫天下關係論〉下之倫理概念與倫理規範的座標圖，則請參見如下的圖一至圖六。

　　由於「中華世界帝國」的天下關係體系具有五倫精神，而五倫的天下邦國倫理關係又來自封建制度與宗法制度的融合運用。其邦國的「政統」來自於封建制度，具有受天子冊封的合法性；諸侯的「王統」則源自於宗法制度，具有血親連繫與姻親連繫的倫理連帶關係，其正統性同樣來自於天子的冊封。承平之時，諸侯的功用在於藩屏皇（王）室；有事之際，則邦國存續與宗廟存續，均因受到皇（王）室保護而傳之不絕。「義為君臣，情為父子」的五倫典範與精神，正是維繫「中華世界帝國」之宗藩秩序體制的精髓，既有封建性的政治連帶關係，也充滿宗族性的倫理連帶關係。太平之時，強調天子做為「君、父」的權利，諸侯做為「臣、子」的義務，即「君禮臣忠」的觀念。非常之際，強調天子做為「君、父」的義務，諸侯作為「臣、子」的權利，即「興滅國繼絕祀」的觀念。因此，在中華世界的宗藩關係上，經常在表文、詔敕上見到諸如「以小事大，如子事父」、「臣之事君，遵君之敕可也，……子之事父，奉父之命可也」等政治倫理。[14]此即《論語》所稱：「興滅國，繼絕世，……天下之民歸心焉」的道理所在。[15]

　　因此，太平時期的「冊封朝貢」權利，非常時期的「興滅繼絕」義務，於焉發生。天子要護持天下的倫理秩序，對於諸侯或屬藩的邦國存亡，在封建制度上基於宗藩的政治倫理，「存國主義」產生作用；在宗法制度上基於宗藩的家族倫理，「存祀主義」

14　《明實錄‧憲宗實錄》（台北市：中央研究院歷史語言研究所，1966年）卷二百二十六，成化十八年夏四月癸丑條，頁3878。

15　《論語‧堯曰》，《十三經注疏》（新北市：藝文印書館，1989年）。

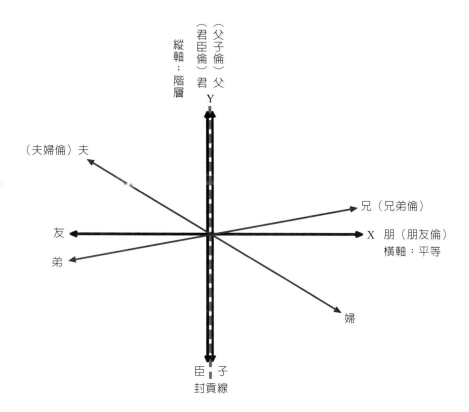

出處：作者依自創之〈五倫天下關係論〉，在座標上，建構五倫天下關係及
　　　其倫理秩序。

說明：
1. 依五倫關係建構：(1)君臣倫、(2)父子倫、(3)夫婦倫、(4)兄弟倫、
　　(5)朋友倫。
2. 橫軸（X）代表平行，軸上為尊，軸下為卑，具上下尊卑之意涵。
3. 縱軸（Y）代表階層，軸右為前，軸左為後，具前後右左優先順位之
　　差異。
4. 由橫軸（X）走向縱軸（Y），經封貢線的權力運作後，開始形成君臣
　　關係。

圖一：〈五倫天下關係論〉之基本倫理座標圖

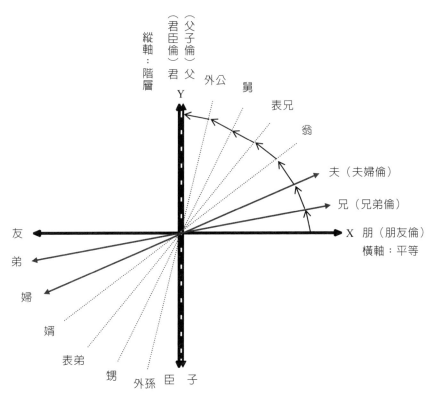

出處：作者依自創之〈五倫天下關係論〉建構「夫婦倫」的倫理秩序。

說明：

1. 依五倫之倫理建構：(1)君臣倫、(2)父子倫、(3)兄弟倫、(4)夫婦倫、(5)朋友倫。

2. 橫軸（X）代表平等，軸上為尊，軸下為卑，具上下尊卑之意涵。

3. 縱軸（Y）代表階層，軸右為前，軸左為後，具前後左右之優先順位的差異。

4. 夫婦倫的演變過程有：翁婿（準父子）關係→表兄弟關係→舅甥關係→外公孫關係。

5. 在〈五倫天下關係論〉上，「父子倫」與「君臣倫」結合成為「君父臣子軸」。

6. 〈五倫天下關係論〉中，基本上並沒有近代西方「主權對等」概念下的「友邦」關係，但有「敵體抗禮」（均勢或敵對之抗禮國體）的「朋友之邦」現象。

7. 一般而言，基於「夫婦倫」而形成「夫婦之邦」，惟因「天無二日，土無二王」的天子統轄天下觀念，並不承認具有同等地位之「敵體」存在，故在「和親」之前先將「敵體抗禮」轉為「兄弟之邦」，用以形成「看似對等」，實際上卻是「兄前弟後」，並且謀以「朋友倫」的「有信」加以規範。

圖二：〈五倫天下關係論〉「夫婦倫」之倫理秩序演變座標圖

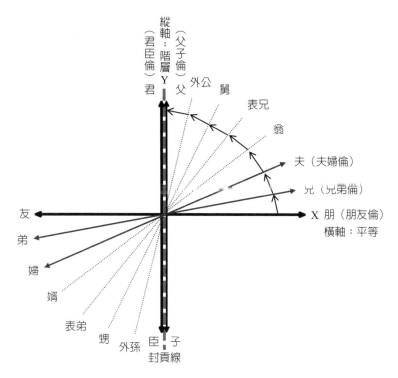

出處：作者依自創之〈五倫天下關係論〉建構「夫婦倫」之倫理秩序演變。
說明：
1. 依五倫之倫理建構：(1)君臣倫、(2)父子倫、(3)兄弟倫、(4)夫婦倫、(5)朋友倫。
2. 橫軸（X）代表平等，軸上為尊，軸下為卑，具上下尊卑之意涵。
3. 縱軸（Y）代表階層，軸右為前，軸左為後，前後左右具優先順位之差異。
4. 透過X軸交叉Y軸，通過對角線，先自X軸的「朋友倫」經「夫婦倫」走向Y軸，再由X軸回歸Y軸，用以區分翁婿、表兄弟、舅甥、外公孫等姻親倫理關係，因華夷結合成為一家，於是「中華國際體系」與「夷狄國際體系」一旦相互結合，就形成「天下一家」。
5. 為了規範「一家」需要「父子倫」，為了規範「天下」需要「君臣倫」，最終則成為「君父臣子軸」，將「家族倫理」轉化成為「君臣倫理」，將「家族關係」轉化成為「君臣關係」，其關鍵在於是否跨越「封貢線」。
6. 運用「君對臣」的「冊封」與「臣對君」的「朝貢」＝〈封貢體制論〉來規範「和親」下的「華夷君臣關係」，此即「華夷和親」下「夫婦之邦」天下倫理關係的演變過程。其中，〈封貢體制論〉的「封貢線」正是扮演將「家族關係」轉化成為「君臣關係」的關鍵角色。臣「朝貢」君，君「冊封」臣之後，兩造正式形成「君父」對「臣子」關係。
7. 〈五倫天下關係論〉由內向外整合華夷的民族與國家成為天下，再透過「封貢線」定於一尊，完成「天子統治天下」的大一統使命。

圖三：〈五倫天下關係論〉「夫婦倫」透過〈封貢體制論〉所形成的君臣倫理演變座標圖

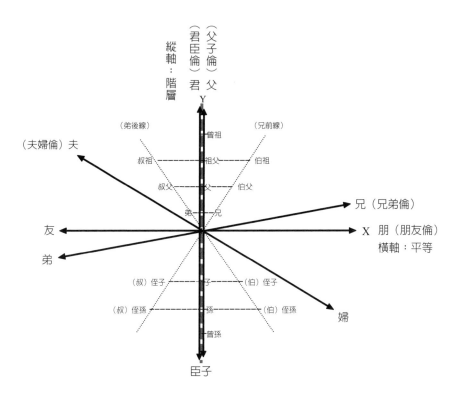

出處：作者依自創之〈五倫天下關係論〉建構「兄弟倫」之兄前弟後倫理秩序。

說明：

1. 依五倫之倫理建構：(1)君臣倫、(2)父子倫、(3)兄弟倫、(4)夫婦倫、(5)朋友倫。

2. 橫軸（X）代表平行，軸上為尊，軸下為卑，具上下尊卑之意涵。

3. 縱軸（Y）代表階層，軸右為前，軸左為後，具前後右左優先順位之差異。

4. X軸上下與Y軸左右，各有虛線交叉之兄前線與弟後線，再依Y軸區分祖、父、己、子、孫等五階層構成平行虛線，雖含有「同輩對等」之意，但在倫理秩序上卻有「兄前弟後」之優先順位。

圖四：〈五倫天下關係論〉「兄弟倫」倫理座標圖

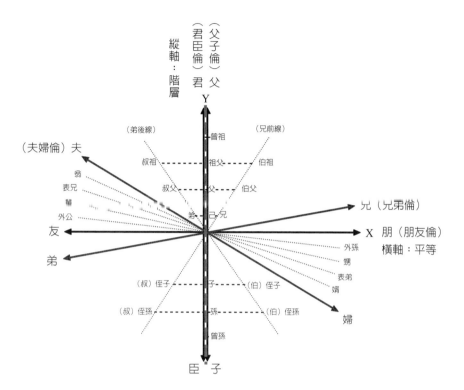

出處：作者依〈五倫天下關係論〉結合「兄弟倫」＋「夫婦倫」之倫理秩序演變座標圖。

說明：

1. 依五倫之倫理建構，結合圖三與圖四，形成「兄弟倫＋夫婦倫」的倫理秩序演變。

2. 橫軸（X）代表平行，軸上為尊，軸下為卑，具上下尊卑之相對意涵。

3. 縱軸（Y）代表階層，軸右為前，軸左為後，具前後右左優先順位之相對差異。

4. X軸上下與Y軸左右，各有虛線交叉之兄前線與弟後線，依Y軸區分祖、父、己、子、孫等五階層，結合各輩之平輩兄弟，構成兄-己-弟之平行橫虛線，其前後雖含有對等之意，但在倫理秩序上卻有先後之優先順位。平行虛線代表上下的階層關係，其交叉之斜縱虛線則代表輩分不同的世代與上下尊卑關係。再依X軸區分上下的話，在Y軸上，越是高層則輩分越尊；反之，居軸下，越是下方則其輩分越卑。

5. 另，基於和親產生的輩分關係，因由第二象限右斜至第四象限可知，翁婿、公孫、舅甥等關係均屬輩分階層關係，但表兄弟則例外，屬於對等但仍有兄前弟後關係。

圖五：〈五倫天下關係論〉「夫婦倫」＋「兄弟倫」倫理座標圖

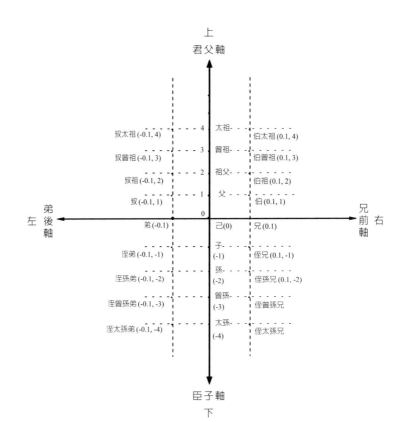

出處：依本文〈五倫天下關係論〉「兄弟倫」之論述，對皇室間之上下左右的倫理尊卑定位。

說明：

1. 縱軸＝君臣父子軸＝君上臣下＋父上子下，代表階層；橫軸＝兄前弟後軸，代表平行。

2. （x, y）符號，代表不同輩份之上下尊卑與兄前弟後的倫理在座標之定位。

3. 小數點代表同輩在X軸之前後右左的倫理小差距。

4. 「＋」或「－」＝「正負符號」，代表親等輩分在Y軸上下的倫理大差距。

5. （0,0）符號，代表親等輩分之倫理，定位於X軸與Y軸的座標基準點。

6. 「－」＝「負符號」。落在X軸上，代表弟輩居後；落在Y軸上，代表臣子在下。
又無負符號（-）者為正，落在X軸上，代表兄輩居前；落在Y軸上，代表君父在上。

7. （0.1,0）符號，代表X軸兄前；（-0.1,0）符號，代表X軸弟後；

8. （1）符號，代表Y軸長輩；（-1）符號，代表Y軸晚輩。依此類推，1, 2, 3, 4代表親等正向（尊輩）的倫理階層體系，(-1), (-2), (-3), (-4)代表親等負向（卑輩）的倫理階層體系。

9. 本圖之主要目的，在於釐清Y軸上不同親等間之上下尊卑倫理關係，X軸則用於釐清同輩分同親等間的前後右左關係。X軸與Y軸交叉後，可以清楚呈現出宋遼皇室間，「兄弟倫」之親等與輩分夾雜上下與前後的複雜關係。

圖六：〈五倫天下關係論〉「兄弟倫」規範「兄弟之邦」的皇室倫理座標圖

也發揮力量。此即《禮記》所稱：「繼絕世，舉廢國，治亂持危」之義。[16]於是「興滅繼絕」的思想論述應運而生，「興滅國、繼絕祀」的義務踐履，也就伴隨天朝興師救援屬藩的行動而付諸實現，此即〈興滅繼絕論〉。[17]

以下，本文擬依據中國的歷史發展順序，先從兩漢、隋、唐對周邊民族或邦國的邦交關係，來考察史例與〈五倫天下關係論〉之「兄弟倫」、「夫婦倫」、「父子倫」以及「君臣倫」的大下邦際關係；其次，再以五代史例來驗證五代之「君臣倫」、「父子倫」、「兄弟倫」、「朋友倫」、「夫婦倫」等〈五倫天下關係論〉的變化；最後則依宋遼由誓不兩立走向和解的邦際關係，來進一步考察宋遼假藉「兄弟倫」的「倫理典範」來規範「兄弟之邦」的建立過程。透過當時中外華夷依照「五倫」所建立的五倫邦交關係，是否具有穩定性；其次，則藉此詮釋傳統中國之《中華世界秩序原理》的〈五倫天下關係論〉來闡揚〈五倫天下關係論〉的倫理精神及其秩序原則，進而藉此來詮釋傳統中國的華夷天下關係。最終目的，則在於透過兩漢、隋唐、五代以及宋遼王朝所建立之「倫理」，抽繹出其有用的天下規範，以謀開創東方型傳統天下關係理論，進而藉此以增補西方《國際法》秩序原理與國際關係之不足，讓規範全球的國際秩序原理得以進一步完善，國際秩序得以更加和諧、安定以及和平。

---

16 《禮記‧中庸》，《十三經注疏》（新北市：藝文印書館，1989年）。

17 伊東貴之譯、張啓雄撰，〈中華世界秩序原理の起源──先秦古典の文化の價值──〉，《中國──社會と文化》號24，2009年7月，頁76-80。張啓雄，〈中華世界秩序原理的起源──近代中國外交紛爭中的古典文化價值──〉，吳志攀等編，《東亞的價值》，（北京：北京大學出版社，2010年），頁114-116。

第二章
漢匈和親下「夫婦之邦」的倫理秩序解析

　　「義利之辨」乃儒家形塑中國傳統邦交關係的最高歷史文化價值，或認為「中華以禮義，四夷以利益」做為其立國的文化價值，雖各自形成邦國，生息於天下，因此有「華夷之別」。《冊府元龜》根據歷史經驗，對中外「和親」開宗明義表示：

> 戎狄之國，世為邊患，禮義不能革其貪，干戈不能絕其類。故上自虞、夏、商、周，固不程督。雖有窮兵追擊，而亦亡失略等，所謂獸聚鳥散，從之如搏景者也，是以聖人用權變之道，遠御不絕而已。[1]

　　換言之，對於蠻夷戎狄，中華雖以禮義不能革其心，用武力不可變其行，何況蠻夷戎狄飄忽不定，纏鬥猶如搏影，故歷代聖人只能從其性，採「以不治治之」（不直接統治）的治道「因性制宜」，權變遠馭而已。所以，華夷「和親」就成為「聖人用權變之道，遠御不絕」的手段，希冀透過「和親」的家族倫理加以攏絡規

---

[1] 王欽若等編纂，周勛初等校訂，《冊府元龜》卷九百七十八，〈外臣部二十三‧和親〉，（北京：鳳凰出版社，2006年），頁11317。

範。這就是以「夫婦倫」規範華夷天下秩序的萌芽。

第一節　弱勢時代的前漢和親策略

一、漢初以弱制強之道

　　秦始皇於西元前221年統一中國後，命蒙恬率軍30萬北擊匈奴，收復河套，「乃使蒙恬北築長城而守藩籬，卻匈奴七百餘里；胡人不敢南下而牧馬，士不敢彎弓而報怨。」[2]秦亡，楚漢相爭，中原板蕩，關中戰火連綿，無暇北顧，匈奴經休養生息後，兵強馬壯，冒頓單于出兵盡復蒙恬所奪故地。

　　西漢初年，冒頓單于破東胡，敗月氏，國力壯盛。相較之下，劉邦因甫統一中原，弱不敵強。此時，匈奴進謀南下牧馬，漢高祖六年（西元前201年）秋，冒頓單于攻漢，圍韓王信於馬邑（今山西朔縣），韓王信不敵，一面遣使匈奴以謀和，一面求救於漢朝。劉邦疑韓王信暗通匈奴，致書責備韓王信，韓王信擔心被誅，遂以馬邑之地降匈奴。高帝自將兵往擊之，會冬大寒雨雪，漢兵雖不利，然「冒頓佯敗走，誘漢兵。漢兵逐擊冒頓，冒頓匿其精兵，見其羸弱，於是漢悉兵，多步兵，三十二萬，北逐之。高帝先至平城，步兵未盡到，冒頓縱精兵四十萬騎，圍高帝於白登。」[3]最後，劉邦採陳平之計，厚賂單于閼氏（正妻，漢稱皇后），說冒頓單于，稱：「今得漢地，而單于終非能居之也」，冒頓亦約韓王

2　司馬遷，《史記》卷六，〈本紀第六·秦始皇〉，（台北：鼎文出版社，1980年），頁280。

3　司馬遷，《史記》卷一百一十，〈列傳第五十·匈奴〉，頁2894。

信部將兵共擊，然「兵又不來，疑其與漢有謀，亦取閼氏之言，乃解圍之一角」，於是高帝趁機「從解角直出，竟與大軍合，而冒頓遂引兵而去，漢亦引兵而罷，使劉敬結和親之約。」[4]因此，漢高帝始能罷平城之役，狼狽返抵國門後，乃採劉敬之策，與匈奴冒頓單于結和親之約。

根據《冊府元龜》的記載：當是時，冒頓單于兵強，控弦四十萬騎，數苦北邊。帝患之，乃問計於「匈奴通」的知謀者，奉春君劉敬（原姓婁，賜姓劉）。劉敬深知匈奴習性，乃先為高祖分析漢匈形勢，表示：「天下初定，士卒罷於兵革，未可以武服也。冒頓殺父代立，妻群母，以力為威，未可以仁義說也。」[5]此時，漢匈形勢不但「敵強我弱」，而且「文化價值」也不同，故非「武力威脅、仁義遊說」所能奏效。在敵強我弱的天下形勢下，就〈五倫天下關係論〉而言，漢高帝頂多只能取得敵體＝「朋友倫」之弱勢方，即同格但地位略低的天下（國際）地位。漢朝既無法以武力威脅匈奴冒頓單于，又因文化價值不同，所以也無法以仁義遊說冒頓。

於是，劉敬再獻策，稱：「獨可以計久遠，子孫為臣耳」。但因緩不濟急，仍不免憂心的表示，雖有久遠之計，「然陛下恐不能為。」[6]恐漢高祖不能為的久遠之計，究竟是何謀略？此即以「親生」公主做為政治工具，行「和番」的華夷聯姻，透過「漢胡」皇

4　司馬遷，《史記》卷一百一十，〈列傳第五十・匈奴〉，頁2894。
5　王欽若等編纂，周勛初等校訂，《冊府元龜》卷九百七十八，〈外臣部二十三・和親〉，頁11317。
6　王欽若等編纂，周勛初等校訂，《冊府元龜》卷九百七十八，〈外臣部二十三・和親〉，頁11317。

室間的和親，完成「華夷一家」的混血，同時配合經貿互補以及文化融合的政策，讓「漢胡政權」，由武力對抗的「對等敵邦」，轉換成為友好同輩關係，即先以兄弟相稱，然後再轉換為「和親」下的「翁對婿」關係，以便讓後代子孫在倫理上形成「表兄對表弟」或「舅父對外甥」，甚至「外公對外孫」的血緣、經貿、文化等相互融合的「家族共同體」，進而完成五倫「倫理典範」的規範。例如：採「朋友倫」用「信守承諾」、「兄弟倫」用「兄友弟恭」「兄前弟後」、「夫婦倫」用「相敬如賓」「愛屋及烏」、「父子倫」用「父慈子孝」，最後則透過〈封貢體制論〉走向「君臣倫」的「君禮臣忠」等「典範」，來規範「天下猶如一家」或達成「天下一家」之境界，邁向將天下秩序倫理化的理想。

在中華世界中，和親源於北荒、西域遊牧民族，用於結盟、互示忠誠以及換取保護等關係。消極上，可做為自保之道，用以換取部落或族國之安泰承平；積極上，則可進而利用和親推動結盟，用以對外擴張，統一草原。所以，和親是通過華夷之「女性」＝「公主」的聯姻，配合豐厚的嫁妝，或互以所餘換取所缺，行物資互補，而建立經貿來往的體制，甚至透過文物典章制度書籍等文化價值的軟實力，進行文化交流、文化觸變以及文化融合。這就是漢初於處弱勢之際，因深知胡人習性，在物質上、制度上、文化上，特別是倫理上，用以做為以夷制夷之道的策略，也是劉敬「建和親之議，歲用絮繒、酒食奉之，非惟解兵息民，亦欲漸而臣之，為羈縻長久之策耳」[7]的道理所在。漢高祖為了保己、保家，進而保國，

7　王欽若等編纂，周勛初等校訂，《冊府元龜》卷九百七十八，〈外臣部二十三・和親〉，頁11317。

甚至於保天下，不得已而採納劉敬提出的緩兵之計，看似一時之計，其實也是長久之策。中國從此採行和親政策，與民休養生息，成為相對弱勢下，漢朝對匈奴、唐朝對突厥、回紇以及吐蕃等的因應政策。

至於透過「和親」所形成的「夫婦之邦」，雙方能否確實執行「愛屋及烏」、「相敬如賓」的倫理典範之外，尚須不同的「民族」或「國家」，透過「文化交流」，在「文化觸變」的過程中「求同存異」，以謀減少「文化衝突」，降低「利害衝突」，累積「互信」，提升「友好」關係，並共同遵守「倫理典範」或「天下規範」，用以形成共同的「歷史文化價值」，並轉化成為共同的「天下秩序原理」，尋求共同的「國家利益」後，始容易達成倫理共識，開創「天下共同體」，共同遵行天下的邦交倫理規範，才是邁向「天下為公」，實現「世界大同」之道。

不過，和親之中，最令漢人公主難以適應之事，當屬西域胡人「妻群母」的習俗。根據《史記‧匈奴列傳》記載：「父死，妻其後母；兄弟死，皆取其妻，妻之。」[8] 按「妻群母」乃收繼婚制度，為西域北荒周遭遊牧民族之「父〔兄〕伯叔死者，子弟及姪等妻其後母、世叔母及嫂，唯尊者不得下淫」[9] 的民族風俗。對此，公主本於儒家禮教，無不上書「請歸」，皇帝則千篇一律表示「從其俗」。可是，收繼婚制度與儒家禮教文化價值之「從一而終」的貞節觀念與家族倫理之輩分上下的名分秩序觀念，發生文化衝突。

8　司馬遷，《史記》卷一百一十，〈列傳第五十‧匈奴〉，頁2879。

9　令狐德棻，《周書》卷五十，〈列傳第四十二‧異域下〉，（北京：中華書局，1995年），頁910。

此即所謂的文化摩擦或文化衝突,乃人類行為規範中最不易適應者。一般而言,生活習慣不同,語言不通,風土人情差異以及水土不服,均可透過觀摩、學習、努力而日漸調適,唯獨文化摩擦或文化衝突,不易克服。除非文化價值觀念改變,否則將令當事人身心備受煎熬,難以忍受。

二、弱勢下創行漢匈和親的漸臣之策

漢高帝自知漢處劣勢,不能以武力制伏匈奴,乃斷然採用劉敬的和親政策,與民休養生息。於是,漢廷君臣續行和親對話的政策。劉敬建議,稱:

> 陛下誠能以適長公主妻單于,厚奉遺〔贈〕之,彼知漢女送厚,蠻夷必慕,以為閼氏,生子必為太子代單于,何者?貪漢重幣。陛下以歲時漢所餘,彼所鮮,數問遺,使辯士風諭以禮節,冒頓在,固為子婿;死,外孫為單于。豈曾聞孫敢與大父亢禮哉?可毋戰以漸臣也。[10]

分析上述內容,就短程國家利益而言,居劣勢的漢朝,當以中外(漢匈)和親做為國家、民族的交流平台,妥善運用「以歲時,漢所餘,彼所鮮,數問遺」的贈與方式,不時賂以「重幣」或「我餘他缺」的生活必需品。以公主和親搭配,提供諸如絮繒、酒食等衣食物資,以達到敵我和解,兵解甲歸田,民休養生息,厚植國力

10　王欽若等編纂,周勛初等校訂,《冊府元龜》卷九百七十八,〈外臣部二十三‧和親〉,頁11317。

以備戰的目的。但就漢朝的長程戰略而言，二國皇室通婚，以娘家皇室爲後盾，賂以豐厚陪嫁物質，以取得皇后地位，讓後代子孫成爲單于汗位繼承人，故「冒頓在，固爲子婿；死，外孫爲單于」，何況「生子必爲太子代單于」，可讓外孫與外公成爲一家人，「豈曾聞孫敢與大父亢禮哉？」故知其終極目的乃在於「可毋戰以漸臣也」。這個辦法，就是先透過皇室間的政治婚姻＝「和親」，再採用政治、經濟的援外手段，以圖謀先行羈縻籠絡，然後行「漸而臣之」的長久之策，可收其效。

　　漢匈和親之策既定，最後必須付諸執行，以收「漸而臣之」之效。根據《冊府元龜》所載：

> 帝（漢高祖）竟不能遣長公主[11]，而取家人子爲公主，妻單于。使敬往結和親約，歲奉匈奴絮繒、酒食，各有數，約爲兄弟以和親，冒頓乃少止。[12]

由於劉邦與呂后不捨親生女兒遠赴不毛之地，雖名爲「和親」，實則無異「和番」之人質，遂以其家人子女封爲公主，赴匈奴和親，並賂以豐厚金幣和衣食生活等物質，冒頓始稍微停止入侵，漢匈因之取得暫時和平，故和親政策也確實能換取「一時」且「一定」的效果，因此「冒頓乃少止」。換句話說，冒頓以「子婿」侵犯「岳

---

[11] 按長公主乃漢高祖劉邦與呂后所生唯一公主，早於冒頓求和親前即嫁與趙王張耳子張敖爲妻。

[12] 王欽若等編纂，周勛初等校訂，《冊府元龜》卷九百七十八，〈外臣部二十三・和親〉，頁11317。
司馬遷，《史記》卷一百一十，〈列傳第五十・匈奴〉，頁2895。

父」劉邦＝匈奴侵攻漢朝邊境之衝突變少，故透過「和親」締結「夫婦之邦」的翁婿關係，以謀「毋戰以漸臣」之策，確實略收初步成效。

更值得一提者，乃漢對匈表示：「約爲兄弟，以和親」。換句話說，和親的前提，乃雙方須先轉變身分，「約爲兄弟」，即由外族敵體的「朋友之邦」，轉變爲家族倫理的「兄弟之邦」。換句話說，敵體的兩造，先相約爲異姓兄弟。推其道理，當在於先「化外爲內」，讓漢匈雙方處於「兄弟倫」之「倫理典範」＝「兄友弟恭」的地位相對平等下，結爲姻親，以便日後姻親易於往來。然而，雙方爲何不乾脆結爲地位完全平等且受「朋友倫」之「倫理典範」＝「朋友有信」的規範，而成爲「朋友之邦」？或許因在中國傳統歷史上，並無「地位完全平等」的「友邦」觀念，加上在歷史文化價值上，天下只有上國與屬邦的階層上下關係，而無地位完全對等的友邦觀念。何況漢匈和親，雙方除各自代表「皇家」聯姻的門當戶對外，還各自代表「國家」，以國家「領導人」的「名分」（不是「名義」）完成國家結盟聯姻。既然當事人都是「國家領導人」，那麼皇室以「國家擬人化」的思維，則尚須有「年齒長幼」、「輩分高低」之分。雙方既有長幼尊卑之分，那麼它所代表的「國家名分」，就必然成爲平輩的「兄弟之邦」。對此，最值得注意之處，就是漢匈雙方須先「約爲兄弟」之邦；然後，才行「家國和親」之誼，合而稱之，即史稱「約爲兄弟，以和親」，用爲互信。[13]

---

13 王欽若等編纂，周勛初等校訂，《冊府元龜》卷九百七十八，〈外臣部二十三・和親〉，頁11317。

　　綜而言之，漢匈雙方「約為兄弟」乃兩國修好的起始點，也是基本關係。站在「兄弟之邦」的起始點，然後才能展開「夫婦之邦」的和親行動。漢匈透過「和親」的天下行為，才能將「兄弟之邦」進一步轉化為「夫婦之邦」。正因為「和親」的關係，漢匈才能形成「夫婦之邦」；因有「夫婦之邦」的內涵，才能形成「翁婿」、「表兄表弟」、「舅甥」、「外公外孫」等輩份延續的變動關係。最後，因時移勢轉，在強弱異勢下，透過情勢變遷，將「翁婿」、「表兄弟」、「舅甥」、「外公孫」等諸關係，轉化成為夷狄「入京朝貢」，並接受中華皇帝「冊封」，雙方遂由「姻親關係」轉變為具有「君臣關係」的宗藩體制。這就是漢朝對匈奴，並由北荒逐漸擴及西域，及至後世，更進一步施之於西南吐蕃，形成漢唐與戎狄結為「天下一家」之〈五倫天下關係論〉的理論和「五倫天下關係體制」的實務。

三、弱勢下華夷和親策略的侷限性

　　劉邦駕崩後，惠帝繼位。惠帝三年（西元前192年），「時冒頓浸〔漸〕驕，乃為書使使遺高后，其辭悖慢。」[14]當時，冒頓國勢強盛，自中國以迄西域無有匹敵，恃強驕橫，不念漢匈乃「翁婿關係」，應遵行「夫婦之邦」的「夫婦倫」，以行「相敬如賓，愛屋及烏」等五倫天下關係的「倫理典範」，竟以悖慢之辭遺書侮辱高后。何謂「悖慢之辭」，根據《漢書》所載，冒頓單于稱：

---

14 王欽若等編纂，周勛初等校訂，《冊府元龜》卷九百七十八，〈外臣部二十三・和親〉，頁11317。

> 孤償之君，生於沮澤之中，長於平野牛馬之域，數至邊
> 境，願遊中國。陛下獨立，孤償獨居。兩主不樂，無以自
> 虞〔娛〕，願以所有，易其所無。[15]

高后覽信大怒，以冒頓單于心存侮辱，欲發兵擊之，怒商群臣，樊
噲主戰，季布鑒於敵強我弱，諫稱：「以高帝賢武，然尚困於平
城」[16]，況「夷狄譬如禽獸，得其善言不足喜，惡言不足怒」。[17]
高后善季布之言，「乃止，復與匈奴和親。」[18]於是令大謁者張澤
報書冒頓單于，曰：

> 單于不忘敝邑，賜之以書，敝邑恐懼，退日自圖。年老氣
> 衰，髮齒墮落，行步失度，單于過聽，不足於自汙。敝邑
> 無罪，宜在見赦。竊有御車二乘，馬二駟，以奉常駕。[19]

冒頓得書，以高后辭謙而敬，復遣使來謝，曰：「未嘗聞中國禮
義，陛下幸而赦之。」[20]可見漢匈禮教文化雖然不同，驕橫如冒頓

---

15 班固，《漢書》卷九十四上，〈列傳第六十四上・匈奴〉，（台北：中華書局，
   1965年），頁8。
16 司馬遷，《史記》卷一百一十，〈列傳第五十・匈奴〉，頁2895。
17 班固，《漢書》卷九十四上，〈列傳第六十四上・匈奴〉，頁8。
18 司馬遷，《史記》卷一百一十，〈列傳第五十・匈奴〉，頁2895。
19 王欽若等編纂，周勛初等校訂，《冊府元龜》卷九百七十八，〈外臣部二十三・和
   親〉，頁11317。
   班固，《漢書》卷九十四上，〈列傳第六十四上・匈奴〉，頁8。
20 王欽若等編纂，周勛初等校訂，《冊府元龜》卷九百七十八，〈外臣部二十三・和
   親〉，頁11317-11318。

單于，尚以「未嘗聞中國禮義」為辭，亦非完全不知禮義。冒頓乃「獻馬，遂和親」。漢亦於「惠帝三年春，以宗室女為公主，嫁匈奴單于。」[21]漢朝因處弱勢，再次以公主嫁冒頓，行華夷和親之例。一婚再婚，親上加親，無非為謀家國安泰。不過，弱勢方之「和親公主」對於強勢方的「夫君」匈奴單于，到底有多少影響力，可令其遵守「兄弟之邦」的「兄友弟恭」，或「夫婦之邦」的「愛屋及烏」，甚至「敵體之邦」的「信守承諾」等倫理，讓匈奴切實遵守〈五倫天下關係論〉的倫理典範，值得重新評估。純就國力而言，此時漢匈「門不當，戶不對」的和親，漢朝公主做為親善使節，因身處弱勢，寵愛幾許，枕邊遊說，其建言之成效如何，實在值得懷疑？蓋敗戰之國，雖因和親而結為「夫婦之邦」，但無國力以為後盾，雖是最親密的「翁婿關係」亦不免有時而窮。

　　由上可見，「夫婦倫」若缺乏國力與國際地位做為後盾，並非強而有力的倫理結構。在傳統體制上，雖有「朕即國家」、「君辱臣死」的名言，但皇室也不完全等於國家，皇室只是國家的象徵或代表而已。不過，皇室受辱則與國家受辱無異。為了國家不受侮辱，仍須以國富兵強為後盾，皇室之家國才有安全保障可言，所以皇室與國家實為一體兩面。此外，漢匈文化價值與生活習慣之所以不同，乃來自於遊牧與農耕的國際體系截然不同，兩者雖有互補作用，但也有文化價值衝突之處。不過，透過和親，可以提升文化交流，降低文化摩擦，產生文化融合，甚至因夫婦恩愛而舉案齊眉，愛屋及烏，發揮皇室和親交誼，改善國交邦誼。反之，若夫妻勃谿

---

21 王欽若等編纂，周勛初等校訂，《冊府元龜》卷九百七十八，〈外臣部二十三‧和親〉，頁11317。

時起，亦有可能導致「翁婿關係」交惡，「夫婦之邦」崩解。謀天下國家於長治久安之道者，終究必須認知國力豐沛才是公主和親及與鄰爲善的眞正後盾。

　　此外，從〈正統論〉的觀點來看，冒頓的單于汗位，完全違背「大居正」的原則，故史稱：「冒頓殺父代立，妻群母，以力爲威，未可以仁義說也。」[22]漢高祖所以探行「以宗室女爲公主，嫁與匈奴單于」的和親，就是爲宗室、天下邦國之安定，故知其背景乃出於「漢高帝罷平城歸，當是時，冒頓單于兵強」的理由。漢朝因弱不敵強，乃在匈奴兵威下，不得不採行公主和親策略，屬於緩兵之計，甚至心存忍辱偷生之憾的華夷和親。此外，匈奴尙有妻群母（生母除外）之俗，尤以對漢朝和親的公主採取「父死子繼」、「兄死弟繼」的「收繼婚」制，與漢朝儒家之禮教大爲扞格，漢朝因和親而入嫁的公主，完全無法適應。總之，因「華夷和親」，而遣派公主爲終生駐紮夷狄之親善大使，但雙方因生活禮俗等歷史文化價值差異太大，以致漢匈容易產生文化衝突。

　　惠帝崩後，「文帝初立，復修和親」[23]，此爲漢朝三度遣公主嫁冒頓單于。文帝三年（西元前177年）匈奴右賢王入居河南地，侵盜上郡，殺略人民。於是漢出兵擊之，右賢王走出塞。[24]對於此事，文帝下詔曰：

　　　　漢與匈奴約爲昆弟，無侵害邊境，所以輸遺匈奴甚厚。今

---

[22] 王欽若等編纂，周勛初等校訂，《冊府元龜》卷九百七十八，〈外臣部二十三・和親〉，頁11317。

[23] 司馬遷，《史記》卷一百一十，〈列傳第五十・匈奴〉，頁2895。

[24] 司馬遷，《史記》卷一百一十，〈列傳第五十・匈奴〉，頁2895。

> 右賢王離其國，將眾居河南地，非常故。往來入塞捕殺吏
> 卒，毆侵上郡保塞〔屬漢〕蠻夷，令不得居其故〔地〕，
> 陵轢邊吏入盜，甚驁無道，非約也。[25]

此即文帝四年，匈奴遺漢書中所稱：「天所立匈奴單于敬問皇帝
無恙。前時皇帝言和親事，稱〔副〕書意合驩〔歡〕。……漢邊
吏侵侮右賢王，右賢王不請〔入寇〕……與漢吏相恨，絕二主
之約，離昆弟之親。」[26]由此可知，漢匈間邊境衝突經常爆發，尤
其是匈奴一遇物資缺乏，則歲歲入寇。在歲歲入寇之時，又屢屢請
求和親，最後漢朝還是不能免於匈奴隨時挾力相逼，以「離昆弟之
親」。故漢匈雖有「昆弟之約」，亦有規範「兄弟之邦」的「倫理
典範」＝「兄友弟恭，先後有序」，以資規範。何況，漢匈尚有和
親，而且再三和親，應該親上加親，然漢匈習俗不同，歷史文化價
值有別，雖有約，亦有和親倫理規範，然因弱而不能行。

　　就理論而言，漢匈原為敵對國，且漢弱而匈強，故漢在單于
的強求之下，乃以「漸而臣之」之政治戰略，行「和親」之策。
惟在和親之前，雙方先行結為「昆弟之親」，然後降嫁公主。何
以需先結為「昆弟之親」，而非先結為「朋友之邦」，然後降嫁公
主，其道理安在？此與後世三國時代的桃園三結義，或宋代水滸好
漢結義，均為「義兄弟而非朋友」，實有異曲同工之妙。就歷史文
化價值而言，蓋「兄弟」較諸「朋友」，既具有「家族之親」，且

---

25 班固，《漢書》卷九十四上，〈列傳第六十四上・匈奴〉，頁8-9。
26 王欽若等編纂，周勛初等校訂，《冊府元龜》卷九百七十八，〈外臣部二十三・和
　　親〉，頁11318。

講究「朋友之信」，既集「兄弟倫」，也結「朋友倫」之「倫理典範」為規範，兼具二倫理的約束力與規範力。同理可證，二國之和親，亦因「兄弟之邦」親於「朋友之邦」，何況尚有「兄弟倫」之「長幼有序」可資遵行，又有「朋友倫」之「朋友有信」可供信賴所致。

　　不久，冒頓死，子稽粥立，號曰老上單于。老上稽粥單于初立，文帝復遣宗人女公主為單于閼氏。[27]文帝六年，遺匈奴書曰：「皇帝敬問匈奴大單于無恙，使係虖淺〔匈使〕遺朕書，云：願寢兵休士，除前事，復故約，以安邊民，世世平樂，朕甚嘉之。……漢與匈奴**約為兄弟**，所以遺單于甚厚。背約離兄弟之親者，嘗在匈奴。……單于若稱書意，明告諸吏，使無負約，**有信**，敬如單于書。」[28]從文帝答匈奴書，可知親上加親，仍不免於匈方「**背約離兄弟之親**」，違倫理＝「兄友弟恭」之規範。歸結言之，強勢方操控國際政局，弱勢方漢朝雖以「兄弟之邦」加上「夫婦之邦」，即「兄弟倫」加上「夫婦倫」，還是無法使匈奴就範，勉強其遵守漢朝所設定、期待的親善國際秩序。

　　漢文帝十四年後，匈奴歲入邊，殺略人民，漢甚患之。及使使遺匈奴書，單于亦使當戶報謝，復言和親事。[29]十六年（西元前164年），漢文帝遣使遺匈奴書，強調雙方當以長城為界，北歸

27　王欽若等編纂，周勳初等校訂，《冊府元龜》卷九百七十八，〈外臣部二十三・和親〉，頁11318。

28　王欽若等編纂，周勳初等校訂，《冊府元龜》卷九百七十八，〈外臣部二十三・和親〉，頁11318。

29　王欽若等編纂，周勳初等校訂，《冊府元龜》卷九百七十八，〈外臣部二十三・和親〉，頁11318。

匈，南歸漢，從此雙方罷兵養民。漢每歲贈匈秫藥金帛絮他物歲有
數，結爲兄弟之邦，並許以公主和親。書曰：

> 皇帝敬問匈奴大單于無恙，……先帝制：長城以北引弓之
> 國受令單于，長城以內冠帶之室朕亦制之。……〔國〕書
> 云：『二國已和親，兩主驩說，寢兵休卒養馬，世世昌
> 樂』。……匈奴處北，地寒，殺氣早降，故詔史遺單于秫
> 藥金帛絮它物歲有數，……朕追念前事，薄物細故，謀臣
> 計失，皆不足以離昆弟之驩。……朕聞古之帝王，約分明
> 而不食言。單于留志，天下大安。和親之後，漢過不先，
> 單于其察之。單于既約和親，於是制詔御史：『匈奴大
> 單于遺朕書，和親已定，亡人不足以益眾廣地，匈奴無入
> 塞，漢無出塞，犯今約者殺之，可以久親』。……今單于
> 反古之道，計社稷之安，便萬民之利，新與朕俱棄細過，
> 偕之大道，結兄弟之義，以全天下元元之民，和親以定，
> 始于今年。[30]

　　就〈名分秩序論〉而言，「天所立匈奴單于敬問皇帝無恙」
對「皇帝敬問匈奴大單于」的國書稱呼，漢匈雖有「兄前弟後」
之別，但仍屬「相對平等」的兄弟之邦。因此，在國書中頻頻出
現「漢與匈奴約爲兄弟」、「結兄弟之義」等「兄弟倫」用語，但
同時也出現「約分明而不食言」、「使無負約，有信」等「倫理典

---

[30] 王欽若等編纂，周勛初等校訂，《冊府元龜》卷九百七十八，〈外臣部二十三・和
親〉，頁11318-11319。

範」＝「有信」等「朋友倫」的「典範」用語。故知漢匈間的和親邦交關係，其實是揉合「夫婦倫」、「兄弟倫」以及「朋友倫」等三種「倫理典範」。又，因「朋友倫」與「兄弟倫」的分際關係較為接近，故其「倫理典範」亦較為相近。兩者之差異，僅在於「兄弟倫」強調「兄前弟後」的「長幼」關係，而「朋友倫」則強調雙方乃屬於「敵體抗禮」的「對等」關係。論其目的，漢在於劃定疆界，各治其國，互不侵犯。所以說：「長城以北引弓之國受令單于；長城以內冠帶之室朕亦制之」。雖然漢文帝強調漢匈各擁文明不同、文化價值有別的統治領域，互不侵犯，但是匈奴屬於異質文化，只問國力強弱與否和生活需要與否，並不在意漢朝的倫理典範價值是否具有國際性的規範力量，甚至視之為無物。

　　從典範的規範力來看的話，徒法不足以自行，法之所以能實行無誤，實乃其背後具有強制性的執行力量。漢朝要在天下關係上制定規則，且付諸實行，就必須賦予其執行倫理典範的強制力量，而該執行力量來自於國家威信與優勢國力。就漢文帝的時代而言，它僅止於蓄積國力，苦撐待變。

　　漢文帝後元三年（西元前161年），老上稽粥單于死，子軍臣立為單于，文帝「復與匈奴和親」，根據《史記》記載：「軍臣單于立四歲，匈奴復絕和親，大入上郡、雲中各三萬騎，所殺略甚眾而去。」[31] 就此而論漢匈「夫婦之邦」，匈奴為了生活物資，卻不尋求開邊貿易之道，而不惜犯邊劫掠，乃視口糧優於姻親，自國生存勝於邦交友好，利益高於倫理，劫略重於和親。逆向思考的話，文帝時因國力不足於抗衡，或贈予匈奴生活物資，或行邊境貿易，

---

31 司馬遷，《史記》卷一百一十，〈列傳第五十・匈奴〉，頁2904。

但北荒仍不足於維生，因此匈奴才會無視於「兄弟之邦」、「夫婦之邦」或「兄弟之邦」的倫理與情誼，不但不講信修睦，而且還我行我素，不時出兵搶劫殺戮。

　　基於劉敬所訂和親策略，漢朝爲了謀求和平，所以允諾漢匈「復言和親事」，在「和親已定」的前提下，允許公主遠赴大漠，降嫁單于。因降嫁公主需要嫁妝豐厚始能產生效果，故皇帝「詔吏遣單于秫蘗金帛絮它物，歲有數」，用爲籠絡，以實羈縻。既然「和親已定，始于今年」，因此要求「匈奴歲入邊，殺略人民」等有違「兄弟之義」的「犯今約者，殺之，可以久親」。據此原則，漢匈相約，「匈奴無入塞，漢無出塞」，犯此約者殺，以謀久親。因秉持「結兄弟之義」，故可全天下太平、人民望治之心。

　　及景帝前元元年（西元前156年）四月，又遣「御史大夫陶青至代下與匈奴和親。三年秋，復與匈奴和親。五年夏，遣公主嫁匈奴單于。……終帝世，時時小入盜，邊無大寇」。[32]

　　然而，漢朝中國透過「公主和親」與「豐厚嫁妝」，其所獲成果，卻僅有「終帝世，時時小入盜，邊無大寇」，在一定程度上，雖然獲得夢寐以求的安定，但是「朋友之邦」的「信守承諾」、「兄弟之邦」的「兄友弟恭」與「夫婦之邦」的「愛屋及烏」等〈五倫天下關係論〉之「倫理典範」並未完全發揮其應有的預期效果，甚至產生賠了夫人又折兵、人財兩失之憾，因而埋下漢匈最終難免一戰，以解決長久以來邊防甚至國家安全的禍因。就儒家文化價值而言，漢朝賠上公主與匈奴和親，雖非得已，但以女性爲親善

---

32 王欽若等編纂，周勛初等校訂，《冊府元龜》卷九百七十八，〈外臣部二十三・和親〉，頁11319。

使節，對宿敵求和，並貼上豐厚嫁妝，以換取和平生存的空間，卻未曾眞正獲取和平與友善邦交，對漢朝而言，乃是極其屈辱之事。但因力弱，只能忍辱負重。因此，漢武帝即位後，雖繼續實行和親如初，但匈奴之「無信」已深刻烙印在漢朝之朝議中，於是整軍經武，以謀有朝一日，得以展開懲罰戰爭，教訓匈奴，用伸大漢聲威之議，日益高亢。

漢武帝相信徒法不足以自行，爲讓單于慕義稽首稱藩，乃開始整軍經武，以讓「夫婦之邦」的「倫理典範」切實執行無誤。相應的，乃漢朝自文景以來，已經蓄積富足的國力，早即圖謀苦撐待變之機，期待「朋友之邦」須「信守承諾」、「兄弟之邦」須遵「長幼有序」「兄友弟恭」以及「夫婦之邦」須「愛屋及烏」等〈五倫天下關係論〉的「倫理典範」成爲漢朝天下的華夷共遵規則，透過國家威信與優勢國力，轉變成爲具有「強制性」的執行力量。

第二節　強弱異勢下的華夷和親策略

一、由弱轉強的華夷和親策略

武帝初即位，謀擊匈奴，聞匈奴降者言，老上單于破月氏王，以其頭爲飲器，月氏遁逃而常怨匈奴，無與共擊之，漢方欲事滅胡，聞此言，因欲通使。[33]於是遣張騫使月氏。及張騫自西域還，建議武帝，稱：聞烏孫王號昆莫，昆莫之父，匈奴西邊小國也，匈奴攻殺其父。後昆莫收養其民，攻旁小邑，控弦數萬，習攻

---

33 司馬遷，《史記》卷一百二十三，〈列傳第六十三・大宛〉，頁3157。

戰，不肯朝會匈奴，「今誠以此時而厚幣賂烏孫，招以益東，居故渾邪之地，與漢結爲**昆弟**，其勢宜聽，聽則是斷匈奴右臂也。既連烏孫，自其西大夏之屬皆可招來而爲外臣。」[34]於是，拜張騫爲中郎將，出使烏孫，展開「聯烏孫以制匈奴」的以夷制夷外交政策。

　　匈奴聞烏孫與漢通，怒欲擊之。烏孫於是恐，乃遣使獻馬，稱「願得尙〔娶〕漢女翁主〔公主〕，爲昆弟。天子問群臣議計，皆曰：『必先納聘，然後乃遣女』。」[35]從此，依漢人之婚聘習俗，定下「先納聘，後賜婚」的和親規矩，烏孫乃以馬千匹爲聘。於是「得烏孫馬好，名曰天馬，及得大宛汗血馬，益壯」。[36]由於張騫鑿空〔開通〕西域，於是「西北國始通於漢」，爲了經營西域，武帝「初置酒泉郡以通西北國」，因益發使抵安息等國，而「天子好宛馬，使者相望於道。」[37]此即劉敬制服匈奴戰略中所謂待遇胡人，明和親約束，厚遇關市，饒給之之義。元封中，漢武帝遣宗室江都王建女細君爲翁主〔公主〕，以妻烏孫昆莫，[38]賜乘輿，服御物，爲備官屬，宦官，侍御數百人，贈送甚盛，烏孫昆莫以爲右夫人。匈奴亦遣女，妻昆莫，昆莫以爲左夫人。[39]烏孫因介於漢匈兩大之間難爲小，故採平衡政策，並與雙方和親，騎牆於漢匈之間。

　　總之，漢武帝因規劃國家戰略，乃遣派張騫出使西域爭取與

---

34 司馬遷，《史記》卷一百二十三，〈列傳第六十三・大宛〉，頁3168。

35 司馬遷，《史記》卷一百二十三，〈列傳第六十三・大宛〉，頁3170。

36 司馬遷，《史記》卷一百二十三，〈列傳第六十三・大宛〉，頁3170。

37 司馬遷，《史記》卷一百二十三，〈列傳第六十三・大宛〉，頁3169-3170。

38 烏孫稱其國君為昆莫，後改稱昆彌，猶匈奴稱單于，突厥稱可汗，吐蕃稱贊普。

39 司馬遷，《史記》卷一百二十三，〈列傳第六十三・大宛〉，頁3172。
王欽若等編纂，周勛初等校訂，《冊府元龜》卷九百七十八，〈外臣部二十三・和親〉，頁11319-11320。

國，行和親以聯西域，謀共攻匈奴以解國朝危機。為擊潰匈奴，乃尋求西域汗血良馬，以強化騎兵，進謀聯西域以先斷匈奴右臂，再腹背挾擊匈奴，皆極具戰略制高點的政治戰略、外交戰略以及軍事戰略的運籌帷幄。因此，獲取烏孫、大宛等西域良馬並育種以培訓騎兵，正是取得戰鬥機動力的不二法門，讓「匈奴之長技，中國亦有之」，乃有衛青與霍去病出擊並大破匈奴。至於，構築城池固守抗敵以待敵衰，乃中國之所長，匈奴之所短。從此，中國制匈奴易，而匈奴制中國難。

於是，在河西走廊，置武威（涼州）、張掖（甘州）、酒泉（肅州）、敦煌（沙州）等四郡，屯田備兵以出西域；因河西走廊在政治地略上，乃介於內蒙與青海（蒙古高原與青藏高原）之間的交通孔道，為漢朝出西域的東西要道。漢朝為了長久之計，必須鞏固河西走廊，不但在四郡駐軍，而且移漢民屯墾實邊，謀化遊牧為農墾，以確立漢朝對東西交通孔道的控制。既出西域，收服三十六國，遂斷匈奴右臂，隔絕匈羌聲氣相通。另在爭取邦交上，漢朝遣使西域行和親以共制匈奴。匈奴也遣使西域行和親以謀共寇漢朝，雖各有得有失，但在制敵長技上，匈奴與西域之同質性高而互補性低；中國則反之，同質性低而互補性高。要之，漢武帝因獲良馬，練騎兵，為在瞬息萬變的情勢下擁有機動力，透過運籌帷幄，掌握了決勝於千里之外的制服匈奴戰略，因而奠下制人但不制於人的戰略基礎。最後，漢朝還為東西交通史上貫通亞歐商貿與文化交流的孔道，遂奠定由西安行經河西走廊，到達西域，經中亞，轉赴歐洲的絲路東段路線。

此時，西域諸國，如烏孫，介於敵對的漢匈兩強之間，常須遣子兩邊為質，「一子質匈奴，一子質漢」，因而陷入左右為難之

境，誠如樓蘭王對漢武帝所稱：「小國在大國間，不兩屬無以自安。」[40]惟翁主細君至烏孫和親時，昆莫年老，言語不通。翁主悲愁，乃自作歌曰：

吾家嫁我兮天一方，遠託異國兮烏孫王，穹廬爲室兮旃爲牆，以肉爲食兮酪爲漿。居常土思兮心內傷，願爲黃鶴兮歸故鄉。[41]

天子聞而憐之，更強化漢武帝聯烏孫以滅匈奴的決心與戰略。昆莫年老，欲使其孫岑陬尚公主。翁主不聽，上書言狀，天子報曰：「從其國俗，欲與烏孫共滅胡。」[42]在家國大計高於一己之私下，翁主只能犧牲小我，奉獻大我。

翁主死，漢武帝復以楚王戊之孫解憂爲翁主，妻岑陬。岑陬且死，以國與季父大祿子翁歸靡〔人名〕，後尚楚（翁）主解憂。翁歸靡死，岑陬子泥靡〔人名〕代立，號狂生，復尚楚（翁）主解憂。[43]胡人「妻群母，以力爲威」的習俗，迥非崇尚儒家禮教的漢女翁主所能適應。華夷文化價值之衝突，莫此爲甚。

元光元年（西元前134年）匈奴又遣使請求和親，武帝以匈奴

---

40 班固，《漢書》卷九十六上，〈列傳第六十六上・西域〉，頁4。
41 班固，《漢書》卷九十六下，〈列傳第六十六下・西域〉，頁2。
　　王欽若等編纂，周勛初等校訂，《冊府元龜》卷九百七十八，〈外臣部二十三・和親〉，頁11320。
42 王欽若等編纂，周勛初等校訂，《冊府元龜》卷九百七十八，〈外臣部二十三・和親〉，頁11320。
43 王欽若等編纂，周勛初等校訂，《冊府元龜》卷九百七十八，〈外臣部二十三・和親〉，頁11320。

既和親又背盟，欲絕之而不能，乃轉守爲攻，企圖透過殲敵戰略部署，於馬邑埋伏誘敵入甕，惟遭匈奴識破而失敗。從此，漢武帝拒絕匈奴和親，進入全面對決的時代。匈奴自馬邑之役後，絕和親，數侵邊，漢朝亦累次出兵討破之。元鼎中，烏維單于立，數使使好辭甘言以求和親。漢遣楊信使匈奴，謂單于曰：「即欲和親，以單于太子爲質於漢。」單于曰：「非故約。故約，漢常遣公主，給繒絮食物有品，以和親。令吾太子爲質，無幾矣。」[44]當武帝之世，派兵深入匈奴，窮追二十餘年，匈奴因之元氣大傷。前漢自高祖以迄武帝之世，漢匈和親終於在化「敵強我弱」爲「我強敵弱」的國際政局轉變下，情勢始粗具「漸而臣之」的積極威服態勢。

二、敵弱我強下化華夷和親爲宗藩和親

　　宣帝初即位，漢約烏孫共擊匈奴，匈奴潰逃，又遭烏孫、烏桓、丁令襲擊，適逢大雪成災，匈奴國力早已今非昔比。是故，宣帝時，烏孫昆彌（王號）自將擊匈奴有功，漢遣校尉常惠持金幣賜烏孫貴人有功者。元康二年（西元前64年），烏孫昆彌因常惠上書：「願以漢外孫元貴靡爲嗣，得令復尚漢公主，結婚重親，畔絕匈奴，願聘馬贏各千匹」。宣帝嘉獎烏孫新立大功，又重〔難〕絕故業〔和親〕，乃遣使者至烏孫，先迎取聘。昆彌及太子、左右大將、都尉皆遣使，凡三百餘人入漢地迎取〔娶〕。少帝迺以〔嫁〕烏孫〔翁〕主[45]解憂弟〔之女〕相失〔相夫〕爲公主，置官屬侍御

---

44 王欽若等編纂，周勛初等校訂，《冊府元龜》卷九百七十八，〈外臣部二十三・和親〉，頁11320。

45 此處，「主」乃翁主之略稱。按漢代帝女稱「公主」，劉姓諸侯王之女則稱「翁主」，惟翁主因奉帝命降嫁，故亦常先冊封爲公主然後降嫁，以提升其地位。

百餘人，舍上林中，學烏孫言。天子自臨平樂觀，會匈奴使者，外國君長，大角抵設樂而遣之。使長羅侯光祿大夫爲副，凡持節者四人，送少主至敦煌，未出塞。聞烏孫昆彌翁歸靡死，烏孫貴人共從本約，立岑陬子泥靡代爲昆彌，校尉常惠馳至烏孫，責讓不立漢外孫元貴靡爲昆彌，迎還少主。[46]

　　總之，根據劉敬策劃，以公主和親，嫁爲單于、昆彌之夫人〔后妻〕，生子，立爲太子，繼位爲單于、昆彌，讓「華夷、漢胡」的「翁婿關係」轉換成爲「表弟對表兄」，「外甥對舅父」，「外孫對外公」之中外皇室聯姻，然後走向「漸而臣之」的「天下一家」政局。不料，烏孫情勢突然由「願以漢外孫元貴靡爲嗣」，遽變爲「立岑陬子泥靡代爲昆彌」，導致漢公主所出之王子，頓時喪失繼承王位的機會，是爲漢朝預設「漸而臣之」之和親外交策略的一大挫折。

　　宣帝神爵二年（西元前60年），「匈奴日逐王先賢撣將人衆萬餘來降」，宣帝封爲歸德靖侯；又，「匈奴單于遣名王奉獻，賀正月，始和親」。[47]此時，漢朝已臻強大，和親既無屈辱之憾，況有助於天下安撫。不過，漢匈皇室之間，再三和親，雖可親上加親，以確認親善友好關係，但不無違反倫理與禮教之處。神爵四年，匈奴單于「遣弟呼留若王勝之來朝」。[48]五鳳二年（西元前56年），「冬十一月，匈奴呼邀累單于帥衆來降，封爲列侯」。[49]五

46 王欽若等編纂，周勛初等校訂，《冊府元龜》卷九百七十八，〈外臣部二十三‧和親〉，頁11320。

47 班固，《漢書》卷八，〈帝紀第八‧宣帝〉，神爵二年，頁15。

48 班固，《漢書》卷八，〈帝紀第八‧宣帝〉，神爵四年，頁16。

49 班固，《漢書》卷八，〈帝紀第八‧宣帝〉，五鳳二年，頁16。

鳳三年（西元前55年），匈奴在缺乏獨尊的領導中心下，爆發了五單于爭立事件。根據漢宣帝於五鳳三年三月行幸河東祠后土之詔書所載，稱：

> 往者，匈奴數為邊寇，百姓被其害，朕承至尊，未能綏安。匈奴虛閭權渠單于請求和親，病死。右賢王屠耆堂代立，骨肉大臣立虛閭權渠單于子為呼韓邪單于，擊殺屠耆堂諸王並自立，分為五單于，更相攻擊，死者以萬數，畜產大耗什八九，人民飢餓，相燔燒以求食。因大乖亂，單于關氏子孫昆弟及呼遬累單于名王又伊秩訾且渠當戶以下，將眾五萬餘人來降歸義，單于稱臣，使弟奉珍朝賀。五月，北邊晏然，靡有兵革之事。……置西河、北地屬國，以處匈奴降者。[50]

按宣帝五鳳年間，匈奴正式分裂為東西二部，東有呼韓邪單于，西有右賢王和屠耆單于，旋又於東西之間先後出現車犁單于和烏藉單于。其後，位居西北的呼揭王也自立為呼揭單于，於是形成五單于對峙局面。五單于之中，以呼韓邪單于最為壯大，在諸部相互攻戰兼併之餘，最後呼韓邪單于勝出，統一匈奴，建都於單于庭（庫倫）。惟因內戰死傷慘重，匈奴為之由盛而衰。匈奴分裂後，紛紛投靠漢朝，於是有左大將軍王定來降，受封為信成侯。單于關

---

50 班固，《漢書》卷八，〈帝紀第八·宣帝〉，五鳳三年，頁16-17。
   王欽若等編纂，周勛初等校訂，《冊府元龜》卷九百七十八，〈外臣部二十三·和親〉，頁11320。

氏子孫昆弟及呼邀累單于、名王等將衆五萬餘人叩關來降，均封爲列侯。單于對漢不但稱臣，而且派遣其弟奉珍朝賀。惟分裂後的匈奴，旋即又爆發政爭，情勢乃發展成爲呼韓邪單于與郅支單于相互攻伐之局。最後，郅支單于逐其兄呼韓邪單于自立，匈奴遂分裂爲二，一爲南匈奴，一爲北匈奴。五鳳四年（西元前54年），「匈奴單于稱臣，遣弟谷蠡王入侍」[51]；宣帝甘露元年（西元前53年）呼韓邪單于率部南下歸漢，是爲南匈奴。郅支單于則據漠北，採取與漢朝敵對的政策，是爲北匈奴。

甘露元年（西元前53年）「匈奴呼韓邪單于遣子右賢王銖婁渠堂入侍」；甘露二年（西元前52年）「匈奴呼韓邪單于款〔叩〕五原塞，願奉國珍朝」。甘露三年（西元前51年）正月，詔有司議行朝禮，先京師而後諸夏，先諸夏而後夷狄，於是匈奴單于鄉風慕義，舉國同心，奉珍朝賀，自古未之有也。單于非正朔所加，王者所容也，禮儀宜如諸侯王稱臣，昧死再拜，位次諸侯王下。詔曰：匈奴單于稱北藩，臣朝正月，朕之不逮德，不能弘覆，其以客禮待之，位在諸侯王上。[52]史載：

> 甘露三年春正月，（漢宣帝）行幸甘泉，匈奴呼韓邪單于稽侯狦來朝，贊謁稱藩臣而不名，賜以璽授、冠帶、衣裳、安車、駟馬、黃金、錦繡、繒絮。……詔單于毋〔拜〕謁，其左右當戶之群皆列觀，蠻夷君長王侯迎者數萬人夾道陳，上登渭橋，咸稱萬歲。單于就邸，置酒建章

51 班固，《漢書》卷八，〈帝紀第八・宣帝〉，五鳳三年，頁17。
52 班固，《漢書》卷八，〈帝紀第八・宣帝〉，五鳳三年，頁17-19。

宮，饗賜單于，觀〔示〕以珍寶。二月單于罷歸，遣長樂
衛尉高昌侯（等），將萬六千騎送單于，單于居幕南保光
祿城，詔北邊振穀食，郅支單于遠遁，匈奴遂定。[53]

　　至此，漢匈關係終於由「夫婦之邦」之「翁婿關係」、「表兄
對表弟」、「外甥對舅父」、「外孫對外公」的皇室間姻親關係，
走向叩關來降，稱臣接受冊封。此即「夫婦之邦」透過〈封貢體制
論〉，跨越「封貢線」，先上表，稱臣「朝貢」，然後接受「冊
封」，就此轉換成為宗藩體制的「君臣關係」（參見圖三，頁27）。

　　逮及元帝建昭三年（西元前36年）北匈奴為甘延壽、陳湯攻
滅，漢匈關係開始走向和平共存。從此匈奴轉為弱勢方，而漢朝則
變為強勢方，漢匈關係自此走向透過「和親」而收「漸而臣之」之
效的時期。元帝時，呼韓邪單于自言：願婿漢氏，以自親。帝以後
宮良家子王嬙字昭君賜單于。呼韓邪單于封昭君為寧胡閼氏，生伊
屠智牙師，是為右日逐王。及呼韓邪單于死，其前閼氏子代立，欲
妻昭君。「上書求歸，成帝敕令：從胡俗」，王昭君遂復為後單于
閼氏。[54]就中國禮教而言，妻君父群妾，是為亂倫，但在西域北荒
遊牧的胡俗，乃習以為常之事。成帝之後，哀帝繼位，在無敵國外
患下喪失危機意識，強大的前漢也因盛極而衰，逐步走向滅亡。

　　總結自漢高帝遣劉敬遠赴匈奴，雖許諾和親，但須先成為
「兄弟之邦」，然後建漢匈關係為「夫婦之邦」，以迄漢成帝和親

53　班固，《漢書》卷八，〈帝紀第八・宣帝〉，五鳳三年條，頁19。

54　王欽若等編纂，周勛初等校訂，《冊府元龜》卷九百七十八，〈外臣部二十三・和
　　親〉，頁11320-11321。

北匈奴圖謀「漸而臣之」之效的期間，漢朝雖曾一再強調「約分明而不食言」的「兄弟倫」倫理典範＝「有信」，但匈奴依然故我，一面不定時入寇以圖掠奪物資，一面尋求和親以謀尚漢公主，可謂巧取豪奪兼而有之。

　　另外，就華夷和親之禮教而言，自漢高祖以宗女為公主遠嫁匈奴冒頓單于，以迄漢元帝封王昭君為公主和親南匈奴，所有的和親公主都同樣會碰到華夷習俗禮教差異的文化衝突，即因北荒匈奴有子輩「妻群母」的習俗。漢公主遠嫁荒漠絕域，本為一傷；所嫁夫婿雖貴為單于、昆莫之妻妾，然而大都年老，言語不通，此為再傷；又遇單于崩逝，而非志願再嫁夫婿之子姪輩單于，得忍受家族亂倫之禮教衝突，與所受漢家儒學教化之文化價值產生衝突，此乃三傷；游牧與農耕之生活習俗截然不同，適應不易，此係四傷；和親公主於喪夫後，藉機「上書求歸」，然因事關華夷邦交，漢胡和平之成敗，無不受敕命「從胡俗」，以致再婚三婚，甚至四婚，有家歸不得，是為五傷；終身思念故鄉，望月興嘆，思鄉成病，此即六傷；終身肩負家國興亡重任，夫國為重？還是父國為主？是為七傷。以公主之尊，和親於大漠絕域，畢生為親善使節，較諸今日駐外大使，其外交貢獻與悲壯淒涼，及其心志之堅苦卓絕，遠遠超越當今使節，其使命絕非今日駐外大使所可比擬。翁主細君，居漢穹廬，望月思鄉，乃作悲歌，愁苦之情，難以言傳。

　　此外，以公主和親，嫁為匈奴單于之閼氏、烏孫昆彌之夫人或回紇可汗之可敦，因而形成「翁對婿」、「表兄對表弟」、「舅父對外甥」、「外孫對外公」之中外皇室聯姻，然後進謀「漸而臣之」的天下政局盤算，並非短期間所能達成。匈奴一面犯邊劫掠，一面遣使請婚，和親之後，復再請婚。在弱勢之下，漢朝只好親上

加親，形成惡性循環。總之，國力的強弱，影響到華夷和親的效果。敵強我弱，則華夷和親成爲一邊侵犯，一邊請婚，予取予求的對象，效果不彰。反之，我強敵弱，華夷和親才能扮演融合華夷的角色，達成漢胡一體，共存共榮的目的。

故對漢朝而言，這也算在前漢初期之和親外交策略的少算。惟在前漢中期，中國則因臥薪嘗膽，尋求圖強之道，且匈奴因分裂而淪爲弱勢。漢朝在和親外交之下，雖仍屢受劫掠，賠了夫人又折兵，但終能獲取經濟復甦、整軍經武的時間。在上一代之忍辱負重與經濟發展的累積下，漢武帝就成爲關鍵時期的關鍵人物，始收「漸而臣之」之功。直到漢宣帝之後，利用匈奴雪災內鬥，一面以強大國勢威迫匈奴，一面又以公主行華夷和親籠絡羈縻匈奴；又厚賂弱勢南匈奴使其內附，入朝貢獻，接受冊封，成爲漢朝內臣。因「華夷和親」結合夷狄「入貢受封」，中國與北狄終於逐漸形成「天下一家」，因此漢匈宗藩體制日漸成形。

綜上而言，和親雖有其不可磨滅之功，但僅能緩兵禍於一時，終非長久之策。根本之計，在於漢朝能否妥善運用因和親而取得的緩兵之機，利用獲取短暫和平之機，以圖自強，謀求制敵而不制於敵之道，藉此自強以求制敵，而非僅靠敵方分裂，坐收漁利，否則只能始終受制於人而不能制人。故弱勢國家徒依和親以謀自存，恐止於自取其辱。先圖自強以化弱爲強，然後結合和親以取得和平，進而獲取優勢，再力圖「天下一家」以求共存共榮，才是長久之計，根本之道。

又，「天下」所以能成爲「一家」，其實來自儒家擁有「不忍人之心」的歷史文化價值所致。漢章帝稱：「往者雖有和親之名，終無絲髮之效。境埆之人，屢嬰塗炭，父戰於前，子死於後。

弱女乘於亭障，孤兒號於道路。老母寡妻，設虛祭，飲涕泣，相望歸魂於沙漠之表，豈不哀哉！」[55]這雖是漢章帝鑒於自前漢以來所實施之和親政策，對其成效所做的總結與評價，其實這也是兩漢先有不忍人之心，而後有不忍人之政，終因奮發圖強，而獲「華夷一家」、「天下一家」之始也。

再就和親策略而言，歷經前漢二百餘年的考驗，雖亦有未盡理想之處，但當政者認為與其生民塗炭，不如與匈奴和親，暫時犧牲公主，以換取短暫和平，藉機與民休養生息，進而厚殖國力。故對弱勢國家而言，和親自然有其為存國、存祀、存民而憂的道理在於其中，而公主就成為「以一人為一國」之安危，達成使命的最佳先鋒。

55 王欽若等編纂，周勛初等校訂，《冊府元龜》卷九百七十八，〈外臣部二十三・和親〉，頁11322。

第三章
由弱轉強的後漢初年華夷和親

第一節　王莽篡漢後的天下情勢

前後漢之間，有王莽政權介於其間。王莽建國號曰新，立年號曰始建國。由於王莽利用五行相生說，埋石製造符命，稱：「火德銷盡，土德當代，皇天眷然，去漢與新。」[1]謂漢之火德已盡，新之土德已興，天命將傳位於新，乃順符命，去漢號，於始建國元年（西元9年）正月朔，以符命詐立，並篡漢建新，創朝改元。既稱受命於天，乃改正朔，易服色、更稱號，以示「王者改制」之意。又，因食古不化，以為若只因襲前制而無所改，是與前朝無別。加上，他懷有強烈的華夷位階意識，但缺乏華夷一家的包容思想，甚至採取華夷差別政策以待四鄰，尤其是執迷於「天無二日，土無二王」之說，乃有廢中國諸侯與四鄰屬藩的王爵之舉，稱：

> 天無二日，土無二王，百王不易之道也。漢氏諸侯或稱王，至於四夷亦如之，違於古典，繆於一統。其定諸侯王

---

[1] 班固，《漢書》卷九十九中，〈列傳第六十九中‧王莽〉，頁9。

之號皆稱公，及四夷僭號稱王者皆更爲侯。[2]

王莽無視於秦始皇早已採用「帝號」以代「王號」，王爲帝之臣下，自無庸贅述。然而王莽卻仍極力貶抑天下諸侯與四夷名號，企圖恢復「公侯伯子男」五等爵制，遂貶漢氏諸侯之王號爲公，貶四夷稱王者皆更爲侯。新政所及，「普天之下，迄于四表，靡所不至。其東出者，至玄菟、樂浪、高句驪、夫餘；南出者，踰徼外，歷益州，貶句町王爲侯；西出者，至西域，盡改其王爲侯；北出者，至匈奴庭，授單于印，改漢印文，去璽曰章」，於是匈奴「單于大怒，而句町、西域後卒以此皆畔。」[3] 又，貶四夷名號，乃「更名匈奴單于曰降奴服于。……更名高句驪爲下句驪，佈告天下，令咸知焉。於是貉人愈犯邊，東北與西南夷皆亂。」[4] 其中，關於中國與西域之往來，始於「漢氏初開西域，有三十六國，其後分立五十五王，置校尉、都護以撫之，王莽篡位，西域遂絕。」[5] 總之，王莽於開國之初，即因秕政紛陳，以致亂象叢生，四夷皆叛。

　　秕政之中，又以授單于印，改漢印文，去璽曰章之行事，最無章法。當時，五威將王駿曾率陳饒諸將至匈奴，改漢朝「匈奴單于璽」爲新朝「新匈奴單于章」。有謂單于曰：「未見新印文，宜且勿與」，五威將命「故印紱當以時上」，單于遂奉上故印。惟陳

2　班固，《漢書》卷九十九中，〈列傳第六十九中‧王莽〉，頁4。

3　班固，《漢書》卷九十九中，〈列傳第六十九中‧王莽〉，頁11。

4　班固，《漢書》卷九十九中，〈列傳第六十九中‧王莽〉，頁13-20。

5　李延壽，《北史》卷九十七，〈列傳第八十五‧西域‧悅般〉，（台北：鼎文書局，1980年），頁3205。

饒見單于起疑，必求其故印，乃謂五威將曰：「既得而復失之，辱命莫大焉，不如椎破故印，以絕禍根，……即引斧椎壞之。」翌日，匈奴果求故印，將率示以椎破故印，謂：「新室順天制作，故印隨將率所自為破壞，單于宜承天命，奉新室之制」[6]，遂貶天下諸侯之「王號」為「侯爵」，抑「王璽」為「侯章。」[7]於是，以南匈奴為首，屬藩紛告叛變。由此可知，治國平天下，「貶」不如「封」。不久，天下大亂，群雄並起。地皇四年（23年），新朝僅歷15年，旋告滅亡。最後，出身河南南陽的劉邦九世孫劉秀兄弟，起兵收拾殘局。

第二節　光武中興後的天下政局

建武元年（25年），劉秀統一天下，建國號曰漢，是為後漢光武帝，史稱「光武中興」。後漢開國之初，因上承王莽新朝亂局，方平諸夏，國力亟待充實，故光武帝時，「以中國初定，未遑外事。」[8]此時，以統一中國，開創新局為重，至於經營匈奴，尚力有未逮。不過，劉秀因以後漢繼承前漢成為正統，故匈奴既一面遣使貢獻，也一面不時入寇，形成叛服無常的局面。此時，光武帝為了安撫匈奴，承襲前漢，降嫁公主以和親，採「夫婦倫」之倫理以規範匈奴，亦屬可行策略。不過，此時的後漢國際情勢，迥異於

6　班固，《漢書》卷九十四下，〈列傳第六十四下・匈奴〉，頁16-17。

7　鄭雯馨，《王莽的經學與政治》，（新北市：花木蘭文化出版社，2012年），頁75-115。

8　范曄，《後漢書》卷一下，〈帝紀第一下・光武下〉，（台北：中華書局，1965年），頁13。

前漢盛世。《冊府元龜》稱：光武建武中，戍邊之上谷太守王霸上書，言：「宜與匈奴結和親。」[9]首先爲後漢公主和親匈奴，建立「夫婦之邦」的雙邊關係，揭開序幕。

　　建武六年（30年），光武帝始令歸德侯劉颯使匈奴，匈奴亦遣使來獻，漢復令中郎將韓統報命，「賂遺金幣，以通〔和親〕舊好，而單于驕踞，自比冒頓，對使者辭語悖慢，帝待之如初。」[10]然因匈奴數侵北邊，乃於建武九年「遣大司馬吳漢等擊之，經歲無功，而匈奴轉盛，鈔〔掠〕暴日增。」[11]及十年春正月，漢大司馬吳漢率捕虜將軍王霸等五將軍擊賈覽於高柳，匈奴則遣騎救賈覽，諸將與戰，卻之。因此，光武帝又於建武十三年二月，遣捕虜將軍馬武屯滹沱河以備匈奴，然匈奴又於五月寇河東，漢不能禁，於是徙幽並邊人於常山關、居庸關以東。匈奴左部遂復轉居塞內，朝廷患之，增派沿邊兵郡數千人，大築亭候，修烽火。翌年春，匈奴遣使奉獻，光武帝也使中郎將報命。二十年五月，匈奴一寇上黨、天水，遂至扶風；十二月，匈奴再寇天水。二十一年多，匈奴又寇上谷、中山，殺略鈔掠甚重，北邊無復寧歲。[12]一寇、再寇、又寇，無異不時入寇。

　　考匈奴自前漢宣帝時，由於政爭決裂，遂分裂爲郅支單于與呼韓邪單于二大系統。郅支單于居漠北，與漢朝對抗，故稱北匈奴；

9　王欽若等編纂，周勛初等校訂，《冊府元龜》卷九百七十八，〈外臣部二十三・和親〉，頁11321。

10　范曄，《後漢書》卷一百十九，〈列傳第七十九・南匈奴〉，頁1-2。

11　范曄，《後漢書》卷一百十九，〈列傳第七十九・南匈奴〉，頁2。

12　范曄，《後漢書》卷一下，〈帝紀第一下・光武下〉，頁5-13；〈列傳第七十九・南匈奴〉，頁2。

呼韓邪單于居漠南，故稱南匈奴，因叩關入塞，稱臣受封，既爲漢朝守邊，也受漢朝保護。這是擁大漠南北的匈奴，因爭奪大單于寶座而引發政爭，最終分裂爲南北兩匈奴。南匈奴於王莽篡漢建新時，雖無罪卻遭貶王爲侯，貶璽爲章，遂叛新朝。光武帝初年，因方平諸夏，不遑外事，致南匈奴得以乘隙不時入寇。

　　根據《後漢書》所載，南匈奴逐鞮單于比者，乃呼韓邪單于之孫，烏珠留若鞮之子。自呼韓邪單于降漢後，「諸于以次立爲單于」，至比季父單于輿之時以比爲右薁鞬日逐王部，領南邊及烏桓。初單于之弟，也是王昭君之子右谷蠡王伊屠知牙哥，「以次」當上左賢王，乃單于儲副，惟單于欲傳位其子，遂殺知牙哥。日逐王比見知牙哥被誅，出怨言曰：以兄弟言之，右谷蠡王當立；以子言之，我前單于長子，我當立，遂內懷猜懼。單于疑之，乃遣兩骨都侯監領比所部之兵。建武二十二年（46年），單于輿死，子左賢王立爲單于，復死，弟左賢王蒲奴立爲單于，比不得立，既懷憤恨，而匈奴中連年旱蝗，赤地數千里，草木盡枯，人畜飢疫，死耗大半，單于畏漢乘其敝，乃遣使詣漁陽求和親。[13] 於是，光武帝「遣中郎將李茂報命，而比密遣漢人郭衡奉匈奴地圖。」[14] 建武二十三年（47年），匈奴薁鞬日逐王比率部曲，遣使「詣西河太守，求內附」。[15] 單于欲誅日逐王，比以所主南邊八郡眾四五萬待之，單于則遣萬騎擊之，見比眾盛不敢進而還。

　　二十四年春，匈奴「八部大人共議立比爲呼韓邪單于，以其

---

13 范曄，《後漢書》卷一百十九，〈列傳第七十九・南匈奴〉，頁1-3。

14 范曄，《後漢書》卷一百十九，〈列傳第七十九・南匈奴〉，頁3。

15 范曄，《後漢書》卷一百十九，〈列傳第七十九・南匈奴〉，頁3。

大父〔祖父〕嘗依漢得安，故欲襲其號。於是款五原塞，願永爲藩蔽，扞禦北虜。帝……乃許之。」[16]冬十月，「匈奴薁鞬日逐王比自立爲南單于，於是分爲南北匈奴。」[17]自此，匈奴分爲南匈奴與北匈奴。其中，留在漠南的南匈奴，不但叩關稱臣內附，而且願永居北邊以衞漢。二十五年春，南單于（呼韓邪單于）比遣弟左賢王莫，將兵萬餘擊北單于弟薁鞬左賢王，生獲之。又遣其左賢王率烏桓〔兵〕破北單于帳下，「卻地千餘里」，並得其衆馬匹牛羊，北單于震怖，「北徙，幕南（漠南）地空。」[18]南單于更「遣使詣闕貢獻，奉蕃稱臣」。三月，「南單于遣子入侍。」[19]此次政爭的分裂，乃是南匈奴＝呼韓邪匈奴本身因爭奪單于地位而爆發的分裂。起因於第二代呼韓邪單于兄弟依次繼位的季父單于，基於私心，不顧單于繼位傳統而引爆政爭，遂分裂爲南北兩匈奴。

　　情勢發展至此，天下大勢已完全改觀。敗北的北匈奴單于北遁，勝出的南匈奴單于則稱臣入貢，因此漢光武帝以北邊安泰無戰事，「詔罷諸邊郡亭候吏卒」[20]，以示天下太平。在天下形勢驟變下，匈方請和親，漢方則報聘。從此，漢匈又開始踏入宗藩關係，以「夫婦之邦」的形式，接受「夫婦倫」之「愛屋及烏」典範的倫理規範。後漢天下開始由華夷對抗邁向胡代漢守邊防，漢則對匈奴負起「興滅繼絕」之責，衞護其家國安全。此時，南匈奴實已透過

---

16 范曄，《後漢書》卷一百十九，〈列傳第七十九・南匈奴〉，頁3。

17 范曄，《後漢書》卷一下，〈帝紀第一下・光武下〉，頁14-15。

18 范曄，《後漢書》卷一下，〈帝紀第一下・光武下〉，頁16；〈列傳第七十九・南匈奴〉，頁3。

19 范曄，《後漢書》卷一下，〈帝紀第一下・光武下〉，頁15。

20 范曄，《後漢書》卷一下，〈帝紀第一下・光武下〉，頁14。

〈封貢體制論〉，跨越「圖三」的「封貢線」，形成漢匈君臣關係，並受其倫理典範的規範。

　　光武帝為安頓南匈奴，乃先復封南單于，並於建武二十六年（50年）「遣中郎將段郴授南單于璽綬，令入居雲中，始置使匈奴中郎將，將兵衛護之。南單于遣子入侍，奉奏詣闕。於是雲中、五原、朔方、北地、定襄、鴈門、上谷、代，八郡民歸於本土。遣謁者，分將施刑，補理城郭。發遣邊民在中國者，布還諸縣，皆賜以裝錢，轉輸給食。」[21]此時，南匈奴已確實回歸中華世界。

　　是年冬，南單于因與北單于交戰不利，光武帝「復詔單于徙居西河美稷，因使中郎將段郴及副校尉王郁留西河擁護之，為設官府、從事、掾史。令西河長史歲將騎二千，弛刑五百人，助中郎將衛護單于，冬屯夏罷。自後以為常，及悉復緣邊八郡，南單于既居西河，亦列置諸部王，助為扞戍。」[22]此即所謂預防性類《中華世界秩序原理》之〈興滅繼絕論〉[23]，一面令內徙戍邊，一面就近出兵援助，以明宗藩間之權利與義務。因此，叩關來朝的南匈奴呼韓邪單于，既能保存原有的生活方式，也能於漠北匈奴率騎來侵之時得獲中國就近援護之義。

　　由於漢朝與南匈奴結為一體，於是北單于惶恐，頗還所略漢人，以示善意，並於建武二十七年（51年），「遣使詣武威求和親」，天子召公卿廷議，不決。皇太子建言，曰：「南單于新附，

---

21 范曄，《後漢書》卷一下，〈帝紀第一下・光武下〉，頁15-16。

22 范曄，《後漢書》卷一百一十九，〈列傳第七十九・南匈奴〉，頁5。

23 張啟雄，〈論清朝中國重建琉球王國的興滅繼絕觀——中華世界秩序原理之一〉，《第二回琉中歷史關係國際學術會議報告・琉中歷史關係論文集》，（那霸：琉中歷史關係國際學術會議實行委員會，1989），頁495-520。

北虜懼於見伐，故傾耳而聽，爭欲歸義耳。今未能出兵而反交通北虜，臣恐南單于將有二志，北虜降者且不復來矣」。光武帝以爲是，乃告武威太守，勿受其使。[24]從此，後漢對北匈奴，開始走向強勢外交，主導漢匈天下政局的變化。

　　建武二十八年（52年），「北匈奴復遣使詣闕貢馬及裘，更乞和親，並請音樂，又求率西域諸國胡客與俱獻見。」[25]光武帝爲求酬答之宜，乃下三府（太尉、司徒、司空）研議。司徒掾班彪盱衡天下大勢，於是引用對匈奴有深刻認識的漢宣帝勅語，上奏稱：「臣聞孝宣皇帝勅邊守尉曰：匈奴大國多變詐，交接得其情則卻敵折衝，應對入其數則反爲輕欺。今北匈奴見南單于來附，懼謀其國，故數乞和親，又遠驅牛馬與漢合市，重遣名王，多所貢獻。斯皆外示富強以相欺誕也。臣見其獻益重，知其國益虛，歸親愈數，爲懼愈多。然今既未獲助南，則亦不宜絕北，羈縻之義，禮無不答，謂可頗加賞賜，略與所獻相當；明加曉告，以前世呼韓邪、郅之行事。」[26]因此，乃針對北單于妥擬草稿上呈，其內容計分三大項，如次：

24　范曄，《後漢書》卷一百十九，〈列傳第七十九・南匈奴〉，頁5。
　　王欽若等編纂，周勛初等校訂，《冊府元龜》卷九百七十八，〈外臣部二十三・和親〉，頁11321。
　　范曄，《後漢書》卷一百十九，〈列傳第七十九・南匈奴〉，頁5。

25　范曄，《後漢書》卷一百十九，〈列傳第七十九・南匈奴〉，頁5-6。
　　王欽若等編纂，周勛初等校訂，《冊府元龜》卷九百七十八，〈外臣部二十三・和親〉，頁11321。

26　范曄，《後漢書》卷一百十九，〈列傳第七十九・南匈奴〉，頁6。
　　王欽若等編纂，周勛初等校訂，《冊府元龜》卷九百七十八，〈外臣部二十三・和親〉，頁11321。

(一) 引前漢懲郅之而獎呼韓邪以用古喻今

　　單于不忘漢恩追念先祖舊約，欲修和親以輔身安國，計議甚高，為單于嘉之。往者，數有乖亂，呼韓邪、郅之自相讎隙，並蒙孝宣皇帝垂恩救護，故各遣侍子稱藩保塞。其後，郅之忿戾自絕皇澤而呼韓附親忠孝彌著，及漢威郅之遂保國傳嗣子孫相繼。今南單于攜眾向南款塞歸命，自以呼韓嫡長次第當立，而侵奪失職猜疑相背，數請兵將歸埽北庭，策謀紛紜，無所不至，唯念斯言不可獨聽。又以北單于比年貢獻，欲修和親，故拒而未許〔掃北〕，將以成〔北〕單于忠孝之義。[27]

(二) 天子無私獎順誅叛以利率同西域來朝

　　漢秉威信，總率萬國，日月所炤，皆為臣妾，殊俗百蠻，義無親疏，服順者褒賞，叛逆者誅罰。善惡之效，呼韓郅支是也。今（北）單于欲修和親，款誠已達，何嫌而欲率西域諸國俱來獻見，西域諸國屬匈奴，與屬漢何異？[28]

(三) 以兵器代竽瑟諷喻北單于以戰攻為務

　　單于數連兵亂，國內虛耗，貢物裁以通禮，何必獻馬裘？今齎雜繒五百匹，弓鞬韇丸一，矢四發，遣遺單于。……單于前言先帝時所賜呼韓邪竽、瑟、空侯皆敗，願復裁賜。念單于國尚未安，方厲武節，以戰攻為務，竽瑟之用，不如良弓利劍，故未以齎

---

27 范曄，《後漢書》卷一百十九，〈列傳第七十九‧南匈奴〉，頁6。
　　王欽若等編纂，周勛初等校訂，《冊府元龜》卷九百七十八，〈外臣部二十三‧和親〉，頁11321。
28 范曄，《後漢書》卷一百十九，〈列傳第七十九‧南匈奴〉，頁6。
　　王欽若等編纂，周勛初等校訂，《冊府元龜》卷九百七十八，〈外臣部二十三‧和親〉，頁11321。

〔贈〕。朕不愛小物，於單于便宜所欲，遣譯以聞。[29]

　　歸納言之，北單于的為今之計，應以前漢郅之單于之行事乖戾為戒，宜以南單于為榜樣，迅速款塞歸命，稱臣受封，則兵威不加，保國傳嗣，可盡忠孝之義。光武帝以班彪酬答得宜，悉納從之。惟其中有必須特別提及者，乃光武帝所謂：「北單于比年貢獻，欲修和親，……以成單于忠孝之義。」何謂成單于忠孝之義，蓋漢匈和親之後，即成「翁婿之邦」，加上「比年貢獻」，若再「稱臣受封」，則漢匈二國就形成「君臣之邦」＋「父子之邦」的君父臣子關係。公主就是女兒，故婿為半子。君臣間的倫理典範，就是「忠」；父子間的倫理典範，就是「孝」，是故北匈奴單于對後漢皇帝所應盡的倫理典範，誠如圖三「封貢線」所示，就是「忠孝之義」，雙方既應盡「父子之邦」的倫理，也該盡「君臣之邦」的倫理。

　　建武二十九年（53年），賜南單于羊數萬頭，[30]以獎勵忠孝之義。三十一年，居弱勢的北單于，「復遣使如前，欲修和親，〔光武帝〕乃璽書報答，賜以綵繒，不遣使者」。[31]此時，光武帝既賜與綵繒，加以鼓勵：但仍拒和親，拒派使節回聘，以示北單于仍未達與大國和親的基準，甚至稍降外交禮儀，以示薄懲。換句話說，北匈奴雖仍頑強，但漢光武帝已有足夠的實力制衡北單于，可以依

---

29 范曄，《後漢書》卷一百十九，〈列傳第七十九‧南匈奴〉，頁6。
　　王欽若等編纂，周勛初等校訂，《冊府元龜》卷九百七十八，〈外臣部二十三‧和親〉，頁11321。

30 范曄，《後漢書》卷一百十九，〈列傳第七十九‧南匈奴〉，頁7。

31 王欽若等編纂，周勛初等校訂，《冊府元龜》卷九百七十八，〈外臣部二十三‧和親〉，頁11321。

據自己的立國原則拒絕和親，拒絕派使報聘，做為懲罰，以資督促北單于反省警惕。

第三節　強弱異勢下的漢匈華夷和親

明章時期，承光武之後，國勢蒸蒸日上，為東漢盛世。此時，北匈奴勢力猶盛，數寇邊，朝廷引以為憂。匈奴寇邊的意義，在於想從長城內部農耕民族取得生活所缺的物資。同樣的，互市也可以透過交易，以有易無，雙方互惠取得生活所需，故《後漢書》再三記載：「北匈奴復遣使詣闕，貢馬及裘，更乞和親，並請音樂」[32]、「今北匈奴見南單于來附，懼謀其國，故數乞和親，又遠驅牛馬與漢合市」[33]、「北匈奴猶盛，數寇邊，朝廷以為憂。會北單于欲合市，遣使求和親。」[34]和親與合市（互市）皆匈奴所欲，而且期待魚與熊掌兼得。其中，和親是遊牧民族的結盟方式，也是國家的安全保障與提升天下地位的象徵，當然交叉應用兩種手段也都成為中國羈縻攏絡遊牧民族的有用手段。

永平五年（62年）冬，北匈奴六七千騎入于五原塞，遂寇雲中，至原陽，南單于擊卻之。[35]明年，「北匈奴猶盛，數寇邊，朝廷以為憂。會北單于欲合市，遣使求和親。顯宗冀其交通，不復為寇，乃許之」。[36]明帝謀透過邊市貿易提供匈奴生活資源和透過華

---

32 范曄，《後漢書》卷一百十九，〈列傳第七十九・南匈奴〉，頁5。

33 范曄，《後漢書》卷一百十九，〈列傳第七十九・南匈奴〉，頁6。

34 范曄，《後漢書》卷一百十九，〈列傳第七十九・南匈奴〉，頁7。

35 范曄，《後漢書》卷一百十九，〈列傳第七十九・南匈奴〉，頁7。

36 范曄，《後漢書》卷一百十九，〈列傳第七十九・南匈奴〉，頁7。

夷和親以羈縻攏絡北單于，不再寇邊劫掠，因此同意漢匈和親。惟當朝議復欲遣使北匈奴時，適甫自匈奴返京的鄭眾諫曰：「伏聞北單于所以要致漢使者，欲以離南單于之眾，堅三十六國之心也。又當揚漢和親，誇示鄰敵，……漢使既到，便偃蹇自倨。若復遣之，……南庭動搖，烏桓有離心矣。南單于久居漢地，具知形勢，萬分離析，旋為邊害，今幸有度遼之眾，揚威北垂，雖勿報答，不敢為患。惟明帝不從。」[37] 可見，明帝既然已同意和親，漢與北匈奴即為「夫婦之邦」，當恪守其「夫婦倫」之倫理典範，非不得已，絕不輕信北單于所以「要致漢使者」，乃「欲以離南單于之眾」，讓漢與南匈反目。若不輕信謠言，則明帝須有智慧以防患未然，才不至於置漢朝於危險之境。此次和親，因北匈奴違背倫理，棄信背義，遂成後漢—北匈間的「末次和親」。末次和親後，漢匈即逐步邁入一決雌雄的決戰階段。

　　永平八年（65年）明帝果然遣越騎司馬鄭眾北使報命，而南部須卜骨都侯等知漢與北虜交使，懷嫌怨欲畔，密通北使，令遣兵迎之。鄭眾出塞，疑有異，伺候果得須卜使人，乃上言宜更置大將，以防二虜交通，由是始置度遼營防之。[38] 不過，因北單于不能謹守雙方和親之誼，於同年秋，果然遣二千騎候望朔方，欲迎南匈奴畔者，以漢有備，乃引去，復數寇抄略邊郡，焚燒城邑，殺略甚眾，河西城門晝閉，帝患之。[39] 此即，明帝所以又於永平十六年（73年）「大發緣〔沿〕邊兵，遣諸將，四道出塞，北征匈

---

37 王欽若等編纂，周勛初等校訂，《冊府元龜》卷九百七十八，〈外臣部二十三・和親〉，頁11321-11322。

38 范曄，《後漢書》卷一百十九，〈列傳第七十九・南匈奴〉，頁7-8。

39 范曄，《後漢書》卷一百十九，〈列傳第七十九・南匈奴〉，頁8。

奴」[40]，派軍四路出擊北匈奴，且連年用兵追擊北匈奴，而竇固、
耿忠更遠征北至天山一帶，並奪取伊吾（新疆哈密）。

　　章帝元和元年（84年），武威太守孟雲上言：「北單于復願
與吏人合市，詔書：聽〔孟〕雲遣驛〔譯〕使迎呼慰納之。北單于
乃遣大且渠伊莫訾王等，驅牛、馬萬餘頭來與漢賈〔商〕客交易。
諸王大人或前至所在郡縣為設官邸，賞賜待遇之。」[41]元和二年
（85年）正月，北匈奴大人車利、涿兵等亡命前來入塞。此時，
北匈奴已衰耗，黨眾離畔，南部〔郡〕攻其前，丁零寇其後，鮮
卑擊其左，西域侵其右，不復自立，乃遠引而去。[42]北匈奴既已耗
弱，又四面受敵，在屋漏偏逢連夜雨的情況下，於是部分族群開始
西遷，敗象已露。

　　同年冬，武威太守孟雲復上言：「北虜以前既和親，而南部
〔郡〕復往鈔略。北單于謂漢欺之謀，欲犯塞，謂宜還南〔郡〕所
掠生口，以慰安其意。」[43]章帝從大僕袁安議，許之，乃下詔曰：

> 昔獫狁、獯粥之敵中國，其所由來尚矣。往者雖有和親之
> 名，終無絲髮之效。境埸之人，屢嬰塗炭。父戰於前，子
> 死於後，弱女乘於亭障，孤兒號於道路。老母寡妻設虛
> 祭，飲泣淚，想望歸魂於沙漠之表，豈不哀哉！傳曰：
> 「江海所以能長百川者，以其下之也。」少加屈下，尚何
> 足病，況今與匈奴君臣分定，辭順約明，貢獻累至，豈宜

---

40 范曄，《後漢書》卷一百十九，〈列傳第七十九・南匈奴〉，頁8。
41 范曄，《後漢書》卷一百十九，〈列傳第七十九・南匈奴〉，頁8-9。
42 范曄，《後漢書》卷一百十九，〈列傳第七十九・南匈奴〉，頁9。
43 范曄，《後漢書》卷一百十九，〈列傳第七十九・南匈奴〉，頁9。

> 違信，自受其曲。其勅度遼及領中郎將龐奮倍，雇南郡生
> 口以還北虜，其南部斬首獲生，計功受賞如常科。[44]

可見，章帝是謹守漢匈君臣名分論者，因爲深信「君君，臣臣」，只有各守本分，天下才能太平。據此，章帝下詔表示，今漢匈「君臣分定」，匈奴「貢獻累至」，故漢豈宜違信，君豈可侵略臣，父豈可侵略子，夫豈可侵略婦，乃下令南郡歸還北匈奴牲口，戰功照賞。因章帝是位明理守信，賞罰分明，恪守「五倫天下關係」之倫理典範的明君，故華夷天下秩序因之得以圓融進行。

　　章帝章和元年（87年），鮮卑入左地擊北匈奴，大破之，斬優留單于，北庭大亂。[45]章和元年，北匈奴因大亂，加上饑蝗，降者前後湧至。南單于將并北庭，會章帝崩，和帝立，竇太后臨朝。南單于奏請「出兵討伐，破北成南，並爲一國，令漢家長無北念」，太后從之。[46]不久，北匈奴又不時寇邊劫掠，漢朝不再容忍，決定趁北匈奴耗弱之際，澈底展開反擊。和帝永元元年（89年），以耿秉爲征西將軍與車騎將軍竇憲率騎兵、度遼兵以及南單于衆三萬騎，「出朔方，擊北虜，大破之。北單于奔走，首虜二十餘萬人。」[47]永元二年春，「南單于復上求滅北庭」，於是遣左谷蠡王師子等將左右二部，各引輕兵兩道襲之，西繞天山，南度

---

44 范曄，《後漢書》卷一百十九，〈列傳第七十九・南匈奴〉，頁9。
　　王欽若等編纂，周勛初等校訂，《冊府元龜》卷九百七十八，〈外臣部二十三・和親〉，頁11322。
45 范曄，《後漢書》卷一百十九，〈列傳第七十九・南匈奴〉，頁9。
46 范曄，《後漢書》卷一百十九，〈列傳第七十九・南匈奴〉，頁9-11。
47 范曄，《後漢書》卷一百十九，〈列傳第七十九・南匈奴〉，頁11。

甘微河後，二軍會師，在金微山（阿爾泰山）「夜圍北單于，大驚，被創墯馬，復上，將輕騎數十遁走，僅而免脫，得其玉璽，獲閼氏」，大勝而還。永元三年，北單于復為右校尉耿夔所破，率部沿伊犁河逃往烏孫和康居，史稱「率部逃亡，不知所在。」[48]其弟「右谷蠡王於除鞬乃自立為單于，遣使款塞」，大將軍竇憲上書，「立於除鞬為北單于，朝廷從之。」永元四年，遣耿夔，「授璽綬，賜玉劍四具，羽蓋一駟，使中郎將任尚持節衛護屯伊吾，如南單于故事。」永元五年（93年），「於除鞬自畔還北，帝遣將兵斬之。」[49]在竇太后與和帝的大戰略規劃下，原擬以南匈奴為後漢守北邊，北匈奴為後漢守西邊，因漢匈共存共榮而中土得以安居樂業，豈料北單于於除鞬旋叛漢還北，乃在叛服無常的顧慮下遣兵將斬之，因此後漢朝廷的廟算遂付諸東流。

　　《後漢書》綜其事蹟，論曰：「命竇憲、耿夔之徒，前後並進，皆用果譎，設奇數，異道同會，究掩其窟穴，躡北追奔三千餘里，遂破龍祠，焚罽幕，阬十角，梏閼氏，銘功封石，倡呼而還。單于震懾，屏氣蒙氈，遁走於烏孫之地，而漠北空矣。」[50]漠北之所以為之一空，蓋北匈奴西遷所致。

　　北匈奴西遷至何處？根據史料記載，乃分階段西遷，首先北

48 范曄，《後漢書》卷一百十九，〈列傳第七十九・南匈奴〉，頁12。
　　林幹，《匈奴史》，（北京：人民出版社，2010年），頁107。
　　馬長壽曾提及北匈奴單于偕數騎逃入康居，而非不知其所終。
　　馬長壽，《北狄與匈奴》，（桂林：廣西師範大學出版社，2006年），頁39。
49 范曄，《後漢書》卷一百十九，〈列傳第七十九・南匈奴〉，頁12。
　　林幹，《匈奴史》，頁107。
50 范曄，《後漢書》卷一百十九，〈列傳第七十九・南匈奴〉，頁21。

單于乃率餘眾度金微山（阿爾泰山），然後遁走於烏孫之地，其三則越過烏孫，率主力西遁於康居，而將老弱殘兵留置於龜茲北部。根據《北史》〈西域傳〉記載，北匈奴「爲漢車騎將軍竇憲所逐，北單于度金微山，西走康居；其羸弱不能去者，住龜茲北。」[51]可見，北單于雖敗，但餘力仍存。不過，從此漢匈的決鬥場域，已不在大漠南北或河西走廊，而開始轉移到西域中亞地區。

惟此時，北匈奴之國力已不能與後漢相提並論，何況東漢已熟知其戰力與習性，故百戰不殆。北單于雖仍桀驁不馴，但其國力已衰微不振，或只能循南單于故事，稱臣朝貢，受冊封，接璽綬，建立後漢與北匈奴之間的宗藩君臣關係。

永元十六年（104年），北匈奴因連年戰敗乃故技重施，於是北單于「遣使詣闕貢獻，願和親，修呼韓邪故約」，和帝「以其舊禮不備，未許之，而厚加賞賜，不答其使」。[52]和帝元興元年（105年），北單于「重遣使，詣敦煌貢獻，辭以國貧未能備禮，願請大使，當遣子入侍。」[53]即天子若降大使至國，即遣子隨大使入侍。其實，北單于重遣使貢獻或遣子隨大使入侍，皆是敷衍漢廷的緩兵之計，漢廷對其反覆無常，豈有不知之理，故當時秉政的「鄧太后臨朝，亦不答其使，但加賜而已。」[54]關於漢匈和親之婚聘禮節，其實早在前漢武帝之時即已訂下「必先內聘，然後遣女」的先聘後婚規定，故乞求和親卻以「國貧未能備禮」爲辭，實乃心

51 李延壽，《北史》卷九十七，〈列傳第八十五・西域・悅般〉，頁3219。

52 范曄，《後漢書》卷一百十九，〈列傳第七十九・南匈奴〉，頁14。

53 范曄，《後漢書》卷一百十九，〈列傳第七十九・南匈奴〉，頁14。

54 王欽若等編纂，周勛初等校訂，《冊府元龜》卷九百七十八，〈外臣部二十三・和親〉，頁11322。

不誠所致。

安帝永初三年（109年）夏，漢人韓琮說南單于〔檀〕云：「關東水潦，人民飢餓死盡，可擊也。」單于信其言，遂起兵反畔。冬，遣行車騎將軍何熙、副中郎〔將〕龐雄擊之。四年春，檀遣千餘騎寇常山、中山，以西域校尉梁慬行度遼將軍與遼東太守耿夔擊破之。單于見諸軍並進，大爲恐怖，乃遣使乞降，許之。單于脫帽徒跣，對龐雄等拜陳，道死罪。於是赦之，遇待如初。[55]及桓帝延熹元年（158年），竟然連向稱恭順的「南單于諸部並叛，以張奐爲北中郎將討之，單于諸部悉降。奐以單于〔居車兒〕不能統理國事，乃拘之，上〔書〕立左谷蠡王。」桓帝詔曰：「春秋大居正〔登位〕，居車兒一心向化，何罪而黜，其遣還庭。」[56]由是觀之，即如，長年與漢和親並備受禮遇的南匈奴單于或其轄下諸部，亦有乘機反叛之時。可見，和親雖是有效的羈縻政策，但並非有求必應的萬靈丹，故每當國力不繼或倫理價值與利害關係相衝突之時，可能就是和親有時而窮之際。綜上言之，後漢雖力能擊潰北匈奴，北匈奴也不斷西遷以避難，但當其元氣恢復之時，卻又憑其騎兵的機動力，不時犯邊劫掠。因此，後漢朝廷爲示薄懲，只好持續採取「不許和親，不答其使，但厚加賞賜」的鞭飴並進政策。

第四節　經略西域以制北匈奴

匈奴由於鄰接西域諸國，所以對西域頗具影響力。東漢若圖

---

55 范曄，《後漢書》卷一百十九，〈列傳第七十九・南匈奴〉，頁14-15。
56 范曄，《後漢書》卷一百十九，〈列傳第七十九・南匈奴〉，頁16。

以腹背挾制北匈奴，則須爭西域。然北匈奴既敗，何以仍須爭西
域？蓋爲了與遁入西域的北匈奴一決勝負，以澈底解決匈奴劫持西
域寇邊的問題。永平十六年（73年），明帝命將帥北征匈奴，取
伊吾（哈密）盧地，置宜禾都尉以屯田，遂通西域，于寘諸國皆遣
子入侍。章帝建初元年（76年）春，酒泉太守段彭大破車師於交
河城。惟章帝不欲疲敝中國以事夷狄，乃迎還戊己校尉，不復遣都
護，二年復罷屯田伊吾，匈奴因此得以遣兵守伊吾地。當時，軍司
馬班超留守于寘，綏集諸國。

　　和帝永元元年（89年），遣大將軍**竇憲**大破匈奴；二年，**竇
憲**遣副校尉掩擊伊吾破之；三年，班超遂定西域，因以班超爲都
護，居龜茲（庫車），復置校尉，領兵分居車師前部與車師後部。
除在西域設置都護外，也採取在駐紮地與河西走廊就地徵調兵丁以
抗外來侵寇，用以維繫內陸邊疆安全與天下秩序的政策，此即採
〈不完全以不治治之論〉＝〈不完全實效管轄領有論〉之治道以管
轄天下四夷的理論。就中國之《天下秩序原理》而言，這是漢朝在
國境之外，爲了羈縻天下歸屬漢朝之氏族藩邦而統治夷狄的劃時代
大改變，乃開唐朝在北荒西域普設羈縻府州，遣派刺史持節統轄之
先聲。

　　和帝永元六年，班超復擊破焉耆，於是西域五十餘國悉納質內
屬。[57]九年（97年），都護班超派遣甘英出使大秦（羅馬帝國）。
根據《後漢書》所載：

　　　　和帝永元九年，都護班超遣甘英使大秦，抵條支。臨大海

---

57 范曄，《後漢書》卷一百十八，〈列傳第七十八・西域〉，頁1-2。

欲度，而安息西界船人謂英曰：「海水廣大，往來者逢善
風三月乃得度。若還，遲風亦有二歲者，故入海人皆齎三
歲糧。海中善使人思土戀慕，數有死亡者。」英聞之，
乃止。[58]

從經貿交通而論，羅馬帝國屬於地中海水運範疇，由波斯經大食，
轉博斯普魯斯海峽，進入地中海到羅馬的話，甘英當可完成使命，
惟當時東方對西方的大秦，西方對東方之漢朝，所知均極爲有限，
以致功敗垂成。

　　自西漢張騫探險西域返朝復命後，武帝遂以戰略觀點開闢河西
走廊，遂通西域。再經東漢西域都護班超的用心經營，遂有五十餘
國悉納質內屬。因此才有班超遣甘英使大秦之舉。甘英雖未能親抵
羅馬帝國國都，但此時甘英已走出一條經由龜茲到條支，再赴安息
西海岸，搭船經海道可以抵達大秦的東西通道。雖未能在安息親自
搭船，經海道以抵大秦，但此行已探知透過海陸銜接可抵大秦的情
報，故在絲路的開拓史上又向前邁進了一大步。此即，由中國長安
經河西走廊，再到西域龜茲，轉條支，赴安息，然後搭船經海路，
入地中海，可通達海西羅馬帝國之東西橫貫的絲路情資。

　　及和帝晏駕，西域復叛。安帝永初元年（107年），朝廷以西
域險遠難以相應，詔罷都護，自此遂棄西域。北匈奴即復收西域
諸國，共爲邊寇十餘歲。元初六年（119年），復遣長史索班屯伊
吾，於是車師前部王及鄯善王來降，旋因北匈奴率車師後部王攻陷
伊吾，殺索班，擊走前王，鄯善求救於敦煌太守曹宗，曹宗遂請朝

---

58 范曄，《後漢書》卷一百十八，〈列傳第七十八‧西域〉，頁7。

廷出兵雪恥，並進取西域。其時鄧太后掌政，不許出兵，但令置護西域副校尉，居敦煌鞮縻而已。北匈奴遂復聯車師入寇河西，而朝廷不能禁。[59]河西與西域乃陷於不安，惟此時北匈奴之核心勢力已漸由單于轉移至呼衍王所統領之呼衍部。從此，東漢與北匈奴之對抗，盡在西域爭奪。

安帝延光二年（123年），敦煌太守張璫上書陳上中下三策，強調：北虜呼衍王常輾轉蒲類〔大〕秦海之間，專制西域，共爲寇鈔，今以酒泉屬國吏士二千餘人集昆侖塞，先擊呼衍王，絕其根本，因發鄯善兵五千人，脅車師後部，此上計也。若不能出兵，可置軍司馬將士五百人，四郡供其犁牛穀食，出據柳中（吐魯番），此中計也。如又不能則宜棄交河城，收鄯善等，悉使入塞，此下計也。朝廷下其議，尙書陳忠認爲：戎狄可以威服，難以化狎；今北虜已破車師，勢必南攻鄯善，棄而不救則諸國從矣。乃建議：於敦煌置校尉，按舊增四郡屯兵，以西撫諸國，折衝萬里，震怖匈奴。[60]安帝依計任命班勇爲西域長史，屯兵柳中。

延光三年，班勇破平車師。延光四年，班勇擊車師後部王軍就，大破斬之。順帝永建元年（126年），班勇發精兵擊北虜呼衍王，破之。[61]永建二年，班勇復擊降焉耆，於是龜茲、疏勒、于寘、莎車等十七國皆來服從，而烏孫蔥嶺以西遂絕。[62]陽嘉三年（134年）夏，親漢的車師後部司馬掩擊北匈奴，獲單于母等及牛

59 范曄，《後漢書》卷一百十八，〈列傳第七十八‧西域〉，頁2。
60 范曄，《後漢書》卷一百十八，〈列傳第七十八‧西域〉，頁2-4。
61 范曄，《後漢書》卷一百十八，〈列傳第七十八‧西域〉，頁16。
62 范曄，《後漢書》卷一百十八，〈列傳第七十八‧西域〉，頁4。

羊甚眾。[63]此時，西域在班勇的經營下，其勢甚盛。順帝永和二年（137年），根據「敦煌太守裴岑紀功碑」所載碑文，稱：「漢永和二年八月，敦煌太守雲中裴岑將郡兵三千人誅呼衍王等，斬馘部眾，克敵全師。」[64]桓帝元嘉元年（151年），北匈奴呼衍王寇伊吾，伊吾司馬毛愷遣吏兵於蒲類海（新疆巴里坤湖）東，與呼衍王戰，悉為所沒，呼衍王遂攻伊吾屯城，夏遣敦煌太守司馬達將敦煌、酒泉、張掖、屬國吏士救之，出塞至蒲類海，呼衍王聞而引去。[65]

又，根據前引《北史・西域傳》「悅般」所載，稱：悅般國，在烏孫西北。其先人乃匈奴北單于之部落也，為漢車騎將軍所逐，約於延熹元年（158年）前後，北單于率部「西走康居」，至吉爾吉斯草原，「其羸弱不能去者，住龜茲北。」[66]即指北單于因與東漢角逐，戰敗西遁，汰弱留強，僅率壯碩能戰者逃入錫爾河流域的康居國，但將老弱無戰力者留置龜茲北邊，「地方數千里，眾可二十餘萬，涼州人猶謂之單于王。」[67]是為悅般國。從此，壯碩

---

63 范曄，《後漢書》卷一百十八，〈列傳第七十八・西域〉，頁16。

64 參見「敦煌太守裴岑紀功碑」，《百度百科》，現藏於新疆維吾爾自治區博物館。惟據《後漢書・西域傳》所載，呼衍王於桓帝元嘉元年（151年）先敗伊吾司馬，其後聞敦煌太守司馬達將兵來救，遂引兵而去。碑文與《後漢書・西域傳》所載「誅呼衍王」，雖有歧異，但因呼衍乃匈奴之部族名稱，且年代相差十四年，故該呼衍王應為分屬二個不同時期之呼衍部族王，並領導該殘餘匈奴部族進行二次不同的戰役。

65 范曄，《後漢書》卷一百十八，〈列傳第七十八・西域〉，頁16。

66 李延壽，《北史》卷九十七，〈列傳第八十五・西域・悅般〉，頁3219。澤田勳著，王慶憲、叢曉明譯，《匈奴——古代游牧國家的興亡》，（呼和浩特：內蒙古人民出版社，2010年），頁190、北匈奴西遷圖頁191。

67 李延壽，《北史》卷九十七，〈列傳第八十五・西域・悅般〉，頁3219-3220。

的北匈奴遂邁入不斷西遷的長遠旅程。總之，北匈奴因不時抄略中國邊地而與後漢不斷爆發衝突，再因衝突不斷，小勝而大敗，在且戰且走之下，不斷西遷，遂拋棄國土，遁入歐洲。

這條從河西走廊經西域的北匈奴西遁入歐，進陷羅馬之亞歐道路，遂成為絲路由長安經河西走廊之前段路線，然後由敦煌到康居則形成絲路的陸路中段路線，最後由康居到達羅馬就成為亞歐絲路的後段路線。至此，亞歐絲路全線貫通。就此而言，最初打通亞歐絲路者，當非不斷西遷的匈奴莫屬。

從〈五倫天下關係論〉的「夫婦倫」來看，北匈奴雖曾再三與後漢「和親」，但因為不能嚴守「兄弟之邦」的「講信修睦」，遵行「兄友弟恭」與「兄前弟後」的倫理典範，甚至也不能遵守「夫婦之邦」所規範的「相敬如賓」與「愛屋及烏」之倫理典範，遑論「君臣之邦」的「君禮臣忠」之倫理典範。其結果，北匈奴遭到後漢嚴懲，一再派軍出擊，北單于終於不支，被迫不斷西竄，遂揮師入歐，直搗神聖羅馬帝國，並攻陷羅馬。再就天下秩序而言，北匈奴由於桀驁不馴，雖處於〈五倫天下關係論〉的「倫理典範」規範之下，但卻不能遵守五倫天下秩序的倫理規範，即使是西域諸國，亦「有求則卑辭而來，無欲則驕慢王命，此其自知絕遠，大兵不可至故也。」[68]

總之，匈奴因物資一旦有缺則不時抄略，故遭到後漢與南匈奴的連續挾擊，痛加懲罰。前後漢與匈奴鬥爭，合計約350年左右，最後漢朝勝出，尤其是後漢更澈底擊垮北匈奴，北匈奴遂退出蒙古高原，遁入西域，再輾轉於歐洲，後漢取得全面勝利。原屬〈五倫

---

68 李延壽，《北史》卷九十七，〈列傳第八十五・西域〉，頁3206。

天下關係論〉之「夫婦之邦」所規範下的後漢—北匈關係，從此離異訣別，而各自分居於亞歐大陸之東西方。

第五節　匈奴西遁路線轉爲通歐絲路

西元前201年匈奴冒頓單于大敗漢高祖後，旋與西漢王朝結爲「夫婦之邦」，但因不能遵守「夫婦之邦」的「夫婦倫」＋「兄弟倫」＋「朋友倫」的「典範」＝有別＋有序＋有信＝愛屋及烏＋兄前弟後＋信守承諾，乃於西元後151年（東漢桓帝元嘉元年）遭到東漢將軍司馬達的最後痛擊，北匈奴呼衍王遂再三率領北匈奴部眾逐步西遁。漢匈鬥爭，匈奴先勝而後敗，最後決定以退出亞洲政治舞台收場。

北匈奴在退出蒙古高原西竄至羅馬帝國之間，先後有阿蘭人（Alani）與哥特人（Goths）阻隔其間，故北匈奴在西元290年左右先征服頓河以東的阿蘭人。匈奴大單于巴拉米爾（Balamir）率領匈奴部眾從鹹海經裏海圖謀西進中歐，約於374年渡過頓河，先擊破東哥特，375年再攻破西哥特，哥特人慘敗後向西逃至多瑙河，進入羅馬帝國，追擊哥特人的匈奴人也隨之渡過多瑙河，進入羅馬帝國。395年，羅馬帝國分裂爲東、西羅馬。400年匈奴在烏單（Uldin）大單于領導下又開始西進，於擊敗羅馬帝國將軍干那斯（Gainas）後，奪取多瑙河盆地，並一度攻入義大利。多瑙河流域各民族爲了躲避匈奴入侵，乃紛紛西向逃入羅馬帝國腹地，造成歐洲民族大遷徙。409年初，西哥特人在阿拉列的帶領下，最終攻陷西羅馬帝國首都羅馬。除了烏單大單于所率領的匈奴部眾之外，

一部分匈奴人也隨著哥特人進入羅馬境內，一同洗劫羅馬城。匈奴由中亞康居西遷羅馬的入歐道路，遂成為後世為絲綢貿易而貫通亞歐絲路之後段路線的前身。

408年，烏單大單于率軍進擾東羅馬帝國，惟在劫掠財物準備撤退時，突然遭遇羅馬帝國軍隊的襲擊，損失慘重。其後，在繼承人俄塔（Oktar）大單于之時，其疆土不斷擴大，並以匈牙利平原為統治中心建立了匈奴帝國，[69] 設其單于王庭於今匈牙利首都布達佩斯（Budapest）附近，成為東、西羅馬帝國的嚴重威脅。在俄塔的率領下，匈奴帝國又開始興盛起來，俄塔死後，其弟盧阿（Rua 或稱Ruga，盧加）繼承王位。盧阿在422年和426年兩次入侵東羅馬帝國的色雷斯和馬其頓。為使羅馬邊境不再受匈奴威脅，東羅馬帝國皇帝狄奧多西遂向匈奴帝國年貢黃金350磅。盧阿死後，由其侄子布雷達與阿提拉繼位，此時匈奴帝國進入全盛時期。不久，東羅馬帝國又與布雷達和阿提拉在邊境進行「馬上會談」，阿提拉以羅馬帝國分成東西為由，須各別負擔年貢黃金350磅，合計700磅。羅馬帝國為保安寧，被迫接受匈奴帝國的條件，年貢黃金增為700磅，並在多瑙河岸開設互市等五大條件，以保邊境安寧。

匈奴在後漢的強大軍事壓力下，先後由中國漠北遷移到中亞細亞，又於四世紀時再西竄到歐洲東境。百年後，頓河以西和歐洲的匈奴人與小亞細亞的種族都在匈奴帝國的統治下，甚至連羅馬帝國都需向匈奴求和。在布雷達和阿提拉的全盛時期，匈奴帝國的勢力甚至到達鄰近地中海的裏海南岸，北至北海、波羅的海，東至頓河，西至高盧、大西洋沿岸。

---

69 後世乃有據此以為匈牙利人乃匈奴之後裔的說法。

　　總之，由於北匈奴不時侵犯後漢，因而屢屢遭受後漢的征伐而西竄，再因匈奴西竄而壓迫到哥特人，所以哥特人為了逃避匈奴的攻擊，乃逃入羅馬境內，匈奴因之乘勢攻陷羅馬，又因羅馬帝國敗於匈奴帝國，北匈奴遂乘勢擴張，而且席捲了大部分的歐洲大陸。[70] 做為與前後漢王朝結為「夫婦之邦」的匈奴帝國，最終因不能遵守〈五倫天下關係論〉，尤其是以違背「夫婦之邦」的「夫婦倫」典範為最，因而被逐出亞洲，乃轉而西遁逃入歐洲，並在歐洲引發民族大遷徙後，終於在歐洲尋得安身立命之地。

　　綜上而言，徒有華夷和親，雖能緩兵禍於一時，然終非長久之策。漢初如不能透過和親而利用短暫和平厚殖國力，又武帝宣帝時若未能整軍經武，以換取強大，以圖制敵而不制於敵之道，力求自強，終究不能領導國際社會，而非僅靠敵方分裂而圖坐收漁利而已。否則，只能制於人而不能制人，故弱勢國家若徒靠和親以謀自存，或徒自取其辱而已。此外，和親亦非只是華夷漢胡帝王間的和親，若能普及於君、臣、民之間的通婚混血，來往以及文化交流，才是根本之道。

　　總之，漢匈歷經數百年交往，而嫻熟於透過「和親」以形成「夫婦倫」之「夫婦之邦」的北匈奴，並未能隨其西遷歐洲而將以「夫婦倫」為首的東方倫理典範，即〈五倫天下關係論〉帶入歐洲，以讓歐洲國家的國際關係也能取法，進而融合東方的倫理規範與天下秩序，當有助於族群融合與和平。例如，歐洲國家亦有王

---

70 關於匈奴入歐路徑與版圖，請參閱：陳序經，《匈奴史稿》，（北京：中國人民大學出版社，2007年），頁519-537。林幹，《匈奴史》，頁112-118、圖頁263、266。

室聯姻，甚至形成「夫婦之邦」，卻無規範「夫婦之邦」的「夫婦倫」，也無類似「五倫」之「倫理典範」。因此，在1648年締結西伐利亞條約以後的歐洲，於其國際法與國際關係的形成上，都缺乏倫理的國際秩序觀與「倫理典範」的規範，因而未能形成具倫理秩序與規範的《國際法》或《國際關係》，以致施行於當今的《國際關係》或《國際法》只重視「國家利益」而缺乏「國際倫理秩序與倫理規範」。反思，在近代前後由歐美所建構的全球國際秩序體系，迄今仍戰亂不斷，大則有兩次世界大戰，長則有30年戰爭乃至百年戰爭，於今更有核子毀滅戰爭之虞，至於局部戰爭更接連不斷從無已時。何以如此？蓋支配西方之《國際法》與《國際關係》，但知「國家利益」，而不知有「倫理典範」所致，何況對〈五倫天下關係論〉更不屑一顧所致。讀史至此，不禁令人掩卷長嘆。

第四章
強勢時代隋對突厥的和親策略

　　自北匈奴屢戰屢敗於東漢後，逐步西遁。漢人因從事農耕，
不事遊牧，故匈奴雖西遁而東漢不能有其地。其後，突厥族乘隙壯
大，遂興起於阿爾泰山一帶，並於六世紀初逐漸南下建立汗國。及
突厥攝圖（沙鉢略大可汗）之時，漸有進出華北，東窺北周之志。
宣政元年（578年），北周武帝駕崩，子宣帝即位，突厥攝圖請婚
於周，以趙王招女妻之。其時楊堅爲相，主持千金公主出嫁突厥事
宜，乃遣長孫晟副汝南公宇文神慶送千金公主至其牙。[1]和親於突
厥的北周千金公主，遂成爲安定漢胡邊地，華夷邦交太平與否的關
鍵。明年，宣帝傳位於幼冲之靜帝。楊堅因擁軍政大權而謀篡位，
在精心策劃之下，靜帝乃於大定元年（581年）春二月，下詔禪
位，楊堅三讓，不許。及百官勸進，乃受禪，稱帝，改元開皇，遂
肇建隋朝。[2]

　　至於突厥，史載：沙鉢略勇而得衆，北夷〔突厥〕皆歸附
之。及高祖受禪，待之〔沙鉢略〕甚薄，北夷大怨。又，「沙鉢略
妻，宇文氏之女，曰千金公主，自傷宗祀絕滅，每懷復隋之志，日

1　魏徵，《隋書》卷五十一，〈列傳第十六・長孫晟〉，（台北：鼎文書局，1980
　年），頁1329-1330。
2　《隋書》卷一，〈帝紀第一・高祖上〉，大定元年春二月壬子，頁7-13。

夜言之於沙鉢略」。[3]攝圖〔沙鉢略大可汗〕曰：「我周家親也，今隋公自立而不能制，復何面目見可賀敦乎？」由是悉眾爲寇，控弦之士四十萬。[4]沙鉢略因和親於北周，而謀爲公主復仇。據此可知，在兵強馬壯的後盾下，「和親」在天下關係上，果然扮演和戰、安否的重要角色。[5]

第一節　長孫晟獻對厥遠交近攻策

開皇元年，攝圖約諸面部落謀共南侵，高祖新立，由是大懼，乃修築長城，發兵數萬屯北境，以爲備。[6]長孫晟因曾於北周末充外使，送千金公主出降突厥，故對「攝圖、玷厥、阿波、突利等叔姪兄弟，各統強兵，俱號可汗，分居四面，內懷猜忌，外示和同」等突厥國情之倚伏，實所具知。[7]因此，乃先爲文帝分析突厥各部之利害關係，精闢表示：

> 玷厥之於攝圖，兵強而位下，外名相屬，內隙已彰，鼓動其情，必將自戰。又處羅侯者，攝圖之弟，姦多而勢弱，曲取於眾心，國人愛之，因爲攝圖所忌，其心殊不自安，

3　《隋書》卷八十四，〈列傳第四十九‧北狄‧突厥〉，頁1865-1866。

4　《隋書》卷五十一，〈列傳第十六‧長孫晟〉，頁1330。

5　張啓雄，〈中国における伝統的国際関係の「五倫国際関係論」規範の理論構造──隋朝の「漢胡和親」における「夫婦倫」倫理秩序の分析〉，伊東貴之編，《「心身／身心」と「環境」の哲学──東アジアの伝統的概念の再検討とその普遍化の試み》，（京都：国際日本文化研究センター，2018年），頁255-275。

6　《隋書》卷五十一，〈列傳第十六‧長孫晟〉，頁1330。

7　《隋書》卷五十一，〈列傳第十六‧長孫晟〉，頁1330。

跡示彌縫，實懷疑懼。又阿波首鼠，介在其間，頗畏攝
圖，受其牽率，唯強是與，未有定心。[8]

然後，他又為文帝提出「遠交近攻，離強合弱」的對策，稱：

今宜遠交而近攻，離強而合弱。通使玷厥，說合阿波，則
攝圖迴兵，自防右地。又引處羅〔突利〕，遣連奚霫，則
攝圖分眾，還備左方。首尾猜嫌，腹心離阻，十數年後，
承釁討之，必可一舉而空其國矣。[9]

文帝皆納其謀，謀定而後動。於是遣使詣玷厥，禮數甚優；玷厥使
來，引居攝圖使之上。反間計行，果相猜貳。又，遣長孫晟齎幣賜
奚、霫、契丹等，遣為嚮導，因而得至處羅侯所，深布心腹，誘令
內附。[10]至此，文帝之戰略部署已告完成，一旦開戰，只要依計行
事，即可驗收成果。

　　開皇二年，攝圖率四十萬騎，自蘭州長驅直入，更欲南入。
於是先有「玷厥不從，引兵而去」；然後有長孫晟說染干〔處羅
之子，突利可汗〕詐告攝圖曰：「鐵勒等反，遇襲其牙」。攝圖
乃懼，迴兵出塞。後數月，突厥大入，隋發八道元帥分出拒之。阿
波至涼州，屢戰累北。長孫晟乃遊說阿波稱：「今攝圖日勝，為眾
所崇，阿波不利，為國生辱。攝圖必當因以罪歸於阿波，滅北牙

8　《隋書》卷五十一，〈列傳第十六・長孫晟〉，頁1330-1331。
9　《隋書》卷五十一，〈列傳第十六・長孫晟〉，頁1331。
10　《隋書》卷五十一，〈列傳第十六・長孫晟〉，頁1331。

矣」。阿波使至，又謂之曰：「今達頭〔阿波之從父，名玷厥〕與
隋聯合，而攝圖不能制。可汗何不依附天子，連結達頭，相合爲
強，此萬全之計。」阿波因此留在塞上，並遣使入朝。此時，攝圖
與衛王遭遇，敗走至磧，聞阿波懷貳，乃掩北牙，盡獲其眾而殺其
母。阿波還無所歸，西奔玷厥〔達頭可汗〕，乞師十餘萬，東擊
攝圖，復得故地，收散卒數萬，與攝圖相攻，阿波頻勝，其勢益
彰。[11] 在長孫晟設計的「遠交近攻，離強合弱」策略下，攝圖的領
導風格與作爲，引發眾叛親離的內亂，爲了收拾殘局，只好屈服於
隋朝。攝圖雖未必心服，然形勢比人強，故雙方不但需要重新確認
其和親關係，而且必須建立宗藩關係，以資確保隋厥戰後和平。

　　從此，突厥沙鉢略大可汗因敗戰而奉隋正朔，稱臣納貢。相對
的，西突厥則由西北的達頭可汗領導，繼續與隋朝對抗。因此，突
厥正式分裂爲東西突厥。沙鉢略可汗因位在隋朝北境，故稱爲東突
厥，而達頭可汗則立足於隋朝西北方，故稱爲西突厥，從此東西突
厥相互抗爭不斷。

　　至於敗戰後的攝圖，對隋「遣使朝貢，公主自請改姓，乞爲帝
女，上許之。」[12] 千金公主在認清改朝換代的情勢下，圖以「自請
帝姓，請爲帝女」以自保，繼續扮演漢胡和親結好的角色。

　　開皇四年（584年），文帝遣長孫晟與虞慶則使於攝圖，「賜
公主姓爲楊氏，改封大義公主。」不過，「攝圖奉詔，不肯起
拜」[13]，故長孫晟乃進曰：

11　《隋書》卷五十一，〈列傳第十六・長孫晟〉，頁1331-1332。
12　《隋書》卷五十一，〈列傳第十六・長孫晟〉，頁1332。
13　《隋書》卷五十一，〈列傳第十六・長孫晟〉，頁1332。

　　突厥與隋俱是大國天子，可汗不起，安敢違意。但可賀敦
　　爲帝女，則可汗是大隋女婿，奈何無禮，不敬婦公乎？[14]

長孫晟既以皇家倫理的禮儀責讓，攝圖乃笑謂：「須拜婦公，我
從之耳。」乃拜詔書。[15]換句話說，此時，沙鉢略雖仍堅持國格對
等，但在皇室間因和親而建立「夫婦之邦」的「倫理典範」上，基
於〈名分秩序論〉，在家族禮儀上，因「父＞女」，而「隋婦＝厥
夫」，故「隋翁＞厥婿」。由此可知，在「女婿＜婦公」的前提
下，故「厥婿拜隋翁」。突厥對隋朝履行家族倫理，正表示雙方願
意遵行「夫婦倫」的倫理典範，雙方願受家族倫理的規範，故隋厥
關係因遵行「和親」的家族倫理而迅速好轉。正因爲「家族倫理」
的「輩分大小」牽動了「政治倫理」，所以「翁＞婿」≒「父＞
子」就順理成章地轉換成「君父 vs. 臣子」的政治倫理，最終完成
「皇帝＞可汗」，「隋朝＞突厥」的政治效果。

第二節　隋文帝建構的「聖人可汗型」夫婦之邦

　　隋文帝因掌握東西突厥相互對抗的契機，企圖利用和親政
策，聯合東突厥沙鉢略可汗以對抗西突厥。事實上，東突厥沙鉢略
可汗爲了對抗西突厥，也亟圖利用和親，聯合隋朝以對抗西突厥，
進謀稱霸北荒，遂在天下關係上暴露其可乘之機。此前，隋厥關係
屬於對等的「敵國」＝「敵體」關係。對中國與西域北荒之匈奴突

---

14 《隋書》卷五十一，〈列傳第十六・長孫晟〉，頁1332。
15 《隋書》卷五十一，〈列傳第十六・長孫晟〉，頁1332。

厥等胡人民族而言，「和親」就是族群或民族結盟互助的情誼象徵，進可轉為聯手抗敵的盟友，退可化為和平共存，以免於後顧之憂的邦交關係。於是「和親」就成為隋朝與突厥間的結盟工具，而扮演著媒介天下關係（國際政治）之力量分合的重要角色。分合之中，分者，隋厥本屬民族不同，家國各異的國家；合者，隋厥變成同屬一中的天下。統治天下的隋朝，企圖透過和親的「夫婦倫」來整合二個皇室家族與國家，以擴大天下領域，及於北荒突厥，完成「溥天之下，莫非王土；率土之濱，莫非王臣」[16]之「天子統治天下」的天下大一統使命。

　　開皇四年九月中，根據《隋書・北狄列傳・突厥》的隋厥「和親」記載，突厥沙鉢略可汗遣使致書隋文帝曰：

> 辰年九月十日，從天生大突厥天下聖賢天子伊利俱蘆設莫何始波羅可汗致書大隋皇帝，……皇帝是婦父，即是翁，此是女夫，即是兒例，兩境雖殊，情義是一。今重疊親舊，子子孫孫，乃至萬世不斷，上天為證，終不違約。此國所有羊馬，都是皇帝畜生；彼有繒綵，都是此物，彼此有何異也。[17]

從「辰年」的干支紀元，可知突厥沙鉢略可汗因文帝透過賜姓，並

16　《詩經・小雅・谷風之什・北山》。

17　《隋書》卷八十四，〈列傳第四十九・北狄・突厥〉，頁1868。
　　王欽若等編纂，周勛初等校訂，《冊府元龜》卷九百七十八，〈外臣部二十三・和親〉，頁11323。
　　《隋書》卷八十四，〈列傳第四十九・北狄・突厥〉，頁1868。

重新冊封千金公主爲大義公主，以示「和親」之義，故隋厥不但建立了「夫婦之邦」的「翁婿關係」，而且也奉隋朝紀元以爲「正朔」。

根據《隋書》記載，高祖也報突厥沙鉢略可汗書曰：

> 大隋天子貽書大突厥伊利俱盧設莫何沙鉢略可汗：得書，知大有好心向此也。既是沙鉢略婦翁，今日看沙鉢略共兒子不異。既以親舊厚意，常使之外，今特別遣大臣虞慶則往彼看女，復看沙鉢略也。[18]

惟此時，沙鉢略陳兵，列其寶物，坐見慶則，稱病不能起，且曰：「我伯父以來，不向人拜。」長孫晟乃說諭之，攝圖辭屈，乃頓顙跪受璽書，以戴於首。最後，虞慶則又催其稱臣，沙鉢略謂其屬曰：「何名爲臣」，報曰：「隋國稱臣，猶此稱奴耳。」沙鉢略曰：「得作大隋天子奴，虞僕射之力也。」乃贈慶則馬千匹，並以從妹妻之。[19]由此可見，沙鉢略雖驕而強悍，不易屈服，但樂於與大隋結親爲「奴」＝「家人」，即既親密且值得信賴的家人。

不過，眞正讓沙鉢略屈服的道理，在於當時沙鉢略既爲西突厥達頭所困，又東畏契丹，乃遣使告急，請將部落度漠南，寄居白道川內。非但有詔許之，而且詔晉王廣以兵援之，給以衣食，賜以車服鼓吹。因此沙鉢略得以西擊阿波，破擒之。此時，阿拔國部落

18 《隋書》卷八十四，〈列傳第四十九‧北狄‧突厥〉，頁1868。
王欽若等編纂，周勛初等校訂，《冊府元龜》卷九百七十八，〈外臣部二十三‧和親〉，頁11323。
19 《隋書》卷八十四，〈列傳第四十九‧北狄‧突厥〉，頁1868-1869。

卻乘虛掠其妻子。隋軍爲擊阿拔，敗之，所獲悉與沙鉢略。[20]沙鉢略大喜，深感大隋值得信賴且有所依托，乃立約，以磧爲界，並於五年秋七月壬午，「上表稱臣。」[21]隋厥「和親」關係遂一變成爲「君臣」關係。表曰：

> 大突厥伊利俱盧設莫何沙鉢略可汗攝圖言：伏維大隋皇帝之有四海，上契天心，下順民望，二儀之所覆載，七曜之所照臨，莫不委質來賓，回首面內。實萬世之一聖，千年之一期，求之古昔，未始聞也。突厥自天置以來，五十餘載，保有沙漠，自王蕃隅。地過萬里，士馬億數，恆力兼戎狄，抗禮華夏，在於北狄，莫與爲大。……華夏其有大聖興焉。況今被霑德義，仁化所及，禮讓之風，自朝滿野。竊以天無二日，土無二王，伏維大隋皇帝，眞皇帝也。豈敢阻兵恃險，偷竊名號，今便感慕淳風，歸心有道，屈膝稽顙，永爲藩附。雖復南瞻魏闕，山川悠遠，北面之禮，不敢廢失。當令侍子入朝，神馬歲貢，朝夕恭承，唯命是視。[22]

文帝見表大悅，下詔曰：「沙鉢略稱雄漠北，多歷世年，百蠻之大，莫過於此。往雖與和，猶是二國，今作君臣，便成一體。」[23]因而隋厥關係，遂由皇室聯姻的「和親」家族關係，透過「封貢體

---

20 《隋書》卷八十四，〈列傳第四十九・北狄・突厥〉，頁1869。
21 《隋書》卷一，〈帝紀第一・高祖上〉，開皇六年春正月，頁22-23。
22 《隋書》卷八十四，〈列傳第四十九・北狄・突厥〉，頁1869-1870。
23 《隋書》卷八十四，〈列傳第四十九・北狄・突厥〉，頁1870。

制」，轉爲「君臣」間的傳統天下關係。

雖然沙鉢略可汗並未與隋文帝建立眞正的「血緣」和親關係，但在開皇四年皇帝透過詔書冊封，認千金公主爲女，並改封爲大義公主，在「和親」的「夫婦倫」下，隋厥二國成爲「夫婦之邦」，故文帝以沙鉢略可汗爲女婿，乃得以繼承北周與東突厥的和親成果。據此，沙鉢略可汗也得以向千金公主的和親爲名，並假藉「皇帝＝婦父」，「可汗＝兒例」之「臣子vs.君父」的名分秩序，上書隋文帝，強調「羊馬vs.繒綵」等物資互通有無，並且不分彼此＝「此國所有羊馬，都是皇帝畜生」vs.「彼有繒綵，都是此物」，甚至進一步強調「兩境雖殊，情義是一」，以培養中厥雙方之互賴互信，透過「重疊親舊」，以傳諸「子子孫孫，終不違約」，形成獨具東方特色的階層性「天下共同體」。[24]將「家國關係」與「皇室關係」，透過「和親」，結合爲一體，以便讓「家國關係」透過「倫理典範」，得以形成「夫婦之邦」，並結合成有如夫婦般的緊密關係，故「夫婦之邦」正是東方傳統天下關係的獨有特色。

相對於沙鉢略可汗，隋文帝也以「和親」爲基礎，強調大隋天子既是沙鉢略可汗之「婦翁」＝「妻父」，也視可汗如子。這是「夫婦之邦」中關係最親密的「翁婿關係」類型。又，基於家

---

24 張啓雄撰，花井みわ譯，〈傳統的天下共同体の地域統合概念の新發現──歷史經驗と文化價値の分析〉，土田哲夫編著，《近現代東アジアの文化と政治》，（東京：中央大學出版部，2015年），頁1-47。

Chi-hsiung Chang, Dec. 2013, "New Reflections on the Regional Integration of a Traditional Tienhsia Commonwealth: An Analysis of Historical Experience and Cultural Values.", *CONCEPTS AND CONTEXTS IN EAST ASIA*, No. 2, pp. 37-86.

族倫理，在「常使」之外，還特別派遣「專使」代表皇室家族探望「皇女」，並因「愛屋及烏」的「夫婦倫」典範，而探望女婿＝沙鉢略可汗。自此，隋朝與突厥雙方因遵循「夫婦倫」的「倫理」與「典範」，甚至形成「夫婦之邦」的典型範例。顯然，隋文帝深刻了解周遭異民族之思維與生活方式，故能應對自如，且遊刃有餘，乃寵之以「和親」之親，以將突厥納入隋朝所安排之〈五倫天下關係論〉下，「夫婦倫」秩序體制之中，形成以隋朝為天下中心的階層天下秩序體制。其中，基於「和親」，形成皇室間「姻親」家族關係，再由家族關係透過「朝貢」與「冊封」、「頒曆」與「奉正朔」的體制運作，而一舉跨越「封貢線」，形成既是「姻親」也是「君臣」的「夫婦之邦」。

　　由於「翁婿之邦」的感情彌篤，故突厥沙鉢略可汗對隋文帝楊堅執禮甚恭。在天下關係上，雖以「可汗vs.皇帝」之政治頭銜相稱，但是在「皇室」的家族倫理上，則以「夫婦之邦」的「夫婦倫」為本，以子婿自居，而尊稱婦父為翁，形成「翁婿關係」＝「女婿vs.岳父」，且希望子子孫孫，親上加親，直到永遠。在經濟上，突厥對雙方物資表示「我的就是你的，你的就是我的」，故強調羊馬繒綵，互通有無，在翁婿分治的天下，出現類似「財經共享、互通有無」的烏托邦理想或大同世界。高祖雖以上位之「大隋天子」對下位之「大突厥沙鉢略可汗」的階層性政治稱號來稱呼突厥可汗，但因隋厥「和親」也以「婦公」＝妻父作為自稱，且視「沙鉢略可汗」為「兒子」的家族性尊卑稱號來稱呼突厥可汗，但二國關係猶如一家之親，況時遣特使來「看女」，「復看子婿」，讓二國資源共享的深情厚義，化為「天下一家」。要之，隋文帝已為「華夷一家」的五倫天下關係奠下良好基礎。

　　總而言之，中國透過「和親」將周邊強國納入己國的家族倫理秩序之下，形成「夫婦之邦」的天下型倫理秩序關係，進而應用「夫婦倫」的「倫理」以規範其天下秩序，並形成良性循環之東方古典天下關係，此實爲今日西方國際關係所不及之處，譽之爲天下（國際）關係之「典範」，似非過言。故「天下一家」的天下關係，就是建立在具有「倫理」與「典範」規範的觀念下，所形成的一種爲常人所熟知，並自幼由家族的親屬關係中所習得，且身體力行而及於社會，並普及於國家，進而推廣於華夷關係的天下，乃是一種易學、易懂、易行，且便於共同遵循的天下規範。倫理典範若由家族倫理轉化成爲邦際倫理，進而擴大成爲天下倫理關係，則今日之西方國際關係將因有「倫理典範」的規範而形成良性的循環，而非但知「何以利吾國乎」的利益取向，卻不知「亦有仁義而已矣」的西方國際關係。是故，東方的〈五倫天下關係論〉乃今日西方國際關係首須借鑑參酌的天下秩序原理與典範。

　　沙鉢略可汗既在開皇五年稱臣入貢，文帝遂於六年春正月「庚午，班（頒）曆於突厥」[23]，令其「奉正朔」。農業民族的曆法頒布達於草原遊牧民族，即象徵著透過「和親」的「夫婦之邦」與「封貢」的「宗藩關係」，中華文化不但已開始向北傳播，而且也在政治外交上與周邊民族建立宗藩互助關係，因而有助於爲傳統的大同世界建構天下一統的民族和諧、經濟互補、政治穩定、長治久安、文化融合以及天下共同體的形成。

　　開皇七年（587年），沙鉢略可汗死。遺言，「立其弟葉護處

25　《隋書》卷一，〈帝紀第一・高祖上〉，開皇六年春正月條，頁23。
　　護雅夫，《古代トルコ民族史研究Ｉ》（東京：山川出版社，1967），頁441。

羅侯」為大可汗，「是為葉護可汗」，處羅侯則「以雍虞閭為葉護。」[26] 又，《隋書・長孫晟列傳》云：「攝圖（沙缽略）死，〔文帝〕遣〔長孫〕晟持節拜其弟處羅侯為莫何可汗，以其子雍〔虞〕閭為葉護可汗」。[27] 因莫何可汗「上表言〔傳位〕狀」，故文帝遣「長孫晟持節拜之」。[28] 由此可見，自沙缽略稱臣入貢後，不論稱莫何可汗或稱葉護可汗，都建立在〈封貢體制論〉的基礎之上，從此隋之威令，行於突厥。

　　其後，處羅可汗西征，中流矢而卒，其眾奉沙缽略子雍虞閭繼位為汗，是為頡伽施多那都藍可汗（簡稱都藍可汗）。都藍可汗依突厥收繼婚習俗，娶後母大義（千金）公主為可賀敦（可敦），雖屬異類的「翁婿關係」，但仍然是〈五倫天下關係論〉中的「夫婦之邦」。繼位之後，雍虞閭遣使詣闕，賜物三千段，每歲遣使朝貢。明年，突厥部落大人相率遣使貢馬駝牛羊，尋遣使請緣邊（沿邊）置市，與中國貿易，隋文帝也下詔許之。[29] 遊牧民族渴望透過定期、定點貿易的方式，以牲畜換取農業民族之生活物資，也都

26　《隋書》卷八十四，〈列傳第四十九・北狄・突厥〉，頁1870-1871。

27　《隋書》卷五十，〈列傳第十六・長孫晟〉，頁1332。
　　根據護雅夫的考證，若沙缽略既以弟處羅侯為莫何可汗，又「以其子雍〔虞〕閭為葉護可汗」，則勢必造成「一國二君」之現象，認為此乃記載之錯誤，故後者之「可汗」二字應為衍字。惟據〈北狄列傳〉突厥條，佗缽可汗曾「以攝圖為爾伏可汗統其東面」，又以「步離可汗居西方」。沙缽略可汗之時亦同。顯然，突厥開國以來，大可汗雖僅一人，但可汗則不限一人，於體制上亦未見可汗僅限一人之定制。
　　護雅夫，《古代トルコ民族史研究 I》，註10，頁218-219。

28　司馬光，《資治通鑑》卷一百七十六，〈陳紀十〉，（北京：古籍出版社，1956年），頁5490。

29　《隋書》卷八十四，〈列傳第四十九・北狄・突厥〉，頁1871。

一一實現。此即，透過〈封貢體制論〉，隋朝受突厥朝貢，突厥受隋朝冊封爲可汗，隋在〈以不治治之論〉下，行「羈縻政策」，因此突厥得以行「汗國自治」，在「宗藩體制」下，自隋方獲取豐厚的賜予，並行邊區貿易以獲取生活物資。

第三節　隋文帝對外和親的建立

就漢胡和親而言，隋厥關係不但建立在「和親」的「夫婦倫」上，而且在〈封貢體制論〉下，進一步受到〈五倫天下關係論〉之「君臣倫」的影響，既是「夫婦之邦」，也是「君臣之邦」。可見，在漢胡王室間的和親上，透過家族倫理而擴大成爲天下倫理時，「夫婦之邦」最後會透過「封貢體制論」跨越「封貢線」（圖三），而邁向「君臣之邦」。這種觀念在隋朝具有普遍性，且非僅限突厥而已。茲以吐谷渾擬採「逆向和親」之請求爲例，析論漢胡「歷史文化價值」之差異所在，如次：

開皇十一年（591年），吐谷渾主伏使其兄子無素「奉表稱藩，并獻方物，請以女備〔帝〕後庭」。帝謂滕王曰：「此非至誠，但急計耳」。乃謂無素曰：「朕知渾主欲令女事朕，若依來請，他國聞之，便當相學，一許一塞，是謂不平，若並許之，又非好法。朕情存安養，欲令遂性，豈可聚斂子女，以實後宮乎？」竟不許。[30]文帝不許的理由，其中當含有政治性考量，尤其值得進一

30　《隋書》卷八十三，〈列傳第四十八・西域・吐谷渾〉，頁1844。

王欽若等編纂，周勛初等校訂，《冊府元龜》卷九百七十八，〈外臣部二十三・和親〉，頁11323-11324。

步注意者，乃「和親」即意指中國以公主降嫁戎狄可汗，而未聞中國皇帝親尚西域北荒公主，與外臣舉行和親，以結「宗藩之好」，而非與內臣或諸侯行聯姻的「秦晉之好」。

深入分析的話，在「政治和親」中，隋文帝若納吐谷渾公主以備後庭的話，在「夫婦之邦」的「翁婿關係」上，就「夫婦倫」的「倫理」而言，在華夷姻親的皇家關係上，隋文帝將屈居為吐谷渾可汗女兒之「婿」，而不得不向后妃之父的「翁」＝岳父行晚輩之大禮。雖然皇帝與國內后妃之父＝岳父之相見禮，早有「以帝為尊」的宮廷禮儀規範，但對外「和親」的意涵與國內「聯姻」的意涵，大有不同。天下間之和親既有「家族與家族」之結好關係，更重大的意義當在於結好「國家與天下」，尤其是「上國與藩國」之間的倫理規範與利害關係。由此可見，透過和親的「宗藩之好」與諸侯聯姻的「秦晉之好」截然不同。

就此而言，「逆向和親」或不利於「聖人可汗」做為「天下共主」之地位的建立。何況，吐谷渾自文帝降嫁公主後，從此遣使「奉表稱藩」、「朝貢歲至」，因而建立了冊封朝貢關係，並受〈封貢體制論〉的規範。以婚姻為手段讓戎狄為我所用，才是和親的目的。相反的，做為天下共主的中國皇帝豈能以和親為手段而反為戎狄所用，形成「以婿事翁」，反而編入以屬藩為中心之天下體系中，以致喪失其天下共主的地位。是故，中原王朝之和親，都是出降公主的「正向和親」。

又，開皇十六年（596年），文帝「以光化公主妻（吐谷渾主）伏，伏上表稱公主為天后，上不許。明年，其國大亂，國人殺伏，立其弟伏允為（國）主，使使陳廢立之事，並謝專命之罪，且

請依習俗尚（公）主，上從之。自是朝貢歲至」。[31]故和親乃招徠遠夷上表稱臣入貢受封之道。正面而言，透過「和親」，中國王朝將「家族倫理」擴大成為「天下倫理」，以令「翁婿關係」的「婿邦」奉表稱藩，而「翁邦」則收「朝貢歲至」之忠誠，然後再以「夫婦倫」之「倫理典範」，廣結天下「王室家族」，讓「華夷世界」透過文化觸變而昇華為「中華世界」，形成「天下一家」，以領導「天下秩序」，走向「天下為公」的「大同世界」。

　　總而言之，由華而夷的單向性「正向和親」，本是漢胡和親的歷史常態，因在中華文化領域內，雖有「聯姻」，但原無「和親」習俗，雖屬被迫接受，卻能迅速吸收，並加以改造，迅速發展成為傳統中國〈五倫天下關係論〉的一環。戎狄之間，特別是遊牧民族之間，本即有和親，且是雙向和親。何以漢胡之間的和親，獨有不同？蓋歷史文化價值不同，尤以生活習俗差異造成之華夷思想所致。

　　此外，吐谷渾主擬以「天后」名號冊封公主，雖意在討好，但就文帝而言，公主究係晚輩，封為天后，即屬「僭越」名分，紊亂倫理，故加以拒絕。其後，吐谷渾主為其國人所殺，更立其弟伏允為主，伏允遣使請依胡俗尚公主，文帝也採〈以不治治之論〉的觀點，行「因俗制宜、因教制宜、因時制宜、因地制宜、因人制宜」的「民族自治」、「汗國自治」、「王國自治」等「地方自治」政策，[32]既承認吐谷渾人「更立其弟伏允為主」，也令光化公主入

---

31 《隋書》卷八十三，〈列傳第四十八・西域・吐谷渾〉，頁1844。
　　王欽若等編纂，周勛初等校訂，《冊府元龜》卷九百七十八，〈外臣部二十三・和親〉，頁11323-11324。

32 張啟雄，〈中華世界秩序原理的源起──近代中國外交紛爭中的古典文化價值〉，

境問俗，以事伏允。從此，吐谷渾每歲遣使入京朝貢。反觀文帝，因懼各汗國一一獻女，以求和親，遂以「豈可聚斂子女」爲由，拒之。雖也有其倫理觀念存在，但卻喪失表率天下，鼓勵臣民普遍通婚，讓華夷漢胡因混血而早日捨棄種族觀念，進而創造新的融血民族，成爲共享農牧生活的「天下共同體」，以共同邁向「天下一家」之途。

言歸隋厥關係，文帝於開皇九年（589年）平陳之後，曾以屏風賜大義公主，公主卻在屏風上題詩，敘其入厥前後家破國亡情懷，文帝聞而惡之。從此，北周千金（大義）公主失去隋朝文帝的信任。何況公主與西突厥泥利可汗連結，文帝恐其爲變，適遇公主與所從胡人私通，因發其事，下詔廢黜公主，然恐都蘭不從。故文帝遣使「將美妓四人以啗之。」[33] 由此可見，和親公主失去娘家（文帝）信任的同時，也將連帶失去駙馬可汗之信任，因而喪失其代表娘家王朝溝通華夷雙方的角色扮演。因此，隋文帝希望透過遣派美妓赴厥，以離間都蘭可汗夫婦感情。要之，爲讓都蘭可汗心向隋朝，以避免北周和親公主隨時離間隋厥的翁婿關係。此時，適好居於北方的沙鉢略弟，即處羅可汗之子染干[34]（突利可汗）遣使

吳志攀等編《東亞的價值》（北京：北京大學出版社，2010年），頁120-125。

張啓雄，〈東西國際秩序原理的差異——「宗藩體系」對「殖民體系」〉，《中央研究院近代史研究所集刊》，期79，2013年3月，頁47-86。

張啓雄，《中國際秩序原理的轉型——從「以不治治之」到「實效管轄」的清末滿蒙疆藏籌邊論述》，（台北：蒙藏委員會，2015年），頁1-157。

33 《隋書》卷八十四，〈列傳第四十九·北狄·突厥〉，頁1872。

34 《隋書·長孫晟傳》與《隋書》「校勘記」等均稱〈北狄列傳〉「殆有脫文」，而以「處羅侯之子曰染干」爲是。見《隋書》卷八十四，〈列傳第四十九·北狄·突厥〉，頁1885，注六。

求婚，文帝遂令裴矩謂染干，曰：「當殺大義（公）主者，方許婚」。突利乃譖之於都蘭可汗（雍虞閭），都蘭因發怒遂殺公主於帳。[35]可見，舊王朝之公主與篡位的新王朝因國仇家恨，實難以相容，除有國破家亡之恨外，尚有信任的問題。反之，以具血緣關係的親生公主或宗女降嫁西域北荒則成為最受信任的駐胡終身大使。

開皇十七年（597年），突利可汗遣使來迎親，文帝遂妻以宗女安義公主。又，隋文帝既對北周千金公主與都蘭可汗大婦喪失信任，遂謀以突利可汗來取代都蘭可汗，成為突厥大可汗。據《冊府元龜》所載：初，突厥雍虞閭（都藍可汗）上表請婚，僉議將許之。長孫晟奏曰：「臣觀雍虞閭反覆無信，特共玷厥（西突厥達頭可汗）有隙，所以依倚國家。縱與為婚，終當必叛。今若得尚公主，承藉威靈，玷厥、染干必又受其徵發，強而更反，後恐難圖。且染干者，處羅侯（莫何可汗）之子也，素有誠款，于今兩代，臣前與相見，亦乞通婚，不如許之，招令南徙，兵少力弱，易可撫取，使敵雍虞閭，以為邊捍」。帝曰：「善！」乃遣使慰諭染干，許尚公主。[36]因此，安義公主降嫁突利可汗，乃隋朝君臣精心安排的「和親戰略」，除了制衡千金公主與都蘭可汗之外，又成為隋文帝拉攏染干，代守北邊，以禦都蘭、玷厥之策。

又，文帝「欲離間北夷，故特厚其禮」，突利可汗則「遣牛弘、蘇威、斛律孝卿相繼為使，前後遣使入朝三百七十輩」，以示恭順，並「以尚公主之故，南徙度斤（杭愛山）舊鎮，錫賚優

---

35 《隋書》卷八十四，〈列傳第四十九·北狄·突厥〉，頁1872。

36 《隋書》卷五十一，〈列傳第十六·長孫晟〉，頁1333。

厚。」都蘭可汗中計，怒曰：「我，大可汗也，反不如染干。」[37]
於是朝貢遂絕，數為邊患。對隋文帝而言，以公主和親突厥成為
「扶弱抑強」之策，而厚禮其下，薄待其上，也變成離間突厥君臣
之計。從此，都蘭大可汗脫離隋厥宗藩關係，而突利可汗（染干）
則取代都蘭大可汗的聘交地位，與隋文帝建立「翁婿關係」，以為
隋朝扞衛北疆。

　　開皇十九年，都蘭可汗與玷厥舉兵共攻染干，並盡殺其兄弟
子姪，遂渡河南下，染干與長孫晟不備，僅以身免，率五騎夜奔
歸朝。夏六月，高熲、楊素擊玷厥，大破之，遂拜染干為意利珍
豆啟民可汗。啟民上表謝恩，曰：「臣既蒙豎立，復改官名，昔日
姦心，今悉除去，奉事至尊，不敢違法。」[38]於是，文帝乃招令南
徙，並於朔州築大利城以居之。[39]

　　此時，安義公主卒，隋文帝再以宗女義成公主妻啟民以和
親，其部落歸者甚眾。然因雍虞閭侵掠不已，啟民不堪其擾，文帝
乃先令入塞，再遷於河南，並為其發徒掘塹數百里，東西拒河，
盡為啟民畜牧之地，並派大軍以擊都蘭，都蘭旋為麾下所殺。[40]
達頭遂自立為步迦可汗，其國大亂。隋遣師二路進擊，達頭均不
戰而遁，但遣騎東攻啟民，復為隋所敗，而退走入磧。[41]啟民乃上
表，曰：

37　《隋書》卷八十四，〈列傳第四十九・北狄・突厥〉，頁1872。
38　《隋書》卷八十四，〈列傳第四十九・北狄・突厥〉，頁1872-1873。
39　《隋書》卷八十四，〈列傳第四十九・北狄・突厥〉，頁1873。
40　《隋書》卷八十四，〈列傳第四十九・北狄・突厥〉，頁1873。
41　《隋書》卷八十四，〈列傳第四十九・北狄・突厥〉，頁1873。

> 大隋聖人莫緣可汗，憐養百姓，如天無不覆也，地無不載
> 也。諸姓蒙威恩，赤心歸服，並將部落歸投聖人可汗來
> 也。或南入長城，或住白道，人民羊馬，徧滿山谷。染干
> 譬如枯木重起枝葉，枯骨重生皮肉，千萬世長與大隋羊
> 馬也。[42]

　　突厥啓民可汗，透過公主和親，稱臣叩關入塞，在隋文帝強大軍事力量的保護下，放牧於河南地，終獲枯木重綠，枯骨重生之機。

　　仁壽元年（601年），文帝詔楊素為行軍元帥，率啓民北征，突厥俟斤等乘機南渡，盡掠啓民男女雜畜而去，楊素率輕騎追之，大破俟斤，悉得人畜以歸啓民。隋軍旋度河，賊復掠啓民部落，復破之。是歲，泥利可汗及葉護俱被鐵勒所敗；步迦可汗（達頭）尋亦大亂，奔吐谷渾。啓民遂有其眾，每歲遣使朝貢。[43]從此，啓民可汗一如南匈奴呼韓邪單于為漢守邊般，代隋巡守北邊，以禦突厥可汗入侵。

　　隋文帝遣啓民「作大可汗」[44]，並派兵遣將為啓民可汗復國安邊，所為何事？蓋隋厥因和親形成姻親家族關係，不但是「夫婦之邦」下的翁婿關係，而且是〈封貢體制論〉下的「宗藩關係」，甚至是行朝貢受冊封的「君臣關係」。尤其難能可貴者，乃開皇十九年當都蘭可汗與玷厥共同舉兵攻破染干，盡殺其兄弟子姪時，文帝「資其甲兵之眾，收其破滅之餘，復祀於既亡之國，繼絕於不存之

---

42 《隋書》卷八十四，〈列傳第四十九・北狄・突厥〉，頁1873。
43 《隋書》卷八十四，〈列傳第四十九・北狄・突厥〉，頁1873-1874。
44 《隋書》卷八十四，〈列傳第四十九・北狄・突厥〉，頁1874。

地」[45]，此誠爲《中華世界秩序原理》〈興滅繼絕論〉[46]之歷史文
化價值的高度發揮。《論語》稱：「興滅國，繼絕世，……天下之
民，歸心焉」的道理，就在於此。[47]正如後世清朝總理衙門所言：
「中國之於朝鮮，固不強預其政事，不能不切望其安全」[48]，又
說：「紓其難，解其紛，期其安全，中國之於朝鮮，自任之事也，
此待屬邦之實也」[49]。時代雖異，屬藩有別，若以突厥之國名替換
朝鮮的話，則清隋二朝統治屬藩，爲其存國、存祀的《天下秩序原
理》並無二致。

　　由上可知，隋文帝對和親與天下興亡之政治認識之深，在謀士
與戰將用命輔助之下，對游牧民族可汗賜予和親，使成爲皇室姻親
的晚輩＝「翁婿之邦」，既可強化其統治地位，也可因邊境互市而
改善其經濟生活，「雖不干涉其內政自治，但要求其外交追隨」，
此即隋文帝爲了天下穩定，在外交上對突厥行和親，精心安排其勢
力均衡的道理所在。爲了臣服天下萬國，所行制衡與臣服之道，都
是經過文帝君臣縝密思考、反覆討論以及精心策劃的結果。最後，
在強大的國力支持下，愼選其和親對象，布局其天下關係，執行其
天下戰略。因此，文帝對於漢胡和親都能操縱自如。所以說，這是
和親而不是通婚。二者最大區別，乃在於前者之目的乃爲了勢力均

---

45 《隋書》卷八十四，〈列傳第四十九・北狄・突厥〉，頁1875。
46 張啓雄，〈論清朝中國重建琉球王國的興滅繼絕觀──中華世界秩序原理之一〉，
　　《第二回琉中歷史關係國際學術會議報告・琉中歷史關係論文集》，頁26。
47 《論語・堯曰》篇。
48 中央研究院近代史研究所編，《清季中日韓關係史料》（台北：中央研究院近代史
　　研究所，1972年），卷2，208號檔。
49 日本外務省編纂，《日本外交文書》（東京：日本外交文書頒布會，1954年），
　　卷9，47號文書，附屬書1。

衡、安定天下政局或者進而臣服敵人，統一天下，所以是政治聯姻。至於通婚，只是單純爲了家族之綿延、繁盛以及發達，完成人生的幸福生活而已。從不同的角度來看，前者看似華麗無比卻是犧牲婚姻幸福；後者看似平凡一生，卻是邁向幸福人生。

總而言之，隋文帝透過和親，採取「鋤強濟弱」的保護政策，先讓弱者自安，進而以勢力均衡之策平衡東西突厥，再讓具天下意識派信賴隋朝以對抗民族意識派。聯合天下派以抑制民族派的手段，就是透過「和親」以建構「夫婦之邦」，最後讓突厥稱臣入貢，形成宗藩關係的「君臣之邦」，以維繫天下太平。要之，隋文帝在其豐沛的國力支撐下，實行其「天下一家」的和親政策，布局其「中華世界秩序」，以讓天下回歸承平，因此被突厥尊稱爲「聖人可汗」，成爲自兩漢以來首獲天下共主的最高尊號。從此，在聖人可汗之下，隋厥關係因戰亂減少，承平日長，而得以各生其活，各安其養。

第四節　隋煬帝建構的「至尊可汗型」夫婦之邦

大業三年（607年），隋煬帝幸榆林，啓民及義成公主來朝行宮，前後獻馬三千疋。煬帝大悅，賜物萬二千段。啓民上表曰：

> 已前聖人先帝莫緣可汗存在之日，憐臣，賜臣安義公主，種種無少短。……至尊今還如聖人先帝，捉天下四方坐也。還養活臣及突厥百姓，實無少短。臣今憶想聖人及至

尊養活事，具奏不可盡，並至尊聖心裏在。[50]

又，因啓民可汗之人畜均已內徙河南地，理合王化，乃奏乞同爲華夏臣民，稱：

臣今非是舊日邊地突厥可汗，臣即是至尊臣民，至尊憐臣時，乞依大國服飾法用，一同華夏。臣今率部落，敢以上聞，伏願天慈，不違所請。[51]

煬帝下其議，公卿請依所奏。帝以爲不可。蓋夷夏殊風，各尚所宜，故下詔曰：

先王建國，夷夏殊風，君子教民，不求變俗。斷髮文身，咸安其性，漒裘卉服，各尚所宜，因而利之，其道弘矣。何必化諸削衽，縻以長纓，豈遂性之至理，非包含之遠度。衣服不同，既辨要荒之敘，庶類區別，彌見天地之情。[52]

---

50 《隋書》卷八十四，〈列傳第四十九・北狄・突厥〉，頁1874。
王欽若等編纂，周勛初等校訂，《冊府元龜》卷九百七十八，〈外臣部二十三・和親〉，頁11324。

51 《隋書》卷八十四，〈列傳第四十九・北狄・突厥〉，頁1874。
王欽若等編纂，周勛初等校訂，《冊府元龜》卷九百七十八，〈外臣部二十三・和親〉，頁11324。

52 《隋書》卷八十四，〈列傳第四十九・北狄・突厥〉，頁1874。

　　煬帝以璽書答啓民，稱：「磧北未靜，猶須征戰，但使好心孝順，何必改變衣服」。[53]隋煬帝爲何以爲不可輕易「化夷爲華」？蓋其治天下之道，乃持固有之〈以不治治之論〉行「因時制宜、因地制宜、因人制宜、因俗制宜、因教制宜」等「民族自治、汗國自治」[54]的固有歷史文化價值所致，而不願驟然實行傳統之〈王化論〉。蓋把握得宜，雖可華夷合一；然失其分寸，則天下動亂。

　　是年，煬帝親巡雲內，溯金河而東北，幸啓民所居，啓民奉觴上壽，跪伏甚恭。帝賜啓民及公主金甕各一，及衣服被褥錦綵；特勒〔官名，掌突厥邦交軍國大事，大都以可汗子弟充任〕以下各有差。[55]隋煬帝之所以對啓民恩威並加，其所要者即「跪伏甚恭」之「恭」字，跪伏用以表恭，恭用以表誠。蓋外示恭順，內存誠意，則天下太平，故賞及隨從官員子弟。由上可知，隋煬帝雖好大喜功，然頗有宗藩政治長才，在前代累積的國力下，臨御突厥，而被尊稱爲「至尊可汗」，這是繼隋文帝「聖人可汗」之後，兩漢以來之天下共主的最高尊稱。

　　明年，啓民卒，子始畢可汗立，表請尙公主，詔從其俗。[56]大業六年（610年），煬帝將西狩，遣使赴西突厥召處羅，令與車駕會，遂入朝，然每有怏怏之色。按西突厥者，乃木杆可汗之子大邏便建政之地也。因與沙鉢略可汗有隙，而一分爲二，漸以強盛。其後爲處羅侯所執，其國人乃改立泥利可汗。卒後，其子繼位爲處羅

53　《隋書》卷八十四，〈列傳第四十九・北狄・突厥〉，頁1874。

54　張啓雄，〈東西國際秩序原理的差異──「宗藩體系」對「殖民體系」〉，《中央研究院近代史研究所集刊》第79期，頁57-66。

55　《隋書》卷八十四，〈列傳第四十九・北狄・突厥〉，頁1875。

56　《隋書》卷八十四，〈列傳第四十九・北狄・突厥〉，頁1876。

可汗，多在烏孫故地，位居北荒，東拒都斤，西越金山，龜茲、鐵勒、伊吾及西域諸胡悉附之。[57]其東出之道，恆爲東突厥阻絕。七年冬，西突厥處羅來朝，八年正月元會，處羅上壽曰：「自天以下，地以上，日月所照，唯有聖人可汗。今是大日，願聖人可汗千歲萬歲，常如今日也。」[58]處羅因從征高麗，賜號曷薩那可汗。十年正月，「以宗女爲信義公主，嫁西突厥曷薩那可汗，賜錦綵袍千具，綵萬疋。帝將復其故地，以遼東之役，故未遑也。每從巡幸。」[59]至是，隋朝勢力及於西域。

　　由上可知，突厥不分東西，皆與隋朝和親，故「和親」在隋厥關係上，一直都扮演著羈縻的角色，因結親以收突厥臣從之效，因隋朝強大，故樂於爲隋效命，馳騁天下，鎮壓叛亂，既是隋朝安撫天下之姻親，也是藩屬。大業十一年（615年）八月，因始畢可汗率其部落入寇，圍帝於雁門，援軍方至，始畢引去，由是朝貢遂絕。[60]情勢發展至此，隋朝之國勢急轉直下，外患內亂並起。

　　總而言之，隋文帝勤政愛民，因恩及北荒突厥，故被尊稱爲「聖人可汗」，而隋煬帝也在前代累積的國力之下，臨御突厥，恩威並濟，同樣的，也被尊稱爲「至尊可汗」。故其臨御天下，因「至尊今還如聖人先帝」，「捉天下四方坐」，而備受讚譽。其中，尤以「養活臣及突厥百姓」，而且「實無少短」，最爲重要。

---

57 《隋書》卷八十四，〈列傳第四十九・北狄・突厥〉，頁1876。
58 《隋書》卷八十四，〈列傳第四十九・北狄・突厥〉，頁1879。
59 《隋書》卷八十四，〈列傳第四十九・北狄・突厥〉，頁1879。
　　王欽若等編纂，周勛初等校訂，《冊府元龜》卷九百七十八，〈外臣部二十三・和親〉，頁11324-11325。
60 《隋書》卷八十四，〈列傳第四十九・北狄・突厥〉，頁1876。

煬帝實無異於突厥之衣食父母，進而實現隋厥「共生共榮」之共同
體境界，可見隋朝待遇啓民可汗之厚，因此贏得「跪伏甚恭」的尊
敬。由此可知，煬帝確實也在外交上克承其父文帝之功業，具經營
漢胡宗藩政治之長才，開兩漢以來因功業成就天下共主地位而備受
草原民族之尊敬，復經日積月累，故其汗位尊號乃得以不斷提升。
此時，大隋天下實已孕育並開創中國皇帝兼具遊牧民族汗位之基
礎，由「聖人可汗」經「至尊可汗」，而逐步邁向「皇帝天可汗」
之華夷共戴，漢胡共尊之「天下共主」的天下地位。

　　不過，若以犧牲婚姻來成就天下安泰的和親公主而言，歷代
公主所最難以適應的習俗，莫過於胡人因有父死子繼、兄終弟及的
收繼婚制，父死「子妻群母」、「兄亡弟妻群嫂」之習俗，將「群
母」、「群嫂」視爲「財產」，而不是將其視爲生命主體的「人
物」，一併加以「繼承」。就往例而觀，和親公主因文化衝突，而
有「上表請歸」之舉，以示拒絕「亂倫」的婚姻。惟匈奴、突厥等
西域或北荒民族，小循例上表「請尙公主」，中國皇帝或天子，
爲安撫戎狄，安定天下秩序等政治考慮，亦基於《中華世界秩序原
理》之〈以不治治之論〉的「因俗制宜」，無不循例下詔「從其
俗」，委曲其親生子女或宗女的「公主」必須「入境問俗」。從隋
朝天子來看，甚至君臣民來看，此乃在其所治天下中，基於〈以不
治治之論〉的統治原理，所行之「民族自治」與「汗國自治」。在
「嫁雞隨雞，嫁狗隨狗」的觀念下，「和親」公主因此成爲「犧牲
小我」，並長駐異域的「終生大使」與調和「夫婦之邦」的「親善
使節」。

第五章
超強時代唐對胡的和親策略

第一節　高祖創唐前後漢弱胡強的天下大勢

隋末，因內亂外患而天下大亂，群雄並起，逐鹿中原。時值北突厥始畢可汗[1]之盛世，史稱「控弦百餘萬，北狄之盛，未之有也，高視陰山，有輕中夏之志。」[2]相對的，中國因隋朝崩解而群雄並起，紛紛北面稱臣於始畢可汗，請兵以爭天下；百姓則因中原亂離，紛紛北逃突厥，以求謀生者不計其數。史載：

> 隋末亂離，中國人歸之者無數，遂大強盛，勢陵中夏。迎蕭皇后，置於定襄，薛舉、竇建德、王世充、劉武周、梁師都、李軌、高開道之徒，雖僭尊號，皆北面稱臣，受其可汗之號，使者往來相望於道也。[3]

1　始畢可汗，名咄吉，乃啟民可汗之子，處羅可汗之兄。

2　劉昫，《舊唐書》卷一百九十四上，〈列傳第一百四十四上・突厥上〉，（台北：鼎文書局，1981年），頁5153。
　杜佑，《通典》卷一百九十七，〈邊防十三・北狄四・突厥上〉，（北京：中華書局，1988年），頁5407。

3　《隋書》卷八十四，〈列傳第四十九・突厥〉，頁1876。

　　大業十三年（617年），李淵乘勢起義於太原，旋攻占長安，擁代王侑即位，改元義寧，是為隋恭帝。義寧元年冬，恭帝以李淵為丞相，進封唐王，「萬機百度，禮樂征伐，兵馬糧仗，庶績群官，並責成於相府」[4]，集大權於一身。翌年（618年），隋恭帝禪位，李淵稱帝，建國號唐，於是「改義寧二年為武德元年」，定都長安，史稱唐高祖。

　　李淵入都定鼎前夕，早已慮及突厥可能乘虛而入，乃親自手疏與突厥，書曰：

> 我今大舉義兵，欲寧天下，遠迎主上，還共突厥和親，更似開皇之時，……若能從我，不侵百姓，征伐所得，子女玉帛，皆可汗有之，……坐受寶玩，不勞兵馬，亦任可汗，一二便宜，任量取中。仍命封書題署云某啟。[5]

惟其屬下所司以為不可稱「啟」，乃報請云：「願加厚遺，改啟為書」。李淵，稱：

> 曲於一人之下，伸於萬人之上，塞外群胡，何比擬凡庸之一耳。且啟之一字，未直千金，千金尚欲與之，一字何容有悋。[6]

4　（唐）溫大雅撰，《大唐創業起居注・唐鑑・一》卷三，（上海：商務印書館，1936年），頁29。

5　溫大雅撰，《大唐創業起居注・唐鑑・一》卷一，頁6-7。

6　溫大雅撰，《大唐創業起居注・唐鑑・一》卷一，頁7。

結果，李淵仍以「啓文」遺書北突厥〔即東突厥〕始畢可汗。惟按「啓文」乃「奉書長上」之意，並非「臣對君」之「表文」。[7]李淵起兵，因有求於突厥，故奉始畢可汗爲「長上」。惟若單就啓文而言，此時，因李淵尚未稱帝，故書信「但用啓不用奏」，也未稱臣，故視「啓文」爲尊稱，似乎無妨。此外，因李淵於「啓文」之中，提及「還共突厥和親」、「子女玉帛，皆可汗有之」。此乃以「子女玉帛」誘略始畢，故李淵迅即於掌權的義寧年間兌現收買突厥的諾言，乃「遣襄武郡公琛與太常卿鄭元璹齎女妓遺突厥始畢可汗，以結和親」。[8]以具有才藝的女妓，冒充公主遠赴突厥和親，以便「公主」或可一面充當可賀敦以圖影響可汗之決策，一面也可充當唐朝的「駐紮突厥大使」，以謀唐厥之親善，可謂一舉兩得。

此事，正好也顯示唐初並非眞正願意以公主和親北荒，來結盟以自保或結盟以外鬥。不過，居中國之西北南三方的戎狄，除欣羨中華文化，亨受中華文明外，更重要的目的就是對華和親，請尚公主。四夷迎娶中華公主既可誇耀於華夷天下各邦，也能提高自我身分，以便於天下之中樹立其國家地位。在厥強中弱的現實情勢下，李淵不得不面對現實，只好以「假公主」行「眞和親」，以謀國家安泰。

由此可見，李淵在定鼎之前，爲鞏固其政權，安定天下，勢須

7　關於「啓文」與「表文」之別的史例，參見：張啓雄編撰，〈琉球棄明投清的認同轉換〉，《琉球認同與歸屬論爭》，（台北：中央研究院東北亞區域研究，2001年），頁51-53。

8　王欽若等編纂，周勛初等校訂，《冊府元龜》卷九百七十八，〈外臣部二十三・和親〉，頁11325。

攏絡北荒驍勇善戰之騎馬民族，而其交好取信之道則在於順應突厥「和親」習俗。故李淵先行以始畢可汗為尊，然後又於義寧年間，以女妓遺突厥始畢可汗，以結和親。此事，雖不足為訓，但確實已於政權過渡期間維持天下國家安全、社會安寧、人民生活於不墜。更重要的是李淵未曾向始畢可汗稱臣，也維繫了天下國家的尊嚴，更於建立政權之後，迅即召開國是會議，研議制衡之道，以及取勝強敵突厥之策。

武德元年（618年），李淵因稱帝而開創唐朝。武德三年，西突厥大汗統葉護[9]遺使長安，時值北突厥作患，高祖乃厚加撫結，與之並力，以圖北蕃（北突厥，又稱東突厥，即頡利可汗），統葉護許以五年冬。大軍將發，頡利可汗[10]聞之，大懼，復與統葉護通和，無相征伐。統葉護尋遺使來請婚。[11]許婚與否，就成為高帝聯西突厥對付北突厥的戰略活棋。此時的唐厥關係，依然是對立的「敵國」＝「敵體」關係。

武德二年（619年），始畢可汗帥兵渡河，謀入侵太原，旋卒，以其子年幼不堪嗣位，乃立其弟俟利弗設，是為處羅可汗。處羅可汗嗣位，也以隋義成公主為妻，遺使入朝告喪。高祖為之舉哀，廢朝三日，詔百官就館弔其使者，又遺使往弔處羅，賻物三萬段，處羅此後頻遺使朝貢。[12]唐朝於建國之初，所以能綏服突厥者，除唐高祖處置得宜外，無可否認地，仍受「聖人可汗」隋文帝與「至尊可汗」隋煬帝對突厥恩威並施，建立「隋厥共同體」之餘

9　統葉護可汗乃達頭可汗之孫，射匱可汗之弟。

10　頡利可汗乃啓民可汗第三子，處羅可汗之弟咄苾。

11　《舊唐書》卷一百九十四下，〈列傳第一百四十四下‧突厥下〉，頁5181。

12　《舊唐書》卷一百九十四上，〈列傳第一百四十四上‧突厥上〉，頁5153-5154。

威所賜。此事可由隋末群雄並起，中原未定之時，竇建德率兵陷
隋，虜煬帝蕭后及齊王之子政道，而處羅可汗能於武德三年出兵迎
之，至於牙所，立政道為隋王，中國人在虜庭者，悉隸於政道，行
隋正朔，置百官，居於定襄城，有徒一萬。[13]其中，隋朝義成公主
和親突厥，所扮演之角色至關重大，以致突厥或有為隋「興滅繼
絕」之意。

武德三年，處羅卒，義成公主以其子弱，不堪大任廢之，立
處羅之弟咄苾，是為頡利可汗。於是，頡利又納隋朝「和親公主」
義成為妻，以始畢之子什鉢苾為突利可汗。[14]處羅、頡利所以相繼
「尚公主」＝以隋朝義成公主為妻，除突厥有收繼婚習俗外，或因
隋唐王朝繼承，在形式上中厥關係基於「公主」之「和親」而尚存
有「夫婦之邦」之意。若是，則「夫婦之邦」的「愛屋及烏」倫理
典範，尚可規範中厥邦交關係。否則，中厥邦交關係當隨著唐朝取
代隋朝的朝代更迭，而令唐厥雙方爆發衝突，雙方從此脫離因「和
親」形成「夫婦之邦」，繼而透過「封貢體制」轉為「君臣之邦」
的臣從關係。因此，「愛屋及烏」的倫理典範與厚待—薄待的唐厥
禮尚往來，都成為檢驗唐厥關係的有用指標。

同年，突利可汗遣使入朝，告處羅死，高祖為之罷朝一日，
詔百官就館弔其使。顯然，在弔喪儀式上，較諸處羅可汗告喪之
時，高祖對突利可汗薄待不少，何以致之？答案極其清楚，根據史
載：「頡利初嗣立，承父兄之資，兵馬強盛，有憑陵中國之志。高
祖以中原初定，不遑外略，每優容之，賜與不可勝計」。可是，頡

13　《舊唐書》卷一百九十四上，〈列傳第一百四十四上・突厥上〉，頁5154。
14　《舊唐書》卷一百九十四上，〈列傳第一百四十四上・突厥上〉，頁5154。

利對高祖則「言辭悖傲，求請無饜。」[15]況曾先後三度拘留唐使漢陽公瓌、太常卿鄭元璹以及左驍衛大將軍長孫順德，唐亦扣留突厥使者以為報復。其間，頡利又寇并州，時鄭元璹在母喪，高祖令墨絰充使招慰。元璹謂頡利可汗，稱：「大唐初有天下，即與可汗結為**兄弟**，行人往來，音問不絕。」[16]由此亦可知，唐厥初始關係應為「**兄弟之邦**」，然後再透過「和親」轉為「**夫婦之邦**」。惟又據《貞觀政要》四年所載，唐太宗稱：

> 往者國家草創，突厥強梁，太上皇以百姓之故，稱臣於頡利，朕未嘗不痛心疾首，志滅匈奴〔突厥〕，坐不安席，食不甘味。今者，暫動偏師，無往不捷，單于稽顙，恥其雪乎。群臣皆稱萬歲。[17]

由此可知，東方天下關係與西方國際關係的觀念頗有不同。東方之國家或民族，雖各自崛起一方，但強者稱帝，弱者稱臣，然後透過其君臣協力，共創一君領導萬國的太平天下。隋唐對突厥與突厥對隋唐，莫不如是。又，因其戰爭的目的在於懲罰，給予教訓，故止於屈服對方，強調其仁義之師的大義名分。天下關係的目的，既

---

15 《舊唐書》卷一百九十四上，〈列傳第一百四十四上・突厥上〉，頁5155。
　《通典》卷一百九十七，〈邊防十三・北狄四・突厥上〉，頁5408。
16 《舊唐書》卷六十二，〈列傳第十二・鄭元璹〉，頁2380。
17 〔唐〕吳兢，《貞觀政要》卷二，〈論任賢第三〉，引自《文淵閣四庫全書》，史部一六五，雜史類，（台北：台灣商務印書館，1983年），頁407-375。又，《舊唐書》中，缺「突厥強梁」，並將稱臣於「頡利」改為「突厥」。見《舊唐書》卷六十七，〈列傳第十七・李靖〉，頁2480。

不在於殲滅對方，也不是將萬國夷爲殖民地，而是致力於建構其
〈封貢體制論〉下的「君臣關係」，創立其具有階層性的「君臣
之邦」，與穩定和平的天下關係體制。因此，草創期的唐厥關係，
乃胡強漢弱的逆轉式「君臣之邦」。唐太宗之時，因受突厥劫掠，
文明中華反而臣事野蠻夷狄，在痛心之餘，乃誓滅突厥王朝，回歸
「以華治夷」的「君臣之邦」。此即，《新唐書‧突厥傳》之所以
稱：太宗謂群臣曰，「往國家初定，太上皇以百姓故，奉突厥，詭
而臣之」的道理所在。[18]

　　然而，何謂「詭而臣之」？蓋策略性稱臣之意。就其天下情勢
而言，當處於「敵強我弱」的形勢之下，唐厥雖然先結爲「兄弟之
邦」，但在突厥屢屢侵寇之下，唐初乏力抗衡，中國在天下的地位
下降，因而發生「君臣之邦」的逆轉現象。這是純以武力決勝負所
創造的天下關係，而不是以先進文化文明結合用武之正當性所開創
維繫的治世太平。是故，唐朝在開國過程中，有臣服於突厥之際，
在朝代更迭中，也有異族入主中國之時。但是，當唐朝勵精圖治
後，突厥與萬邦亦能歸心中國，臣服中華，共創「皇帝天可汗」的
太平盛世。

　　要言之，唐高祖時代，唐厥關係因「敵強我弱」，遂由「兄
弟之邦」降爲「君臣之邦」。「兄弟之邦」，一般而言，強勢方
爲兄，弱勢方爲弟，惟在勢均力敵之時，始有以年齒大小定長幼
之序。就唐厥而言，雙方雖然大致平等，但是仍有「兄前弟後」之
分。至於「君臣之邦」則爲階層關係，突厥頡利可汗因高坐牙帳爲

---

18 歐陽脩，《新唐書》卷二百一十五上，〈列傳第一百四十上‧突厥上〉，（台北：
　　鼎文書局，1981年），頁6035。

君，而唐朝高祖則屈居下方為臣，雖稱「詭而臣之」，然其天下地位仍有「君臣之分」。因屈居「臣下」，故唐太宗於「痛心病首」之餘，乃思「刷恥於天下」的道理所在。

綜觀唐初，因唐承襲隋末亂離，致草創期之唐厥關係，高祖因力不如人，而遭東亞天下秩序安排在《中華世界秩序原理》〈五倫天下關係論〉的「兄弟倫」或「君臣倫」之中，北突厥因強大故稱君以主宰天下秩序，唐高帝因弱小乃暫時卑辭以奉突厥，或謙稱弟，或暫屈臣下，乃有「詭而臣之」之事，因而形成華夷逆轉的「君臣之邦」。唐朝鑒於傳統華夷名分秩序，乃中朝居中以治天下，四夷居外以奉中國，所以唐朝為湔雪前恥，回歸〈五倫天下關係論〉之「以華治夷」的原型，隨著時代發展，終能逐漸展現其天威難測的爆發力。

又，武德四年（621年）四月，頡利可汗親率萬餘騎攻雁門，為定襄王李大恩所挫，乃懼而放還長孫順德，「更請和好，獻魚膠數十斤，欲令兩國同於此膠。」[19]頡利之意乃在暗示雙方邦交和好，如膠似漆。「高祖嘉之，放其使者特勤熱寒、阿史德等還蕃，賜以金帛。」[20]唐厥雖互示善意，然終無互信基礎，雙方仍征戰不已。武德五年，「西突厥葉護可汗遣使請婚」。武德六年，「突厥（頡利）又請和親，歸我馬邑」。武德八年（625年），高祖對於突厥既要寇邊又要和親的兩面手法，決定不再容忍，強調「往以中原未定，突厥方強，吾慮其擾邊，禮同敵國，今既人面獸

19　《舊唐書》卷一百九十四上，〈列傳第一百四十四上・突厥上〉，頁5155。
　　杜佑，《通典》卷一百九十七，〈邊防十三・北狄四・突厥上〉，頁5408。
20　《舊唐書》卷一百九十四上，〈列傳第一百四十四上・突厥上〉，頁5155。

心，不顧盟誓，方爲攻取之計，無容更事姑息。其後，書改爲詔敕」。[21]《新唐書》稱：「初，帝待突厥用敵國禮，及是，怒曰：往吾以天下未定，厚於虜以紓吾邊，今卒敗約，朕將擊滅之，毋須姑息。」[22]顯然，唐高祖決定將突厥由「敵體＝對等」降爲藩邦，並將待遇頡利可汗由敵禮降爲不臣之藩禮，不但行文用詔敕臨之，而且終將以兵臨之，甚至擊滅之。要之，高祖待遇突厥，是由「朋友之邦」降爲「不臣之敵邦」。至此，高帝君臣乃開始運籌帷幄，研議擊滅頡利之道。

第二節　高祖策定遠交近攻的和親政策

　　高祖既決定將突厥由「敵體＝對等」降爲藩邦，行文用藩禮、詔敕臨之。於是，君臣爲了安邊立國，乃開始運籌帷幄。侍中裴矩獻策稱，擊滅北突厥頡利可汗之道，在於趁西突厥葉護可汗前來請婚之機，以行遠交近攻之策。根據史料記載，武德八年四月，高祖「宴四番突厥使。時中國以〔北〕突厥爲患，故遣使與西突厥連合，以備北狄，於是葉護請婚。」[23]帝謂侍中裴矩曰：「西突厥

21 王欽若等編纂，周勛初等校訂，《冊府元龜》卷九百九十，〈外臣部三十五・備禦第三〉，頁11470。
　　關於唐厥是敵體或階層的關係，請參閱：護雅夫，《古代トルコ民族史研究Ｉ》，頁177-179。
22 《新唐書》卷二百一十五上，〈列傳第一百四十上・突厥上〉，頁6032。另《唐會要》亦有類似記載。〔宋〕王溥《唐會要》卷九十四，〈北突厥〉，（台北：世界書局，1989年），頁1688-1689。
23 《舊唐書》與《冊府元龜》均載此君臣對話。對話之用詞雖略有差異，但其內容則大同小異；惟所載之時間與獻策人物則大爲不同。《舊唐書》所載時間爲武德三

一與我懸遠,有急不得相助,今來請婚,其意如何?」裴矩對唐高祖獻計,曰:

> 西蕃懸遠,誠如聖旨,但北寇盛強,數為邊害。當今之
> 計,須遠交而近攻,權可許婚,已近頡利且羈縻之。待
> 一二年後,中國完實,足抗北夷,然後徐思其宜。此蓋一
> 時之策也。[24]

或謂:「高祖謂侍臣曰:西突厥去我懸遠,急疾不相得力,今請婚,其計安在?封德彝對曰:當今之務,莫若遠交而近攻,正可權許其婚,以威北狄。待之數年後,中國盛全,徐思其宜。高祖遂許之婚,令高平王道立至其國,統葉護大悅。遇頡利可汗頻歲入寇,西蕃路梗,由是未果為婚。」[25]從此,和親結合遠交近攻以待敵友,成為唐朝的聘交國策。不過,頡利可汗不悅中國與西突厥和親,不但數次遣兵入寇,而且遣人謂統葉護曰:「汝若迎唐家公主,要須經我國中而過。統葉護患之,未克婚。」[26]正因為北突厥控制唐與西突厥之間的通道,所以唐初所擬先透過與西突厥和親,

---

年,獻策人物為封德彝。反之,《冊府元龜》所載時間為武德八年,獻策人物為裴矩。茲並列以供參酌。

王欽若等編纂,周勛初等校訂,《冊府元龜》卷九百七十八,〈外臣部二十三‧和親〉,頁11325。

《舊唐書》卷一百九十四下,〈列傳第一百四十四下‧突厥下〉,頁5181。

24 王欽若等編纂,周勛初等校訂,《冊府元龜》卷九百七十八,〈外臣部二十三‧和親〉,頁11325。

25 《舊唐書》卷一百九十四下,〈列傳第一百四十四下‧突厥下〉,頁5181-5182。

26 《舊唐書》卷一百九十四下,〈列傳第一百四十四下‧突厥下〉,頁5182。

然後聯手挾擊北突厥之策，一時無法展開。

　　惟僅就和親獻策的內涵分析而論，兩漢之時匈奴因與中國爭霸，不時寇邊，致遭兩漢澈底擊破，乃西遁歐洲。隋唐之際，其東西突厥之情勢與東西匈奴雷同。突厥因匈奴先遁走西域，再西竄入歐之故，乃得以填補匈奴西遁的勢力真空，在北荒崛起，並且取代匈奴侵寇中國。起初，因木杆可汗之子大邏便與沙缽略有隙，乃一分為二，前者為西突厥，後者為北突厥或稱東突厥，以其居西突厥之東故也。因西突厥建國於烏孫故地，東至突厥國，西至雷翥海，南至疏勒，北至瀚海，在長安北七千里。[27]因僻遠中國，為害唐朝不易，可以遠交。另，以中國為中心而言，北突厥近在長安以北蒙地，故史稱北突厥。又因近在北邊，動輒入境寇邊，為患中國，故史上又稱北寇或北蕃，乃近而易攻之地。

　　據此，裴矩乃獻「和親」＋「完實國力」＋「遠交而近攻」之策。其辦法：先「權可許婚」，暫且「羈縻」頡利可汗，然後乘機「完實」國力，直到「足抗北夷」之際，再「徐思其宜」的戰略。與漢朝謀士劉敬相比，漢朝採「漸而臣之」的和親政策，唐朝則採「遠交近攻」的和親政策。前者，因受害巨大，故其規劃長久而深遠；後者，只論以「和親」換取「完實」國力之時間，然後執行「遠交近攻」的一時之策而已，至於長遠之計則有待徐思其宜。相較而論，充實國力以圖富國強兵乃是漢唐的共同點，惟漢朝之規劃較為長遠，唐朝之規劃雖分三階段實施，但其最終成就較高。唐朝之成就既超越「聖人可汗」也凌駕「至尊可汗」，實已達華夷稱頌的「皇帝天可汗」境界。

---

27 《舊唐書》卷一百九十四下，〈列傳第一百四十四下‧突厥下〉，頁5179。

　　謀定而後動，對裴矩的「遠交近攻」之策，高祖李淵然之，遂許婚，乃「令高平王道立至其國〔西突厥〕，統葉護大悅。惟遇頡利頻歲入寇，西蕃路梗〔塞〕，繇是未果」和親。[28]高祖基於外交戰略，擬「遠交」據烏孫舊地之西突厥統葉護可汗，然後「近攻」據有漠南蒙古之北寇頡利可汗。因此，決定為了羈縻西突厥「權許婚」。不過，因為北突厥「頻歲入寇」，而和親路線須經頡利可汗國境，[29]致和親公主未能成行。

　　由此可見，唐初和親政策，只是遠交近攻戰略下的權宜措施，遠不如劉敬為漢朝規劃之精密與長遠。顯然，唐朝於建國之初，對於運用「漢胡和親」以建構「天下一家」等具理想性的華夷關係，尚無戰略制高點的認識。可見，唐高祖在馬上治天下的時代，仍無力無暇參酌兩漢與隋朝之和親政策的成就，以備不時之需。漢唐雖各有專精胡人事務的劉敬與裴矩（或封德彝），以主持國家的天下戰略規劃，但仍未超越歷史經驗，將「皇室和親」的「漸而臣之」觀念擴充成為「華夷通婚」的天下一家。

　　因此，唐高祖李淵雖「以突厥為患」而求教於「突厥通」裴矩。裴矩也只能提出「當今之計」，認為「須遠交而近攻」，「權可許婚」以「羈縻之」而已。故唐初之「許婚」只是「從權」的「權宜之計」。所以他又再次強調說：「此蓋一時之策也」，而不是如劉敬般提出「計久遠，子孫為臣」之策。故其具體變法，

---

28 王欽若等編纂，周勛初等校訂，《冊府元龜》卷九百七十八，〈外臣部二十三・和親〉，頁11325。

29 頡利可汗因不悅中國與西突厥和親，乃數遣兵入寇，又遣人謂統葉護曰：「汝若迎唐家公主，要須經我國中而過。統葉護患之，未克婚」。《舊唐書》卷一百九十四下，〈列傳第一百四十四下・突厥下〉，頁5182。

只是「待一二年後」，因整軍經武而「中國完實」，其實力「足抗北夷」，然後再「徐思其宜」。如以清朝之「理藩院」與「禮部」的差異，來加以比喻的話，理藩院行和親政策，先穩定邦交以形成「夫婦之邦」，然後轉爲「君臣之邦」；禮部則輸出儒家思想，以形成共同的歷史文化價值。儒家思想，看似鬆散，然而因共同的歷史文化價值易於形成共同體；和親政策，雖可運用婚姻關係，形成民族或國家間的結盟關係，雖易於天下一統，但在改朝換代之際也有易於淪爲樹倒猢猻散之弊。因此只有將「理藩院」結合「禮部」，讓華夷天下關係，既具有普遍通婚的聯姻結盟關係，形成「夫婦之邦」的倫理連帶感，同時也有「儒家思想」做爲其形塑共同歷史文化價值的黏著劑，故唯有二者兼具，才是團沙成塊，熔塊成岩的可長可久之計。

　　貞觀元年（627年），太宗即位之後，唐朝的華夷政策爲之一變。隨著唐朝的天下國家發展，尤其是盛世的到來，在和親結合遠交近攻以待敵友的聘交國策下，其「五倫天下關係」日益開展而愈形開通廣闊。綜觀有唐一代，其在西域北荒的華夷天下關係，主要仍是透過公主與突厥、吐谷渾、吐蕃、迴紇等展開和親，並據此訂定「夫婦倫」之君臣、翁婿、表兄表弟、舅甥、外公外孫等因華夷和親關係的倫理變化，透過〈五倫天下關係論〉的倫理典範，而在天下發展成爲五倫宗藩關係。最後，再經由《中華世界秩序原理》〈五倫天下關係論〉之倫理關係，完成夾雜君臣、父子、兄弟、夫婦，甚至朋友（敵體）等五倫性的天下關係，以謀和平解決天下紛擾與邦際紛爭，建構成「華夷融合」爲「天下一家」的華夷共同體，做爲其謀治天下於長治久安之計。

　　茲以「皇帝天可汗體制」下，唐對北突厥、唐對西突厥、唐對

薛延陀、唐對迴紇、唐對吐谷渾、唐對吐蕃交往，甚至於唐太宗對西突厥侵犯北突厥的裁判等，最後完成在「皇帝天可汗體制」下行〈以不治治之論〉的大唐「羈縻府州體制」。從和親角度來看，這也可視為是四鄰諸民族在天下中，對中國爭奪以「君臣倫」之「倫理典範」為規範，且以中國為中心，以長安為京都，以四夷為周邊而逐鹿中原的〈爭天下論〉。[30]此時，唐朝與內陸東亞的和平共存體制，大都透過「和親」以建立「夫婦之邦」為中心之華夷天下邦際關係的發展，將家族關係天下化，以達成「天下一家」的理想。是故，擬先透過宏觀的角度次第析述，以便在獲取整體概念之後，再展開唐朝與其北、西、南三方之漢胡和親的「五倫天下關係」論述，藉以建立其和親的類型架構。

　　首先，唐厥和親關係乃起因於雙方的勢力角逐，其後因突厥請求和親，唐方基於政治考慮因勢利導，乃透過「和親」與主要敵人（北突厥）的敵人（西突厥）結合為「翁婿關係」的「夫婦之邦」，然後全力對付主要敵人。成功後，再冊立其姻親為可汗，以治突厥，因雙方屬於「夫婦之邦」，故邦交圓潤，因而建構出倫理性的天下型階層邦交體制。相對的，唐蕃和親關係則和戰參半，其前期雖然運行順暢並帶來和平，但是其後期則礙於雙方爭霸西域，在贊普年幼、權臣掌政之時，和親只徒具虛名，雖有舅甥之稱，但「夫婦之邦」的運營既不深長也欠缺圓潤。另，唐紇和親關係則出乎意料，起初唐朝再三拒絕唐紇和親，最終回鶻則因和親，成為唐朝在國難時期扮演勤王角色，並成為復興公主父家＝「婦邦」的救星。

---

30 張啟雄，〈「中華世界帝國」與近代中日紛爭──中華世界秩序原理之一〉，《近百年中日關係論文集》，（台北：中華民國史料研究中心，1992年），頁13-43。

　　宏觀說明戰略的話，唐朝與突厥之關係，主要在於7世紀至9世紀之間，唐朝在創建初期先與整體突厥，然後在分裂後的突厥，即北、西突厥兩大汗國（漠南突厥和漠北突厥）之間實行和親的天下宗藩關係。唐初，因突厥強而唐朝弱，故唐朝對北突厥採取安撫政策，然因效果不彰，其戰略遂逐漸由安撫與防禦轉為進攻。其後，突厥因內亂而告分裂，唐朝分別於640年和657年澈底擊潰北突厥與西突厥，並俘虜了北突厥頡利可汗和西突厥沙缽羅可汗，突厥汗國至此滅亡。從〈以不治治之論〉的角度來看，原先唐朝在西、北突厥的領地上，分別設立都督府和都護府，[31] 納入朝廷管轄下，但行「民族自治、汗國自治」的羈縻政策。其中，北突厥因內附受冊封，與唐朝轉為「夫婦之邦」下的「君臣關係」。至於西突厥則從此形成諸部並立的分治狀態，於是各自透過「和親」與唐朝建立五倫性質的天下國家關係，形成「夫婦之邦」下，受冊封的「君臣關係」，既受到〈夫婦倫〉的倫理規範，也受到都督府和都護府一定程度的政令管轄，遂形成〈不完全實效管轄領有論〉＝〈不完全以不治治之論〉下的藩屬土。要之，突厥在唐朝實行〈以不治治之論〉下，獲得〈不完全實效管轄領有論〉的羈縻政策，進而透過〈五倫天下關係論〉，既形成「君臣之邦」，也呈現出類似「中央政府」對「地方政府」的民族自治、汗國自治體制。總之，唐朝對突厥乃實行〈不完全以不治治之論〉＝〈不完全實效管轄領有論〉的羈縻府州體制。

　　另，就唐蕃歷史關係的發展，亦擬先展開宏觀的歷史分析與

---

31 關於都督府與都護府在東西突厥的設立始末，請參閱：林幹，《突厥與回紇史》，（呼和浩特：內蒙古人民出版社，2007年），頁113-130。

倫理典範論述。唐朝與吐蕃的關係，在7至9世紀間，時好時壞，好則聯姻，壞則開戰。其原因，乃是唐蕃爲爭奪青海與西域而爆發利害衝突。太宗貞觀十二年（638年），唐蕃發生松州之戰，唐軍擊退吐蕃大軍；唐高宗、武則天時期，唐蕃因互有勝負，故安西四鎮三失三復；玄宗開元時期，吐蕃處於劣勢，其間曾多次通過會盟劃分唐蕃邊界，相安一時。然安史之亂爆發後，吐蕃則趁機控制隴右十八州和安西四鎮，不但爆發劫盟事件，甚至一度攻陷唐都長安。從此，吐蕃成爲舅甥對敵的「夫婦之邦」，故其倫理典範蕩然無存。其後，唐朝聯合回鶻、南詔、大食，合攻吐蕃，加以吐蕃因連年征戰，國勢大衰。最終則在末代贊普朗達瑪遇刺之後，始於唐僖宗乾符四年（877年）因分裂而漸次崩解。起初，唐因先後降嫁文成公主、金城公主於吐蕃贊普，故唐蕃形成和親關係的「夫婦之邦」，吐蕃稱之爲「舅甥之邦」。其後，唐蕃「夫婦之邦」，因吐蕃否定唐蕃間具有封貢關係而運行不暢。因而在金城公主降蕃時期，雙方曾再三舉行會盟，前後計有八次之多。[32] 穆宗長慶元年（821年）唐蕃在長安盟誓，次年又在吐蕃邏些（拉薩）盟誓，翌年又再以漢藏文字將盟誓文彫刻於石碑之上，樹立於拉薩大昭寺之中，此即「長慶會盟碑」，又稱「甥舅和盟碑」，俗稱「甥舅碑」。若以中華爲主體，則稱之爲「舅甥碑」。此碑，標誌著唐蕃處於「夫婦之邦」的「五倫天下關係」中，並考驗著〈夫婦倫〉的倫理秩序與倫理典範的規範力。

---

32 德榮·澤仁鄧珠，《藏族通史·吉祥寶瓶》，（拉薩：西藏人民出版社，2001年），頁755-760。
安應民，《吐蕃史·附錄二》，（銀川：寧夏人民出版社，1989年），頁260-272。

　　在因「和親」而締結「夫婦之邦」中，文成公主降嫁吐蕃時，因文成公主為太宗族妹，故唐蕃為「堂兄妹婿關係」，雙方關係極為親善融洽，贊普並受唐朝冊封。又，金城公主降嫁吐蕃後，玄宗繼位，金城公主也是玄宗族妹，故唐蕃關係仍為「堂兄妹婿關係」，吐蕃則依下一代稱呼上一代的輩分，為「舅甥關係」。較諸「翁婿關係」，「舅甥關係」略為疏遠。因此，天寶年間，當唐朝一告衰落，旋遭吐蕃攻陷長安。其後，唐朝為挽狂瀾於既倒，乃有聯「翁婿之邦」＝回鶻，以制「舅甥之邦」＝吐蕃的戰略出現，〈五倫天下關係論〉遂成為唐朝走向復興之時，至關重要的的天下秩序原理之一。

第三節　唐太宗建構的「皇帝天可汗型」夫婦之邦

(一)太宗以閃電戰擊破北突厥締造皇帝天可汗體制

　　唐朝開國後，因北突厥頡利可汗不時入侵，高祖以中原未定，有後顧之憂，乃採先安內後攘外政策，雖可全力以赴平定中原，但無力對付突厥。玄武門之變後，唐高祖禪位於李世民，改元貞觀元年（627年），是為唐太宗。此時，唐太宗以內憂已定，而頡利可汗仍不時入侵，於是全力部署剿滅北突厥之戰。

　　相對的，唐初北突厥因始畢可汗死，子突利雖淪為小可汗，但統轄靺鞨、奚及契丹；始畢之弟，處羅、頡利則相繼承襲汗位。然突利早於武德時期，即與秦王（太宗）深自結託，太宗亦以恩義撫之，結為兄弟，與盟而去。[33] 武德七年（624年），頡利、突利

---

33 《通典》卷一百九十七，〈邊防十三・北狄四・突厥上〉，頁5412。

二可汗舉國入寇，太宗受詔北討，太宗因縱反間於二人，以孤立頡利，乃謂突利曰：爾往與我盟，急難相救，爾今將兵來，何無香火之情也。突利聞之，悅而而歸心焉，遂不欲戰；然頡利見太宗輕出，又聞香火之言，乃陰猜突利，致其叔姪內離，頡利因遣突利請和，許之。突利藉機自託於太宗，願結爲兄弟。[34]貞觀元年（627年），因突厥轄下薛延陀、迴紇等鐵勒諸部反叛，「頡利遣突利討之，師又敗績，輕騎奔還。頡利怒，拘之十餘日，突利由是怨望，內欲背之」。[35]加上，突厥因「大雪，平地數尺，羊馬皆死，人大飢」，[36]國力大受影響。

　　貞觀二年，頡利之政衰，薛延陀首長夷男率其徒屬反攻頡利，大破之。於是頡利所部諸姓多叛頡利，歸于夷男，共推爲主，夷男不敢當。時太宗方圖頡利，乃遣游擊將軍喬師望，從間道齎冊書，拜夷男爲眞珠毗加可汗，賜與鼓纛。夷男大喜，遣使貢方物。[37]。夷男因叛頡利，率所部薛延陀與鐵勒諸部歸唐，夷男遂成爲受唐太宗所支持，薛延陀鐵勒諸部所共推的盟主，因之唐太宗冊立夷男爲眞珠毗加可汗。從此，唐朝與薛延陀鐵勒諸部的共主夷男之間，基於「冊封」而建立「唐薛君臣」關係，形成「君臣之邦」。聯漠北以制漠南策略，逐漸發揮效果。

　　其後，張公謹因副隨李靖經略突厥，因見突厥天災人禍交迫，以爲機不可失，乃上言條陳「突厥可取之狀」有六，如次：

---

34 《舊唐書》卷一百九十四上，〈列傳第一百四十四上・突厥上〉，頁5156。
　《通典》卷一百九十七，〈邊防十三・北狄四・突厥上〉，頁5409。
35 《舊唐書》卷一百九十四上，〈列傳第一百四十四上・突厥上〉，頁5158。
36 《舊唐書》卷一百九十四上，〈列傳第一百四十四上・突厥上〉，頁5158。
37 《舊唐書》卷一百九十九下，〈列傳第一百四十九下・北狄・鐵勒〉，頁5344。

頡利縱欲肆凶，誅害善良，昵近小人，此主昏於上，可取
一也。別部同羅、僕骨、迴紇、延陀之數，皆自立君長，
圖為反噬，此眾叛於下，可取二也。突利被疑，以輕騎
免，拓設出討，眾敗無餘，欲谷喪師，無託足之地，此兵
挫將敗，可取三也。北方霜旱，稟糧乏絕，可取四也。頡
利疏突厥，親諸胡，胡性翻覆，大軍臨之，內必生變，可
取五也。華人在北者甚眾，比聞屯聚，保據山險，王師之
出，當有應者，可取六也。[38]

歸納言之，頡利可汗由於(1)主昏於上，(2)眾叛於下，(3)兵挫將
敗，(4)稟糧乏絕，(5)內必生變，(6)出師當有應者等因，致危亡日
亟，況但知向外寇邊擄掠，而不能苦心經營內政，善鄰安邊，遂置
沙鉢略、始畢可汗自隋文帝、煬帝以來所用心經營的隋厥「夫婦之
邦」關係，並受「夫婦倫」之「倫理典範」規範的「漢胡和親」家
族倫理，毀於一旦。太宗深納張公謹所言，以夷男制頡利，夷男遂
成為唐太宗對北突厥戰略佈署卜的重要兵棋，於是出兵攻突厥，破
定襄，敗頡利。[39]

　　貞觀三年薛延陀於漠北自稱可汗，遣使來貢方物。八月，真珠
毗加可汗遣其弟統特勒來朝，太宗厚加撫接，「賜以寶刀及寶鞭，

---

38 《新唐書》卷八十九，〈列傳第十四・張公謹〉，頁3756。
　《舊唐書》卷六十八，〈列傳第十八・張公謹〉，頁2507。
　王欽若等編纂，周勛初等校訂，《冊府元龜》卷三百六十六，〈將帥部・機略第
　六〉，頁1-2。
39 《舊唐書》卷六十八，〈列傳第十八・張公謹〉，頁2507。

謂曰：汝所部有大罪者斬之，小罪者鞭之。夷男甚喜。」[40]唐太宗的冊封、所賜寶刀、寶鞭，都代表夷男的權、位乃來自上位國家唐朝的權威，因此對薛延陀自不待言，即使對鐵勒諸部也都具有權威性。此舉，不但可以鞏固夷男的對內權位，也可以提升他在天下的華夷世界地位。唐太宗可謂在費力少而用智多的戰略下，就將頡利可汗所支配的部族，化為唐朝皇帝的臣下，因而重創頡利可汗的元氣。

十一月，頡利因薛延陀之受封而感孤立，又因孤立而倍感形勢險惡，於是「大懼，始遣使稱臣，請尚公主，請修壻（婿）禮」。[41]如此一來，北突厥對唐就可因「和親」而成為「翁婿關係」，並因「翁婿關係」而成為「夫婦之邦」，既為「夫婦之邦」，當受「夫婦倫」之「愛屋及烏」倫理典範的規範，進而轉型成為「父子之邦」＋「君臣之邦」，以制衡西突厥薛延陀真珠毗加可汗。惟查頡利之目的，不過為了透過「翁婿關係」的「家族倫理」，以求自保而已。然而，太宗「以其請和後，復援梁師都」叛唐，即使做為「友邦」，其誠信都已蕩然無存，何況做為「夫婦之邦」的倫理，不復可求。太宗乃詔兵部尚書李靖、代州都督張公謹出定襄道，並州都督李勣、右武衛將軍丘行恭出通漢道，左武衛大

40 《舊唐書》卷一百九十九下，〈列傳第一百四十九下‧北狄‧鐵勒〉，頁5344。
　《資治通鑑》卷一百九十三，〈唐紀九〉，貞觀三年八月丙子條，頁6065。
　王溥，《唐會要》卷九十六，〈薛延陀〉，頁1726。
41 《舊唐書》卷一百九十四上，〈列傳第一百四十四上‧突厥上〉，頁5159。
　《唐會要》卷九十四，〈北突厥〉，頁1689。
　《資治通鑑》卷一百九十三，〈唐紀九〉，貞觀三年八月丙子條，頁6065。
　護雅夫，《古代トルコ民族史研究Ⅰ》，頁179-182。

將軍柴紹出金河道，衛孝節出恆安道，薛萬徹出暢武道，並受李靖節度以討之。十二月，突利可汗及郁射設、廕奈特勒等，並帥所部來奔。[42]考唐太宗之大戰略，首先乃策反敵營，令起義來歸，此爲太宗「未戰先勝」之道。其次，就征伐頡利之戰略布局而言，首先乃運籌帷幄，調兵遣將，選李靖爲帥，然後兵分六路，分進合擊北突厥，其勢萬鈞。

　　貞觀四年正月，唐朝卞力李靖夜襲定襄，頡利驚擾，囚徙牙帳於磧口，胡酋康蘇密等遂以隋蕭后及楊政道來降，各路復截擊成功，乃大敗突厥軍。二月，頡利計窘，竄於鐵山，兵尙數萬，使執失思力入朝謝罪，請舉國內附。李靖乘間襲擊，大破之，遂滅其國。然頡利獨騎脫逃，奔於沙鉢羅部落。三月，行軍副總管張寶相率衆奄至沙鉢羅營，生擒頡利，送於京師。太宗謂曰：

> 凡有功於我者，必不能忘，有惡於我者，終亦不記。論爾之罪狀，誠爲不小，但自渭水曾面爲盟，從此以來，未有深犯，所以錄此，不相責耳。[43]

太宗於細數其罪後，赦之，令其悔過自新。最後，仍詔還其家口，館於太僕，稟食之。雖廢而黜之，但改授唐朝官爵，並賜以田宅，縱其畋獵，庶不失物性。[44]這就是太宗繼武功之後，又施之以仁，以武力（霸道）達成王道之慣用要訣，成就天可汗輝煌之武功文治。

---

42 《舊唐書》卷一百九十四上，〈列傳第一百四十四上・突厥上〉，頁5159。
43 《舊唐書》卷一百九十四上，〈列傳第一百四十四上・突厥上〉，頁5159。
44 《舊唐書》卷一百九十四上，〈列傳第一百四十四上・突厥上〉，頁5159。

　　總之，唐太宗在戰前先策反敵營以求未戰先勝，並以六路大軍先行夜襲，令敵喪膽怯戰，然後分向合擊，圍剿痛擊，最後各路展開截擊，以澈底剿滅後患，是其慣用的大會戰戰略。在兵力的數量上雖不一定多過對方，但在執行戰爭效率的戰質上，則有非敵方所能望其項背之處。此即唐太宗之所以被尊稱為皇帝天可汗的道理所在。唐太宗曾說：「昔漢家，匈奴強而中國弱，所以厚飾子女嫁與單于；今時，中國強而北狄弱，漢兵一千堪擊其數萬」[45]。故在「以一千堪擊其數萬」的戰力下，又能以迅雷不及掩耳之勢，出六路大軍奇襲，合圍，包抄，攔截，剿滅，當然就戰無不勝，攻無不克了。

　　唐太宗僅費時三個月左右即殲滅突厥，逮捕稱霸一時的頡利可汗，更規定突厥與薛延陀的統轄領域，以重新布局北亞世界秩序，此事迅即震動西域北荒。貞觀四年，西域北荒諸蕃君長詣闕，奏請太宗為天可汗。

　　上曰：「我為大唐天子，又下行可汗事乎，群臣及四夷皆稱萬歲」。[46]唐太宗在華夷君長的擁護之下，成為真正的天下共主──皇帝天可汗。《唐會要》記載此事，稱：

　　　　四年三月，諸蕃君長詣闕，請太宗為天可汗。乃下制，今後璽書賜西域北荒之君長，皆稱皇帝天可汗。諸蕃渠帥有

---

45 王欽若等編纂，周勛初等校訂，《冊府元龜》卷九百七十八，〈外臣部二十三‧和親〉，頁11325-11326。

46 《資治通鑑》卷一百九十三，〈唐紀九〉，貞觀三年八月丙子，頁6073。
　　范祖禹，《唐鑑‧二》卷三，（上海：商務印書館，1936年），頁20。

死亡者，必下詔冊立其後嗣焉。統制四夷，自此始也。[47]

　　唐太宗既受西域北荒諸蕃尊爲天可汗，而「天可汗」絕非只是超越可汗的榮銜而已，它也是一種超越可汗，象徵「天授」的「共主」制度，因此在「諸蕃渠帥有死亡者」或紛爭時，天可汗擁有「下詔冊立其後嗣」之權。此外，尚有「統制四夷」之權。此即「天可汗制度」。

　　據此，天可汗當然可以「下詔冊立其後嗣」，新可汗一經天可汗冊立，即成爲西域、北荒各部的合法可汗或汗位繼承人。舉例言之，貞觀七年，咄陸可汗泥孰者，本隸統葉護部，既被推爲可汗，遣使詣闕請降詔敕。太宗遣使賜以名號及鼓纛，又遣鴻臚少卿劉善因至其國，冊授爲吞阿婁拔奚利邲咄陸可汗。貞觀十五年，部下屋利等謀欲廢咄陸，各遣使詣闕，請立可汗。太宗遣使降璽書立莫賀咄乙毗可汗之子，是爲乙毗射匱可汗。[48]《唐會要》所稱，「統制四夷，自此始也」，其史例記載甚多，可供追尋，絕非無根之言。扼要言之，「下詔冊立」可汗，就是唐朝皇帝以「天可汗」之至尊名分，透過〈封貢體制論〉，對西域北荒之君長，實行「冊封」，因而建立唐胡「君臣之邦」之「宗藩關係」的「皇帝天可汗體制」，而且唐朝還是「舉世獨一無二」的「皇帝天可汗」。

　　從此，唐太宗成爲華夷共主的天子，既是中華皇帝，也是內陸四夷的天可汗，「皇帝」統治中華，「天子」則統治蠻夷藩國，而「天可汗」則統轄內陸的戎狄蕃國，成爲「中華世界帝國」＝「天

47　《唐會要》卷一百，〈雜錄〉，頁1796。

48　《舊唐書》卷一百九十四下，〈列傳第一百四十四下・突厥下〉，頁5185。

下」之中，名符其實的「皇帝天可汗」。總之，皇帝統治中華，天子統治蠻夷，天可汗統治戎狄，「皇帝天可汗」則統治「中華與戎狄」的天下，此乃「皇帝天可汗」與「皇帝天子」之最大區別所在。

是故，其後唐太宗皆以「皇帝天可汗」的璽書賜西域、北方之君長，既成為唐朝體制，也為唐代後世所承襲而運行不輟。總之，皇帝天可汗制度始於唐太宗，以威嚴恩德為中華世界樹立了天下威信，形成典範，始有以致之，而高宗、武后、中宗、睿宗、玄宗、肅宗、代宗等也都因受惠於太宗對周邊民族的豐功偉業，而得以繼承「皇帝天可汗」之華夷共主的尊號。[49] 這就是傳統中國之歷史文化價值經過昇華淬鍊所形成之《天下秩序原理》＝《中華世界秩序原理》≑超國家性的天下型「國際秩序原理」，乃是由中華不治夷狄的〈以不治治之論〉轉型走向〈不完全以不治治之論〉＝〈不完全實效管轄論〉的進化第一步。[50]

范祖禹稱：「太宗以萬乘之主，而兼為夷狄之君，不恥其名，而受其佞，事不師古，不足為後世法也」。[51] 范祖禹之所以有此評論，乃本於《論語・八佾》子曰：「夷狄之有君，不如諸夏之亡也」，蓋「以其無君臣之禮也」。[52] 由此可見，范祖禹惑於「事不師古，不足為後世法」，若此說為真，那麼凡事師古就足為後世

---

49 朱振宏，〈唐代「皇帝・天可汗」釋義〉，《漢學研究》，第21卷第1期，2003年，頁418-419。

50 張啟雄，《中國國際秩序原理的轉型——從「以不治治之」到「實效管轄」的清末滿蒙疆藏籌邊論述》，（台北：蒙藏委員會，2015年），頁10-30。

51 范祖禹，《唐鑑・二》卷三，頁21。

52 范祖禹，《唐鑑・二》卷三，頁21。

師法。若此，則儒家理想僅止於「中國＝漢族」而不識「天下≒中華＋四夷＝上國＋屬藩（蕃）＝宗主國＋朝貢國＝中華世界帝國」的道理所在。殊不知，天下乃華夷共有，唐太宗因有不世出之才，始備受華夷愛戴，而成為華夷共戴之天下明君，是數百年一見之曠世明君。假如唐太宗不能「身兼華夷君長」，那麼儒家所「心嚮往之」的「治國平天下」理想——「天下為公、世界大同」之境，則永無達成之日。若僅但知墨守中華文化之典雅，而不知天下尚有東夷、西戎、南蠻、北狄之粗曠武勇，尚待「王化」以臻能文能武之境，才是「不足為後世法也」。何況後世常較先世進化，文治武功何必一一師古。故雖盛如中華，其文化亦可能因文弱有時而窮，仍需濟之以武勇，也唯有「融華夷、合文武」以共創家國天下，始知天下較國家更加壯闊，燦爛無比。

　　《貞觀政要》稱：「明王創業，必先華夏而後夷狄，廣諸德化，不事遐荒」[53] 乃明華夷先後之論。做為「華夷共主」的「皇帝天可汗」，在內諸夏而外夷狄的原則下，必先以華夏為根據地而後造福夷狄以服天下，故先有〈華夷分治論〉[54] 然後有「華夷共治論」或「以華治夷論」，並在結合〈王化論〉[55] 之下，繼之「以力服人」的武功之後，始有「以德服人」的文治，然後文明昌盛，中華大治，為四夷所羨，始能普及四夷。因此，唯有能文能武，在恩

---

[53] 《貞觀政要》卷九，〈議安邊第三十六〉，《文淵閣四庫全書》，史部一百六十五，雜史類，頁407-538。

[54] 張啓雄，〈中華世界秩序原理的源起——近代中國外交紛爭中的古典文化價值〉，吳志攀等編《東亞的價值》，（北京：北京大學出版社，2010年），頁107-112。

[55] 張啓雄，〈中華世界秩序原理的源起——近代中國外交紛爭中的古典文化價值〉，頁130-132。

威並濟，夷狄乃服之後，始有「但懷之以德，必不討自來」[56]的道理。因〈王化論〉能發揮極緻力量，可化夷爲華，故「華夷混一」之際，才是「天下一家」之時；正因「華夷混一」，故「天下一家」。當此之時，與其說〈以華治夷〉或〈以夷治華〉，不如說因已無「文野之分」，故都是「以華治華」。

　　唐太宗治世，史稱「貞觀之治」，爲大唐時代的來臨奠下堅實根基。其後歷經唐高宗「永徽之治」、武則天「貞觀遺風」，直到唐玄宗「開元之治」，承先啓後，併稱「大唐四治」時代。歷經四代整頓經營積累，大唐蒸蒸國勢至此達於顛峰，所以繼承爲「皇帝天可汗」毫無愧色，成爲「皇帝天可汗」，就是「天下共主」，也是「華夷共尊」的領袖，乃盛況空前的華夷盛世，中華只是天下之中心、共主所居之地而已。總之，與其中華獨享盛世，不如華夷共享太平，況「皇帝天可汗」所採統治體制，乃中華不治夷狄的〈不完全以不治治之論〉，即〈不完全實效管轄領有論〉的輝煌時代。正因爲如此，「皇帝天可汗」的時代正是東方邁入不分華夷的共存共榮時代。

(二)皇帝天可汗體制下唐對薛延陀的和親外交

　　薛延陀者，乃鐵勒之一支，本爲匈奴之別種。武德初年，居於磧北（漠北）。本姓薛，因其先人曾擊破延陀而有其眾，故號爲薛延陀部。其後，有乙失鉢者，立爲也咥小可汗，西臣於西突厥葉護可汗。[57]

56　《貞觀政要》卷九，〈議征伐第三十五〉，《文淵閣四庫全書》，史部一百六十五，雜史類，頁407-525。

57　《舊唐書》卷一百九十九下，〈列傳第一百四十九下・北狄・鐵勒〉，頁5343-

貞觀十五年，薛延陀夷男眞珠毗伽可汗無視於天可汗爲安撫北突厥，維護天朝的天下秩序，訂定薛延陀與北突厥以大漠爲界，分居漠北、漠南，「擅相侵者，國有常刑」的警告。惟眞珠毗伽可汗仍趁太宗行幸洛陽，將有事於泰山之機，號召所部稱：「天子封太山，萬國必會，士馬皆集，邊境空虛，我於此時取思摩如拉朽耳。」[58]乃恃強而命其子大度設勒兵二十萬南下，越戈壁沙漠南下以襲擊漠南思摩，阿史那思摩可汗急遣使馳赴京求救。從唐太宗對薛延陀眞珠毗伽可汗所下詔諭稱：「擅相侵者，國有常刑」一語可知，「皇帝天可汗」早已將大漠南北納入「天下國家的外政法令管轄範疇」，遂遣派李勣、薛萬徹率步騎數萬馳援敗之。夷男兵敗求和，遣使謝罪。

十六年九月，薛延陀眞珠毗伽可汗夷男遣其叔父沙鉢羅泥熟俟今，來請婚，獻馬三千匹，貂皮三萬八千，馬腦鏡一。太宗謂侍臣曰：「北狄世爲寇亂，今延陀崛強，須早爲之。朕熟思之，唯有二策：選徒十萬，擊而虜之，滅除凶醜，百年無事，此一策也；若遂其來請，結以婚姻，緩轡羈縻，亦足三十年安靜，此亦一策也。未知何者爲先？」司空房玄齡對曰：「今大亂之後，瘡痍未復，且兵凶戰危，聖人所愼。和親之策，實天下幸甚。」太宗曰：「朕爲蒼生父母，苟可以利之，豈惜一女？」[59]遂許以新興公主妻之，因徵夷男備親迎之禮。帝志懷遠人，於是發詔將幸靈州，與之會。夷男大悅，謂其國中曰：「我本鐵勒之小帥也，蒙大國聖人樹立我爲可

5344。

58 《舊唐書》卷一百九十九下，〈列傳第一百四十九下・北狄・鐵勒〉，頁5345。

59 《舊唐書》卷一百九十九下，〈列傳第一百四十九下・北狄・鐵勒〉，頁5345-5346。

汗，今復嫁我以公主，車駕親至靈州，斯亦足矣」。於是，稅諸部羊馬以爲聘財。或說夷男曰：「我薛延陀可汗與大唐天子俱爲一國主，何有自往朝謁，如或拘留，悔之無及」。夷男曰：「吾聞大唐天子聖德遠被，日月所照，皆來賓服。我歸心委質，冀得睹天顏，死無所恨。然磧北之地，必當有主，舍我別求，固非大國之計。我志決矣，勿復多言。」於是言者遂止。[60]對薛延陀可汗而言，夷男以能「和親」於大唐「皇帝天可汗」爲榮，復可提高其在中華世界之天下地位，可謂夢寐以求；對唐而言，冀望透過和親，以結爲「翁婿關係」的「夫婦之邦」，然後應用「夫婦倫」的「典範」＝「愛屋及烏」與「朋友倫」的「有信」來規範雙方，以求天下秩序有「三十年安靜」，實亦不可多得。

於是，帝令三道發使受其羊馬以爲聘禮。然夷男先無府藏，調斂其國，往返且萬里，既涉沙磧，無水草，羊馬多死，遂後期。太宗於是停幸靈州，徵還三道之使。既而其聘羊馬來至，所耗將半，議者以爲戎狄不可禮義畜，若聘財未備而與之婚，或輕中國，當須要其備禮，於是下詔絕其婚。[61]就此史例而言，唐太宗遂又果斷訂下：「不能如期赴約，不能如約下聘者，不婚」的規矩。

群臣或有勸帝云：「既許以公主妻延陀，邊境得以休息，納其獻聘，不可失信於蕃人，宜在速成」。帝謂之曰：「君等進計皆非

60　《舊唐書》卷一百九十九下，〈列傳第一百四十九下・北狄・鐵勒〉，頁5346。王欽若等編纂，周勛初等校訂，《冊府元龜》卷九百七十八，〈外臣部二十三・和親〉，頁11325-11326。

61　《舊唐書》卷一百九十九下，〈列傳第一百四十九下・北狄・鐵勒〉，頁5346。王欽若等編纂，周勛初等校訂，《冊府元龜》卷九百七十八，〈外臣部二十三・和親〉，頁11325-11326。

也。君等知古而不知今。昔漢家，匈奴強而中國弱，所以厚餙子女嫁與單于；今時，中國強而北狄弱，漢兵一千堪擊其數萬，延陀所以匍匐稽顙，恣我所爲，不敢驕慢者，以新得立爲長。雜姓非其本屬，將倚大國，用服其衆。彼同羅、僕固等十餘部落，兵數萬，并力足制延陀，所以不敢發者，延陀爲我所立，懼中國也。今若以女妻之，大國女婿，增崇其禮，深結黨援，雜姓部落，屈膝低眉，更遵服之。夷狄之人，豈知恩義，微不得意，勒兵南下，如君所言，可謂養獸自噬也。吾今不與其女，頗簡使命，諸姓部落知吾棄之，其爭擊延陀必矣」。[62] 於是，絕其婚。

　　分析言之，此時唐太宗以皇帝天可汗之尊，因「志懷遠人」，故下詔親幸靈州以會薛延陀眞珠毗伽可汗。薛延陀可汗則受寵若驚，因稱太宗爲聖人可汗，並讚頌稱：「聖人樹立我爲可汗，嫁我以公主。」於是，徵羊馬以爲聘財。不過，也有建言稱可汗與天子，都是國主，地位對等，無須親往朝謁，以免遭其拘留而後悔莫及。但他以大唐天子聖德遠被，願一睹天顏，堅信大國必令其統治漠北。豈料太宗在靈州久等不至，以其簡慢使命，有怠慢之心，況聘禮不備，不能嫁女以和親。此外，太宗也從天下政治的角度判斷，認爲往昔匈奴強而中國弱，所以漢朝厚餙子女嫁與單于；今時中國強而北狄弱，若以女妻之，則周邊汗國，必更遵服之。然夷狄知力不知恩，叛服無常，未免養獸自噬，遂絕其婚。究其原由，蓋太宗自扶植夷男入主薛延陀成爲眞珠毗伽可汗以降，知其翻覆無常，許以降嫁公主，無異助其假借天朝威靈，擴大其國勢，蓋「以

---

62 王欽若等編纂，周勛初等校訂，《冊府元龜》卷九百七十八，〈外臣部二十三‧和親〉，頁11325-11326。

其強盛，恐為後患」，[63]況夷男之所以不能克服萬難，乃治國能力與誠心不足所致，其能力與誠心既皆不足則中國無需養獸自噬。因此，將其自「和親」名單中剔除。

　　由上述請求和親諸事例可知，突厥咄陸可汗請求和親，屬於但知請求權利，而不知朝貢義務之類，在中華世界秩序之下，率先朝貢「皇帝天可汗」以表事大之誠，甚至有無知到一面「扣留天可汗使人」，一面「請婚」者，非但在天下政治上無法扮演重要角色，且其將來亦必叛服無常。因此，他的存在對唐朝而言，正如叢林之一葉，海水的一滴，量微質劣，無關大局輕重，故拒其求婚。至於突厥乙毗涉遺可汗，因遺使朝貢，藉機請求和親，太宗對其尚知朝貢天可汗，僅屬善盡義務，乃平庸之國君，故未許降嫁，然為「報其善心」，優撫至甚。或成或敗，關鍵在於有無事大之誠，治國之識見是否「褊識」，在於眼光有無而已。唐太宗向以知人善任聞名，自有其不凡的識人之明、戰略智慧以及決斷能力。

(三) 皇帝天可汗體制下唐對薛侵厥的裁斷

　　太宗鑒於前朝隋代啓民可汗因亡失兵馬而來投隋，在隋朝的護持下，遂至強盛，但啓民之子始畢可汗卻反為隋朝大患。今始畢嫡子突利可汗也遭其叔頡利可汗所攻，惟因突利與太宗有「結為兄弟，與盟而去」之私交，於事窮後來投，故太宗不再立突利為突厥可汗，但以中國官爵封之，成為唐朝高位官僚。太宗曾清楚而明白的告誡突利可汗，稱：

---

63 《舊唐書》卷一百九十九下，〈列傳第一百四十九下・北狄・鐵勒〉，頁5344。

〔朕〕欲中國久安，爾宗族永固，是以授爾都督。當須依
我國法，整齊所部，不得妄相侵掠，如有所違，當獲重
罪。[64]

太宗因有隋朝前車之鑑，爲了不再重蹈覆轍，遂改前法，將天下分
爲境內與境外，境內爲內臣，境外爲外臣，並移部分境外之四夷入
於中國，「以治中國之法來治境內夷狄」，而不再對境內夷狄採用
〈以不治治之論〉，亦即改以〈不完全實效管轄領有論〉或〈不完
全以不治治之論〉的治道，來治理中國境內夷狄。因此，乃於貞觀
四年授突利爲右衛大將軍，封北平郡王，食邑七百戶，以其下兵衆
置順、祐等州，令帥部落還蕃，五年徵入朝等建制舉措。但對中國
境外夷狄較爲寬大，仍採傳統〈以不治治之論〉或〈不完全以不治
治之論〉之治道，以羈縻天下四夷。就《天下秩序原理》而言，此
即唐朝統治夷狄政策的劃時代大改變。

　　貞觀十三年（639年），居河南地突厥，因安定而戶口人馬繁
滋，實力日漸恢復。突利可汗之弟結社率，因授命爲中郎將，並於
從幸九成宮時，陰結其部落得四十餘人，擁突利[65]之子賀邏鶻，相
與夜犯御營。正因太宗改突厥擁兵之制，故結社率僅能募得部落
四十餘人侵犯御營，因而迅遭平定，太宗乃斬叛變兵將，並流放賀
邏鶻。經此叛亂，太宗決定將其部落遷往河北，令返磧南。於是，
封右武侯大將軍、化州都督、懷化郡王阿史那思摩爲乙彌泥孰俟利

---

64 《舊唐書》卷一百九十四上，〈列傳第一百四十四上・突厥上〉，頁5161。
65 突利可汗乃始畢可汗之嫡子，頡利之侄，貞觀三年率其衆奔太宗，四年封北平郡
　王，五年卒。

芯可汗，並賜姓李（按即李思摩），給鼓纛，命率所部，建牙帳於
河北。[66] 從〈五倫天下關係論〉縱觀唐厥關係，雙方不但建立了因
和親而成為「夫婦之邦」的關係，同時也因冊封而建構了君臣關
係，具「君父」對「臣子」的關係。

　　然而阿史那思摩等咸憚於漠北薛延陀之強悍，而不肯出塞。因
此，太宗乃賜璽書於薛延陀，加以曉諭，稱：

> 我策爾延陀日月在前，今突厥理是居後，後者為小，前者
> 為大。爾在磧北，突厥居磧南，各守土境，鎮撫部落。若
> 其踰越，故相抄掠，我即將兵，各問其罪。此約既定，非
> 但有便爾身，貽厥子孫，長守富貴也。[67]

太宗既封李思摩為可汗，也賜其鼓纛，又賜璽書警告薛延陀安居磧
北，不得越界，遂令突厥及胡在諸州安置者渡河北〔黃河之北〕，
還其舊部。

　　薛延陀聞「太宗遣思摩渡河北，慮其部落翻附磧北，預蓄輕
騎，俟至而擊之」。太宗遣（使）敕之曰：「擅相侵者，國有常
刑」。[68] 飭其切勿以身試法。可是，薛延陀仍依草原興衰成敗的物
競天擇原則，強調漠南突厥翻覆難信，殺戮無數，今既破突厥，須
收為奴婢，願為天可汗至尊誅之，乃稱：

66　《舊唐書》卷一百九十四上，〈列傳第一百四十四上・突厥上〉，頁5163。
　　《通典》卷一百九十七，〈邊防十三・北狄四・突厥上〉，頁5415。
67　《舊唐書》卷一百九十四上，〈列傳第一百四十四上・突厥上〉，頁5164。
68　《舊唐書》卷一百九十四上，〈列傳第一百四十四上・突厥上〉，頁5164。

至尊遣（使，飭）莫相侵掠，敢不奉詔？然突厥翻覆難信，其未破前，連年殺中國人，動以千萬計。至尊破突厥，須收爲奴婢，將與百姓，而反養之如子，結社率竟反，此輩獸心，不可信也。臣荷恩甚深，請爲至尊誅之。[69]

然而唐太宗既做爲皇帝天可汗，且早在其賜薛延陀的璽書上，表明其統治華夷的原則，稱：

突厥頡利可汗未破已前，自恃強盛，抄掠中國，百姓被其殺者，不可勝紀。我發兵擊破之，諸部落悉歸化。我略其舊過，嘉其從善，並授官爵，同我百僚，所有部落，愛之如子，與我百姓不異。但中國禮義，不滅爾國，前破突厥，止爲頡利一人爲百姓之害，所以廢而黜之，實不貪其土地，利其人馬也。自黜廢頡利以後，恆欲更立可汗，是以所降部落等並置河南，任其放牧，今戶口羊馬日向滋多。元許冊立，不可失信，即欲遣突厥渡河，復其國土。[70]

換句話說，皇帝天可汗對華夷子民一視同仁，伐有罪，存其國，復其土，用以行〈興滅繼絕論〉。

　　總而言之，唐太宗在詔書上，明定以「冊封先後」，決定其「封地」之居住「範圍」與使用上之「地位大小」的次序。薛延陀因受「策封在前」，「地位爲大」；突厥受「策封在後」，「地位

69 《舊唐書》卷一百九十四上，〈列傳第一百四十四上・突厥上〉，頁5164。
70 《舊唐書》卷一百九十四上，〈列傳第一百四十四上・突厥上〉，頁5164。

爲小」。至於遊牧之棲息範疇,薛延陀在「磧北」＝戈壁以北,突厥在「磧南」＝戈壁以南。其規定既清楚又明白,那麼對違反規定的侵犯者,太宗不但強調「我即將兵,各問其罪」,而且將以國家「常刑」,加以懲罰。唐朝皇帝天可汗與西域北荒汗國之間,或透過「和親」,以形成姻親家族關係的「夫婦之邦」,或透過〈封貢體制論〉以形成唐朝中央與突厥、薛延陀等地方間具有「冊封與朝貢」的「事大關係」,而突厥與薛延陀間則具「交隣關係」,合稱則爲行〈事大交鄰論〉。故在天朝領域轄下的相鄰自治汗國之間,基本上也形成了「對等」的「交鄰關係」,而且必須受「皇帝天可汗」之天下法令的規範與制裁。[71]在屬藩汗國的內政上,唐朝對汗國雖採〈不完全以不治治之論〉的統治方式,但在「天朝的天下」裡,其天下秩序則須依「皇帝天可汗」王朝的布局與安排。這種以天朝「皇帝天可汗」做爲頂點的內陸亞洲(北亞、中亞)天下秩序,正是以〈五倫天下關係論〉結合〈封貢體制論〉爲內涵之傳統中國的天下關係與《天下秩序原理》。

最後,在大唐的天下秩序布局與天可汗的用心安排下,阿史那思摩終於鼓起勇氣,率領突厥部眾北渡黃河,回歸北突厥故土者凡十萬,勝兵(精兵)四萬人。

(四)皇帝天可汗體制下唐對西吐厥的和親外交

貞觀元年(627年),漠北西突厥統葉護可汗曾請和親於高祖,高祖原已應允和親,降嫁公主,惟因通道爲北突厥頡利可汗切斷而不克迎親。統葉護可汗後爲其伯父所弒,並自立爲莫賀咄

---

71 護雅夫稱此爲基於冊立──被冊立之君臣關係下的垂直水平交織關係。見護雅夫,
　《古代トルコ民族史研究Ⅰ》,頁183-185。

侯屈利俟毗可汗。太宗聞統葉護之死，甚悼之，遣人齎玉帛至其死所而焚之，因不果至而止。[72]貞觀二年，西突厥葉護可汗死，其國大亂。薛延陀乙失鉢之孫曰夷男，率其部落七萬餘家附於突厥。夷男遇頡利之政衰，率其徒屬反攻頡利，大破之。於是頡利所部諸種姓多叛頡利，歸於夷男。時太宗方圖頡利，乃遣使從間道齎冊書拜夷男爲珍珠毗伽可汗，賜以鼓纛。夷男喜而遣使朝貢，建牙於漠北，貞觀四年，太宗平定漠南突厥頡利之後，朔塞空虛，夷男率其部東返故國，東至室韋，西至金山，南至突厥，北臨瀚海。太宗以其強盛，恐爲後患。[73]從此，漠北之薛延陀取代漠南之北突厥爲患中國。

又，此時西突厥統葉護可汗之子咥力特勤因避莫賀咄奪位之難，亡命康居。西突厥弩失畢部泥孰可汗迎咥力特勤立爲乙毗鉢羅肆葉護可汗，遂與莫賀咄連兵不息，俱遣使來朝，各請婚於太宗。太宗答之曰：「汝國擾亂，君臣未定，戰爭（內戰）不息，何得言婚」，竟不許婚。況其西域屬國及其原先隸屬於西突厥者，悉畔之，國內虛耗。[74]故就此史例可知，唐太宗的和親政策，並非只在名分上收服天下夷狄，令其服膺於天朝並共戴爲「皇帝天可汗」的政治需求，即草率降嫁公主，而是經審慎觀察，深思熟慮後，訂下「雖有國但內亂，不能善治者，不婚」的規矩。此種唐朝皇帝天可汗所訂的和親規矩，當然也適用於西域北荒之諸部落請求和親的外交。

---

72 《舊唐書》卷一百九十四下，〈列傳第一百四十四下・突厥下〉，頁5182。
73 《舊唐書》卷一百九十九下，〈列傳第一百四十九下・北狄・鐵勒〉，頁5344。
74 《舊唐書》卷一百九十四下，〈列傳第一百四十四下・突厥下〉，頁5182-5183。

　　果然，肆葉護因「性猜狠信讒，無統馭之略」，[75]而眾叛親離，遂為北突厥潛擊，以輕騎亡遁康居。其國人乃迎泥孰而立之，是為咄陸可汗。武德中，太宗於居藩，對咄陸可汗務加懷輯，與之結盟為兄弟。因被推為可汗，乃遣使詣闕請降。太宗遣使賜以名號及鼓纛。貞觀七年，遣鴻臚少卿劉善因至其國，冊授為吞阿婁拔奚利邲咄陸可汗。明年，泥孰卒，其弟同娥設立，是為沙缽羅咥利失可汗。沙缽羅咥利失可汗，以貞觀九年上表請婚，獻馬五百疋。天可汗朝廷唯厚加撫慰，未許其婚。[76]

　　貞觀十二年，沙缽羅咥利失可汗因非眾望所歸，故其部眾攜貳，乃於西部另立欲谷設為乙毗咄陸可汗，史稱北庭。明年，咥利失窮蹙，奔拔汗那而死。弩失畢部落酋帥迎咥利失弟伽那之子薄布特勒而立之，是為乙毗沙缽羅葉護可汗，史稱南庭，旋遣使朝貢，太宗以天可汗降璽書慰勉。貞觀十五年，令左領軍將軍張大師往授，賜以鼓纛。[77]

　　此時，爆發北庭咄陸可汗與南庭葉護頗相互攻擊事件，會咄陸遣使詣闕，太宗以共主天可汗之尊，諭以敦睦之道。是時，咄陸兵眾漸強，西域諸國復來歸附。未幾，咄陸乃遣其節度的西域小邦石國，出兵南庭以攻葉護，擒殺之。其後，咄陸濫殺部眾，北庭大亂，亡逸眾多，其部下屋利啜等謀欲廢咄陸，乃各遣使於大唐詣闕，請立可汗。太宗又以天可汗之尊，遣使齎璽書立莫賀咄乙毗可汗之子，是為乙毗射匱可汗。[78]西突厥乙毗射匱可汗既經天可汗

75　《舊唐書》卷一百九十四下，〈列傳第一百四十四下・突厥下〉，頁5183。
76　《舊唐書》卷一百九十四下，〈列傳第一百四十四下・突厥下〉，頁5183。
77　《舊唐書》卷一百九十四下，〈列傳第一百四十四下・突厥下〉，頁5184-5185。
78　《舊唐書》卷一百九十四下，〈列傳第一百四十四下・突厥下〉，頁5185。

太宗冊立爲可汗，則咄陸旋即喪失其可汗名分而不再是可汗。當西域北荒爆發類此「汗位紛爭」或「諸蕃渠帥有死亡者」之時，則天可汗擁有「下詔冊立其後嗣」之權，此種「天可汗體制」之立汗權限，乃《中華世界秩序原理》之〈不完全以不治治之論〉＝〈不完全實效管轄領有論〉的發揮。

　　貞觀十七年八月，西突厥咄陸可汗遣使求婚，帝謂曰：「爾數年闕朝獻，而敢留我使人，此如摘叢林一葉，益海水一滴耳，于我大國無損，在爾褊識不足」，終不許之。二十年六月，西突厥乙毗涉遺可汗遣使朝貢，仍求降婚。帝璽書報其善心，優撫至甚。[79] 扼要言之，缺朝獻，扣留使節，在「和親」上屬於不婚之列，至於在天下關係上無力扮演舉足輕重之角色的弱小部族，雖能誠心朝貢，但亦屬不降嫁「和親」之列，不過仍能獲取天可汗之褒獎與優撫待遇。

　　乙毗射匱可汗既立爲可汗，乃發兵擊咄陸，大敗之。咄陸自知不爲眾所附，乃西走吐火羅國。於是，射匱可汗釋放先前爲咄陸所拘中國使人，悉以禮資送歸長安，復遣使貢方物，請賜婚。太宗許之，但詔令割龜茲、於闐、疏勒、硃俱波、蔥嶺等五國爲聘禮。[80] 相對於肆葉護可汗之「雖有國但內亂，不能善治者，不婚」的天可汗和親規矩，太宗則滿意於射匱可汗釋放唐使返國，復遣使貢獻方物的恭順，而且令其以龜茲、於闐、疏勒、硃俱波、蔥嶺等五國爲聘禮，並先聘後婚，而此五國之地略正是中國出河西走廊後，經營

79　王欽若等編纂，周勛初等校訂，《冊府元龜》卷九百七十八，〈外臣部二十三・和親〉，頁11326。

80　《舊唐書》卷一百九十四下，〈列傳第一百四十四下・突厥下〉，頁5185。

西域，防制吐蕃的戰略要地。

(五) 皇帝天可汗體制下唐對吐谷渾和親外交

隋末唐初，吐谷渾據青海，雄霸西域，威脅中國通西域的河西走廊，地位至為重要，唐高祖曾遣使與伏允通和。太宗即位，伏允遣其洛陽公來朝，使未返，卻大掠鄯州而去。太宗遣使責讓之，徵伏允入朝，稱疾不至，但為其子尊王求婚，於是責其親迎以羈縻之。尊王又稱疾不肯入朝，有詔停婚，遣中郎將康處直諭以禍福。太宗乃斷然下詔停婚，為大唐建立「心不誠者不婚」，「以示薄懲」的先例。從此，唐朝對外和親，開始訂定選擇標準，而不再如漢初因處弱勢而有求必應。

於是伏允遣兵寇蘭、廓二州。太宗遣左驍衛大將軍段志玄率邊兵及契苾、党項之眾以擊之，亞將李君羨則率精騎別路與吐谷渾戰於青海之南，擊破吐谷渾而還。不過，伏允旋又拘留唐朝行人鴻臚丞，太宗頻頻遣使宣諭，竟無悛心悔意。貞觀九年（635年），太宗以其知人善任，既慣用且常勝之戰略，出兵吐谷渾。即下詔特進李靖為西海道（赤海、青海）行軍大總管，掌戰略之運籌帷幄，率領兵部尚書侯君集為積石道行軍總管，任城王道宗為鄯州道行軍總管，仍為李靖之副，涼州都督李大亮為且沫道行軍總管，岷州都督李道彥為赤水道行軍總管，利州刺使高甑生為鹽澤道行軍總管，計六路行軍總管，並周邊臣屬部族突厥、契苾之眾，以擊伏允，分進合擊，連戰大破之，遂歷黃河源頭。聞伏允西遁沙磧，欲入西臨蔥嶺之于闐，乃窮追二千餘里，至河源之所出，於破邏貞谷斬其國相，舉國來降。伏允遁入沙磧，僅餘百餘騎，乃自縊而亡。吐谷渾國人乃立曾入質於隋朝的伏允嫡子大寧王慕容順為可汗，稱臣內

附。[81]征吐谷渾之戰，乃太宗因伏允桀傲不馴，不但停婚，而且出兵懲罰，平定恃強不時寇邊的伏允。

惟新立可汗因久質於隋，國人不附，未幾爲臣下所殺，其幼子燕王諾曷鉢嗣立，太宗乃遣兵援護，封爲河源郡王，仍授烏地也拔勒豆可汗，遣淮陽王道明持節冊拜，賜以鼓纛，諾曷鉢因入朝請婚。貞觀十四年（640年），太宗以弘化公主妻之，資送甚厚。[82]高宗嗣位，以其尚土，拜駙馬都尉，賜物四十段。其後吐谷渾與吐蕃互相攻伐，各遣使請兵救援，高宗皆不許之。吐蕃大怒，率兵以擊吐谷渾，諾曷鉢既不能禦，乃脫身及弘化公主走投涼州。高宗遣右威衛大將軍薛仁貴等救吐谷渾，爲吐蕃所敗，於龍朔三年（663年）爲吐蕃所併。諾曷鉢以親信數千帳來內屬，詔左武衛大將軍蘇定方爲安置大使，始徙其部眾于靈州（寧夏銀川）之地，置安樂州，以諾曷鉢爲刺史，欲其安而且樂也，其子孫皆襲封爲烏地也拔勒豆可汗，及吐蕃攻陷安樂州後，又東徙其部眾於朔方、河東之境。德宗貞元十四年，冊封其子孫宣趙任爲朔方節度副使、襲封長樂州都督、青海國王、烏地也拔勒豆可汗。未幾，卒，其封襲遂絕。[83]由上可知，唐太宗也訂下「不能親迎者心不誠，心不誠者不婚」的規矩，但忠順於天朝之四夷汗王則受保護。

[81]《舊唐書》卷一百九十八，〈列傳第一百四十八・西戎・吐谷渾〉，頁5298-5299。

[82]《舊唐書》卷一百九十八，〈列傳第一百四十八・西戎・吐谷渾〉，頁5299-5300。
王欽若等編纂，周勛初等校訂，《冊府元龜》卷九百七十八，〈外臣部二十三・和親〉，頁11325。

[83]《舊唐書》卷一百九十八，〈列傳第一百四十八・西戎・吐谷渾〉，頁5299-5301。

吐谷渾因在戰略地理上，既南接同屬羌族的吐蕃，又東接皇帝天可汗唐朝，故同時控制中國與吐蕃出西域的要道河西走廊與青海。中國與吐蕃爭奪西域霸權之時，吐谷渾戰略地位之重要，當可想而知。因此，唐太宗乃對吐谷渾王子，即尊王，稱疾不朝之事，雖斷然下詔停婚，以示薄懲，並建立先例，但於親唐新王嗣位後，則搶先一步和親，建構唐渾間的「夫婦之邦」，完成五倫天下關係，以保障其天下國家的安全與發展。由此觀之，唐朝基於天下國家的安危與發展，已建構出一套對外和親的「允與否」判斷標準，而不再一如漢初之漢匈和親般，因迫於天朝劣勢，而近乎有求必應的政局。

(六) 皇帝天可汗體制下對吐蕃和親外交

唐蕃因「和親」而建立「夫婦之邦」世稱「舅甥關係」。太宗時期，雙方情誼如膠似漆，玄宗時代則猶如寇仇。

吐蕃，本漢西羌之地，其先祖樊尼率眾西奔，於羌中建國，開地千里。因以禿髮為國號，語訛，謂之吐蕃。其後子孫繁昌，向外拓展，土宇漸廣。及隋，猶隔諸羌，未通於中國。其國人號其王為贊普，相為大論、小論，以統理國事，其國都城號為邏些城。[84] 邏些，即今之拉薩。

唐蕃和親，始於天可汗唐太宗應吐蕃之和親請求，而決定以文成公主降嫁其贊普〔王號〕松贊干布，即《新唐書》所稱之棄宗弄贊，唐蕃因之形成〈五倫天下關係論〉的「夫婦之邦」，本文特稱之為「類翁婿關係」。然而，何謂「類翁婿關係」的「夫婦之

---

84 《舊唐書》卷一百九十六上，〈列傳第一百四十六上・吐蕃上〉，頁5219-5220。

邦」？蓋文成公主乃唐太宗之族妹故也。惟於和親前太宗即已先行延請入宮，視同兒女般加以呵護，然後冊封為公主，並請蕃官教以吐蕃言語、風俗習慣以及政風民情，最後遣官護送入蕃。贊普亦先為公主築城，然後遣官迎入城宮以居。嚴格言之，族妹和親外蕃，和親之兩造屬於「舅甥之邦」，然而贊普渴望與天可汗結合親之緣已久，甚至不惜出兵強求，然為天可汗所敗。贊普雖敗但仍請和親並入貢。天可汗先敗吐蕃贊普，再依贊普請求賜婚，在外交上，可謂決勝千里之外，也提高了文成公主入蕃和親的天下地位，可謂相得益彰。故文成公主入蕃和親的地位與和親後唐蕃交好之親善和諧程度，實已遠遠超越「舅甥關係」，何況和親前，唐太宗已受天下四夷尊為「天可汗」，光環照耀天下。是故，本文乃稱之為「類翁婿關係」，而此「類翁婿關係」乃「五倫天下關係」中與「翁婿關係」雷同，同屬「皇帝天可汗」轄下，最親且最為穩定的類型。總之，唐蕃關係因雙方和親之故，從此吐蕃被納入以大唐「皇帝天可汗」為中心的天朝體制之中。

　　唐蕃和親，緣於貞觀八年（634年），「其贊普棄宗弄贊始遣使朝貢。」可見唐蕃關係始於朝貢。[85]又，弄贊弱冠嗣位，性驍武，多英略，其鄰國羊同及諸羌並賓伏之。太宗遣行人馮德遐往撫慰之，弄贊見德遐，大悅。聞突厥及吐谷渾皆尚公主，乃遣使隨德遐入朝，多齎金寶，奉表求婚，太宗未許。使者既返，言於弄贊曰：「初至大國，待我甚厚，許嫁公主。會吐谷渾王入朝，有相離間，由是禮薄，遂不許嫁」。弄贊遂與羊同連合，發兵以擊吐谷渾。吐谷渾不能支，遁於青海之上，以避其鋒，其國人畜並為吐

85　《舊唐書》卷一百九十六上，〈列傳第一百四十六上・吐蕃上〉，頁5221。

蕃所掠。於是，乘勢進兵攻破黨項及白蘭諸羌，率其衆二十餘萬，頓於松州西境。遣使貢金帛，云：「來迎公主」。又謂其屬曰：「若大國不嫁公主於我，即當入寇」。旋進攻松州，都督韓威輕騎覘賊，反爲所敗，邊人大擾。[86]吐蕃不但脅迫和親，而且更展現實力，親率大軍犯邊。此等挾武力脅迫和親，豈「天可汗」所能忍受。於是，開始運籌帷幄，擬定戰略，以懲罰吐蕃。

太宗乃遣吏部尚書侯君集爲當彌道行營大總管，右領軍大將軍執失思力爲白蘭道行軍總管，左武衛將軍牛進達爲闊水道行軍總管，右領軍將軍劉蘭爲洮河道行軍總管，率步騎五萬擊之。牛進達先鋒自松州夜襲其營，斬千餘級，弄贊大懼，引兵而退，遣使謝罪，因復請婚，太宗許之。[87]此即，唐太宗以其知人善任之識，命能運籌帷幄者掌行營戰略，率能征善戰的悍將分領各路，以分進合擊，然後再以慣用戰術夜襲敵營，於序戰即先聲奪人，以大勝而威懾敵營。皇帝天可汗不但知兵善任，而且藉機建立其天可汗大國「降嫁公主」時所持的「不勝不婚」原則，遂成皇帝天可汗「和親」降嫁公主的主要原則。

帝既許和親，弄贊乃遣其相祿東贊致禮，獻金五千兩，自餘寶玩數百事。[88]唐軍雖先小敗然後大勝，最後在「弄贊大懼，引兵

86　《舊唐書》卷一百九十六上，〈列傳第一百四十六上・吐蕃上〉，頁5221。
　　王欽若等編纂，周勛初等校訂，《冊府元龜》卷九百七十八，〈外臣部二十三・和親〉，頁11325。

87　《舊唐書》卷一百九十六上，〈列傳第一百四十六上・吐蕃上〉，頁5221。
　　王欽若等編纂，周勛初等校訂，《冊府元龜》卷九百七十八，〈外臣部二十三・和親〉，頁11325。

88　王欽若等編纂，周勛初等校訂，《冊府元龜》卷九百七十八，〈外臣部二十三・和親〉，頁11325。

而退，遣使謝罪，因復請婚，帝許之」，遂降嫁文成公主。文成公主者，太宗族妹。因太宗與文成公主爲兄妹，故唐蕃爲「夫婦倫」規範下的「夫婦之邦」，但非「翁婿關係」，而是「堂兄妹婿關係」，及後世，遂依輩分稱爲「舅甥關係」的「夫婦之邦」。對唐太宗而言，文成公主雖未有親生子嗣，然於棄宗弄贊之子輩繼位後，在「和親」兩造的皇室倫理中，唐蕃天下關係旋即形成「夫婦之邦」中的「皇舅之國」，唐爲舅，蕃爲甥。

文成公主因受貞觀中吐蕃遣使請婚而降嫁，又因降嫁而吐蕃來朝，唐朝則因吐蕃來朝，始設歸寧之禮。換句話說，太宗首先乃將和親原則建立在「戰勝」的態勢下，始答應「和親」，然後以公主擔當親善外交，因此已先爲「和親公主」的外交使命奠定優越地位。總之，唐太宗又爲唐朝立下「不在威脅下交涉和親」的規矩，確實屬於「具有尊嚴的和親體制」，成爲健康外交，也爲以「夫婦倫」爲規範的「夫婦之邦」建立了倫理秩序，以利「皇帝天可汗」建構天朝乃「天下共主」的政治地位，並透過家族倫理，建立其「天下一家」的大卜地位及其倫理秩序。其中，五倫的「倫理典範」成爲唐朝以歷史文化價值創造文明社會，也成爲「規範天下」的有力武器。

在以唐朝爲領導中心的漢胡天下關係上，大唐帝國在周邊之北方、西方、南方的突厥戎狄羌族諸蕃，如突厥、烏孫、迴紇、吐谷渾、党項、羌、吐蕃等，皆以與大唐皇帝天可汗「和親」爲榮。反之，胡人經與他國比較和親之有無，若「他國皆有而我獨無」則引以爲恥，何況遭到唐朝拒婚更視爲奇恥大辱。因此，吐蕃弄贊曾

《舊唐書》卷一百九十六上，〈列傳第一百四十六上・吐蕃上〉，頁5221。

率其軍二十餘萬，屯於松州（四川松潘）西境，遣使貢金甲，以迎公主。可是，對親身參與大唐建國，身經百戰，謀士戰將如雲的唐太宗而言，絕不願遭西域北荒諸蕃逼婚，故於戰前不輕許和親，而且派五路軍隊，以五萬步騎迎戰吐蕃軍二十餘萬，為操控以少勝多的靈活戰局，乃自松州夜襲敵營，斬千餘級。至此，弄贊大懼，不敢自大，乃引兵而退，並遣使謝罪，因復請婚。就唐太宗而言，戎狄事有不遂，旋即翻臉，以武相逼，無異野蠻，終必為「皇帝天可汗」所不齒。反之，尊中敬華，恭順信守中華世界秩序的四夷君長，才是贏取天可汗因敬重而賜婚的和親對象。

因此，唐太宗的和親政策迥異前漢，前漢初年因在力不足於制人且反制於人的劣勢下，為了緩和戰禍「以和親為漸而臣之」之道。相對的，唐朝則在制人而不制於人的強勢下，制定「戰勝始許婚」原則，而開創與吐蕃和親的先例，並為此後對外和親奠定優越地位。所以，大唐公主「和親」，雖至蠻荒不毛之地，仍然代表戰勝國公主的榮光，而不是因戰敗遭受和親逼婚的屈辱。故在中華世界秩序上，「和親」光榮與否，端視其內涵為「賜婚」或「逼婚」，意義全然不同。中國在禮教文化價值上，並不倚靠女性和親以苟延殘喘，而採取以國力為後盾，以擁有當代曠世文明與普世價值之文化大國為傲，並透過《中華世界秩序原理》主導天下關係，以〈五倫天下關係論〉建立以「中國」為中心，以「倫理」為核心，以「典範」為規範之「家→國→天下」的倫理性中華世界秩序，「和親」是為了建立天下倫理秩序，傳播中華文化，成為四夷走向文明開化，前來請求公主和親，而降嫁的公主更須成為建立天下倫理秩序的善鄰天使。因此，和親「公主」不得已只能犧牲小我以完成大我，任重而道遠。

　　貞觀十五年，太宗皇帝以宗女文成公主妻弄贊，令禮部尚書江夏郡王**道宗主婚**，持節送公主於吐蕃。弄贊率其部兵次栢海，親迎於河源，**見道宗，執子婿之禮甚恭**。[89]繼而嘆大國服飾禮儀之美，俯仰有愧沮之色。及與公主歸國，謂所親曰：「我父祖未有通婚上國者，今我得尚大唐公主，爲幸實多，當爲公主築一城，以誇示後代」，遂築城邑，立棟宇以居處焉。公主惡其人以赭面，弄贊令國中權且罷之，自亦釋氈裘，襲紈綺，漸慕華風，猜獷日革。仍遣酋豪子弟，請入國學以習詩書，又請中國識文之人典其表疏。[90]自此，唐蕃二國透過「和親」，建立了始於「堂兄妹婿」爲關係的「舅甥之邦」，成爲以「夫婦倫」之倫理典範爲規範的「夫婦之邦」。

　　唐蕃「堂兄妹婿」關係經世代交替後，就下一代而言，即是「舅甥關係」，並有「舅甥碑」爲證。[91]簡言之，吐蕃的舅甥關係就是指透過和親的夫婦之邦。因此，就吐蕃而言，唐蕃「夫婦之邦」的倫理關係，遂由「堂兄妹婿關係」轉稱「舅甥關係」，且唐

89　文成公主，身世不詳。因自古皇帝不為公主主婚，而諸侯王嫁女時則親自主婚。史料雖不載文成公主出身，但江夏郡王道宗奉命為其主婚，且史載「弄讚見道宗，執子婿之禮甚恭」。由此觀之，或可斷其為江夏郡王道宗之女，太宗之族妹，經冊封為文成公主後，出降弄讚。

90　《舊唐書》卷一百九十六上，〈列傳第一百四十六上・吐蕃上〉，頁5221-5222。
　　《新唐書》卷二百一十六上，〈列傳第一百四十一上・吐蕃上〉，頁6074。
　　王欽若等編纂，周勛初等校訂，《冊府元龜》卷九百七十八，〈外臣部二十三・和親〉，頁11325。

91　關於中藏間在傳統歷史上的和親關係、宗藩關係以及宗教關係，參閱：張云，〈甥舅關係、貢賜關係、宗藩關係及「供施關係」——歷代中原王朝與西藏地方關係的形態與實際〉，《西藏歷史問題研究》（北京：中國藏學出版社，2008年），頁89-112。

朝永爲「舅邦」，吐蕃則永爲「甥邦」。[92] 相對的，就唐朝而言，唐太宗因受內陸諸汗國所尊，稱爲「天可汗」，成爲天下的天子，合沿海諸王國之尊稱是爲「皇帝天可汗」，又基於「天無二日，土無二王」的傳統歷史文化價值，所以唐蕃「夫婦之邦」的倫理關係走向，就由「堂兄妹婿關係」轉爲「舅甥關係」，進而透過〈封貢體制論〉的朝貢與冊封，再由「舅甥關係」轉爲「君臣關係」。因此唐對蕃行文皆稱「詔敕」，給予禮物皆稱「賜」，並稱吐蕃對唐朝進呈禮物皆稱「貢獻」。此爲大唐強盛時之唐蕃關係，惟當「皇帝天可汗」的唐朝，於國力衰落之際，唐蕃關係究竟仍維持「君臣關係」？還是因情勢變化由「堂兄妹婿關係」關係，而演變爲「表兄弟關係」→「舅甥關係」→「外公外孫關係」？或因世代交替，姻親關係由親而疏，遂成唐蕃爆發〈五倫天下關係論〉之「名分秩序紛爭」的關鍵因素。

太宗崩逝後，「高宗嗣位，授弄贊爲駙馬都尉，封西海郡王，賜物二千段。弄贊因致書于司徒長孫無忌等云：天子初即位，若臣下有不忠之心者，當勒兵以赴國除討。并獻金銀珠寶十五種，請置太宗靈座之前。高宗嘉之，進封爲賓王，賜雜綵三千段」，「乃刊石像其形，列昭陵玄闕之下。」[93] 象徵弄贊忠於太宗，以守護太宗陵寢。高宗冊封弄贊爲駙馬都尉，封西海郡王以及進封爲賓王，在在都明白呈現太宗時的唐蕃關係就像「類翁婿關係」＝「準父子關係」的「夫婦之邦」般，極爲親密。高宗之時，唐蕃關係更

---

92 專研唐蕃關係史的林冠群認爲：「阿舅」就是岳父，「外甥」就是女婿之義。林冠群，《玉帛干戈──唐蕃關係史研究》（台北：聯經出版社，2016年），頁263。

93 《舊唐書》卷一百九十六上，〈列傳第一百四十六上・吐蕃上〉，頁5222。

進一步，不但因和親而成為「夫婦之邦」的「舅甥關係」，而且成為唐朝皇帝冊封吐蕃贊普的「君臣之邦」。

分析而言，唐太宗以文成公主降嫁西藏吐蕃弄贊，將「大國服飾禮儀之美」獻見於「但知武力，而不識文化禮儀之美」的吐蕃，令其大開眼界，並以「通婚上國、得尚大唐公主」為至高榮耀，誇示鄰邦。在在無不令其產生「慕華思想」，而罷去不文明的「赭面」，以改變生活習慣，透過「釋氈裘，襲紈綺」以讓吐蕃「漸慕華風，猜獷日革」，因而日漸擺脫野蠻走向文明。文成公主為進一步提升吐蕃之文化水平，又「遣子弟入國學而習業」，請儒者入藏典其表疏。所以文成公主的成就，不只是讓唐蕃之間解除政治軍事上的緊張而已，他的最大貢獻當在於改變他們的生活習俗，慕華風，入國學，提升文化水平，走向文明之途。所以說，大國不只是武力強大而已，也不只是有耀眼的文明建設而已，更重要的是，它有無足以傳世不朽的普世性歷史文化價值，是故文成公主不但成為最偉大的吐蕃國母，也成為最偉大的中華駐紮吐蕃終身大使。

(七) 皇帝天可汗體制下的羈縻府州體制

中國基於《中華世界秩序原理》〈華夷分治論〉，強調華夷因歷史文化價值與天下秩序原理各有不同，故以華治華，以夷治夷。華夷或漢胡之所以分治，乃因《中華世界秩序原理》中有〈以不治治之論〉所致。頡利敗後，突厥來降者甚眾，其豪酋首領至者皆拜將軍，布列朝廷，五品以上百餘人，殆與朝士相半，惟栢羯不至，故太宗詔使招慰之。涼州都督李大亮以為於事無益，徒費中國，因上疏曰：「欲綏遠者，必先安近。中國百姓，天下本根；四夷之人，猶於枝葉。擾於根本，以厚枝附，而求久安，未之有

也。……且謂之荒服者，故臣而不內〔納〕」。[94]又，因鑒於「雖曰臣附，遠在藩磧，人非夏人，地多沙鹵」，乃建議「其自豎立稱藩附庸者，請羈縻受之，使居塞外，必畏威懷德，永爲藩臣，蓋行虛惠而收實福矣。」[95]相對的，「突厥傾國入朝，既不能俘之江淮以變其俗，乃置於內地，去京不遠，雖則寬仁之義，亦非久安之計也。」[96]況酋帥高官厚祿，其眾益多，靡費益大，窮中國之租賦以供之，非國之利也。歸納言之，對於四夷來歸者，雖「臣而不內」，但「羈縻受之」。此即《中華世界秩序原理》〈以不治治之論〉下之「民族自治、汗國自治、王國自治、地方自治」的〈華夷分治論〉。〈華夷分治論〉的最大意義就在於將臣服之諸蕃蠻夷因內附而納入內屬，因內屬而列置州縣，加以羈縻，以擴大華夷共有中華體制之文明，期其漸進以共享中華文化之薰陶。至其編制，正如《新唐書‧地理志》所載：

> 自太宗平突厥，西北諸蕃及蠻夷稍稍內屬，即其部落列置州縣。其大者爲都督府，以其首領爲都督、刺史，皆得世襲。雖貢賦版籍，多不上戶部。然聲教所暨，皆邊州都督、都護所領，著于令式。……突厥、回紇、党項、

---

94 《通典》卷一百九十七，〈邊防十三‧北狄四‧突厥上〉，（北京：中華書局，1988年），頁5413-5414。
《貞觀政要》卷九，〈議征伐第三十五〉，（《文淵閣四庫全書》，史部一百六十五，雜史類），（台北：商務印書館，1983年），頁407-536。
95 《通典》卷一百九十七，〈邊防十三‧北狄四‧突厥上〉，頁5414。
《貞觀政要》卷九，〈議安邊第三十六〉，（《文淵閣四庫全書》，史部一六五，雜史類），頁407、537、538。
96 《通典》卷一百九十七，〈邊防十三‧北狄四‧突厥上〉，頁5414。

吐谷渾隸關內道者，爲府二十九，州九十。突厥之別部及奚、契丹、靺鞨、降胡、高麗隸河北者，爲府十四，州四十六。突厥、回紇、党項、吐谷渾之別部及龜茲、于闐、焉耆、疏勒、河西內屬諸胡、西域十六國隸隴右者，爲府五十一，州百九十八。羌、蠻隸劍南者，爲州二百六十一。蠻隸江南者，爲州五十一，隸嶺南者，爲州九十二。又有党項州二十四，不知其隸屬。大凡府州八百五十六，號爲羈縻。[97]

就其歷史發展而言，羈縻府州體制始於唐太宗，因與西北周邊民族在不斷互動的過程中，隨著「皇帝天可汗」治國平天下的過程，基於〈以不治治之論〉的歷史文化價值，爲了安排不斷內屬的周邊諸蕃，行「民族自治、汗國自治、王國自治、地方自治」，乃透過與群臣不斷的論政建言，而逐步完成將其列置爲州縣的羈縻體制。其過程分述，如次。

首先，由於當時降伏突厥多在朔方（河套）之地，其入居京師者近萬家，太宗下詔議安編之術。朝士大多主張，「因其歸命，分其種落，俘之兗、徐之地，散屬州縣，各使耕織，百萬胡虜可得〔同〕化爲百姓，則中國有加戶之利，塞北可常空虛矣。」[98]惟溫彥博則議請仿漢「置降匈奴於河南五原塞下，全其部落，得爲捍蔽，又不離其土俗，因而撫之，一則實空虛之地，二則示無猜

---

97 《新唐書》卷四十三下，〈志第三十三下・地理七下・羈縻州〉，頁1119-1120。
98 《通典》卷一百九十七，〈邊防十三・北狄四・突厥上〉，頁5414。

心。」[99]魏徵則奏言：「若以其降伏，不能誅滅〔同化〕，即宜遣還河北〔漠南〕，居其本土。……非我族類，強必盜寇，弱者卑服，不顧恩義，其本情也。秦漢患其若是，故發猛將以擊之，收取河南〔河套〕，以為郡縣，奈何以內地居之。……甫邇王畿，心腹之疾，將為後患。」[100]溫彥博則加以反駁，稱：

> 天子之於物也，如天地覆載，有歸者則必養之。今突厥破滅之餘，歸心降附。若不加憐念，棄而不納，非天地之道，阻四夷之意。臣愚甚謂不可。遣居河南，初無所患，所謂死而生之，亡而存之，懷我德惠，終無背叛。[101]

魏徵以史為鑑，堅信應移置降伏突厥於河北而非河南之地，遂再加以反駁，稱：

> 晉代有魏時胡落，分居近郡，平吳以後，郭欽、江統勸武帝逐出塞外，不用欽等言，數年之後，遂傾瀍、洛。前代覆車，殷鑑不遠。必遣居河南，所謂養獸自貽患也。[102]

溫彥博不服，試圖再以「王化之說」遊說太宗，乃奏稱：

> 臣聞聖人之道，無所不通，古先哲王，有教無類。突厥餘

99　《通典》卷一百九十七，〈邊防十三‧北狄四‧突厥上〉，頁5414-5415。
100　《通典》卷一百九十七，〈邊防十三‧北狄四‧突厥上〉，頁5414。
101　《通典》卷一百九十七，〈邊防十三‧北狄四‧突厥上〉，頁5415。
102　《通典》卷一百九十七，〈邊防十三‧北狄四‧突厥上〉，頁5415。

魂，以命歸我，援之護之，收居內地。我指麾之，教以禮
法，數載之後，盡爲農人，選其酋首，遣居宿衛，畏威懷
德，何患之有？光武居南單于於內郡，爲漢藩翰，終乎一
代，不有叛逆。[103]

太宗竟用其計，於朔方（河套）之地，置順、祐、化、長四州都督
府，又分頡利之地六州，左置定襄都督府，右置雲中都督府，以統
其眾。結果，爆發結社率叛變事件。殊不知，《中華世界秩序原
理》的〈王化論〉乃需透過長期教化，行曠日費時之策，才能發揮
「化夷爲華」的「族國一體」功效。因〈王化論〉並非發揮功效於
一時的特效藥，故國族建構需有〈以不治治之論〉做爲過渡的民族
自治與〈王化論〉力行「多元一體」的融合，兼而治之始能發揮
效果。

　　至此，太宗始漸體會其奧妙，並悟魏徵建言，萌華夷分治之
芽，遂徙突厥於河北（黃河之北），立右武候大將軍、化州都督、
懷化郡王思摩爲乙彌泥孰俟利苾可汗，賜姓李氏，率所部建牙於河
北。李思摩者，乃頡利族人也。此時，太宗雖猶未完全悟其奧妙，
然已略具體悟之妙，遂得以日漸走向設置都督府、都護府等羈縻府
州制度，回歸以突厥人統治突厥之「厥人治厥」的民族政策，此
即《中華世界秩序原理》之次級原理〈以不治治之論〉的治道。
總之，羈縻府州是管轄異民族的政治體制，〈以不治治之論〉是統
治異民族的政治理論，實施的目的是爲了實現「民族自治、汗國自
治、王國自治、地方自治」，完成多民族國家在「皇帝天可汗」的

---

103 《通典》卷一百九十七，〈邊防十三・北狄四・突厥上〉，頁5415。

天下中共存共榮與天下長治久安之道。

　　其次，在貞觀十四年（640年），侯君集平高昌之後，太宗欲以其地爲州縣。魏徵諫太宗，曰：「未若因撫其民而立其子，所謂伐罪弔民，威德被於遐外，爲國之善者也。今若利其土壤以爲州縣，常須千餘人鎮守，數年一易，每來往交替，死者十有三四，遣辦衣資，離別親戚，十年之後，隴右空虛，陛下終不得高昌。」[104]太宗不從，竟以其地置西州，仍以西州爲安西都護府，每歲調發千餘人，防遏其地。褚遂良亦以爲不可，乃諫太宗，曰：「明王創業，必先華夏而後夷狄，廣諸德化，不事遐荒。是以周宣薄伐，至境而反〔返〕；始皇遠塞，中國分離。陛下誅滅高昌，威加西域，收其鯨鯢，以爲州縣。然則王師初發之歲，河西供役之年，飛芻輓粟，十室九空，數郡蕭然，五年不復。陛下每歲遣千餘人而遠事屯戍，終年離別，萬里思歸。」何況「高昌塗路，沙磧千里，冬風冰冽，夏風如焚，行人遇之多死。《易》云：『安不忘危，理不忘亂』，設令張掖塵飛，酒泉烽舉，陛下豈能得高昌。」[105]最後，他提出解決辦法，如次：

　　　　復立高昌，非無前例，此所謂有罪而誅之，既服而存之。
　　　　宜擇高昌可立者，微給首領，遣還本國，負戴洪恩，長爲
　　　　藩翰。中國不擾，既富且寧，傳之子孫，以貽後代。[106]

104　《貞觀政要》卷九，〈議安邊第三十六〉，（《文淵閣四庫全書》，史部一百六十五，雜史類），頁407-537。
105　《貞觀政要》卷九，〈議安邊第三十六〉，（《文淵閣四庫全書》，史部一百六十五，雜史類），頁407-538。
106　《貞觀政要》卷九，〈議安邊第三十六〉，（《文淵閣四庫全書》，史部

結果，褚遂良的「臣而不內」疏奏，太宗不納。至十六年，西突厥遣兵寇西州，太宗謂侍臣曰：「朕聞西州有警急，雖不足爲害，然豈能無憂乎。」是故，太宗恆以此二事爲誡，嘆稱：寧得忘所言者乎。[107]

　　利其土壤以爲州縣，並非「伐罪弔民，威德被於遐外」。因此，捨直接統治而就「臣而不內」原則，此即〈以不治治之論〉＝「民族自治、汗國自治、王國自治、地方自治」的治道。其中，「臣而不內」原則，「臣」之意，乃指稱臣封藩，「不內」之意，乃指不納入中國郡縣直接受中央統治。直到貞觀十六年（642年），西州（高昌）警急，西北不安，唐太宗因鞭長莫及，開始後悔未聽魏徵與褚遂良之「臣而不內」＝〈以不治治之論〉＝「民族自治、汗國自治、王國自治、地方自治」的諫議，頓悟〈華夷分治論〉之眞意。

　　其三，在貞觀十五年（641年），因遊牧於漠北的薛延陀眞珠毗伽可汗夷男，無視於唐太宗下詔飭其「擅相侵者，國有常刑」與「若其踰越，故相抄掠，我即將兵，各問其罪」的警告，乃乘太宗幸洛陽，有事於泰山之際，謀於其國曰：天子封太山，萬國必會，士馬皆集，邊境空虛，我於此時取思摩如拉朽耳。乃命其子大度設勒兵二十萬跨越戈壁沙漠南擊，思摩遣使請救。唐太宗乃遣李勣、薛萬徹率步騎數萬馳援，擊敗薛延陀。夷男因乞與突厥和，並遣使

一百六十五，雜史類），頁407-538。

[107] 《貞觀政要》卷九，〈議安邊第三十六〉，（《文淵閣四庫全書》，史部一百六十五，雜史類），頁407-538。

謝罪。[108]然而，思摩因不能撫其眾，故眾皆不愜服。[109]貞觀十七年（643年），乃相率叛之，思摩又南渡黃河，請分處於勝、夏二州之間，太宗詔許之。思摩遂輕騎入朝，尋授右武衛將軍，從征遼東，戰死沙場。[110]從此，北突厥遂逐漸融入中國。此即，將境外異民族移入境內，讓北突厥逐漸習染漢俗民風而融入中國。

十九年，唐太宗謂夷男使人曰：「語爾可汗，我父子並東征高麗，汝若能寇邊者，但當來也。」夷男遣使致謝〔罪〕，復請發兵助軍，太宗答以優詔而止。不久，夷男真珠毗伽可汗死，太宗為之舉哀。夷男少子肆葉護拔灼襲殺其兄自立，是為頡利俱利薛沙多彌可汗。多彌可汗，其性褊急，馭下無恩，多所殺戮，其下不附。又乘唐伐高麗之際，發兵寇夏州為唐所敗，尋為回紇所殺，宗族殆盡，其餘眾尚五六萬，竄於西域，又諸姓俟斤迭相攻擊，各遣使歸命天可汗。[111]二十年，太宗遣使江夏王道宗、大將軍阿史那社爾為瀚海道安撫大使；右領軍大將軍執失思力領突厥兵，代州都督薛萬徹、營州都督張儉、右驍衛大將軍契苾何力各統所部兵分道並進，太宗親幸靈州，為諸軍聲援。既而道宗渡磧，遇延陀余眾數萬來拒戰。道宗擊破之，斬首千餘級。萬徹又與回紇相遇，二將各遣使諭以綏懷之意。其酋帥見使者，皆頓顙歡呼，請入朝。太宗至靈州，其鐵勒諸部相繼至數千人，仍請列為州縣，北荒悉平。詔曰：

108　《舊唐書》卷一百九十四上，〈列傳第一百四十四上・突厥上〉，頁5164-5165。

109　《舊唐書》卷一百九十四上，〈列傳第一百四十四上・突厥上〉，頁5164。

110　《舊唐書》卷一百九十四上，〈列傳第一百四十四上・突厥上〉，頁5164-5165。

111　《舊唐書》卷一百九十九下，〈列傳第一百四十九下・北狄・鐵勒〉，頁5346-5347。

> 自朕臨御天下，二紀於茲，粵以眇身，一匡寰宇。始勤勞
> 於昧旦，終致治於昇平。曩者聊命偏師，遂擒頡利；今茲
> 始弘廟略，已滅延陀。雖麾駕出征，未逾郊旬；前驅所
> 輜，纔掩塞垣。長策風行，已振金微之表，揚威電發，
> 遠聾沙場之外。鐵勒諸姓、回紇胡祿俟利發等，總百餘萬
> 戶，散處北溟，遠遣使人，委身內屬，請同編列，並爲州
> 郡。收其瀚海，盡入提封；解其辮髮，並垂冠帶。[112]

這就是將將境外異民族鐵勒、回紇等民族部落就地編列，然後列爲
州郡，進而改變其辮髮等各種習俗，透過〈王化論〉讓其習染華
風，並垂冠帶。

　　二十一年，契苾、回紇等十餘部落以薛延陀亡散殆盡，乃相繼
歸國。太宗各因其地土，擇其部落，置爲州府。以回紇部爲瀚海都
督府，僕骨爲金徽都督府，多覽葛爲燕然都督府，拔野古部爲幽陵
都督府，同羅部爲龜林都督府，思結部爲盧山都督府；渾部爲皋蘭
州，斛薛部爲高闕州，奚結部爲雞鹿州，阿跌部爲雞田州，契苾部
爲榆溪州，思結別部爲蹛林州，白霫部爲寘顏州。計設都督府六，
刺史州七，凡一十三州。依其強弱大小，拜其酋長爲都督、刺史，
給玄金魚以爲符信，又置燕然都護府，以揚州司馬李素立爲都護，
統之。另，因回紇等請於回紇以南，突厥以北，置郵驛，總六十六
所，以通北荒，號爲參天可汗道，以貂皮充賦稅。是歲，太宗以鐵

---

112 《舊唐書》卷一百九十九下，〈列傳第一百四十九下・北狄・鐵勒〉，頁5347-
　　5348。

勒諸部並皆內屬，詔賜京城百姓大酺三日。[113]

　　此亦天可汗唐太宗透過設置都督府、刺史州等羈縻府州體制，使鐵勒諸部並皆內屬，而且為其設置郵驛，並採徵貂皮以充賦稅的餉稅，甚至建設直通北荒的參天可汗道，都成為唐朝支配北荒的官僚體制，但仍是以各少數民族部落族長行直接統治，而唐朝仍只實行間接統治。這種地方統治的體制仍是羈縻府州體制，為由中央直接委派少數民族領袖為都督、刺史統治的官僚體制。

　　天可汗所行羈縻府州體制發展至此，傳統的「封貢體制」搖身一變，對尚待「王化」之四夷，從一向採取〈華夷分治論〉之「以不治治之」政策，正開始由「以不治治之」走向「不完全以不治治之」，形成〈不完全實效管轄領有論〉[114]的體制演變，成為中國統治北、西、南三方邊域的《中華世界秩序原理》，開清朝以理藩院治邊之天下秩序原理的先聲。[115]

　　由此可知，「臣而不內」乃係鑒於華夷歷史文化價值不同而漢胡雜處，習俗各異，言語不通，則易生文化摩擦之故，乃採〈華夷分治論〉，蓋「華夷分治」者，即「華不治夷」，中華對夷狄採取「以不治治之」之治道。華何以對夷採取「以不治治之」之道，蓋「自昔中國待夷狄之道，以不治治之，為其不欲生事也」[116]，故

113　《舊唐書》卷一百九十九下，〈列傳第一百四十九下・北狄・鐵勒〉，頁5348-5349。
　　　《唐會要》卷七十三，安北都護府條，頁1311-1316，其中尤以頁1314為要。

114　張啓雄，〈東西國際秩序原理的差異──「宗藩體系」對「殖民體系」〉，《中央研究院近代史研究所集刊》第79期，2013年3月，頁47-86。

115　張啓雄，《中國國際秩序原理的轉型──從「以不治治之」到「實效管轄」的清末滿蒙疆藏籌邊論述》，（台北：蒙藏委員會，2015年），頁7-8。

116　漢城大學校古典刊行會編，《日省錄》（漢城：漢城大學校出版部，1972年），

中華天子對要荒蠻夷之地，咸採「臣而不內」之策，即〈以不治治之論〉或〈不完全以不治治之論〉＝〈不完全實效管轄領有論〉之治道。此治道，雖在北荒西域置府、州，並以都督、都護以及刺使等統帥之，但擇其部落，拜其酋長爲都督、都護、刺史，皆屬「不完全以不治治之論」或「不完全實效管轄領有論」之治道。其道理，就在於「因人制宜、因地制宜、因時制宜、因俗制宜、因教制宜」的「民族自治、王國自治、汗國自治」等地方自治。

　　是故，清代之所以置理藩院以治內陸民族來看，就是典型的〈不完全以不治治之論〉或〈不完全實效管轄領有論〉的「民族自治、汗國自治、王國自治、地方自治」。蓋東方「多民族國家」之治道與歐美「單一民族國家」（nation state）的歷史文化價值及其國際秩序原理完全不同所致。在西方，則實施其《國際法》之「領其地、理其政、徵其稅」的殖民地體制。中西國際秩序原理之所以不同，蓋因「宗藩體制」與「殖民體制」的內涵完全不同所致。此即，因不同的歷史文化價值各自形成不同的國際秩序原理，用以規範各自不同的國際體系，解釋其各有差異的國家行爲。原則上，西方是單一民族國家，中國是多民族國家，故近代西方以中國爲非民族國家或近代國家的「以西非東」說詞，無非是以自我爲中心主義的錯誤史觀，甚至是含有排斥異己的偏差論調。

　　高宗篇12，卷167，光緒一年乙亥五月初十日條，頁195。

第四節　續天可汗時代的形勢起伏

(一) 高宗承繼唐厥夫婦之邦的情勢發展

　　先是，貞觀中，西突厥別部有阿史那車鼻者，世代為小可汗，牙帳在金山之北，於頡利敗後，北荒諸部將推為大可汗，有勝兵三萬人，自稱乙注車鼻可汗。其西有歌羅祿，北有結骨，皆附隸之。自延陀破後，遣其子沙缽羅特勒來朝，貢方物，又請身入朝。太宗遣將軍郭廣敬徵之，竟不至，太宗大怒。貞觀二十三年（649年），遣右驍衛郎將高侃潛引回紇、僕骨等兵眾襲擊之，其酋長率部落，背車鼻，相繼來降。[117] 唐太宗懲治桀敖不馴的部族，之所以常有過人之處，乃因以漢將運籌帷幄安排戰略布局，但就近徵集部族，率其悍將騎兵，出其不意，以迅雷不及掩耳之勢，奇襲擊之，故大多攻無不克，戰無不勝，遂奠下皇帝天可汗統治華夷，並服天下的政略根基。

　　唐高宗永徽元年（650年），高侃軍次阿息山，車鼻聞王師至，攜其妻子隨從數百騎而遁，其眾盡降。高侃率精騎追車鼻，獲之，送於京師，高宗數其罪而赦之，拜左武衛將軍，賜宅於長安，處其餘眾於鬱督軍山，置狼山都督以統之。[118]

　　車鼻既破之後，突厥盡為封疆之臣，於是分置單于、瀚海二都護府。單于都護領狼山、雲中、桑乾三都督，蘇農等一十四州；瀚海都護領瀚海、金微、新黎等七都督，仙萼、賀蘭等八州，各以其首領為都督、刺史，置於唐朝羈縻體制之下。高宗東封泰山之時，

117　《舊唐書》卷一百九十四上，〈列傳第一百四十四上・突厥上〉，頁5165。
118　《舊唐書》卷一百九十四上，〈列傳第一百四十四上・突厥上〉，頁5165-5166。

狼山都督葛邏祿社利等首領三十餘人，並扈從至嶽下，勒名於封禪之碑。自永徽以後，殆三十年，北鄙無事。[119] 考唐厥關係之所以密切，蓋源於和親，因「翁婿關係」成為「夫婦之邦」之最。惟因世代交替日久，關係漸告疏遠，加以利害不同，衝突勢所難免。情勢發展至此，漢胡關係乃由「翁婿關係」的「夫婦之邦」，透過〈封貢體制論〉轉化為「君臣關係」的「君臣之邦」。在「君臣之邦」的位階下，突厥盡為封疆之臣，但享受「部族自治」的太平天下，凡歷三十年之久。

相對的，突厥在唐朝羈縻統治下，於休養生息三十年之後，又逐漸壯大起來。調露元年（679年），東突厥阿史德溫傅、奉職二部，圖謀復國，興兵反唐於前，永隆元年（680年）溫傅部阿史那伏念可汗又興兵叛亂於後，前後皆為蕭嗣業、裴行儉率兵討平。高宗永淳元年（682年），突厥阿史那骨咄祿招集亡散，稱汗叛唐。唐於睿宗（684-690年，710-712年）垂拱二年（686年），破鐵勒諸部，遂由漠南遷返漠北故地，[120] 稱頡跌利施可汗，還牙于郁都斤山，並分封其弟默啜與咄悉匐，分掌東西領地，奠下重建突厥第二帝國的基礎。從此，管轄突厥與鐵勒的羈縻府州，開始崩解，唐厥關係回歸「敵國」＝「敵體」關係。骨咄祿死後，其弟默啜繼位為可汗。

睿宗載初元年九月（690年10月）武太后奪位，改國號為周，改元天授。長壽三年（694年）六月，磧北突厥默啜遣使莫達干請

---

119 《舊唐書》卷一百九十四上，〈列傳第一百四十四上‧突厥上〉，頁5165-5166。

120 岩佐精一郎，〈突厥の復興について〉，《岩佐精一郎遺稿》，（東京：出版社不詳，1936年），頁130-131。

以女妻皇太子。則天制令皇太子男平恩王重俊、義興王重明等，廷立見之。默啜遣大臣移力貪汗入朝，獻馬千匹及方物，以謝許親之意。則天讌之於宿羽亭，太子相王及朝集使三品以上並與會，重賜以遣之。[121] 在此，必須特別注意者，乃默啜可汗曾明確指明「以女妻皇太子」。此即，北突厥指名將以其女嫁給臨御華夷，一統天下之「天可汗」李家血脈的「皇太子」。

又，默啜可汗雖於則天延載元年（694年）入寇靈州，但在天冊萬歲元年（695年）卻遣使請降，武后乃授其左衛大將軍，封歸國公。《舊唐書》載：萬歲通天元年（696年），契丹首領李盡忠、孫萬榮反叛，攻陷營府，默啜遣使上言：「請還河西降戶，即率部落兵馬爲國家討擊契丹。」制許之。默啜遂攻討契丹，契丹部眾大潰，盡獲其家口，默啜自此兵眾強盛。則天尋遣使冊立默啜爲特進、頡跌利施大單于、立功報國可汗。[122]《資治通鑑》亦載：萬歲通天元年（696年）九月，「突厥默啜請爲太后子，并爲其女求婚，悉歸河西降戶，帥其部眾爲國討契丹。太后遣豹韜衛大將軍閻知威、左衛郎將攝司賓卿田歸道，冊授默啜左衛大將軍、遷善可汗。」[123]默啜可汗何以願爲唐討伐契丹？蓋大唐因武則天臨朝稱制，而默啜並未視則天爲天可汗，武周也不等於唐朝，故中國在

---

121 王欽若等編纂，周勛初等校訂，《冊府元龜》卷九百七十八，〈外臣部二十三・和親〉，頁11330。

122 《舊唐書》卷一百九十四上，〈列傳第一百四十四上・突厥上〉，頁5168。
《通典》卷一百九十八，〈邊防十四・北狄五・突厥中〉，頁5435。

123 《資治通鑑》，卷二百十五，〈唐紀二十一〉，則天后萬歲通天元年，頁6509-6510。
《通典》卷一百九十八，〈邊防十四・北狄五・突厥中〉，頁5435。
護雅夫，《古代トルコ民族史研究Ⅰ》，頁188。

天下之威信，已不復往日盛時。正因爲如此，突厥默啜可汗乃敢請和親，謀嫁女於李家血脈的「皇太子」，又一面入寇靈州的道理所在。不過，此時「大唐天可汗」之餘威猶在，而尚屬弱小的默啜既可透過冊封成爲大單于以提升其在部族內的地位，又可因替大唐天可汗討伐契丹而立功，拜爲報國可汗而提升其在天下的國際地位。換句話說，突厥默啜可汗仍支持李唐天可汗的天下，並以能與李家天子兒和親爲榮，何況藉此機會替天子攻討契丹，既可壯大國力，也可獲取勤王大義名分。

聖曆元年（698年），默啜又表請與武太后爲子，並言有女，請和親，又索此前來唐降附之突厥六州降戶以及單于督護府土地，兼請農器、種子，則天初不許其請。然而當時朝廷懼其兵勢，納言姚璹建議請許其和親，遂盡驅豐、勝、靈、夏、朔、代等六州降戶，種子、農器與之，默啜由此漸強。其年，則天因應默啜可汗之請，乃命魏王武承嗣之男淮陽王武延秀與閻知微等，共赴虜庭，納默啜女爲妃。[124]默啜見武延秀前來納女爲妃，大爲震怒，稱：

> 我女擬嫁與李家天子兒，你今將武家兒來，此是天子兒否？我突厥積代以來，降附李家，聞李家天子種未總盡，唯有兩兒在，我今將兵助立。[125]

---

124 《通典》卷一百九十八，〈邊防十四・北狄五・突厥中〉，頁5435。
《舊唐書》卷一百九十四上，〈列傳第一百四十四上・突厥上〉，頁5168-5169。
《唐會要》卷九十四，聖曆元年，頁1691-1692。

125 《舊唐書》卷一百九十四上，〈列傳第一百四十四上・突厥上〉，頁5169。
《通典》卷一百九十八，〈邊防十四・北狄五・突厥中〉，頁5435-5436。

乃拘武延秀於別所，並以閣知微爲南面可汗，言欲使之主唐民
也。[126]率軍十餘萬，南下寇邊，襲靜難等軍，靜難軍使左玉鈐等
以兵五千人降。默啜旋進寇媯、檀等州，移書朝廷數罪五，並嘲諷
武太后高攀，不知周厥「門不當、戶不對」，稱：

> 我可汗女，當嫁天子兒，武氏小姓，門戶不敵，固冒爲昏。[127]

可見，「皇帝天可汗」之血脈餘胤，雖然一時蒙難，但是仍被視
爲天下第一名門，絕非未曾建立曠世文治武功之武周皇室，所差
堪比擬。於是，默啜又掠邊侵寇。武后大怒，雖「改默啜號爲斬
啜」，[128]然亦無可奈何。

> 長安三年（703年），默啜遣使莫賀達干，再請以女妻皇
> 太子之子，則天令太子男平恩王重俊、義興王廷立見之。
> 默啜遣大臣移力貪汗入朝，獻馬千匹及方物，以謝許親
> 之意。[129]

---

126 《通典》卷一百九十八，〈邊防十四・北狄五・突厥中〉，頁5436。
　　《唐會要》卷九十四，聖曆元年條，頁1691-1692。
　　《資治通鑑》卷二百五，〈唐紀二十一〉，則天后萬歲通天元年；同卷二百六，
　　〈唐紀二十二〉，則天后聖曆元年，頁6530-6531。
127 《資治通鑑》卷二百六，〈唐紀二十二〉，則天后聖曆元年，頁6531。
128 《舊唐書》卷一百九十四上，〈列傳第一百四十四上・突厥上〉，頁5169。
　　《通典》卷一百九十八，〈邊防十四・北狄五・突厥中〉，頁5436。
　　《資治通鑑》卷二百六，〈唐紀二十二〉，則天后聖曆元年，頁6533。
129 《舊唐書》卷一百九十四上，〈列傳第一百四十四上・突厥上〉，頁5170。
　　《通典》卷一百九十八，〈邊防十四・北狄五・突厥中〉，頁5436-5437。

中宗神龍元年（705年）二月，武則天退位，中宗復位，復國號爲唐，唐朝恢復李家天下，回歸過去突厥曾臣服三十年之久的「皇帝天可汗」政權。中宗以默啜一面請婚，一面入寇靈州鳴沙縣，乃「下制絕其請昏」。[130]默啜因翻覆無常，致中宗決心斷絕其「逆向和親」，造成默啜無法達成嫁女於天可汗家，實現厥唐「夫婦之邦」的願望。

大怒之下，中宗不但「下制絕其請昏」，而且「購募能斬獲默啜者封國王」，甚至「命內外官各進破突厥之策。」[131]仍命左屯衛大將軍張仁愿〔張仁亶〕充朔方道大總管以禦之。中宗景龍〔景雲〕二年（708年），張仁愿奏請，應乘「默啜強暴，瀆鄰搆怨，掃境西伐，漠南空虛」之際，在河北築三受降城，以制胡馬南牧。因此，遂趁默啜盡衆西擊娑葛，仁愿乘虛渡河奪取漠南之地，築三城，首尾相應，絕其南寇之路，遂以拂雲祠爲中城，與東西相去各四百里，皆據津濟，遙相應接。北拓三百餘里，於牛頭朝那山北置烽候千八百所。自是突厥不得度山放牧，朔方更無寇掠，減鎮兵數萬人。[132]默啜雖「擁地東西萬餘里，控弦四十萬，自頡利之後，最爲強盛」，然「自恃兵威，虐用其衆，默啜既老，部落漸多逃

---

130 王欽若等編纂，周勛初等校訂，《冊府元龜》卷九百七十八，〈外臣部二十三・和親〉，頁11330。

131 《舊唐書》卷一百九十四上，〈列傳第一百四十四上・突厥上〉，頁5170。

132 《通典》卷一百九十八，〈邊防十四・北狄五・突厥中〉，頁5438。
《唐會要》卷七十三，〈三受降城〉，頁1310-1311。
呂溫《呂衡州文集》卷六，「三受降城碑銘」，（台北：新文豐，1985年），頁625。
《舊唐書》卷一百九十四上，〈列傳第一百四十四上・突厥上〉，頁5171。

散」。[133]其中，尤以景龍二年，在突厥支配下，以黠戛斯為首諸族，爆發叛亂。為此突厥不但動搖國本，而且南下牧馬復受制於三城。於是，開啟默啜向唐稱臣，請求和親降嫁公主之契機。

　　事實上，默啜可汗在其全盛時期，不但恃力外侵而且性格翻覆無常，並非〈五倫天下關係論〉因和親所形成之「夫婦倫」的「倫理典範」所能規範。至於唐厥的政治關係，雖然雙方具有「冊封」對「朝貢」的「君臣關係」，但是也非〈五倫天下關係論〉之「君臣倫」的倫理典範所能約制。其道理，在於當時唐朝因武后亂政篡唐，[134]造成內憂以致無力平服外患所致。對此，《通典》有其深刻的分析，如次：

> 初，（高宗）咸亨中，突厥諸部來降附者，多處之豐、勝、靈、夏、朔、代等六州，謂之降戶。默啜，至是又索取降戶及單于都護府之地，兼請農器、種子，武太后初不許，默啜大怒，言辭甚慢，拘我使人司賓卿田歸道，將害之。時朝廷懼其兵勢，納言姚璹建議請許其和親，遂盡驅六州降戶數千帳，並種子四萬石，農器三千事以上與之，默啜浸強，由此也。[135]

[133] 《通典》卷一百九十八，〈邊防十四・北狄五・突厥中〉，頁5438-5439。
　　《舊唐書》卷一百九十四上，〈列傳第一百四十四上・突厥上〉，頁5172。
[134] 武后亂政篡唐，乃指武則天於嗣聖元年（684年）廢其子中宗帝位，改立他子李旦為帝，是為睿宗，惟政事皆決於太后，載初二年（690年），武太后又廢睿宗，稱帝，改國號為周，睿宗回歸皇儲。神龍元年（705年），宰相張柬之發動政變，迎中宗復辟。十一月，武則天去世，睿宗於延和元年（712年）禪位於李隆基，是為唐玄宗。
[135] 《通典》卷一百九十八，〈邊防十四・北狄五・突厥中〉，頁5435。

總之，此時的唐厥關係，在〈五倫天下關係論〉下，雖名爲依循「封貢體制」，也有唐朝冊封突厥，突厥朝貢唐朝的「君臣關係」之實，然則「朝廷懼其兵勢」，故等同處於名實不符的「敵國」關係。國勢強大壯盛的默啜要求「以可汗女，嫁天子兒」的「逆式和親」，與中華歷史文化價值的賜婚、降嫁和親，其意義完全不同。根據張柬之的諫奏，可知「自古無天子求娶夷狄女，以配中國王者」[136]的先例。護雅夫推其意，旨在中國之「君主與夷狄」間、「冊立者與被冊立者」間結親，並非所宜。[137]簡單來說，基於「華對夷」＝文野、「君對臣」＝上下等二大理由，不宜遽行「逆式和親」。此外，因預防突厥以和親爲名，圖謀假借中國之威靈，逞其號令四鄰，併吞土地之野心，必令其無所施其計，以免養虎遺患，甚至養虎自噬，故夷狄雖請和親，亦不降嫁史例，所在多有。

惟就時勢而論，此時居漠北之突厥，因勢力迅速擴張，致默啜領有「其地東西萬餘里，控弦四十萬，自頡利之後，最爲強盛」，且其勢力及於「契丹及奚，自（武后）神功（697年）之後，常受其徵役」。[138]默啜更於睿宗景雲二年（711年）正月，遣使請和親。詔以宋王成器女爲金山公主，許嫁之。默啜乃遣其男楊我支特勒來朝。睿宗太極元年（712年），帝御安福門宴之。[139]睿

《舊唐書》卷一百九十四上，〈列傳第一百四十四上・突厥上〉，頁5168-5169。

[136] 《舊唐書》卷九十一，〈列傳第四十一・張柬之〉，頁2939。
《資治通鑑》卷二百六，〈唐紀二十二〉，則天后聖曆元年，頁6530。

[137] 護雅夫，《古代トルコ民族史研究Ｉ》，頁190-191。

[138] 《通典》卷一百九十八，〈邊防十四・北狄五・突厥中〉，頁5438。
《舊唐書》卷一百九十四上，〈列傳第一百四十四上・突厥上〉，頁5172。

[139] 王欽若等編纂，周勛初等校訂《冊府元龜》卷九百七十八，〈外臣部二十三・和親〉，頁11331。

宗乃遣和逢堯為使，赴突厥報命。和逢堯說默啜曰：「處密、堅昆聞可汗結婚於唐，皆當歸附，何不襲唐冠帶，使之聞之，默啜許諾。明日，襆頭紫衫，再拜，稱臣」。[140]默啜因唐許婚，唐厥因「和親」形成「翁婿關係」的「夫婦之邦」而「稱子」，進而「稱臣」。睿宗雖許降公主，然「俄而帝傳位（玄宗），親竟不成」。[141]開元三年（715年），默啜既請和稱臣，至是復圍北庭。九月，（帝）遣薛訥討之。蓋李隆基繼位為玄宗（712-756年）後，先休養生息，繼而蓄勢待發。自此，玄宗大開大闔，再開「皇帝天可汗」之盛世。

(二)玄宗再造天可汗的夫婦之邦

　　玄宗先天二年（713年）八月，突厥遣王子楊我支來求婚，以蜀王女南和縣主下嫁于楊我支，降書謂可汗曰：「朕於可汗恩義稠疊，故與王子更重結親，想可汗遠聞，當喜慰也」。[142]翌年初，楊我支特勒死，默啜因此前請婚不成，乃再度上書請婚。開元二年（714年）四月辛巳，突厥可汗默啜遣使上表求婚，自稱曰：「乾和永清大駙馬天上得果報天男突厥聖天骨咄祿可汗，上皇帝曰府君〔對尊長之稱〕皇帝。乙酉，定公主出降」。[143]亟盼與唐朝和

　　《舊唐書》卷一百九十四上，〈列傳第一百四十四上・突厥上〉，頁5172。

[140] 《唐會要》卷九十四，景雲二年，頁1692。

　　《資治通鑑》卷二一十，〈唐紀二十六〉，睿宗景雲二年，頁6669。

[141] 王欽若等編纂，周勛初等校訂，《冊府元龜》卷九百七十八，〈外臣部二十三・和親〉，頁11331。

[142] 王欽若等編纂，周勛初等校訂，《冊府元龜》卷九百七十八，〈外臣部二十三・和親〉，頁11331。

[143] 王欽若等編纂，周勛初等校訂，《冊府元龜》卷九百七十八，〈外臣部二十三・和親〉，頁11331。

親的突厥骨咄祿可汗自稱「駙馬可汗」，而尊稱唐玄宗為「府君皇帝」，唐朝皇室與突厥可汗為了開創雙方和平，並創造「天下一家」之形勢，正展開以「駙馬對府君」的「翁婿之邦」家族關係。玄宗，雖於「乙酉，定公主出降」，默啜亦知玄宗已於「乙酉，定公主出降」，惟迄無對唐回報。

　　十月，突厥默啜乃再遣使求婚，帝降書謂曰：「我與突厥素來通婚好和計之道，豈是自今。頃為小女，且緩其期，亦可汗之久無報也。今者若真心，請來歲未晚，任自擇日，當遣公主嫁可汗。可遣一王子來此宿衛，以申兩國之好，豈不美耶？」唐玄宗對此求婚，所以表示：「且緩其期」，其理由乃在於默啜可汗「久無報」，即久未來京報聘朝貢之故。久未朝貢報聘，無異表示默啜父事、臣事天可汗之心不誠，故且緩其期。若真心來朝則可「遣公主嫁可汗」，但有附帶條件，就是必須以王子為質子，才足以「申兩國之好」。[144]因默啜經常翻覆，且叛服無常，故唐廷引以為戒。「己巳，突厥可汗默啜又遣使求婚」，「上（唐玄宗）許以來歲迎公主」，[145]惟自來歲之後，突厥因內亂日烈，終未見默啜可汗迎親之歷史記載。自此，唐厥情勢，急轉直下。

　　開元四年（716年），默啜北討九姓拔曳固（拔野古部族），戰於獨樂河（土拉河），大敗拔曳固軍隊。默啜負勝，輕歸不備，於柳林中遭拔曳固軍頡質略所部伏擊戰歿，並傳默啜首至京師。默啜歿後，爆發汗位政爭，骨咄祿之子闕特勤糾合舊部殺默啜之子弟

---

144 王欽若等編纂，周勛初等校訂，《冊府元龜》卷九百七十八，〈外臣部二十三・和親〉，頁11331。

145 《資治通鑑》卷二百一十一，〈唐紀二十七〉，玄宗開元二年己巳，頁6706。

並親信略盡，立其兄骨咄祿子左賢王默棘連，稱毗加可汗，號小殺。[146]毗加可汗以其弟闕特勒為左賢王，掌兵馬大權，重用舊臣阿史德元珍（暾欲谷），納其女為可敦，致力於招撫民心，安邊生息，復興國力。

　　唐厥關係的好轉，暾欲谷功不可沒。毗加可汗，原企圖對唐寇邊，暾欲谷力諫不可，曰：「唐主英武，人和年豐，未得間隙，不可動也。我眾新集，猶尚疲羸，須且息養三數年，始可觀變而舉」。[147]開元五年（717年）七月，毗加可汗「遣使獻馬」。[148]既遣使朝貢，遂列為外臣。翌年，春正月，「突厥毗加可汗來請和」。[149]唐玄宗但降璽書以答，而嚴北邊戒備。

　　開元九年（721年），毗加逆襲來犯的北庭拔悉密，虜其男女，回兵出赤亭，掠中國涼州羊馬，大敗涼州官軍，小殺由是大振，盡有默啜之眾。[150]此時，唐厥因各有外患，所以厥方雖請和，並朝貢獻馬，但雙方未有互信，甚至視朝貢為緩兵之計，故備邊甚嚴。此時，小殺原欣羨唐朝之文治武功，欲修築城壁，並造立寺觀，暾欲谷以民族習尚不同，文化價值有異，國力有別，突厥因生活條件與戰鬥條件一致，乃能建構小而機動強悍之國以抗大而文仁惜生之唐朝，乃力諫不可，稱：

---

146 《舊唐書》卷一百九十四上，〈列傳第一百四十四上‧突厥上〉，頁5173。

147 《通典》卷一百九十八，〈邊防十四‧北狄五‧突厥中〉，頁5440。

148 王欽若等編纂，周勛初等校訂，《冊府元龜》卷九百七十四，〈外臣部十九‧褒異〉，頁11277。

149 《資治通鑑》卷二百一十二，〈唐紀二十八〉，玄宗開元六年春正月辛丑，頁6731。

150 《舊唐書》卷一百九十四上，〈列傳第一百四十四上‧突厥上〉，頁5174-5175。《通典》卷一百九十八，〈邊防十四‧北狄五‧突厥中〉，頁5441。

突厥人戶寡少，不敵唐家百分之一，所以常能抗拒者，正以隨逐水草，居處無常，射獵為業，又皆習武。強則進兵抄掠，弱則竄伏山林，唐兵雖多，無所施用。若築城而居，改變舊俗，一朝失利，必將為唐所併。且寺觀之法，教人仁弱，本非用武爭強之道，不可置也。小殺等深然其策。[151]

此策因頗具「以史為鑑」之價值，茲錄存以供思索鑑誡。不久，毗加可汗「遣使請和，乞與玄宗為子，上許之。仍請尚公主，上但厚賜而遣之。」[152]因唐方未許嫁公主，小殺只能「固乞和，請父事天子，許之。又連歲遣使獻方物，求婚」。[153]

　　因唐玄宗准收毗加可汗為子，故唐厥關係遂由「敵國之邦」＝「敵體之邦」轉瞬變為「父子之邦」，又基於遣使貢獻而有「君臣之邦」之名。不過，由於毗加可汗請尚公主尚未獲准，所以未能同時建立「夫婦之邦」，但仍在〈五倫天下關係論〉的規範之下。由於唐厥間建立「父子之邦」或「君臣之邦」有利於突厥的對外關係，消極上其他部落因礙於皇帝天可汗所創建的天下秩序，不敢擅自出兵劫掠突厥；積極上突厥也可以提高其天下聲望，更有甚者，

---

151 《舊唐書》卷一百九十四上，〈列傳第一百四十四上‧突厥上〉，頁5174。
　　《通典》卷一百九十八，〈邊防十四‧北狄五‧突厥中〉，頁5440。
152 王欽若等編纂，周勛初等校訂，《冊府元龜》卷九百七十八，〈外臣部二十三‧和親〉，頁11332。
　　《通典》卷一百九十八，〈邊防十四‧北狄五‧突厥中〉，頁5441。
153 王欽若等編纂，周勛初等校訂，《冊府元龜》卷九百七十八，〈外臣部二十三‧和親〉，頁11332。
　　《新唐書》卷二百一十五下，〈列傳第一百四十下‧突厥下〉，頁6053。

甚至可挾天可汗之名以令諸胡。

　　開元十二年（724年）七月，突厥毗加可汗遣使哥解頡利發獻方物求婚，帝降書謂突厥可汗曰：

> 得書，請婚并獻方物，可汗慕義向風，益以嘉尚我國家金帛、子女，務通和親。然一為婚姻，將傳永久，契約須重，禮數宜周。今來人既輕，禮亦未足，所以未定日月，令其且還。如和好不移，誠信無改，凡有所請，必當不違。國家信若四時，恩同天地，一言則定，何誓如之。必能結之神明，彌表彼之誠契，既無猜阻，任擇其宜。諸所有商量，今已親語哥解，更欲遣使，恐致勞煩。令寄可汗錦袍、鈿帶、銀盤、胡餅，至宜領取。[154]

　　唐玄宗所以再三拒絕突厥毗加可汗請婚的理由，表面上，或許在於突厥方可能只因「嘉尚我國家金帛、子女」，故「來人既輕，禮亦未足」。然而玄宗強調「婚姻，將傳永久，契約須重，禮數宜周」，所以要求可汗須有「國家信若四時，恩同天地，一言則定」的體認與誠信，始可「通和親」，乃一一告誡使者，打發返國，奏聞可汗，以資定奪。和親就是透過二國聯姻，結合掌權治理國政的皇室汗帳間，將二國建構成「夫婦之邦」，從此走向以「夫婦倫」之「倫理典範」＝「愛屋及烏、相親相愛」所規範下的天下秩序，豈可不慎。實際上，唐朝也應用各種理由而不許婚，因不欲其假唐

---

154 王欽若等編纂，周勛初等校訂，《冊府元龜》卷九百七十八，〈外臣部二十三・和親〉，頁11332。

朝皇帝天可汗之名，雄霸北荒西域，號令諸胡，然後反過來與天朝爭霸中華世界秩序，甚至侵寇天朝。

開元十三年（725年），玄宗將東封泰山，惟憂毗加伺機入侵，中書令張說爲此擔憂，表示：

> 突厥比雖請和，獸心難測。且小殺者，仁而愛人，眾爲之用；闕特勒驍武善戰，所向無前；暾欲谷深謀以多謀，老而益智，李靖、徐勣之流也。三虜協心，動無遺策，知我舉國東巡，萬一窺邊，何以禦之？[155]

兵部郎中裴光庭建請：遣使徵其大臣扈從，則突厥不敢不從，又亦難爲舉動，乃遣中書直省袁振攝鴻臚卿往突厥，以告其意。毗加可汗（小殺）與其妻及闕特勒、暾欲谷等環帳中設宴，毗加不滿頻頻請婚，屢屢遭拒，遂謂袁振曰：「吐蕃狗種，唐國與之爲婚，奚及契丹舊是突厥之奴，亦尚唐家公主，突厥前後請結和親，獨不蒙許，何也？」袁振曰：「可汗既與皇帝爲子，父子豈合婚姻？」在「父子倫」的名分下，兄妹不得結婚，乃是中華禮教文化，然而胡人習俗文化有異於中華，況其有收繼婚制。

因此，小殺等曰：「兩蕃亦蒙賜姓，猶得尚主，但依此例，有何不可？且聞入蕃公主皆非天子之女，今之所求，豈問眞假？頻請不得，實亦羞見諸蕃。」袁振許爲其奏請，小殺乃遣其大臣阿史德頡利發入朝貢獻，扈從東巡。東封迴，上爲頡利發設讌，厚賜而遣

---

155 《舊唐書》卷一百九十四上，〈列傳第一百四十四上・突厥上〉，頁5175。

之，竟不許其和親。[156]結果，突厥小殺可汗未獲中華「天可汗」之青睞，只能領厚賜而返以報。唐玄宗廣結天下戎狄，何以獨薄小殺可汗，其實情不得而知，惟起居舍人呂向曾以猛虎喻突厥，雖一時雌伏，但終非善類，或遭反噬，以諫玄宗，稱：

> 猛虎雖伏，豈齊仁獸，是由醜性毒行，久務長積故也。今夫突厥者，正與此類，安忍殘賊，莫顧君親，陛下持武義臨之，修文德來之，既憚威靈，又沐聲教，以力以勢，不得不庭，故稽顙稱臣，奔命遣使，⋯⋯赴封禪之禮。[157]

換句話說，玄宗朝廷以爲突厥本具醜性毒行，並無仁心，而因震懾於文治武功，一時屈服罷了，一旦得勢，野心復萌，豈非養虎遺患。上納其言，遂厚賜遣之，不許和親。

　　開元十五年（727年）春正月辛丑，唐玄宗因鑒於自開元二年以來，「吐蕃自恃其強，**致書用敵國禮，辭指悖慢**，上意常怒之。」[158]吐蕃爲何對具有「舅甥關係」的「夫婦之邦」唐朝皇帝玄宗「致書用敵國禮」且「辭指悖慢」呢？畢生從事吐蕃史研究的專家林冠群氏表示：吐蕃王室祖源神話內涵，與吐蕃贊普「當初降臨大地，來做天下之主」的理念與中原典籍所載的〈天命論〉頗多

---

156 《舊唐書》卷一百九十四上，〈列傳第一百四十四上・突厥上〉，頁5177。
　　王欽若等編纂，周勳初等校訂，《冊府元龜》卷九百七十八，〈外臣部二十三・和親〉，頁11333。
157 《舊唐書》卷一百九十四上，〈列傳第一百四十四上・突厥上〉，頁5176。
158 司馬光，《資治通鑑》卷二百一十三，〈唐紀二十九〉開元十五年春正月辛丑，頁6776。

神似。因此，以天神之子做為吐蕃國君的贊普，在外交禮儀上，力爭與李唐對等的待遇，乃對李唐、突厥默啜、西突厥、南詔、突騎施所遣之使節，一律使用禮敬、叩頭、稽顙的詞彙，而神子贊普就是人間唯一的統治者。[159] 其目的，在於顯示吐蕃贊普的優越性。據此，他乃借用《中華世界秩序原理》的〈天命論〉[160]，來比較漢蕃〈天命論〉信仰，認為：漢為天帝遣其長子降臨天下，蕃則天神遣其幼孫，餘均神似。他甚至旁徵博引，指出：西方學者因無法檢索大量漢籍文獻，以致漏失了蕃方在襲用〈天命論〉的同時，也使用了一些相關的漢式詞彙，此即為藏方受到漢方〈天命論〉影響的論證，提供了堅實的依據。[161] 不過，匈奴、突厥等中國周邊遊牧民族，也都與吐蕃同樣具有類似的對「天」神話信仰，如漢文帝四年，匈奴遺漢書中曾稱：「天所立匈奴單于敬問皇帝無恙」；再如，開皇四年突厥沙鉢略遣使致書隋文帝稱：「從天生大突厥天下聖賢天子伊利俱蘆設莫何始波羅可汗致書大隋皇帝」；又如唐玄宗開元二年突厥可汗默啜遣使上表求婚，自稱：「天上得果報天男突厥聖天骨咄祿可汗」，但在中國強大時，匈奴、突厥仍都一一臣服於漢隋唐等天朝天子。或許是因吐蕃僻處南邊，遠離當時世界文明中心之故，既不知道，也不了解以大唐為中心之「皇帝天可汗」的天下觀、天命論以及交聘禮儀已成為天下共遵的禮儀所致。

　　嚴密而言，漢為「天帝遣其長子」降臨天下，蕃則「天神遣其幼孫」降臨天下，「看似對等」，實際上尚有「天帝」與「天神」

---

159 林冠群，《玉帛干戈──唐蕃關係史研究》，頁304-307。
160 張啓雄撰，〈中華世界秩序原理的源起──近代中國外交紛爭中的古典文化價值〉，吳志攀等編，《東亞的價值》，頁112-114。
161 林冠群，《玉帛干戈──唐蕃關係史研究》，頁306、310。

之別。何況，還有「長子」對「幼孫」的差異，故漢蕃仍須受上天「父子倫」之「長子」對「幼孫」的輩分倫理規範，或者須受「兄弟倫」之「伯父」對「姪子」的輩分倫理規範。因此，漢蕃關係不論是「長子」對「幼孫」或「伯父」對「姪子」的關係，都屬於輩分不同的「父子倫」或「兄弟倫」所規範的範疇，爲屬於「子尊孫卑」、「伯尊姪卑」的「漢蕃和親」之姻親家族關係，假若強謂此爲「敵體抗禮」的「對等」邦交，則吐蕃方面不但違反家族倫理的「父子倫」之「父慈子孝」或「兄弟倫」之「兄前弟後」、「兄友弟恭」之倫理典範的規範，而且也違反〈五倫天下關係論〉之輩分尊卑不同之「父子倫」或「兄弟倫」的天下關係倫理。就此倫理性的邏輯而言，吐蕃的君權神授說與唐蕃舅甥關係說，在唐蕃天下國家的天下關係上，都是難以自圓其說的觀念與論述。

及玄宗自東封〔泰山〕返京，張說言於上曰：「吐蕃無禮，誠宜誅夷，……聞其悔過求和，願聽其款服，以紓邊人。」[162]惟玄宗以吐蕃無禮過甚，遂有征伐之議。適逢吐蕃大將悉諾邏來寇大斗谷，玄宗乃遣王君㚟討之，遂勒兵躡其後，並破其後軍，獲其輜重羊馬萬計而還。[163]考唐蕃結釁，乃自開元二年以來，吐蕃自恃其強，「**致書用敵國禮，辭指悖慢**」，上意常怒之。[164]然而決裂的關鍵因素，則是在開元十五年，小殺（毗加可汗）使其大臣梅錄啜

---

162 司馬光，《資治通鑑》卷二百一十三，〈唐紀二十九〉開元十五年春正月辛丑，頁6776。

163 司馬光，《資治通鑑》卷二百一十三，〈唐紀二十九〉開元十五年春正月辛丑，頁6776。

164 司馬光，《資治通鑑》卷二百一十三，〈唐紀二十九〉開元十五年春正月辛丑，頁6776。

來朝，獻名馬三十匹。時吐蕃與小殺書，將「計議同時入寇，小殺並獻其書。」[165] 由此可見，吐蕃贊普赤德祖贊以唐為敵，乃謀聯合突厥以制唐朝。但因小殺「並獻其書」於玄宗，上嘉其誠，引使節於紫宸殿，厚加賞賚，仍許於朔方軍西受降城為互市之所，每年賚縑帛數十萬匹，就邊以遺之。開元十九年，毗加可汗「默棘連請昏既勤，帝許可。於是遣哥解栗必來謝，請昏期。」[166] 情勢發展至此，唐蕃更加交惡，而唐厥關係則更形密切。

二十年，闕特勤死，詔金吾將軍張去逸、都官郎中呂向，賫璽書入蕃弔祭，並為立碑。上自為碑文，仍立祠廟，刻石為像，四壁畫其戰陣之狀。由此可見，毗加可汗對唐玄宗天可汗向來忠誠，尤其是自小殺獻上吐蕃圖謀聯突厥以共犯唐之國書後，唐厥關係大幅改善，不但賞賚甚豐，而且連互市以及夢寐以求的和親一概應允，甚至遣使弔祭其弟闕特勤之喪隆重有加，雙方關係進入空前絕佳之境。因此，唐厥關係已不只建立在君上與外臣的「君臣之邦」，而且也透過和親，即將建立「翁婿關係」的「夫婦之邦」，而「翁婿之邦」則是天下政局穩定性極高的「夫婦之邦」。開元二十二年（734年）四月，突厥遣使來朝謝婚。突厥默棘連毗加可汗並上「謝婚表」，曰：

自遣使入朝已來，甚好和同，一無虛誑。蕃漢百姓，皆得一處，養畜資生，種田力作。今許降公主，皇帝即是阿助（耶），卑下是兒，一種受恩，更有何惡。謹使可（歌）

---

165 《舊唐書》卷一百九十四上，〈列傳第一百四十四上‧突厥上〉，頁5177。

166 《新唐書》卷二百一十五下，〈列傳第一百四十下‧突厥下〉，頁6054。

　　解粟必謝婚，他滿達干請期，獻馬四十匹充押函。[167]

　　可見，「許降公主」是皇帝天可汗特賜的恩典，也是其天下地位提升的象徵，足以誇耀諸胡。因此，毗加可汗不但稱謝不已，甚至上表謝恩，表示「皇帝即是阿耶（爺），卑下是兒，一種受恩」。至此，唐厥關係，又在「父子之邦」的基礎上，可再加上「翁婿之邦」，形成極親密的五倫天下關係。對藩邦而言，與唐朝和親，既是家國長存，也是汗位穩固的象徵與榮光。

　　同年十月，小殺爲其大臣梅錄啜所毒，藥發，未死，先討斬梅錄啜，盡滅其黨。[168]既卒，國人立其子爲伊然可汗。唐玄宗慟之，尤以當吐蕃致書毗加可汗，約其「同時入寇」唐朝時，毗加曾將此書獻於唐玄宗，因而得免一場腹背受敵的戰災。玄宗乃詔正卿李佺往申弔祭，並以「皇帝天可汗」的共主地位冊立伊然，爲立碑廟。乃令史官起居舍人李融爲立碑廟，仍令李融爲其碑文。[169]當

---

[167] 董誥等編，《欽定全唐文》卷九百九十九，〈突厥可汗默棘連・謝婚表〉，頁10341。

　　王欽若等編纂，周勛初等校訂，《冊府元龜》卷九百七十八，〈外臣部二十三・和親〉，頁11335。

[168] 《舊唐書》稱：「二十年，小殺為其大臣梅錄啜所毒，藥發未死，先討斬梅錄啜，盡滅其黨」，然《新唐書》則稱：「俄為梅錄啜所毒，忍死殺梅錄啜，夷其種，乃卒」。至於何年卒，均未見記載。

　　《舊唐書》卷一百九十四上，〈列傳第一百四十四上・突厥上〉，頁5177。

　　《新唐書》卷二百一十五下，〈列傳第一百四十下・突厥下〉，頁6054。

　　惟據護雅夫稱：毗加可汗因在其遣使謝婚的開元22年10月，即已遭毒殺身亡，故未成婚。

　　護雅夫，《古代トルコ民族史研究Ⅰ》，頁202。

[169] 《舊唐書》卷一百九十四上，〈列傳第一百四十四上・突厥上〉，頁5177。

時，玄宗曾暱稱毗加爲兒可汗，賜敕曰：

> 自爲父子，情與年深，中間往來，親緣義合，雖云異域，
> 何殊一家，邊境之人，更無他慮，甚善甚善。此是兒可汗
> 能爲承順，副朕之所親厚，人間恩好無以過之，常保此
> 心，終享福祿，子孫萬代。[170]

　　由上可知，唐玄宗內心的哀痛與悼念。故「雖云異域，何殊一家，邊境之人，更無他慮，甚善甚善」的境界，正是呈現〈五倫天下關係論〉之「夫婦倫」的「倫理典範」＝「愛屋及烏」確實可規範天下國家關係，而「夫婦之邦」中，至親的「翁婿關係」，也是二漢隋唐開國以來所期盼的天下秩序。至於規範至親且良善之「夫婦之邦」的「愛屋及烏」倫理典範，正是爲天下轉型成「父子之邦」或再進一步透過〈封貢體制論〉轉型成爲「君臣之邦」的五倫天下關係之基本模型，藉此歷史文化價值的浸淫，《中華世界秩序原理》＝《天下秩序原理》終於產生具有人性，涵蓋人文社會之國家、邦際、天下的價值，而讓中國得以在被西方船堅炮利的摧殘之下，其天下秩序原理雖然一時消失不見，但是因它早已內化成爲中華歷史文化價值，也是規範其天下秩序的《中華世界秩序原理》而成爲歷史的一部分，在「舍之則藏，用之則行」的情勢下，隨時得以重新發現。經深入挖掘、探索後，將隨著大夢初醒，逐漸復甦，而發揮其規範力量，常存永續。

170　（唐）張九齡，《唐丞相曲江張先生文集》卷十一，〈敕突厥苾伽可汗書〉，
　　（上海：上海書店，1989年）頁2-3。

毗加可汗歿後，突厥立其子伊然登汗位，然旋病歿，又立其弟為登利（登里）可汗。開元二十三年（735年），唐玄宗賜敕曰：

> 敕兒登里突厥可汗，天不福善，禍終彼國，苾伽可汗傾逝，聞以惻然，自二十年間結為父子，及此痛悼，何異所生，……朕與可汗先人，情重骨肉，亦既與朕為子，可汗即合為孫，以孫比兒，似疎少許，今修先父之業，伏繼往時之好，此情更重，只可從親，若以為孫，漸成疎遠，故欲可汗今者還且為兒，義結既深，當熟思此意，人情終始，故亦可知。[171]

在〈五倫天下關係論〉中，「祖孫關係」亦涵蓋在「父子倫」之中，所以仍同樣屬於「父子倫」規範下的「父子之邦」。雖然是「祖孫關係」，但是「父子關係」仍較「祖孫關係」來得更加親蜜。玄宗因恐唐厥關係「漸成疎遠」，乃勸登里可汗，「只可從親」，「以孫比兒」，「似疎少許」，故期待登里可汗，「還且為兒」。無論於公於私都是有感而發，出自內心的真誠。就此而言，〈五倫天下關係論〉之所以優於《國際法》，乃因有「倫理」規範之故；「五倫天下關係」之所以也優於「國際關係」，因為除了「國家利益」之外，還有出自良善的人倫發揮與天下太平的護持。

開元二十八年（740年），唐玄宗遣右金吾將軍李質齎璽書冊立登里（利）為苾伽骨咄祿可汗。翌年三月，登里可汗遣伊難如為賀正使，獻方物，上表，稱：

---

171 張九齡，《唐丞相曲江張先生文集》卷十一，〈敕突厥可汗書〉，頁3。

頂禮天可汗如禮諸天，奴身曾祖巳來，向天可汗忠赤，每徵發爲國出力。今新年獻月，伏願天可汗壽命延長，天下一統，所有背恩逆賊，奴身共拔汗那王盡力支敵，如有歸附之奴即和好，今謹令大首領伊難如拜賀。[172]

尊稱唐玄宗爲天可汗，謙稱自己爲奴身，頗有家人的意味，每有徵發都「爲國」出力，充分顯現對「國－天朝」的認同，願奮力抗敵平賊，並祝福天可汗長壽、天下一統，族群和好。這樣的天下景象絕非「優勝劣敗」的「進化論」所可達成，而是必須待人如己，透過「倫理典範加以規範」，才有機會達成。不過，中國的平天下之道，雖然透過〈五倫天下關係論〉規範天下國家秩序，但是對天下各蕃內政則均採〈以不治治之論〉＝「內政不干涉原則」的治道。

由於「登利（里）年幼，其母即暾欲谷之女，與其小臣飫斯達干私通，干預國政，不爲蕃人所伏（服）」。[173] 又，曾出兵奚及契丹，然爲契丹所敗。契丹前後斬獲俘馘數十萬，突厥可汗棄甲逃亡。[174] 又，因「登利從叔二人，分掌兵馬，在東者號爲左殺，在西者號爲右殺，其精銳皆分在兩殺之下」，登利親政後，爲集中權力，「與其母誘斬西殺，盡併其眾，而左殺懼禍及己，勒兵攻登利，殺之，自立」。然左殺又不爲國人所附，國中大亂，各部率眾相次來降。[175] 從此，突厥陷入王族權力抗爭而日益衰落。換句話

172 董誥等編，《欽定全唐文》卷九百九十九，〈突厥可汗默棘連・賀正表〉，頁10341。
173 《舊唐書》卷一百九十四上，〈列傳第一百四十四上・突厥上〉，頁5177。
174 張九齡，《唐丞相曲江張先生文集》卷十四，〈賀破突厥狀並御批〉，頁3。
175 《舊唐書》卷一百九十四上，〈列傳第一百四十四上・突厥上〉，頁5177-5178。

說，步履蹣跚的西突厥帝國至此已經走到其時代末端。此時，乘機代之而起的部族則是迴紇。

(三)唐契唐奚君蕃夫婦之邦的和親哀史

1.華夷形勢逆轉下唐對奚及契丹夫婦之邦

　　奚國，所居乃鮮卑故地，東接契丹，西至突厥，南拒白狼河，北至霫國。武德中，遣使朝貢。貞觀二十二年（648年），其酋長可度者率其所部「內附」爲蕃，乃置饒樂都督府，以可度者爲右領軍兼饒樂都督，封樓煩縣公，賜姓李氏。景雲元年（710年），其首領李大輔遣使貢方物，睿宗嘉之，宴賜甚厚。[176]既內屬（內附）又朝貢，且受封爲羈縻都督府之都督，故唐奚成爲君臣關係。嚴格而言，在傳統宗藩關係中，所稱「內附」即屬於「內屬」的〈不完全以不治治之論〉或〈不完全實效管轄論〉下的君臣之邦，稱爲「君蕃體制」。相對的，對於「外屬」的〈以不治治之論〉下的君臣之邦則稱爲「宗藩體制」。顯然，二者有所不同，惟今常混用不分。至於其辨別辦法，若以清朝體制爲喻的話，理藩院所管轄藩屬就是內屬體制，而禮部所管轄之藩屬則是外屬體制。故「內附」＝「內屬」採用〈不完全以不治治之論〉，「外屬」採〈以不治治之論〉，爲二者之最大之不同。此種「內附」－「內屬」的「君蕃體制」與匈奴呼韓邪單于於「叩關內附」後，所採用之〈不完全以不治治之論〉的統治體制，大致相同，均屬於「君蕃和親」所建構之「君蕃體制」的「夫婦之邦」。

　　契丹，居潢水之南，黃龍之北，鮮卑之故地。東鄰高麗，

---

[176] 《舊唐書》卷一百九十九下，〈列傳第一百四十九下・北狄・奚〉，頁5354-5355。

西接悉國，南至營州，北至室韋。本臣於突厥，故風俗與突厥略
同。[177]開元三年（715年），契丹首領李失活以突厥默啜政衰，乃
率其種落稱臣內附爲蕃。於是，置松漠都督府，封失活爲松漠郡
王兼松漠都督，以資羈縻。其所統八部，各因舊帥拜爲刺史，又以
將軍薛泰督軍以鎮撫之。唐契遂成爲君臣關係，列爲羈縻都督府都
督、刺史。明年，契丹李失活入朝，封宗室外甥女楊氏爲永樂公主
以妻之。[178]五年八月，詔曰：

> 故東平王外孫正議大夫復州司馬楊元嗣第七女，譽葉才
> 明，體光柔順，葭莩懿戚，敦睦有倫。舜華靡顏，德容兼
> 茂。屬賢王慕義，于以賜親，納女問名，茲焉迫吉。宜昇
> 外館之寵，俾耀邊城之地，可封永樂公主，出降契丹松
> 漠郡王李失活。婚之夜，遣諸親高品級兩蕃太守，領觀
> 花燭。[179]

　　睿宗延和元年（712年），唐奚軍隊曾爆發衝突，唐帥敗績。
開元三年，奚蕃首領李大輔遣其大臣粵蘇梅落來請降，詔復立其地
爲饒樂州，封大輔爲饒樂郡王，仍拜左金吾員外大將軍、饒樂州都
督。奚及契丹均臣屬於唐朝，且地位同格同等。
　　開元五年（717年），奚蕃首領饒樂郡王李大輔與契丹首領松

---

177 《舊唐書》卷一百九十九下，〈列傳第一百四十九下‧北狄‧契丹〉，頁5349-
　　5350。
178 《舊唐書》卷一百九十九下，〈列傳第一四九下‧北狄‧契丹〉，頁5350-5351。
179 王欽若等編纂，周勛初等校訂，《冊府元龜》卷九百七十八，〈外臣部二十三‧
　　和親〉，頁11332。

漢郡王李失活咸請於柳城依舊置營州都督府，玄宗從之。其年大
輔入朝，「詔封從外甥女辛氏爲固安公主，出降奚王饒樂郡王李
大酺，」賜物一千五百疋，遣右領軍將軍李濟持節送還蕃。[180]此
爲唐契、唐奚「君臣和親」之始，首開唐契、唐奚「夫婦之邦」
之例。

開元六年，失活死，從父弟娑固代統其衆，遣使冊立，仍令襲
其兄官爵。娑固與大臣可突于互鬥，可突于殺娑固，旋改立娑固從
父弟鬱于爲主，遣使請罪，上乃令冊立鬱于，令襲娑固官爵，赦可
突于之罪。十年（722年），契丹松漠郡王「鬱于入朝請婚，封從
妹夫，帝更令慕容嘉賓女燕郡主以妻之。明年，鬱于死，弟吐于代
立，復以燕郡主妻之」。[181]

開元八年，大輔率兵救契丹，戰死，其弟魯蘇嗣立。十年，
入朝，詔令襲其兄饒樂郡王、右金吾員外大將軍、兼保塞軍經略大
使，賜物一千段，仍以固安公主爲妻。而公主與嫡母未和，遞相論
告，詔令離婚，復以成安公主之女韋氏爲東光公主以妻之。[182]

一般而言，唐玄宗對突厥默啜可汗既遣使請和，又請求爲子
不爲質，不但許之，而且厚賜，但不許婚。不過，玄宗對內附內屬

---

[180] 王欽若等編纂，周勛初等校訂，《冊府元龜》卷九百七十八，〈外臣部二十三‧
和親〉，頁11332。
《舊唐書》卷一百九十九下，〈列傳第一百四十九下‧北狄‧奚〉，頁5355。

[181] 王欽若等編纂，周勛初等校訂，《冊府元龜》卷九百七十八，〈外臣部二十三‧
和親〉，頁11332。
《舊唐書》卷一百九十九下，〈列傳第一百四十九下‧北狄‧契丹〉，頁5352。

[182] 王欽若等編纂，周勛初等校訂，《冊府元龜》卷九百七十八，〈外臣部二十三‧
和親〉，頁11332。
《舊唐書》卷一百九十九下，〈列傳第一百四十九下‧北狄‧奚〉，頁5355。

之奚及契丹，則以燕郡主妻契丹松漠郡王，郡王死，其弟代立，又從其俗，兄終弟及，妻燕郡主。唐玄宗以天可汗之尊，雖採〈不完全以不治治之論〉之治道，但能巧妙透過和親與冊封，而完全主控天下政局。不過，因松漠郡王吐于與權臣悍將可突于「復相猜阻」，[183]玄宗再三姑息養奸，因未能及時懲治，致可突于欺主專權，而留下反噬禍根。

開元十二年（724年）三月，遣中齋絹錦八萬段，分賜奚及契丹，詔曰：「公主出降蕃王，本擬安養部落，請入朝謁，深慮勞煩。朕固割恩，抑而未許，因加殊惠，以慰遠心。奚有五部落，宜賜物三萬段，先給征行遊奕兵及百姓，餘一萬段與東光公主、饒樂王衙官、刺史、縣令。契丹有八部落，宜賜物五萬段，其中取四萬段先給征行有遊奕兵士及百姓，餘一萬段與燕郡公主、松漠王衙官、刺史、縣令。其物雜以絹布，務令均平，給訖奏聞」。[184]唐玄宗的做法，說穿了，其實就是漢初劉敬獻計於劉邦之「漸而臣之」＝「（蠻夷）貪漢重幣，陛下以歲時，漢所餘，彼所鮮，數問遺」的老辦法，也是漢朝行之有年且確實有效的辦法。

十三年，土于攜公主來奔，便不敢還蕃，乃改封為遼陽郡王，因留宿衛，可突于趁機改立李盡忠弟邵固為主。其冬，玄宗車駕東巡，邵固詣行在所，改封廣化郡王，又封皇從外生（甥）女陳氏為東華公主以妻之。又云：（開元）十四年正月，改封契丹松漠郡王李邵固為廣化王，奚（蕃）饒樂郡王李魯蘇為奉誠王，仍封宗

<hr>

183 《舊唐書》卷一百九十九下，〈列傳第一百四十九下‧北狄‧契丹〉，頁5352。
184 王欽若等編纂，周勛初等校訂，《冊府元龜》卷九百七十八，〈外臣部二十三‧和親〉，頁11332。

室外生女二人為公主，各以妻之。制曰：「李邵固等輸忠保塞，乃誠奉國，屬外中于。天無遠而不屆，華裔（夷）靡隔，等數有加，宣錫休名，俾承慶澤」。[185]

奚及契丹皆內附之異族，唐玄宗結以〈五倫天下關係論〉之「夫婦倫」的倫理，受中華文化影響漸深，奚及契丹漸受規範，故寵錫有加，遂封「宗室外甥女」為公主，圖以和親之家族紐帶關係，淡化君蕃、族群以及國家間之政治鴻溝，尤以為維續其自開國以來所構建之「夫婦倫」規範下的「夫婦之邦」，力謀天下太平。

君弱臣強的邵固還蕃後，又遣權臣可突于入朝，貢方物。中書侍郎李元紘不加禮遇，可突于泱泱而去。左丞相張說謂：「兩蕃必叛。可突于人面獸心，唯利是視，執其國政，人心附之，若不優禮縻之，必不來矣。」[186]十八年，可突于弒邵固，率部落並脅奚眾降于突厥，東華公主走投平盧軍。[187]玄宗下詔募兵，並以忠王浚為河北道行軍元帥以討之，師竟不行。二十年，詔禮部尚書信安王禕為行軍副大總管領兵出塞擊破可突于，班師還朝。明年，可突于又來抄掠，官軍大敗。遂詔張守珪為幽州長史兼御史中丞經略戰務，遣王悔招諭諸部落，適逢契丹衙官李過折與分掌兵馬的可突于不諧和。守珪遣王悔潛誘李過折，並於半夜勒兵斬可突于。二十三年正月，傳首東都，詔封李過折為北平郡王。[188]唐契戰事雖暫告一段落，但契丹仍叛服無常。直到貞元九年（793年）以後，復遣

---

185 王欽若等編纂，周勛初等校訂，《冊府元龜》卷九百七十八，〈外臣部二十三‧和親〉，頁11333。

186 《舊唐書》卷一百九十九下，〈列傳第一百四十九下‧北狄‧契丹〉，頁5352。

187 《舊唐書》卷一百九十九下，〈列傳第一百四十九下‧北狄‧奚〉，頁5352。

188 《舊唐書》卷一百九十九下，〈列傳第一百四十九下‧北狄‧契丹〉，頁5353。

使來朝，復於會昌二年（842年），契丹新立王因請求廢棄「契丹舊用迴紇印，今懇請聞奏，乞國家賜印」，乃賜予「奉國契丹之印」，[189]正式啓用中國授予之國璽。

　　至於唐契和親之痛，天寶四載（745年）三月，唐玄宗冊封外孫女獨孤氏爲靜樂公主，降嫁松漠都督崇順王李懷節。封外甥女楊氏爲宜芳公主，出降饒樂郡都督懷信王李延寵。九月，奚及契丹酋長各殺公主，舉部落以叛。[190]此時，和親變成「和番」，公主在番，代表天可汗威權，卻任憑番王擺布，靜樂公主與宜芳公主於「和番」半年間，即慘遭奚及契丹酋長殺害。顯然，公主遠嫁內附番國以「和番」，於中國強盛時代確可收融合族群之效，但在中國處內亂外患之國難或國家式微的時期，代表中國駐紮羈縻地區或族國，此時，公主反而成爲屬番宣示獨立建政的首要殘害指標，因而演變成爲「和親哀史」。據此觀點而論，駐外和親公主或使節之日常生活與待遇，就成爲外方觀察宗番關係之和諧與否，番對宗是否有所攜貳的觀察指標，甚至是外方由君番之關係的和諧與否來判斷中國之強弱與否，可欺與否等的細微觀察指標。

2.長安板蕩下唐胡和親的血淚

　　北匈奴呼韓邪單于，於漢代南下叩關，稱臣內附，遂由外臣轉爲內臣。漢元帝因封王昭君爲公主賜婚，而形成漢匈「君番」間的「夫婦之邦」。呼韓邪自受封爲寧遠國之後，位列侯王，誠心向化，聲教有孚，恪守職貢而無闕。玄宗時，又封宗女爲和義公主，

---

189 《舊唐書》卷一百九十九下，〈列傳第一百四十九下・北狄・契丹〉，頁5354。

190 王欽若等編纂，周勛初等校訂，《冊府元龜》卷九百七十八，〈外臣部二十三・和親〉，頁11335。

降寧遠國和親，以續前好，用資籠絡，並可代唐守邊禦敵。天寶三
載[191]（744年）十二月，制曰：

> 呼韓（邪）來享〔降〕，位列侯王；烏孫入和，義通姻
> 好。懷柔之道，今古攸同。寧遠國奉化王驃騎大將軍阿悉
> 爛達干，志慕朝化，誓為邊扞。漸聲教而有孚，勤職貢而
> 無闕。誠深內附，禮異殊鄰，爰錫嘉偶，特申殊渥。四從
> 弟前河南府陽城縣令參第四女，質稟幽閒，性惟純懿。承
> 姆師之訓導，寔宗人之光儀。固可以保合戎庭，克諧邦
> 選，宜膺遠好，以寵名蕃。可封和義公主，降（嫁）寧遠
> 國奉化王。[192]

呼韓邪系之「君蕃和親」所建構的「夫婦之邦」，乃史上「夫婦之
邦」最為膾炙人口，且最為成功的典型範例。

　　惟天寶以後，國事日非，內附之奚及契丹兩蕃，情勢亦漸告不
穩，唐玄宗原以安祿山坐鎮幽州三鎮，防範兩蕃，豈知奚及契丹兩
蕃，早已暗中勾結安祿山，至此公主和親成為安祿山謀叛與否的試
金石。天寶四載（745年）九月，奚及契丹酋長終於各殺公主，舉
部落以叛。

---

191 天寶三年春正月丙申（元旦），唐玄宗下詔改「年」為「載」，遂改天寶三年為
　　天寶三載，直到肅宗至德三載（758年），始復「載」為「年」，計十四載之久。
192 董誥等編，《欽定全唐文》卷二十四，〈封和義公主出降寧遠國王制〉，（北
　　京：中華書局，1987年），頁283。
　　王欽若等編纂，周勛初等校訂，《冊府元龜》卷九百七十八，〈外臣部二十三・
　　和親〉，頁11335。

自唐玄宗改元天寶後，因承平日久，耽於逸樂，寵信楊貴妃，因愛屋及烏，委政楊國忠，所託非人，致國事日非。當國政紊亂，國勢衰頹之際，和親的公主挾於夫家、娘家間，而不能「舉案齊眉」，夫婦一旦喪失恩義，公主則無家可歸，往往淪為政治婚姻的犧牲品。和親公主靜樂、宜芳下嫁奚及契丹，終於為衰頹的大唐天可汗流下眼淚和鮮血，也為中國「和親史」上，寫下最悲痛慘烈的一頁。

天寶十四載（755年）十一月，安祿山為討政敵楊國忠，假清君側之名，在范陽舉兵，並聯合平盧節度使史思明，發動叛亂，大軍直搗東都洛陽，並於德宗至德元年（756年）正月登極於洛陽，建國號大燕。旋西進取潼關，大敗哥舒翰，唐方全軍覆沒。六月，叛軍長驅直入，攻陷唐都長安。唐玄宗出奔成都，太子則逃至朔方，在靈武即位，是為肅宗。

從此，大唐國勢盛極而衰。從前，「皇帝天可汗」為「平天下」而賜和親；如今，時勢逆轉，天下的西域北荒諸蕃，因替皇帝天可汗「平內亂」，而請和親。此時，建構於平時的「和親」善鄰政策，頓成唐朝平亂復興的唯一希望。

(四) 唐蕃舅甥間的國家利害衝突

太宗駕崩後，高宗嗣位，授弄贊為駙馬都尉，封西海郡王，賜物二千段。弄贊因致書於司徒長孫無忌等云：「天子初即位，若臣下有不忠之心者，當勒兵以赴國除討。」由此可見，弄贊深以唐朝皇室之安危為念，類翁婿之情，自然流露，顯然極其濃厚。弄贊又獻金銀珠寶十五種，請置太宗靈座之前。高宗嘉之，進封為寶王，賜雜彩三千段。因請蠶種及造酒、碾、磑、紙、墨之匠，並許

焉。[193]在和親類型中，夫婦之邦以「翁婿關係」最為密切，且效果最顯著。

　　永徽元年（650年），吐蕃贊普弄贊卒。高宗為之舉哀，遣右武候將軍鮮於臣濟持節齎璽書弔祭。隨著弄贊薨逝，唐蕃「類翁婿關係」也告結束，「夫婦之邦」開始轉型。因弄贊之子早逝，其孫芒松芒贊繼位，於是唐蕃皇室的國格形成「舅甥倫」的名分秩序，文成公主雖高於芒松芒贊兩輩，但皇室國格仍屬「舅甥倫」的「夫婦之邦」，所以唐蕃王室家族倫理或天下關係乃舅甥之邦關係。唐蕃舅甥關係因由親密的「類翁婿關係」轉為平淡的「舅甥關係」，於是親情因利害衝突而漸行漸遠。又，芒贊年幼，大相祿東贊把持朝政，唐蕃親情不但轉為疏遠而且逐漸變成徒存形式。原本透過「類翁婿關係」解決邊境紛爭的途徑喪失，於是「舅甥關係」旋即轉變為以國家利益為優先考量，以致邊境摩擦紛至沓來。

　　祿東贊死，子論欽陵與其兄弟亦先後掌政專國，開始以西域鄰近吐蕃為由，與唐朝展開邊城要地爭奪戰。後，因吐蕃與吐谷渾不和，各遣使表奏曲直，唐廷以兩造皆為「夫婦之邦」，而未為予奪。於是吐蕃怨怒，率兵擊吐谷渾，吐谷渾大敗，諾曷鉢王與弘化長公主走投涼州。咸亨元年（670年）高宗命右威衛大將軍薛仁貴等率大軍征討，先勝後敗，終為吐蕃大將論欽陵所破，吐谷渾全國盡沒。自是吐蕃連歲寇邊，諸羌盡降吐蕃。[194]唐蕃因爭奪西域，其中尤以安西「四鎮」為要。從此唐蕃陷入長期交惡，情勢發展至此，「舅甥關係」面臨重大考驗。

193　《舊唐書》卷一百九十六上，〈列傳第一百四十六上・吐蕃上〉，頁5222。

194　《舊唐書》卷一百九十六上，〈列傳第一百四十六上・吐蕃上〉，頁5223。

　　安西四鎮，即龜茲（庫車）、于闐（和田）、疏勒（喀什）、碎葉（吉爾吉斯）之謂。其中，龜茲於高祖即位時來朝。貞觀四年（630年），其主蘇伐疊又遣使獻馬，太宗以天可汗賜以璽書，撫慰甚厚，由此歲貢不絕。其後，安西都護郭孝恪伐焉耆，龜茲因與焉耆聯立，乃遣兵援助，自是職貢頗缺。伐疊死後，其弟代立，漸失藩臣禮。唐太宗、高宗既為西域北荒諸胡所擁立之「皇帝大可汗」，遂思安定大卜，建立名符其實的天朝秩序，以供華夷遵行，遂有出兵西域，以安要地之舉。貞觀二十年，太宗乃發四路大軍，遣左驍衛大將軍阿史那社爾為崑山道行軍大總管，掌運籌帷幄之權，安排戰略布局，與安西都護郭孝恪、司農卿楊弘禮率五將軍，又發鐵勒十三部兵十餘萬騎，以伐龜茲。社爾既先破焉耆，擒獲其王。龜茲大震，守將多棄城而走，社爾又率軍分進合擊，大破之，擒其王訶黎布失畢。社爾因立其王弟葉護為王，勒石紀功而旋。太宗既破龜茲，乃移安西都護府於其國城，仍以郭孝恪為都護駐龜茲，因安西都護兼統于闐、疏勒、碎葉，故謂之「安西四鎮」。高宗嗣位後，不欲廣地勞人，復命有司棄龜茲等四鎮，依舊移安西都護府於西州。永徽元年（650年），封廢王訶黎布失畢為右驍衛大將軍，尋放還蕃，撫其餘眾，依舊為龜茲王。[195]

　　同年，吐蕃弄贊卒，高宗為之舉哀，遣右武侯為使者，持節齎璽書弔祭。從此，唐蕃「夫婦之邦」較親的「類翁婿關係」結束，雙方進入較疏的「舅甥關係」。弄贊因子早死，其孫繼立，復號贊普，時年幼，國是皆委祿東贊，吐蕃之并諸羌，多其謀。祿東贊卒，諸子並當國，自是歲入唐邊，盡破之，遂占諸羌羈縻十二州。

---

195 《舊唐書》卷一百九十八，〈列傳第一百四十八・西戎・龜茲〉，頁5303-5304。

其後，吐蕃大入，焉耆以西四鎮城堡，並爲吐蕃所陷。儀鳳三年（678年），吐蕃盡收羊同、黨項及諸羌之地，又西向攻陷龜茲、疏勒等四鎮，北抵突厥，地方萬餘里，自漢魏以來，西戎之盛，未之有也。

　　又，武則天臨朝，於長壽元年（692年）詔右鷹揚衛將軍王孝傑爲武威道行軍總管，率西州都督唐休璟、左武衛大將軍阿史那忠節大破吐蕃，克復龜茲、于闐等四鎮，自此復於龜茲置安西都護府，屯漢兵三萬以鎮撫之。[196] 至於安西都護，則天時有田揚名，中宗時有郭元振，開元初則張孝嵩、杜暹，皆有政績，爲夷人所伏〔服〕。總之，唐蕃於進入疏遠的「舅甥關係」後，之所以長期陷入西域爭奪，乃起因於高宗棄置龜茲等四鎮而不救，安西四鎮遂爲吐蕃所據，從此成爲唐蕃爭奪邊境要地的導火線。安西四鎮，東承河西走廊，西接西域中亞，三者連成一線，東扼中國西進孔道，西連南疆西域至中亞出地中海，南控青海蔥嶺以制吐蕃諸羌，北控北荒可制突厥回紇，爲進攻退守之要地，乃天可汗維持天下秩序的制高戰略要地。

　　至於，武則天爲何急欲奪回安西四鎮，其道理正如崔融獻議所稱：高宗時，有司無狀，棄四鎮不能有，而吐蕃遂張，入焉耆之西，長鼓右驅，逾高昌，歷車師，鈔常樂，絕莫賀延磧，以臨敦煌。今孝傑一舉而取四鎮，還先帝舊封，若又棄之，是自毀成功而破完策也。夫四鎮無守，胡兵必臨西域，西域震則威懾南羌，南羌連衡，河西必危。且莫賀延磧廣袤二千里，無水草，若北接虜，

---

196 《新唐書》卷二百一十六上，〈列傳第一百四十一上・吐蕃上〉，頁6078-6079。

唐兵不可渡而北，則伊西、北庭、安西諸蕃悉亡。[197]細推崔融之意，蓋吐蕃擁四鎮則可席捲西域，制敦煌以阻大唐西出；突厥居漠北，南下西域，則西域震動，再脅蕃以攻唐，則河西必危。至於唐厥，因中隔大漠，故唐難越大漠以攻厥則北庭西域安西諸蕃悉亡。所以，保安西四鎮乃南制羌蕃，北制突厥，斷絕蕃厥連橫以保西域河西之要地。

高宗儀鳳四年（679年）[198]，贊普卒，其子器弩悉弄嗣位，復號贊普，時年八歲，國政復委於欽陵。遣其大臣論寒調傍來告喪，且請和。高宗遣郎將宋令文入蕃會贊普之喪葬。[199]又，調露元年（679年）十月，吐蕃贊普赤都松曾遣使請婚，請尚太平公主，不得。蓋太平公主乃高宗嫡出女，武則天所生，「后不欲棄之夷，乃真築宮，如方士薰戒，以拒和親事。」[200]帝遂以出家為由，拒之。然而，一再和親乃遊牧民族用以確認結盟或親善與否的根據，高宗不願降嫁嫡出女，無異於廢棄唐蕃「夫婦之邦」的「翁婿關係」。因惜長女而毀舊交，可見高宗乃守成之君，而乏太宗創世之才。故史稱：帝儒仁無遠略。[201]高宗為繼承天可汗之榮銜者，何以「不許」和親，除因嫡出女，故武后不欲棄之夷，蓋唐蕃亦在西域爭霸，因爭奪邊城要地而屢屢爆發戰爭，又因戰爭而交惡所致。

---

197 《新唐書》卷二百一十六上，〈列傳第一百四十一上・吐蕃上〉，頁6084-6085。
198 儀鳳四年（679年）六月十五日改元為調露元年（679年）。
　　王溥，《唐會要》（台北：世界書局，1989年）卷一，高宗天皇大聖大宏效皇帝，頁3。
199 《舊唐書》卷一百九十六上，〈列傳第一百四十六上・吐蕃上〉，頁5224。
200 《新唐書》卷八十三，〈列傳第八・高宗三女・太平公主〉，頁3650。
201 《新唐書》卷二百一十六上，〈列傳第一百四十一上・吐蕃上〉，頁6077。

永隆元年（680年）文成公主薨，高宗又遣使弔祭。[202]文成公主自貞觀十五年（641年）出降吐蕃弄贊，駐蹕吐蕃凡40載，影響唐蕃邦誼至大。從此，扮演唐蕃親善或衝突調解的關鍵人物消失，直到金城公主因和親入藏始重現邦交倫理與和解的生機。

萬歲通天元年（696年），吐蕃攻涼州，殺都督。遣使請和，約罷四鎮兵，求分十姓突厥地。武后詔通泉尉郭元振往使，道上與欽陵相遇。[203]此時唐蕃雖以兵戎相見，但協商時猶存**舅甥關係**，遣辭用字也甚為講究，如以「請和」為辭，以「大國」、「天恩」、「乞聖恩」和「服事先朝」、「結好通親」、「事之」、「忠乎」、「孝乎」相稱。茲以雙方對話為例，證實唐蕃邦交雖然交惡，但是其舅甥關係，直到武周時期，仍然鬥而不破，茲引用唐蕃雙方對話，如次：

> 陵曰：**大國久不許陵和，陵久不遣蕃使，以久無報命，故去秋有甘（州）涼（州）之抄，斯實陵罪，今欲和好，能無懼乎！**
>
> 振曰：**論先考東贊，以宏才大略，服事先朝，結好通親，荷榮承寵，本期傳之永代，垂於無窮。論不慕守舊恩，中致猜阻，無故自絕，日尋干戈，屢犯我河湟，頻擾我邊鄙。且父通之，子絕之，豈為孝乎？父事之，子叛之，豈為忠乎？然論之英聲，籍甚遐外，各**

---

202 《舊唐書》卷一百九十六上，〈列傳第一百四十六上・吐蕃上〉，頁5224。
203 《新唐書》卷二百一十六上，〈列傳第一百四十一上・吐蕃上〉，頁6079。
　　《舊唐書》卷一百九十六上，〈列傳第一百四十六上・吐蕃上〉，頁5225。

　　　　自爲主，奚爲懼乎！

陵曰：如所來言，陵無憂矣。今天恩既許和好，其兩國戍
　　　守，咸請罷置，以便萬姓。各守本境，靡有交爭，
　　　豈不休哉！然以西十姓突厥，四鎮諸國，或時附蕃，
　　　或時歸漢，斯皆類多翻覆。乞聖恩含弘，拔去鎮守，
　　　分離屬國，各建侯王，使其國君，人自爲守，既不款
　　　漢，又不屬蕃，豈不人免夏虞，荒陬尤甚。

振曰：十姓、四鎮，本將鎮靜戎落，以撫寧西土，通諸大
　　　邦，非有他求。論今奚疑而有憂虞乎？

……

陵曰：使人既有此言，今既於和事非便，安可相違。
　　　即罷兵散卒，遂指天爲信，斯具之表矣。[204]

由上述對話可知，論欽陵所強調的是「舅甥關係」及其倫理典範，
故有「大國」、「天恩」、「乞聖恩」的用語。相對的，郭元振
所採的用語則是「服事先朝」、「結好通親」、「事之」、「忠
乎」、「孝乎」。相較而言，唐方偏重於將和親視爲君臣父子的
「君父」對「臣子」之五倫關係；蕃方則偏重於皇室間的「家族倫
理」關係，頗有歧異。歧異或將造成天下邦國間的政治糾葛，甚至
是利害衝突。

　　根據《資治通鑑》記載稱：吐蕃復遣使請和親，太后遣郭元振
往察其宜。因郭元振乃唐朝能臣，富外交韜略，故武則天乃遣其與

---

204 《通典》卷一百九十，〈邊防六・西戎二・吐蕃〉，頁5173-5175。
　　《新唐書》卷二百一十六上，〈列傳第一百四十一上・吐蕃上〉，頁6079-6080。

吐蕃論欽陵會商。他歸納出論欽陵的二點意見，於返朝覆命後，對則天提出二點建議：其一，關於論欽陵請罷安西四鎮戍兵與求分十姓突厥土地。其二，關於唐蕃和親事。總之，論欽陵因藉唐蕃和親之事，請郭元振罷安西四鎮戍兵，並求分十姓突厥地（即五咄陸、五弩失畢），雙方因而展開對話。[205]

關於其一。郭元振曰：「四鎮、十姓與吐蕃種類本殊，今請罷唐兵，豈非有兼併之志乎？」欽陵曰：「吐蕃苟貪土地，欲為邊患，則東侵甘、涼豈肯規利於萬里之外邪！」。於是，吐蕃乃遣使者隨元振入朝請之。然而，朝廷疑而未決。

對此，郭元振上疏分析「以罷兵換割地」之利害關係，以為：「欽陵求罷兵割地，此乃利害之機，誠不可輕舉措也。今若直接拒絕其善意，則為邊患必深。對中國而言，四鎮之利遠，甘、涼之害近，不可不深圖也。宜以計緩之，使其和望未絕，則善矣。彼四鎮、十姓，吐蕃之所甚欲也，而青海、吐谷渾，亦國家之要地也。今報之，宜曰：「四鎮、十姓之地，本無用於中國，所以遣兵戍之，欲以鎮撫西域，分吐蕃之勢，使不得併力東侵也。今〔吐蕃〕若果無東侵之志，當歸我吐谷渾諸部及青海故地，則五俟斤部（即突厥五弩失畢）亦當以歸吐蕃。如此則足以塞論欽陵之口，而亦未與之絕也。若論欽陵稍有乖違，則曲在彼矣。況且四鎮、十姓款附〔中國之〕歲久，今未察其情之向背，事之利害，遽割而棄之，恐傷諸國之心，非所以御四夷也。太后從之。[206]總之，因不

---

205 司馬光，《資治通鑑》卷二百五，〈唐紀二十一〉則天后萬歲通天元年，頁6508。

206 司馬光，《資治通鑑》卷二百五，〈唐紀二十一〉則天后萬歲通天元年，頁6508-6509。

可絕論欽陵之所望，故萬不得已之時，可提出「以青海換四鎮」之議，蓋四鎮遠在西域，吐谷渾青海則近在河西走廊，而河西走廊則是中國出西域的戰略要道，故「捨遠求近」才是上策。當球落在吐蕃時，其責其咎，皆在論欽陵。

其二，關於吐蕃「求和親事」。郭元振又上言：「吐蕃百姓疲於徭戍，早願和親；欽陵利於統兵專制，獨不欲歸款。若國家歲發和親使，而欽陵常不從命，則彼國之人怨欽陵日深，望國恩日甚，設欲大舉其徒，固亦難矣。斯亦離間之漸，可使其上下猜阻，禍亂內興矣。」郭元振認為唐蕃之所以失和，乃源於權臣統兵專制，故建議「以和親換取和平」，太后深表同意。[207]因此，開啟了金城公主出降吐蕃，再度和親之先聲。

吐蕃自論欽陵居中掌政，兄弟專統兵馬，其弟贊婆專在東境，為患中國邊地三十餘年。聖曆二年（699年），其贊普器弩悉弄年歲漸長，乃與其大臣論巖等密圖欽陵兄弟。贊普乃佯言將獵，召兵執欽陵親黨盡殺之。贊普自帥眾討欽陵，欽陵未戰而潰，遂自殺。贊婆率所部來降，則天遣羽林飛騎郊外迎之，授贊婆輔國大將軍、行右衛大將軍，封歸德郡王，優賜甚厚，仍令領其部兵於洪源谷討擊，尋卒。[208]吐蕃因贊普清除權臣專權，內鬥導致其國力中衰。

武則天久視元年（700年），吐蕃又遣其將麴莽布支寇涼州，圍逼昌松縣。隴右諸軍州大使唐休璟與莽布支戰於洪源谷，大勝。

---

207 司馬光，《資治通鑑》卷二百五，〈唐紀二十一〉則天后萬歲通天元年，頁6509。
208 《舊唐書》卷一百九十六上，〈列傳第一百四十六上・吐蕃上〉，頁5225-5226。

長安二年（702年），贊普率眾萬餘人寇悉州，都督陳大慈與賊凡四戰，皆破吐蕃。吐蕃敗戰乃遣使論彌薩等入朝請和。明年，又遣使獻馬千疋、金二千兩以求婚，則天許之。[209]當時吐蕃南境屬國泥婆羅門（尼泊爾）等皆叛，贊普自往討之。因卒於軍中，故和親未成。其國人立器弩悉弄之子赤德祖贊（或稱墀德祖贊、棄隸蹜讚）為贊普，時年七歲。中宗神龍元年（705年），吐蕃遣使來告喪，中宗為之舉哀，廢朝一日。不久，贊普祖母遣其大臣悉薰然來朝獻方物，為其孫請婚。神龍三年（707年）四月，中宗以所養雍王守禮女為金城公主，出降贊普赤德祖贊，自是頻歲貢獻。[210]唐蕃又重新踏上和親之途，雖新結為「夫婦之邦」的「翁婿關係」，但因自文成公主和親以降，唐蕃關係即定調為「舅甥國格」，故仍稱舅甥之邦或舅甥關係的「夫婦之邦」。

　　中宗景龍三年（709年）四月，和蕃使左驍衛大將軍楊矩奏言：吐蕃先遣使來此迎公主，兼學漢語，今欲放還吐蕃，於事不便。伏望報之，云其使已死，帝曰：「凡事須示人以信。宜應實詞報之，使無猜貳」，遂放其使還。三年十一月，吐蕃贊普赤德祖贊遣其大臣尚贊咄名悉臘來迎女。四年（710年）正月，制曰：

> 王者垂仁，以八荒無外，故能光宅遐邇。彼吐蕃，僻在西服，皇運之始，早生朝貢。太宗文武聖皇帝，德侔覆載，情深億兆，思偃兵甲，遂通姻好，數十年間，一方清淨。頃者贊普，屢披誠款，積有歲時，思託舊親，請崇姻好。

> 金城公主，朕之小女，爲邊土寧晏，兵役休息。遂割深
> 慈，爲國大計，爰築外館，聿脩嘉禮。降彼吐蕃贊普，
> 即以今月二十七日進發，朕親自送於郊外。丁丑，命驍衛
> 大將軍楊矩充送金城公主使。己卯，幸始平縣以送金城公
> 主。帝悲泣歔欷久之，因命從臣賦詩餞別。改始平爲金
> 城，又改其地爲鳳池鄉愴別里。公主既至，吐蕃別築一城
> 以居之。[211]

由上可見，公主和親異域，而帝悲泣歔欷不已，帝王之生離死別，與百姓無異，公主出降，既是爲國犧牲奉獻，也是爲天下安定著想。

睿宗即位後，攝監察御史李知古以姚州諸蠻轉親吐蕃，發兵擊之，反爲蠻酋聯合吐蕃軍攻殺，並斷其屍以祭天。其時張玄表爲安西都護，又與吐蕃境比鄰，互相攻掠，吐蕃內雖怨怒，然外敦和好。時楊矩爲鄯州都督，吐蕃遣使厚遺之，因請河西九曲之地以爲金城公主湯沐之所，矩遂奏與之。吐蕃既得九曲，其地肥良，堪屯兵畜牧，又與唐境接近，自是復叛，始率兵入寇。[212] 吐蕃「內雖怨怒，外敦和好」、「外雖和而陰銜怒」者何？蓋欲得河西九曲之地也。於是厚餉楊矩，請河西九曲爲公主湯沐，楊矩遂爲所乘，乃上表與其地。吐蕃爲何爭九曲之地？蓋九曲者，水甘草良，既宜畜

---

211 王欽若等編纂，周勛初等校訂，《冊府元龜》卷九百七十八，〈外臣部二十三‧和親〉，頁11330-11331。
　　《舊唐書》卷一百九十六上，〈列傳第一百四十六上‧吐蕃上〉，頁5226-5227。
　　《新唐書》卷二百一十六上，〈列傳第一百四十一上‧吐蕃上〉，頁6081。
212 《舊唐書》卷一百九十六上，〈列傳第一百四十六上‧吐蕃上〉，頁5228。

牧也宜屯兵，又近唐土。自是，「虜益張雄，易入寇」，旋即「復叛，始率兵入寇」。[213]由此可見，金城公主降藏和親後，唐蕃關係仍然外和內張，始終未見改善。

總括金城公主降藏和親，始於景龍四年（710年）正月，薨於開元二十九年（741年），此乃唐蕃二次締結「夫婦之邦」，公主致力於姻親國交，計31載。然降藏期間，唐蕃雖是翁婿關係，但因爭奪公主湯沐邑九曲等邊地，釁端不斷，然使節往來不絕，可謂和戰參半，終致翁婿關係蒙塵。唐玄宗曾歸納唐蕃邦交，而有：「更聞權在強臣，遂復違約失順。干戈未息，道路稱歎」[214]的感慨。

玄宗先天二年（713年）七月，金城公主上言吐蕃贊普之母死，玄宗乃命左清道擊率李璬攝宗正卿持節使於吐蕃，會葬。[215]此時，吐蕃贊普雖因祖母死而親政，然仍因年幼，大權操於權臣之手。唐朝則因玄宗奮發圖強，正從皇室不安國力弱化的天可汗逐漸邁向復興，重新登臨天下舞台，主導河西、安西、西域以及北荒之天下政局，和親又成為唐玄宗樂於安撫胡人的重要政策。

另，開元二年（714年），因吐蕃大將坌達焉、乞力徐等統兵十餘萬進攻甘肅臨洮，復劫掠蘭州、渭州（隴西）羊馬而去。唐玄宗大怒，「下詔自將討之」，「大舉親征」，遂派攝左羽林將軍薛

213　《新唐書》卷二百一十六上，〈列傳第一百四十一上‧吐蕃上〉，頁6081。
　　《舊唐書》卷一百九十六上，〈列傳第一百四十六上‧吐蕃上〉，頁5228。
214　王欽若等編纂，周勛初等校訂，《冊府元龜》卷九百七十八，〈外臣部二十三‧和親〉，頁11334。
215　王欽若等編纂，周勛初等校訂，《冊府元龜》卷九百七十八，〈外臣部二十三‧和親〉，頁11331。

訥及太僕少卿王晙率兵迎擊吐蕃，在武階驛大敗吐蕃。[216]其中，尤以「吐蕃自恃兵強，每通表疏，求**敵國之禮**，言詞悖慢。」[217]要言之，吐蕃非但未視唐玄宗爲華夷共尊的「皇帝天可汗」，甚至要求唐蕃行「敵國」＝「敵體」＝「對等」之禮。

然而，玄宗不許吐蕃行敵體之禮。爲什麼玄宗不許吐蕃行敵體之禮？蓋唐蕃宗藩關係始於貞觀八年，吐蕃「贊普棄宗弄贊始遣使朝貢。」[218]玄宗時，唐蕃所建立之「君臣之邦｜舅甥之邦」的宗藩關係已歷八十載。唐蕃在河西走廊、青海、西域以及喀什米爾一帶，經常爲了藩屬、邊地、要塞以及羊馬牲口而爭戰十餘年。金城公主鑒於唐蕃對敵，歷年爭戰，殘害黎民，甚至個人處境陷入困境，皆因贊普年幼，而權臣秉政之故，乃力勸吐蕃贊普請和，並上書玄宗請求重修舅甥之好。

同年十月，玄宗命左驍衛郎將尉遲瓌，使吐蕃，宣恩於金城公主。四年（716年）八月，吐蕃請和，從之，賞賜金城公主及贊普錦帛器物等，蕃酋皆喜。公主奉表謝恩曰：「金城公主奴奴言：仲夏盛熱，伏惟皇帝兄起居萬福，御膳勝常。奴奴奉見舅甥平章書云：「還依舊日重爲和好」，既奉如此進止，奴奴還同再生，下情不勝喜躍。伏蒙皇帝兄所賜信物，並依數奉領。謹獻金盞、羚羊衫段、青長毛毯各一，奉表以聞」。[219]唐朝經常慰問金城公主可增

---

216 《舊唐書》卷一百九十六上，〈列傳第一百四十六上・吐蕃上〉，頁5228-5230。
　　《新唐書》卷二百一十六上，〈列傳第一百四十一上・吐蕃上〉，頁6081-6083。
217 《舊唐書》卷一百九十六上，〈列傳第一百四十六上・吐蕃上〉，頁5229。
218 《舊唐書》卷一百九十六上，〈列傳第一百四十六上・吐蕃上〉，頁5221。
219 王欽若等編纂，周勛初等校訂，《冊府元龜》卷九百七十八，〈外臣部二十三・和親〉，頁11331。

金城公主在吐蕃之地位，金城公主也不時問候「皇帝兄」，更能強化唐蕃舅甥邦誼，金城公主恰如其分的扮演著潤滑唐蕃現狀之「兄妹」關係＝「兄弟之邦」與「舅甥之邦」的角色。

五年（717年）三月，吐蕃贊普又遣使奉表請和，金城公主上表曰：「金城公主奴奴言：季夏極熱，伏惟皇帝兄御膳勝常。奴奴甚平安，願皇帝兄勿憂。此間宰相向奴奴道：贊普甚欲得和好，亦疑〔擬〕親署誓文。往者皇帝兄不許親署誓文。奴奴降蕃，事緣和好，今乃攝動，實將不安和。矜憐奴奴遠在他國，皇帝兄親署誓文，亦非常事，即得兩國久長安穩，伏惟念之。」[220]由此可見，挾於夫家與娘家的金城公主於和親後，致力於撮合唐蕃舅甥之和好關係，因此力勸唐蕃親署誓文，冀得兩國姻親關係得以久長安穩。不過，此時唐蕃正為爭霸西域時戰時和而惶惶不安。

開元十年（722年）贊普赤德祖贊親政。九月，乞力徐統率吐蕃大軍抵西域，「圍小勃律王沒謹忙，謹忙求救于北庭節度使張（孝）嵩，曰：勃律，唐之西門，勃律亡則西域皆為吐蕃矣。嵩乃遣疏勒副使張思禮將蕃漢步騎四千救之，晝夜倍道，與謹忙合擊吐蕃，大破之，斬獲數萬。自是累歲，吐蕃不敢犯邊」。[221]然而吐蕃權臣等懷疑乞力徐軍之所以敗亡，乃金城公主暗通北庭節度使所致，駐紮吐蕃終身大使金城公主之處境，終於陷入了險惡之境。因此，導致金城公主萌生留於「夫國」吐蕃不如返回「父國」長安之

---

220 王欽若等編纂，周勛初等校訂，《冊府元龜》卷九百七十八，〈外臣部二十三·和親〉，頁11332。

221 《資治通鑑》卷二百一十二，〈唐紀二十八〉玄宗開元十年，頁6752。《新唐書》卷五，〈本紀第五·睿宗·玄宗〉，玄宗十年亦載：開元十年九月「癸未，吐蕃攻小勃律，北庭節度使張孝嵩敗之」。

念，遂於開元十一年五月意圖出亡。

　　開元十二年八月，謝䫻國王特勒遣使羅火拔來朝，上奏金城公主途經河西，亡命歸國一事。火拔曰：「謝䫻國去箇失密國（喀什米爾）一千五百里，箇失密國去吐蕃金城公主居處七日路程。公主去年五月遣漢使二人偷道向箇失密國傳言，曰：「汝赤心向漢，我欲走出投汝，容受我否？」箇失密王聞其言大喜，報曰：「公主但來，竭心以待」。時箇失密王又遣使報臣國王曰：「天子女欲走來投我，國必恐，吐蕃兵馬來逐，我力不敵」。乞兵於我，即冀吐蕃破散，公主得達。臣國王聞之極歡，遣使許諾于箇失密王，令臣入朝而取進止」。帝甚然之，賜帛百疋，放還蕃。[222] 推唐玄宗之判斷，蓋自「去年五月」迄「今年八月」已歷年餘，既從未聽聞，且出使吐蕃返長安之使臣也從未奏聞，或已時過境遷。幾經思量裁奪後，不動聲色，僅賞賜來使即放還歸國，做為進止之策，天子不輕啟釁端，誠可謂冷靜賢明。蓋未經證實，即冒然興問罪之師，或迎還公主，均足以震動邊境，危及邦交，動盪天下所致。不過，何以在贊普赤德祖贊親政之下，和親公主竟然規劃經由夫國吐蕃，逃亡至箇失密國，然後輾轉河西，亡命歸唐？總之，唐蕃因家國利害衝突而震動了唐蕃「夫婦之邦」的舅甥倫理。

　　在此頗值得注意的是，金城公主之所以企圖從吐蕃居家城堡，經箇失密國，逃亡回到長安一案，可能已經出現夫婦勃谿或捲入權力鬥爭，夫婦不和諧則將導致唐蕃「夫婦之邦」國交的紛爭或

---

222 《資治通鑑》卷二百一十二，〈唐紀二十八〉玄宗開元十年，頁6762。
　　王欽若等編纂，周勛初等校訂，《冊府元龜》卷九百七十八，〈外臣部二十三・和親〉，頁11332-11333。

利害衝突,而「夫婦之邦」既不和諧,「夫婦倫」之倫理與典範自然喪失其應有的規範力量。金城公主是否認為唐蕃關係,已惡化到無可挽回的地步,或公主已判斷即使忍辱負重,繼續扮演「和親」角色,也無法達成化干戈為玉帛的「和親」使命?可是,最後結局則是金城公主並未返回父國長安,而且戮力調解唐蕃邊境紛爭,締結唐蕃會盟。此外,值得一提的是,唐朝西南諸小國猶稱唐公主為「天子女」,顯然「天可汗」之威信猶存於四方,足見唐朝在西域北荒的「天下對國家」之關係,仍扮演舉足輕重的角色。

　　開元十七年(729年),「忠王友、皇甫惟明因奏事,面陳通和吐蕃之便。」玄宗以吐蕃非但未尊唐為天可汗,而且還興兵寇邊,故深不以為然,曰:「吐蕃贊普往年嘗與朕書,悖慢無禮。朕意欲討之,何得和也。」皇甫惟明緩頰表示:「開元之初,贊普幼稚,豈能如此。必是在邊軍將務邀一時之功,偽作此書,激怒陛下。兩國既鬥,興師動眾,……所損鉅萬,何益國家。今河西、隴右,百姓疲竭,事皆由此。若陛下遣使往視金城公主,因與贊普面約通和,令其稽顙稱臣,永息邊境,此永代安人之道也。」上然其言,因令惟明及內侍張元方充使往問吐蕃。惟明、元方等至吐蕃,既見贊普及公主,具宣上意。贊普等欣然請和,盡出貞觀以來前後敕書以示惟明等,令其重臣名悉獵隨惟明等入朝,[223]上表曰:

　　　外甥是先皇帝舅宿親,又蒙降金城公主,遂和同為一家,

223　《舊唐書》卷一百九十六上,〈列傳第一百四十六上‧吐蕃上〉,頁5230-5231。
　　王欽若等編纂,周勛初等校訂,《冊府元龜》,〈外臣部二十三‧和親〉,頁11333。
　　《新唐書》卷二百一十六上,〈列傳第一百四十一上‧吐蕃上〉,頁6084。

天下百姓，普皆安樂。中間爲張玄表、李知古等東西兩處先動兵馬，侵抄吐蕃，邊將所以互相征討，迄至今日，遂成釁隙。外甥以先代文成公主、今金城公主之故，深識尊卑，豈敢失禮！又緣年小，枉被邊將讒抅鬥亂，令舅致怪。伏乞垂察追留，死將萬足。前數度使人入朝，皆被邊將不許，所以不敢自奏。……外甥蕃中已處分邊將，不許抄掠，若有漢人來投，便身卻送。伏望皇帝舅遠察赤心，許依舊好，長令百姓快樂。如蒙聖恩，千年萬歲，外甥終不敢先違盟誓。謹奉金胡瓶一、金盤一、金碗一、馬腦杯一、羚羊衫段一，謹充微國之禮。[224]

由上可知，年少的吐蕃贊普赤德祖贊遣使臣來朝，上表於玄宗，一依和親的家族倫理，尊稱唐玄宗爲「皇帝舅」，自稱「外甥」，強調「深識尊卑，豈敢失禮」，不但「宿親」，又「蒙降金城公主」，因而親上加親，唐蕃遂「和同爲一家」。因此，赤德祖贊贊普稱，伏望皇帝舅「許從舊好，長令百姓快樂。如蒙聖恩，千年萬歲，外甥終不敢先違盟誓」。由此觀之，親上加親，對於唐蕃舅甥關係的再確認與朝友好親善轉向，確具重大影響力。可見，和親仍是帝室間和好，天下太平，百姓安居樂業的有效手段。但是唐蕃是純姻親關係？還是「君臣之邦＋舅甥之邦」的宗藩關係？迄未解決，何況年輕的贊普正在伺機而動。

　　由於唐廷大臣明於天下大勢，知贊普年幼，唐蕃爭端之責不在贊普，而在權臣。況贊普上表，用詞謙恭守禮，恪守「舅甥之

---

224 《舊唐書》卷一百九十六上，〈列傳第一百四十六上・吐蕃上〉，頁5231。

邦」倫理，故唐玄宗亦樂於通和吐蕃，謀天下太平，主動遣使聘問吐蕃，以消弭唐蕃在河西爭奪戰略要地的邊城，進而爭奪藩屬，爭霸西域等紛爭，故先遣使往聘，換取吐蕃遣使入朝，打開唐蕃聘交僵局。於是，玄宗乃在開元十八年十月，「詔御史大夫崔琳充使報聘，仍於赤嶺各豎分界之碑，約以更不相侵」。[225]唐蕃乃於赤嶺立碑爲界，表以大碑，刻約其上。吐蕃遣使謝，且言：「唐、吐蕃皆大國，今約和爲久長計，恐邊吏有妄意者，請以使人對相曉敕，令昭然具知。」帝又令金吾將軍李佺監赤嶺樹碑，詔張守珪與將軍李行褘、吐蕃使者莽布支分諭劍南、河西州縣曰：「自今二國和好，無相侵暴。」[226]國界既清楚定界，則易遵守：各遵界址界線則國雖相鄰而無領土紛爭，國無領土紛爭則天下太平可期。

　　此時，金城公主又趁機「別進金鴨盤盞、新品物」等禮，遂成親情催化劑，唐蕃舅甥關係始得邁向以交涉替代戰爭之途，因此唐玄宗復遣使回聘，乃詔曰：「吐蕃向化，遣使入朝，既懷舊恩，請繼前好。今緣公主在彼，又復蕃客欲還，使于四方，必資德望。鴻臚卿崔琳久歷朝序，備曉政途，好謀而成，臨事能斷，俾衛國命，以赴蕃庭。宜令持節引入吐蕃使，所司准式發遣」。又，以琳爲御史大夫，以奉使入蕃，寵之也。又「降書與**吐蕃贊普外生（甥）**曰：朕君臨寓縣，子育黎元，因百姓以爲心，懼萬方之有罪。昔文成遠嫁，將以寵光彼國，豈無武力，蓋取曲成。尋亦紛紜，有侵亭障。重以婚姻之故，旋師衽席之間。又降金城，以敦前好，所期疆場無壘，書軌攸同。更聞權在強臣，遂復違約失順。干戈未息，道

225　《舊唐書》卷一百九十六上，〈列傳第一百四十六上・吐蕃上〉，頁5231。
226　《新唐書》卷二百一十六上，〈列傳第一百四十一上・吐蕃上〉，頁6085。

路稱歉。今有使臣遠來，方悉忠誠彌固，**舅甥之禮**，萬里如初，協和之勤，一心逾亮。義節可尚，情見乎詞。朕以公主在蕃，親愛之極，〔蕃〕縱有違負之過，詎移**骨肉之恩**，深明至懷，知得良筭。至於止戈為武，國之大猷，懷遠以德，朕之本意。中外無隔，夷夏混齊，洎聲教於殊方，濟含靈于仁壽。朕之深旨，來使具知。劍南（成都）去年生羌就戮，雖邊將有此舉動，是彼使來以前。自茲已後，更無討襲，諸軍所守，侵掠並停。今故使御史大夫崔琳往申信約，所有陳請，咸不相違。并所進器物，並依數領得。今寄多少信物，至宜領取。」[227]

　　唐玄宗適時表達，傳統的舅甥關係所以失和，是因吐蕃「權在強臣」之故，如今使臣遠來，方悉「忠誠彌固，舅甥之禮」如初，而贊普親政，因金城公主，蕃「縱有違負之過，詎移骨肉之恩」，期待「自茲已後，更無討襲，諸軍所守，侵掠並停」，特遣御史大夫「往申信約」，重修舊好。於是，唐玄宗又降書金城公主，期待公主繼續扮演唐蕃間的潤滑角色，稱：「遠降殊方，底寧蕃落，載懷貞順之道，深明去就之宜，能知其人而獻其款，忠節克著，嘆美良深。所進物等，並領得。今寄公主少多信物，至宜領取。所請物，並一依〔蕃使〕來奏文」。吐蕃使奏云：「公主請《毛詩》、《禮記》、《左傳》、《文選》各一部」，制令秘書省寫與之。正字于休烈鑒於自文成公主和親入蕃以降，「遣酋豪子弟，請入國學以習詩書」。[228]

---

[227] 王欽若等編纂，周勛初等校訂，《冊府元龜》卷九百七十八，〈外臣部二十三‧和親〉，頁11333-11334。

[228] 《舊唐書》卷一百九十六上，〈列傳第一百四十六上‧吐蕃上〉，頁5222。

　　因吐蕃漸慕華風，恐蕃方藉此以華制華，乃有上疏者請曰：「臣聞：戎狄，國之寇也；經籍，國之典也。戎之生心，不可以無備；典有恆制，不可以假人。……臣聞吐蕃之性，剽悍果決，敏情持銳，善學不迴。若達於《書》，必能知戰。深於《詩》，則知武夫有師幹之試；深於《禮》，則知月令有興廢之兵；深於《傳》，則知用師多詭詐之計；深於《文》，則知往來有書檄之制。何異藉寇兵而資盜糧也！……若陛下慮失蕃情，以備國信，必不得已，請去《春秋》。……若與此書，國之患也。」玄宗不聽。開元二十一年（733年）每唐使入境，所在盛陳甲兵及騎馬，以矜其精銳。[229]由此可知，因唐蕃舅甥失和，致使文化交流與家國利害關係正交織困擾著具舅甥親情與國格的唐蕃「夫婦之邦」。

　　因此，金城公主在蕃又肩負起教化吐蕃的文化交流任務，以期唐蕃二國因文化交流而產生親情認同，而邁向唐蕃一家親的「天下共同體」。然而，中國的〈天命論〉也隨著和親公主入藏而傳播於吐蕃，強化了吐蕃王室的君權神授說，進而爆發了唐朝中期以降，唐蕃之間究竟是屬於「夫婦倫」的「舅甥之邦」兼具「君臣倫」的「君臣之邦」之「五倫天下關係」？還是雙方僅止於「夫婦倫」之「舅甥之邦」的姻親關係之爭？此種紛爭，終於導致唐蕃在西域爭奪邊境藩屬土之戰，甚至吐蕃趁唐朝內亂之虛攻陷京師長安，最終導致唐朝為復興家國天下而採取聯合「翁婿之邦」以攻「舅甥之邦」的非常之舉。

---

[229]　《舊唐書》卷一百九十六上，〈列傳第一百四十六上‧吐蕃上〉，頁5231-5233。王欽若等編纂，周勛初等校訂，《冊府元龜》卷九百七十八，〈外臣部二十三‧和親〉，頁11334。

　　開元二十一年二月，金城公主爲了唐蕃舅甥親善關係，又上言，稱：「請以今年九月一日樹碑于赤嶺，定蕃漢兩界」。時李暠使于吐蕃，金城度其還期在暮秋，故有是請。及樹碑之日，詔張守珪、李行褘與吐蕃使莽布及同觀樹碑。既樹碑，吐蕃乃遣其臣隨漢使分往劍南及河西、磧西，歷告邊州使曰：「兩國和好，無相侵掠」。漢使隨蕃使入蕃，告亦如之。[230]其碑文曰：

維大唐開元二十一年，歲次壬申，舅甥修其舊好，同爲一家。往日貞觀十年，初通和好，遠降文成公主入蕃已後，景龍二年，重爲婚媾，金城公主因茲降蕃。自此以來，萬事休帖。間者邊吏不謹，互有侵軼，越在遐荒，因之隔閡。今遵永舊，咸與維新，帝式藏用，不違厥旨。因以示赤嶺之外，及所定邊界，一依舊定，爲其封守焉。罷斥候，通關梁，大矣哉！皇天無私，惟聖作父。故違聖者，逆也，所以降雷霆之威；率聖者，順也，所以漸雲雨之施。休咎之理，順逆之縣，若斯之明矣。昔先帝含弘愛至從聘，所以一內外之禮，等華夷之觀，通朝覲之往來，成舅甥之宴好。則我先帝之德，不可忘也。頃者瓜州之役，宥而不計者，蓋捨之先迷，而歸之牽復。夫恃安則逸，逸則棄禮，棄禮則忘信。忘信者，暴蔑之心生也。故春秋時，人立盟誓之典：『有如日，有如河。』我之今日，罔不稽古。爾蕃臣魁渠，實曰警戒，無或背水淳德，習凶

230 王欽若等編纂，周勛初等校訂，《冊府元龜》卷九百七十八，〈外臣部二十三・和親〉，頁11334。

梗，侵擾我河湟，窺覦我亭障。無或恣桀驚馳咆哮，剽掠我牛馬，蹂踐我農稼。漢家軍鎮，亦不得兵馬相侵，我家用不奄襲爾城守，覆墜爾師徒，壅塞爾道路，煙滅爾部落。不以兵強而害義，不以爲利而棄言，則我無爾詐，爾無我虞，信也。司慎盟，群祀莫不聽命，然後走（定）正朔，宜百福，偕爾命祚，泱泱乎仁壽之風矣。休哉！法尚一正，無二正之極，爾惟修代好，彌永年，忠於人則信於神，俾我唐受無疆之福，爾亦荷有永之謀。用懷爾遠人，不寶爾遠物，至聖之仁也。銘曰：言念舊好，義不忒兮。道路無壅，烽燧息兮。山河爲誓，子孫億兮。有渝其誠，神明殛兮。[231]

此碑，名爲「定蕃漢兩界碑」，乃站在唐蕃對等與皇室立場，宣示「舅甥修其舊好，同爲一家」，並以「一內外之禮，等華夷之觀，通朝覲之往來，成舅甥之宴好」之旨，誓言：不以兵強而害義，不以爲利而棄言，則我無爾詐，爾無我虞，信也。銘曰：言念舊好，義不忒兮。道路無壅，烽燧息兮。山河爲誓，子孫億兮。有渝其誠，神明殛兮。

總而言之，透過金城公主的和親，唐蕃重申舅甥之好。又，爲了唐蕃邊境無爭，以晞長治久安之計，金城公主與吐蕃贊普也上表，建議：於唐蕃邊地「置府」，差使以勘定「邊界」。《冊府元龜》載稱：二十一年七月，吐蕃遣宰相論紇野贊等來朝，且通

231 王欽若等編纂，周勛初等校訂，《冊府元龜》卷九百七十八，〈外臣部二十三‧和親〉，頁11334。

和好。金城公主獻表曰：「去年崔琳迴日，請置府；今李行禕至
〔蕃〕，及尚他辟迴〔蕃〕，其府事不蒙進止。伏望皇帝兄商量，
矜奴所請」。吐蕃贊普獻書曰：「恐彼此邊界，黎庶不委長和，慮
有惡人，妄生亂意，請彼此差使相監，從沙州已來，洮州已來，分
明報告，使無疑慮，即將永定。今奉皇帝金銑、馬腦、胡瓶、羚羊
衫段、金銀鉼盤器等，以充國信」。[232]二十二年，遣將軍李佺於
赤嶺與吐蕃分界立碑。[233]

　　二十四年（736年），吐蕃西擊勃律，遣使來告急。上使報吐
蕃，令其罷兵。吐蕃不受詔，遂攻破勃律國，上甚怒。[234]金城公
主為了唐蕃和平，姻親和諧的努力，頓告付諸流水。二十九年春，
金城公主薨，吐蕃遣使來告哀，仍請和，上不許之。使到數月後，
始為公主舉哀於光順門外，輟朝三日。[235]唐蕃失去居中和解交涉
的金城公主後，唐蕃舅甥之邦從此徒留其名，又開始走向缺乏互
信，以力決定勝負的廝殺時代。同年六月，吐蕃遣四十萬大軍由承
風堡攻唐，雖為唐軍所破，但又於十二月攻唐石堡城，唐不能守。
天寶初年更屢攻吐蕃，皆不能克，直到天寶七載以哥舒翰為隴右節
度使始攻而拔之。[236]惟此時，玄宗因寵信楊貴妃，委政楊國忠，
以致國是日非。

　　天寶十四載（755年），贊普乞黎蘇籠獵贊死，大臣立其子婆

---

[232] 王欽若等編纂，周勛初等校訂，《冊府元龜》卷九百七十八，〈外臣部二十三‧
　　　和親〉，頁11334-11335。

[233] 《舊唐書》卷一百九十六上，〈列傳第一百四十六上‧吐蕃上〉，頁5233。

[234] 《舊唐書》卷一百九十六上，〈列傳第一百四十六上‧吐蕃上〉，頁5233。

[235] 《舊唐書》卷一百九十六上，〈列傳第一百四十六上‧吐蕃上〉，頁5235。

[236] 《舊唐書》卷一百九十六上，〈列傳第一百四十六上‧吐蕃上〉，頁5235。

悉籠獵贊爲主，復爲贊普。玄宗遣京兆少尹崔光遠兼御史中丞，持節齎國信冊命前往弔祭。及還京，安祿山已叛唐，竊據洛陽。[237]此時，內亂尤甚於外患。不久，玄宗奔蜀，太子即位於靈武，改元爲至德元年（756年），是爲肅宗，從此肩負起中興唐朝，抵禦外寇的重責。

(五)夫婦之邦下以鶻制蕃的外交

1.勤王下的唐紇夫婦之邦

　　天寶初年，突厥已衰落，迴紇骨力裴羅乃乘機脫離突厥獨立，自稱骨咄祿毗伽可汗，因之「突厥第二帝國」旋告滅亡，[238]迴紇代興。迴紇既代突厥，崛起於北荒，肅宗時已告強大。相對的，唐則受困於安史內亂與來自於吐蕃的外患。及潼關失守，河洛阻兵，於是盡征河隴、朔方之將鎮兵入靖國難之故，邊州軍營遂無備禦之軍守邊。[239]

　　肅宗即位，改年號爲至德元年。八月，迴紇使者來請和親，兼討安祿山。九月，帝詔敦煌郡王承寀出使迴紇與約，令僕固懷恩送王，因召其兵，然未許降嫁。回紇可汗喜，乃以可敦妹爲女，妻承寀，遣使來請和親。帝欲固其心，即封可敦妹爲毗加公主。[240]十月，回紇首領又來朝，請和親。加封敦煌王承寀爲開府儀同三司，拜宗正卿，詔赴迴紇迎親，納毗加公主爲妃。至德二年（757

---

237 《舊唐書》卷一百九十六上，〈列傳第一百四十六上・吐蕃上〉，頁5236。

238 護雅夫，《古代トルコ民族史研究Ⅰ》，頁210。

239 《舊唐書》卷一百九十六上，〈列傳第一百四十六上・吐蕃上〉，頁5236。

240 《新唐書》卷二百一十六上，〈列傳第一百四十一上・吐蕃上〉，頁6115。
　　王欽若等編纂，周勛初等校訂，《冊府元龜》卷九百七十八，〈外臣部二十三・和親〉，頁11335-11336。

年），吐蕃又遣使請和親，上詔給事中南巨川，以修戎好，報命。[241] 相對於吐蕃，此時唐朝正處於衰落時期，故對迴紇採取修好政策，再伺機結爲親唐勢力，然後徐圖以紇制蕃之道。燉煌王承寀納迴紇毗加公主爲妃，即代表唐朝圖結好唐紇兩邦，雙方終於踏出好的開始。

　　於是，迴紇可汗自將其軍，與朔方節度使郭子儀合討同羅叛蕃，破之河上。迴紇太子葉護亦親率四千騎來援。帝因以冊叱伽公主爲王妃，故擢承寀宗正卿；可汗亦封承寀爲葉護，令與其葉護共將。帝更命廣平王見葉護，約爲昆弟，以便雙方結爲「兄弟之邦」。葉護大喜，使首領達乾等先到扶風見郭子儀，子儀犒飮三日。葉護辭曰：國多難，我助討逆，何敢食。及香積之戰，賊詭伏騎於王師左，將襲唐軍，僕固懷恩麾回紇馳援，盡剿其伏，賊大敗，進收長安。子儀等與賊戰，傾軍逐北。回紇望見，追奔數十里，賊死者不可計。葉護還京師，帝遣群臣慰勞回紇於長樂，帝坐前殿，召葉護升階，宴且勞之，人人賜錦繡繒器。葉護頓首言：留兵沙苑，臣歸料馬，以收范陽，訖除殘盜。帝曰：爲朕竭義勇，成大事，卿等力也。[242] 迴紇爲唐平亂，首獲大功。

　　肅宗乾元元年（758年），回紇又遣使來請婚，許之。帝以幼女寧國公主下嫁，乃冊封磨延啜爲英武威遠毗伽可汗，詔漢中郡王瑀攝御史大夫爲冊命使，以宗子右司郎中巽兼御史中丞爲禮會使，以副瑀，尚書右僕射裴冕送諸境。帝餞公主，因幸咸陽，數慰勉，

---

241 王欽若等編纂，周勛初等校訂，《冊府元龜》卷九百七十八，〈外臣部二十三·和親〉，頁11335-11336。

242 《新唐書》卷二百一十六上，〈列傳第一百四十一上·吐蕃上〉，頁6115-6116。

公主泣曰：國方多事，死不恨。[243]

乾元元年六月，迴紇使達亥阿波剌史入朝迎寧國公主，詔授開府儀同三司。七月丁亥，詔曰：

> 朕聞古之聖王臨御天下，功懋受賞，道無隔於華夷，義存有孚，信必全於終始，故能德被寰宇，化延殊俗。是以周稱柔遠，克著濟時之圖，漢結和親，式弘長久之策，繇來尚矣。朕祗若元命，永惟稽古，內申九命，勉膺嗣夏之期，外接百蠻，庶廣懷荒之澤。項自凶渠作亂，宗社〔社〕阽危，迴紇特表忠誠，載懷奉國，所以兵蹂絕漠，力徇中原，亟除青犢之妖，實賴烏孫之助。而先有情款，固求姻好。今兩京底定，百度惟貞，奉皇輿而載寧，纘鴻業而攸重，斯言可復，厥德難忘，爰申降主之禮，用答勤王之志。且骨肉之愛，人情所鍾，離遠之懷，天屬尤切，況將適異域，寧忘軫念。但上緣社稷，下為黎元，遂抑深慈，為國大計，是用築慈外館，割白中闈，將成萬里之婚，冀定四方之業。以其誠信所立，家國攸寧，義以制名，飾崇寵號。宜以幼女封為寧國公主，應緣禮會，所司准式。其降蕃日，仍令堂弟銀青光祿大夫殿中監漢中郡王瑀充冊命英武威遠毗伽可汗使，以堂侄正議大夫行右司郎中上柱國上邽縣公賜紫金魚袋異為副，特差重臣開府儀同三司尚書左僕射冀國公裴冕送至界首，凡百姓臣庶，宜悉

---

243 《新唐書》卷二百一十六上，〈列傳第一百四十一上・吐蕃上〉，頁6116。

朕懷。[244]

就此詔書而論，實語多無奈，國勢有今非昔比之慨。歸納言之，安史作亂，宗社阽危，迴紇烏孫踰絕漠，率兵勤王，今兩京底定，厥德難忘，爰申降公主之禮，用答迴紇烏孫，勤王之志。上緣社稷，下爲黎元，遂抑深慈，將成萬里之婚，冀定四方之業。宜以幼女封爲寧國公主，降蕃。爲了國家之安，社稷之寧，肅宗殷殷期待，和親公主再度扮演肩負令「夫家」勤王，爲「父家」興師平亂的重責大任。

　　瑀送公主至迴紇，而可汗胡帽赭袍坐帳中，儀衛光嚴，引瑀立帳外，問：王與天可汗何屬？瑀答曰：從昆弟也。於是引瑀入，瑀不拜，可汗曰：「見國君，禮無不拜。」瑀曰：「天子顧可汗有功，以愛女結好。比中國與夷狄婚，皆宗室子。今寧國乃帝玉女，有德容，萬里來降，可汗天子婿，當以禮見，安踞受詔邪？」可汗慚，乃起奉詔，拜受封冊。翌日，尊公主爲可敦。瑀所賫賜物，可汗盡與其牙下酋領。瑀還，獻馬五百匹、貂裘、白氎等。乃使王子骨啜特勒、宰相帝德等率騎三千助討賊，帝因命僕固懷恩總之。明年，骨啜與九節度戰相州，王師潰，帝德等奔京師，帝厚賜尉其意，乃還。不久，可汗死，公主以無子，得還。惟其國人欲以公主殉葬，公主曰：中國人婿死，朝夕臨（喪），喪期三年，此終禮也。回紇萬里結婚，本慕中國，吾不可以殉。回紇乃止，其後以無

---

244 王欽若等編纂，周勛初等校訂，《冊府元龜》卷九百七十八，〈外臣部二十三・和親〉，頁11336。

子得還。[245]公主和親，夫死，無子，且娘家內亂外患，一無可依，雖貴爲皇族，和親之姻，無非犧牲奉獻，情勢使然，莫可奈何。

　　又，此前葉護太子因獲罪死，故立次子移地健爲回紇可汗，號牟羽，其妻，僕固懷恩女也。不久，肅宗駕崩。代宗即位，以史朝義未滅，復遣中人劉清潭往結好，且發其兵。清潭賫詔至其帳，牟羽可汗曰：人言唐已亡，安得有使邪。清潭爲言：先帝雖棄天下，廣平王已即天子位，其仁聖英武類先帝，故與葉護收二京、破安慶緒者，是與可汗素厚，且唐歲給回紇繒絹，豈忘之邪。朝廷知其與懷恩之女可敦偕來，帝乃令懷恩與回紇會。因此，牟羽可汗遣使上書，請助天子討賊。於是，詔以嫡皇孫雍王爲天下兵馬元帥，進昇殿中監藥子昂兼御史中丞等，東會回紇於陝州北。可汗責王不蹈舞。子昂辭曰：王，嫡皇孫，二宮在殯，禮不可以蹈舞。回紇廷，詰曰：可汗爲唐天子弟，於王，叔父行也，容有不蹈舞乎。子昂固拒，即言：元帥，唐太子也，將君中國，而可舞蹈見可汗哉。王還營，官軍以王見辱，將合誅回紇，雍王以賊未滅止之。[246]由此可知，大唐「天可汗」之地位，早已因內亂外患而下降，或幾已無天可汗之威信可言，況有求於回紇可汗援助，代爲平亂，遂不能不委曲求全，此即唐肅宗以降，天子所面臨的「天下」嶄新情勢發展。

　　由於和親，在回紇援軍的支持下，唐朝的國內情勢已日益好轉。至德二載（757年）春，唐朝從各地陸續調集大軍，一舉收復長安。相對的，再就叛軍的情勢發展而言，其內部已爆發權力鬥爭。同年正月，安祿山之子安慶緒弒安祿山即位，史思明也於肅宗

---

245 《新唐書》卷二百一十六上，〈列傳第一百四十一上・吐蕃上〉，頁6116-6117。
246 《新唐書》卷二百一十七上，〈列傳第一百四十二上・回鶻上〉，頁6117-6118。

乾元二年（759年）殺安慶緒後，即位於洛陽，仍稱大燕皇帝。由於史思明失長幼之序，立史朝興爲太子，封長子史朝義爲懷王，史朝義乃於上元二年（761年）三月，弒史思明、史朝興，於殺父弒君之後，即位稱帝。就儒家倫理而言，都是以子弒父、臣弒君、兄弒弟（太子）的逆倫現象，得不到人民的支持。肅宗寶應元年（762年）唐朝向迴紇借兵反攻，又破史朝義，收復洛陽，兩京底定。史朝義兵敗逃往河北莫州，因眾叛親離而敗亡。從此，叛軍無力再度進攻，旋爲唐紇聯軍所敉平。

惟自肅宗乾元（758-759年）後，吐蕃一再乘唐間隙，日蹙邊城，燒殺虜掠。肅宗元年建寅月甲辰（寶應元年正月），吐蕃遣使來朝請和，肅宗雖審其詭譎，但爲暫緩邊患，乃「敕宰相郭子儀、蕭華、裴遵慶等於中書設宴。將詣光宅寺爲盟誓，使者云：蕃法盟誓，取三牲血歃之，無向佛寺之事，請明日須於鴻臚寺歃血，以申蕃戎之禮。從之。」[247] 但吐蕃贊普赤松德贊卻趁機「攻取唐屬州郡城池多處。唐主孝感皇帝（肅宗）君臣大怖，年納絹繒五萬匹爲壽，以爲歲賦。」[248] 此時，唐朝正逢內亂之後，雖欲振而乏力，因此唐蕃「舅甥關係」開始面臨重大考驗。

及代宗立，「以向蕃地納賦爲不宜，赤松德贊不悅，遂以尙琛野息書通與論達札路恭二人爲攻京師之統軍元帥，直驅京師。」[249] 廣德元年（763年）九月，吐蕃寇涇州，刺史高暉以城

---

[247] 《舊唐書》卷一百九十六上，〈列傳第一百四十六上‧吐蕃上〉，頁5236-5237。

[248] 王堯編著，《吐蕃金石錄》，（北京市：文物出版社，1982年），頁84。
林冠群，《玉帛干戈——唐蕃關係史研究》，頁389。

[249] 王堯編著，《吐蕃金石錄》，頁84。

降，因而為吐蕃鄉導。十月，吐蕃陷邠州，寇奉天、武功，[250]遂
得以由隴入陝。時，代宗方謀治兵，而吐蕃已度便橋，倉猝不知所
為，出幸陝州，會觀軍容使魚朝恩將神策軍自陝來迎，代宗乃幸魚
朝恩營。

　　戊寅，吐蕃入長安，高暉與吐蕃大將馬重英等立故邠王守禮
之孫承宏為帝，改元，置百官，以于可封為相。吐蕃更趁機剽掠府
庫市里，焚閭舍，長安中蕭然一空。[251]另，郭子儀聞代宗出幸陝
州，遽自咸陽歸長安，收拾殘兵，令發武關防兵，計得兵四千，軍
勢稍振，乃北出藍田以向長安。吐蕃既已深入長安，也已劫掠，復
逢郭子儀反攻，更聞「郭令公自商州將大軍不知其數至矣」，因而
「惶駭」不已。既無心久留，遂於「庚寅，率眾遁去。」[252]吐蕃
從占領長安至撤軍，僅留京師十三日。[253]京師光復，天子還京。

　　唐蕃本屬「舅甥之邦」，但吐蕃贊普赤松德贊無視於文成公
主、金城公主入蕃「和親」的和好目的，竟然以「甥邦」，趁唐內
亂之機，派兵攻陷「舅邦」京師重地。情勢發展至此，「夫婦之
邦」的倫理典範破壞殆盡，「舅甥關係」已無意義。反觀回紇，因
與唐和親，具有「翁婿關係」，既然能幫助唐朝平定內亂，當然也
可幫助唐朝平定外患。於是，回紇就成為晚唐尊王攘夷，以「翁婿
之邦」剋「舅甥之邦」，勤王代為平定內亂、對抗外患的「以親制
疏」利器。

---

250 《新唐書》卷二百一十六上，〈列傳第一百四十一上‧吐蕃上〉，頁6087-6088。
　　《舊唐書》卷一百九十六上，〈列傳第一百四十六上‧吐蕃上〉，頁5236。
251 《資治通鑑》卷二百二十三，〈唐紀三十九〉代宗廣德元年，頁7150-7152。
252 《資治通鑑》卷二百二十三，〈唐紀三十九〉代宗廣德元年，頁7152-7153。
253 林冠群，《玉帛干戈——唐蕃關係史研究》，頁392。

再就和親而言，唐紇因有翁婿關係，故回紇出兵助唐平亂。史朝義為斷絕唐紇關係，乃於回紇可汗派僕固懷恩及其左殺為先驅時，適逢史朝義遣使反間左殺，左殺遂執朝義使以獻，與諸將同擊賊，進收東都。僕固瑒則率回紇兵與朝義鏖戰，蹀血二千里，梟史朝義之首，河北悉平。帝乃冊可汗曰頡咄登裏骨啜蜜施合俱錄英義建功毗伽可汗，可敦曰娑墨光親麗華毗伽可敦，以左散騎常侍王翊為使，即其牙，命之，自可汗至宰相共賜實封二萬戶。又以左殺為雄朔王，右殺為寧朔王，胡祿都督為金河王，拔鑒將軍為靜漠王，十都督皆國公。[254] 至此，唐朝內亂因回紇援兵乃告平定。天子對回紇，自可汗以下大行冊封、賞賜。

又，就回紇何以願出兵援助肅宗掃平叛軍？除可獲財貨與賞賜之外，所貪圖者乃是與唐「天可汗皇室」和親。比如乾元元年（758年）戊子，為答謝回紇，肅宗命漢中郡王（李）瑀加特進太常卿攝御史大夫右司郎中，（李）巽改尚書兵部郎中兼御史中丞鴻臚少卿，兼充寧國公主禮會使。癸巳，以冊立回紇英武威遠毗伽可汗，帝御宣政殿，漢中王瑀受命。甲子，帝親送寧國公主至咸陽磁門驛。十一月甲子，回紇使三婦人謝寧國公主之娉也。寧國公主既降回紇，又以榮王女媵之，及寧國來歸，榮王女為可敦，回紇號為小寧國公主，歷英武、英威二可汗，及天親可汗，出居於外。英威一子，為天親所殺。三年正月，回紇可汗使大臣俱六莫賀達干等入朝，奉表起居公主。[255] 肅宗為攏絡回紇可汗，不但降嫁寧國公

---

254 《新唐書》卷二百一十七上，〈列傳第一百四十二上‧回鶻上〉，頁6118-6119。

255 王欽若等編纂，周勛初等校訂，《冊府元龜》卷九百七十八，〈外臣部二十三‧和親〉，頁11336。

主，而且還令榮王之女陪嫁，禮數尤殷。蓋崇其禮，以示和親之隆重與寵遇，並固其心以結翁婿之親。

及代宗廣德元年（763年）十月，吐蕃聯合吐谷渾、黨項軍隊，大敗唐軍，取隴右十三州，又乘勝長驅直入長安，代宗倉皇出奔陝州，直到勤王軍逼近始退。此時，因僕固懷恩與回紇可汗勾結，故懷恩於永泰初（765年）反叛，誘回紇、吐蕃入寇。不久懷恩死，回紇、吐蕃互爭雄長。於是，郭子儀率麾下叩回紇營，說回紇共擊吐蕃。回紇要求：「吾等願還擊吐蕃以報厚恩。然懷恩子，可敦弟也，願赦死。」於是子儀持酒，胡祿請盟而飲，子儀曰：「唐天子萬歲，回紇可汗亦萬歲，二國將相如之。如有負約，身死行陣，家屠戮。」[256]於是，唐紇重修舊好。

代宗爲聯回紇以制吐蕃，又於大曆四年（769年）五月，冊僕固懷恩小女爲崇徽公主，視同帝之第十女，下嫁回紇可汗，爲可敦，遣兵部侍郎李涵兼御史大夫，持節於回紇，冊可敦，以繒帛二萬疋遺之。六月丁酉，崇徽公主辭赴回紇，詔宰臣以下百寮（僚），送至中渭橋。[257]唐紇關係，雖然不斷和親，而且親上加親，但是回紇兵馬在援助代宗平亂的同時，所到之處亦燒殺劫掠。此時，代宗對回紇和親，主要目的乃著眼於保家衛國以存社稷，進而用以形成「夫婦之邦」中最親密之「翁婿關係」，用以護持鞏固大唐江山於不墜。

德宗立（779年），遣中人爲使告喪於回紇，且脩好。時九姓

---

256 《新唐書》卷二百一十七上，〈列傳第一百四十二上・回鶻上〉，頁6119-6120。

257 王欽若等編纂，周勛初等校訂，《冊府元龜》卷九百七十八，〈外臣部二十三・和親〉，頁11336。

　　《新唐書》卷二百一十七上，〈列傳第一百四十二上・回鶻上〉，頁6120。

胡勸可汗入寇，可汗欲悉師向塞入寇，故於見唐使者時不爲禮。宰相頓莫賀達干曰：「唐，大國，無負於我。前日入太原，取羊馬數萬，比及國門，亡耗略盡。今舉國遠鬥，有如不捷，將安歸？」可汗不聽，頓莫賀怒，因擊殺之，並屠其支黨及九姓胡幾二千人，即自立爲合骨咄祿毗伽可汗，遣長建達干爲使，從唐使入朝。建中元年（780年），帝詔京兆少尹源休持節冊頓莫賀爲武義成功可汗。[258]因親唐派政變成功，故唐紇關係迅即好轉。

　　德宗因於即位（779年）後，即訂定先安內後攘外之策。於是，擬先內靖方鎮，遂回顧歲與吐蕃角逐，其亡獲大略相償，遂欲以德懷之，乃於建中元年（780年）遣太常少卿韋倫持節歸其俘虜五百人，厚給衣襦，切敕邊吏護亭障，無動輒侵虜地。吐蕃始聞未信，使者入境，乃皆感畏。是時，吐蕃乞立贊爲贊普，曰：「我乃有三恨：不知天子喪，不及弔，一也；山陵不及賻，二也；不知舅即位，而發兵攻靈州，入扶、文，侵灌口，三也。」即發使者隨倫入朝。帝又遣倫還蜀俘。虜以倫再至，歡甚，授館，作聲樂，九日留，以論欽明思等五十人從獻方物。[259]由此三恨觀之，吐蕃贊普乞立贊似頗有和解誠心，但仍強調唐蕃關係，永世皆爲「舅甥關係」，而非「君臣關係」。至此，唐蕃間之皇室關係，僅止於五倫天下關係中的「舅甥尊卑」，而非「君臣關係」始漸告明朗。

　　建中二年（781年）十二月，入蕃使判官常魯與殿中少監崔漢衡往使，贊普先命取國家信敕，然後遣使謂漢衡曰：來敕云：

258　《新唐書》卷二百一十七上，〈列傳第一百四十二上・回鶻上〉，頁6121。
259　《新唐書》卷二百一十六上，〈列傳第一百四十一上・吐蕃上〉，頁6092-6093。
　　《舊唐書》卷一百九十六下，〈列傳第一百四十六下・吐蕃下〉，頁5245。

「所貢獻物並領訖，今賜外甥少信物，至領取。」我大蕃與唐舅甥國耳，何得以臣禮見處。又，所欲定界雲州之西，請以賀蘭山爲界，其盟約請依景龍二年敕書云：「唐使到彼，外甥先與盟誓，蕃使到此，阿舅亦親與盟。」乃邀漢衡遣使奏定，魯使還奏，爲改敕書，以「貢獻」爲「進」，以「賜」爲「寄」，以「領取」爲「領之」。且謂曰：「前相楊炎不循故事，致此誤爾。」其定界盟，並從之。[260] 吐蕃不但主張結好盟約禮儀對等，而且強調舅甥止於倫理的輩分差別，不可有政治意涵的上下關係，遂廢「獻」爲「進」，廢「賜」爲「寄」，廢「領取」爲「領之」。唐蕃政治地位之高下，亦因唐蕃國勢雙雙式微，而走向勢均力敵。惟因雙方具有較疏遠的和親關係，故其在〈五倫天下關係論〉上，政治關係走向「唐蕃對等」的「敵體抗禮」≒「朋友之邦」，但在姻親關係上則確認爲「唐尊蕃卑」的「舅甥之邦」，乃屬於《天下秩序原理》中的姻親倫理性階層秩序，而非政治性的國家階層上下秩序關係。

　　吐蕃除以前宰相楊炎不通故事爲解釋外，尙約以賀蘭山爲境劃界。其大相尙悉結嗜殺人，以劍南之敗未報，不助和議，次相尙結贊有謀，固請休息邊人，贊普卒用結贊爲大相，乃講好、和議。[261] 自天寶以降，中國衰落，其與周邊民族、國家的關係，已非昔日「皇帝天可汗」時代，令行禁止可比。

　　四年正月，詔張鎰與尙結贊盟於清水。漢衡與其使區煩贊偕來，約盟境上。乃拜漢衡鴻臚卿，以都官員外郎樊澤爲計會使，與

---

260 《舊唐書》卷一百九十六下，〈列傳第一百四十六下‧吐蕃下〉，頁5246。
　　《新唐書》卷二百一十六上，〈列傳第一百四十一上‧吐蕃上〉，頁6093。
261 《新唐書》卷二百一十六上，〈列傳第一百四十一上‧吐蕃上〉，頁6093。

結贊約，且告隴右節度使張鎰同盟，樊澤與結贊約盟清水。於是歃犬、豕、羊之血以進，約：「唐地涇州右盡彈箏峽，隴州右極清水，鳳州西盡同谷，劍南盡西山、大度水。吐蕃守鎮蘭、渭、原、會，西臨洮，東成州，抵劍南西磨些諸蠻、大度水之西南。盡大河北自新泉軍抵大磧，南極賀蘭橐它嶺，其間為閑田。二國所棄戍地毋增兵，毋創城堡，毋耕邊田。」既盟，尚結贊請張鎰詣壇西南隅浮屠幄為誓。於是卄壇人享，獻酬乃還。[262] 史稱清水之盟。盟誓後，唐蕃「舅甥關係」雖然旋即好轉，但因國力不敵吐蕃，故其基於《中華世界秩序原理》〈封貢體制論〉的冊封關係下，在棄宗弄贊贊普時代所形成之唐蕃「君臣關係」的天下階層秩序關係，至此暫告結束。

　　德宗建中四年（783年）十月，朱泚作亂，吐蕃請助討賊。當時唐與吐蕃約，得長安，將以涇、靈四州為報。吐蕃破朱泚部將韓旻於武亭川，會大疫，吐蕃旋引去，未竟全功。及唐平朱泚叛亂，吐蕃以有先約求地。德宗薄其勞，但賜詔書，償結贊、莽羅等帛萬匹，於是吐蕃以為怨。貞元二年（786年）以降，吐蕃開始寇邊略地，攻鹽、夏兩地，唐刺史不能守，悉其眾南奔，吐蕃遂有其地。天子以編人殘沒，下詔避正殿，痛自咎。[263] 唐蕃關係旋又走向惡化。由上，顯然可知，在〈五倫天下關係論〉中，「舅甥之邦」的倫理關係雖仍存在，但已愈發疏遠，故其邦國間之利害關係，尤甚於皇室間之倫理尊卑關係，雙方於交涉時，其相互尊重、互信以及

262 《新唐書》卷二百一十六上，〈列傳第一百四十一上・吐蕃上〉，頁6093-6094。
　　《舊唐書》卷一百九十六下，〈列傳第一百四十六下・吐蕃下〉，頁5246-5248。
263 《新唐書》卷二百一十六下，〈列傳第一百四十一下・吐蕃上〉，頁6094-6095。

互讓，都遠不如翁婿關係，故「舅甥關係」迴非「翁婿關係」可堪比擬。總之，唐蕃因和親所形成的「舅甥關係」並非「夫婦之邦」的理想類型。

2. 聯「翁婿之邦」以制「舅甥之邦」

德宗貞元三年（787年），迴紇合骨咄祿可汗屢屢請求和親，遣使請婚。德宗以陝州辱少華前恚未平，堅拒和親。宰相李泌以陝州辱少華事件非今日回紇可汗所為，乃說曰：「辱少華等乃牟羽可汗也，知陛下即位必償怨，乃謀先苦邊，然兵未出，為今可汗所殺矣。今可汗初立，遣使來告，垂發不翦，待天子命」。[264] 德宗仍面露難色，李泌遂舉先帝代宗曾約回紇共擊叛軍以東收京師的誓約為例，稱：「土地、人眾歸我，玉帛、子女予回紇。」結果，戰勝，葉護欲據約「大掠，代宗下馬拜之，回紇乃東向洛（陽）」[265]，進擊叛軍，足見回紇可信。於是，建議德宗乘機與其約定和親五條件，聯回紇以共擊吐蕃。茲錄其君臣對答如次：

> 李泌：稱臣，為陛下子，每使來不過二百人，馬不過千匹，無得攜中國人及商胡出塞。五者皆能如約，則主上必許和親。如此，威加北荒，旁讋〔懾〕吐蕃，足以快陛下平昔之心矣。
>
> 德宗：自至德（肅宗）以來，與為兄弟之國，今一旦欲臣之，彼安肯和乎？
>
> 李泌：彼思與中國和親久矣，其可汗、國相素信臣言，若

264　《新唐書》卷二百一十七上，〈列傳第一百四十二上‧回鶻上〉，頁6122。
265　《新唐書》卷二百一十七上，〈列傳第一百四十二上‧回鶻上〉，頁6123。

其未諧，但應再發一書耳。[266]

德宗採其議。八月丁酉，迴紇可汗遣使貢方物，「上表稱兒及臣」，凡李泌所與約五事，盡皆聽命。德宗稱善，許降公主，回紇亦請如約。乃詔咸安公主下嫁，又詔使者合闕達干見公主於麟德殿，使宮中謁者齎公主畫圖賜可汗，並以馬價給絹五萬還之，許互市而去。[267]此即，德宗爲對付吐蕃屢屢犯邊，決定採宰相之議，以「翁婿倫理」結合「君臣倫理」，來取代此前的唐紇「兄弟之邦」（廣平王與太子葉護約爲昆弟），遂定聯回紇以制吐蕃之策，以「翁婿之邦」制「舅甥之邦」之謀，君臣運籌帷幄既定，遂付諸行動。

貞元四年冬十月戊子，在迎婚納聘上，回鶻合骨咄祿可汗遣宰相夾跌都督等衆千餘，並遣其妹骨咄祿毗伽公主率大酋之妻五十人逆〔迎〕主，納聘馬三千疋。夾跌至振武，爲室章所抄，因戰死故，有詔，其下七百，皆聽入朝，舍鴻臚，帝御延喜門見使者，令朔州及太原分留七百匹，其宰相首領皆至，分館鴻臚將作。癸巳，使見於宣政殿。乙未，帝召回鶻公主及使者於麟德殿，各有頒賜。庚子，詔以咸安公主出降回鶻可汗。[268]

是時，可汗上書恭甚，言：「昔爲兄弟，今婿，半子也。陛下

---

[266] 《新唐書》卷二百一十七上，〈列傳第一百四十二上‧回鶻上〉，頁6123。
　　《資治通鑑》卷二百三十三，〈唐紀四十九〉德宗貞元三年，頁7504-7505。
　　《新唐書》卷二百一十七上，〈列傳第一百四十二上‧回鶻上〉，頁6123。
[267] 《新唐書》卷二百一十七上，〈列傳第一百四十二上‧回鶻上〉，頁6123。
[268] 王欽若等編纂，周勛初等校訂，《冊府元龜》卷九百七十八，〈外臣部二十三‧和親〉，頁11336-11337。

若患西戎，子請以兵除之。」又上表請易回紇曰回鶻（迴鶻），言捷鶩猶鶻然，許之。因詈辱吐蕃使者以絕之。[269]德宗言：「昔爲兄弟，今爲子壻，子壻，半子也。此猶父，彼猶子，若患西戎，子當除之」。又，罵辱吐蕃使者。[270]此時此際，唐鶻因「和親」而形成「夫婦之邦」中最親的「翁婿之邦」≒「父子之邦」的結盟關係。

　　唐鶻不但同時對吐蕃使者惡言以對，而且唐鶻同時強調「子將爲父」除敵。因「翁婿關係」更親近於「舅甥關係」，所以聯至親的「翁婿之邦」以制疏遠的「舅甥之邦」，可謂得策。因此，咸安公主之婚禮顯得特別隆重，蓋關係唐朝之國運安危至巨。顯然的，天下地位每況愈下的唐德宗認爲：華夷漢胡和親，可讓「天下關係」猶如「父子關係」，因「子壻」勤王，代爲抵抗西戎吐蕃，以護衛代表天下共主的唐朝，維護天下秩序的順暢。換句話說，這就是以親密的「翁婿關係」抗衡疏遠已久之「舅甥關係」的策略，也是「親上加親」的道理所在。

　　婚禮上，帝欲饗回鶻公主，問禮於李泌，對曰：「肅宗於敦煌王爲從祖兄，回鶻妻以女，見帝於彭原，獨拜廷下，帝呼曰『婦』而不名『嫂』也。當艱虞時，方藉其用，猶以臣之，況今日乎？」於是引回鶻公主入銀臺門，長公主三人候諸內，譯史傳導，拜必答，挹與進。帝御秘殿，長公主先入侍，回鶻公主入拜謁畢，內司賓導至長公主所，又譯史傳問，乃與俱入。至宴所，賢妃降階俟，回鶻公主拜，賢妃答拜。又拜召畢，由西階升，乃坐。有賜則降

---

269 《新唐書》卷二百一十七上，〈列傳第一百四十二上·回鶻上〉，頁6124。
　　《資治通鑑》卷二百三十三，〈唐紀四十九〉德宗貞元四年，頁7515。
270 王欽若等編纂，周勛初等校訂，《冊府元龜》卷九百七十八，〈外臣部二十三·和親〉，頁11336。

拜,非帝賜則避席拜,妃、公主皆答拜。訖歸,凡再饗。帝又盡建咸安公主官屬,視王府。壬寅,以嗣滕王湛然爲婚禮使,右僕射關播護送,且將冊書拜可汗爲汨咄祿長壽天親毗伽可汗,公主爲智惠端正長壽孝順可敦。[271] 回鶻既爲唐平定內亂有功,未來也將與唐共擊吐蕃,如今隆重迎娶公主,顯見誠心,德宗則頒賜有加,優禮以待,復以親生女咸安公主出降可汗,建立翁婿關係,希冀唐蕃恪守「翁婿倫理」,禮尚往來。

據《冊府元龜》載,咸安公主,乃帝第八女。起初,王師平史朝義,迴紇有功,恃此不脩蕃臣禮。及十一月乙巳,加賜王湛然檢校禮部尙書兼御史大夫;丁未,加送咸安公主及冊迴紇可汗使關播檢校右僕射。至是,迴紇武義成功可汗始遣使獻方物,仍求結親,並請改「紇」字爲「鶻」,強調回紇矯捷如鷙似鶻。帝與宰相議,許之,並降公主。冊封可汗爲勇猛分相智惠長壽天親(汨咄祿長壽天親毗伽)可汗,冊公主爲孝順端正智慧長壽可敦,御製詩送之。後,天親可汗卒,子忠身可汗立。忠身卒,奉誠可汗立。奉誠卒,國人立其相,是爲懷信可汗。皆從胡法,繼尙公主。[272] 貞元五年十二月,天親毗伽可汗薨,德宗爲之廢朝三日,文武三品以上就鴻臚寺弔其來使。[273]

在此,有三件事值得注意。其一、安史之亂時,平史朝義之亂,迴紇有功,恃功不脩蕃臣禮,惟其國統雖同屬回紇,但王統則異;其二、求和親,並請改「紇」字爲「鶻」,言捷鷙猶鶻,

---

271 《新唐書》卷二百一十七上,〈列傳第一百四十二上・回鶻上〉,頁6124。

272 王欽若等編纂,周勛初等校訂,《冊府元龜》卷九百七十八,〈外臣部二十三・和親〉,頁11337。

273 《舊唐書》卷一百九十五,〈列傳第一百四十五・迴紇〉,頁5208。

有耀武之心；其三、出降公主，皆從胡法，鶻因繼尚公主，故唐鶻翁婿關係乃得以維繫，以鶻制蕃之策始得以續行。由於公主出降，回鶻遂不敢居功不遜，繼之以冊立，封其可汗爲「勇猛分相智惠長壽天親可汗」、冊咸安公主爲「孝順端正智慧長壽可敦」。回鶻可汗不但成爲唐朝皇室之女婿，而且成爲藩臣。相對的，公主則入境問俗，皆從胡法，因此天親可汗之後，忠身可汗、奉誠可汗、懷信可汗，均繼尚公主。咸安公主因自幼接受儒家禮教，卻爲情勢所逼，前後委身回鶻四汗，不免備受文化衝擊。至於改「紇」字爲「鶻」，言捷鷙猶鶻，強調「回鶻」勇猛如「鶻」，不免讓弱化的晚唐擔心此時關係良好的「夫婦之邦」「回鶻」，日後是否會步上兵戎相向的吐蕃後塵。雖然不免擔心，但是證諸「回鶻可汗＝女婿」所言：「子婿半子也。彼猶父，此猶子也。父若患於西戎，子當遣兵除之」的「夫婦倫」聯盟，並詈罵吐蕃以示對唐忠誠，對蕃則示以決裂。展望唐朝當時天下情勢，採取「聯回鶻以制吐蕃」的戰略，絕對有利於國朝復甦，內求太平，外盼復興。正如贄述，此即在「夫婦之邦」的框架下，以關係更爲親密之「翁婿關係」抗衡壓制關係已告決裂之「舅甥關係」的策略，正是唐朝之所以一再對外「和親」，再三「親上加親」的道理所在。

　　貞元三年時，吐蕃大相尚結贊曾以建中四年出兵武亭川擊破朱泚，助渾瑊平亂有功，因唐方未依約割給涇靈四州，故出兵鹽、夏與唐對峙於石州。然吐蕃因饋餉數困，「馬多死，士不能步，有飢色」，尚結贊大懼，「屢請盟，天子不許」，乃稱：「若天子復許盟，虜之願也，唯所命，當以鹽、夏還唐。」又言：清水盟，大臣少，故約易壞，請悉遣宰相元帥二十一人會盟。並言：靈鹽節度使杜希全、涇原節度使李觀，外蕃所信，請主盟。德帝以渾瑊爲

盟會使。約五月盟清水，使先效二州，以驗虜信。結贊以清水非吉
地，請會原州之土梨樹，乃歸二州。天子從之。宰相議所盟地，左
神策將馬有鄰建言：「土梨樹林薈巖阻，兵易詭伏，不如平涼夷漫
坦直，且近涇，緩急可保也。」乃定盟於平涼。渾瑊乃約結贊，主
客均以兵三千至壇外，以遊軍交邏〔交互巡邏〕相入。將盟，結贊
乃伏精騎三萬於西，縱邏騎出入渾瑊軍，渾瑊將梁奉貞亦馳馬入虜
軍營，陰執之。會盟將作，吐蕃忽三擊鼓，遂劫盟。[274] 據《新唐
書》所載，尚結贊原擬「劫希全、觀，急以銳兵直趣京師，既不
克，又欲禽瑊等，搗虛入寇，其謀本然。」[275] 史稱此會盟爲「平
涼劫盟」。左神策將馬有鄰雖疑，但仍爲所乘。不過，吐蕃只能劫
盟，至於其擬率兵直搗京師之謀則敗。

　　德宗正因吐蕃屢次侵唐犯邊，尤以吐蕃宰相尚結贊以會盟爲
名，設伏劫盟而俘虜唐朝盟使六十、士死者五百以及生獲者千餘
人。對此「劫盟事件」，德宗至爲不齒，惡其破壞會盟規矩，失
信背盟於天下。此即唐鶻之所以不約而同辱罵吐蕃使者的道理所
在，蓋唐蕃之間雖有「夫婦倫」的「舅甥關係」，然吐蕃不以舅甥
「倫理」爲念，爲了爭奪河西邊境與西域屬藩而造成舅甥交惡，以
致「夫婦倫」之「倫理典範」蕩然無存，舅甥恩義盡失。然就唐蕃
「舅甥關係」之「倫理典範」而論，凡雙方透過公主「和親」而建
立「類翁婿之邦」且由「贊普」秉政掌握實權，則唐蕃和親關係將
因「翁婿關係」而逐漸邁向「有名有實」且遠勝「舅甥關係」的和
平共存。

---

274 《新唐書》卷二百一十七上，〈列傳第一百四十二上・回鶻上〉，頁6094-6097。
275 《新唐書》卷二百一十六下，〈列傳第一百四十一下・吐蕃下〉，頁6096。

　　反之，唐蕃「夫婦之邦」，因贊普崩逝導致世代交替，輩分越遠則姻親越淡，或因贊普沖幼，大權旁落權臣，致因和親化爲「有名無實」。雙方在〈天命論〉下，一旦爆發利害衝突，則迅即反目，寇讎相向。因此，唐蕃「舅甥關係」，開始走向「有名無實」，因而日漸疏遠，甚至形成對立。故和親雖是「夫婦之邦」鞏固邦交的潤滑劑，或走向「天下一家」的凝結劑，但「和親」也會隨著年代日久而告生疏，並走向對立，甚至爆發「近親相憎」的後果。故對立時，聯「較親」以制「較疏」，結「翁婿之邦」以制「舅甥之國」，遂成戰略選項。此即，遊牧民族之所以會一而再，再而三的要求和親，且親上加親的道理所在，蓋「和親」之關鍵，在於二國之政治領袖透過兒女與對方聯姻，成爲用以確認雙方結盟之牢靠與否的手段。

　　回顧唐蕃關係的發展，自唐太宗與吐蕃贊普之「類翁婿關係」者均駕崩後，吐蕃贊普因幼沖而權臣當政，致姻親日漸疏遠，一旦邊境爆發衝突，則旋即走向敵對。此時，唐蕃關係已悄悄由較親的「類翁婿關係」轉爲較疏的「舅甥關係」，也意味著唐蕃「夫婦之邦」已因世代交替而悄然由至親邁向疏遠。因此雙方一旦爆發利害衝突，吐蕃就成爲唐朝的西南邊患。相對的，唐朝也變成吐蕃的東北大敵。玄宗開元年間國力復盛，獨力亦足以制吐蕃，惟自安史之亂後，內亂加上外患，國幾不國。直到肅宗時，乘西域北荒強權回紇請婚之機，藉機因勢利導，先爲唐平定內亂。德宗時，更乘回鶻請婚之機，要求爲唐掃除外患。至於回鶻則因渴望與「皇帝天可汗」大唐和親，結爲「夫婦之邦」，而與唐朝共有、共守〈五倫天下關係論〉之「倫理典範」所致。

　　德宗貞元三年（787年），唐透過「和親」與回鶻建立「翁

婿」的「君臣父子關係」，回鶻也願意以「臣子」爲「君父」除敵。宰相李泌掌握戰略機遇，建議德宗，聯回紇、南詔、大食、天竺以制吐蕃之策，曰：「迴紇和，則吐蕃已不敢輕犯塞矣。次招雲南，則是斷吐蕃之右臂也。……大食在西域爲最強，自蔥嶺盡西海，地幾半天下，與天竺皆慕中國，代與吐蕃爲仇，臣故知其可招也」。[276]因此，德宗先與回鶻武義成功可汗和親，訂貞元之盟，伺機平安史之亂，進而共擊吐蕃，以收復失土，力圖恢復皇帝大叮汗之家國光榮與大唐天下威儀。

　　貞元五年，可汗死，子多邏斯立，德宗以鴻臚卿郭鋒持節冊拜爲愛登裏邏汨沒蜜施俱錄毗伽忠貞可汗。是歲，可汗爲少可敦僕固懷恩之孫葉公主所毒殺，可汗之弟乃自立，大相頡干迦斯方攻吐蕃，其大臣率國人共殺篡位者，以可汗幼子阿啜嗣位。迦斯還，可汗等出勞，皆俯伏言廢立狀，惟請大相決生死並悉發冊封使郭鋒所賜器幣餉迦斯。阿啜可汗拜且泣曰：「今幸得繼絕，仰食於父也。」迦斯臣事阿啜，以器幣悉給將士，無所私，其國遂安。乃遣達北特勒梅錄將軍來告，且聽命。德宗詔鴻臚少卿庾鋌冊阿啜爲奉誠可汗。俄以律支達干來告少寧國公主之喪。公主，榮王之女，寧國下嫁時之媵妾也。寧國後歸唐，因留回鶻中爲可敦，號「少寧國」，歷配英武、英義二可汗。至天親可汗時，始居外。其配英義生二子，皆爲天親所殺。是歲，回鶻擊吐蕃、葛祿於北庭，勝之，且獻俘。[277]

　　貞元十一年（795年），可汗死，無子，國人立其相骨咄祿爲

---

[276] 《資治通鑑》卷二百三十三，〈唐紀四十九〉德宗貞元三年，頁7505。
[277] 《新唐書》卷二百一十七上，〈列傳第一百四十二上・回鶻上〉，頁6124-6125。

可汗，以使者來，詔秘書監張薦持節冊拜爲愛滕裏邏羽錄沒蜜施合胡祿毗伽懷信可汗。順宗永貞元年（805年），可汗死，乃詔鴻臚少卿孫杲臨弔，冊所嗣爲滕裏野合俱錄毗伽可汗。憲宗元和初，再朝獻，始以摩尼至京師，歲往來西市。三年（808年），來告咸安公主喪。咸安公主歷四可汗，居回鶻凡二十一歲。無幾，可汗亦死，憲宗使宗正少卿李孝誠冊拜愛登裏羅汨蜜施合毗伽保義可汗。閱三歲（811年），使者再朝，遣伊難珠再請婚，未報聘。回鶻可汗以三千騎至鵜泉，於是振武以兵屯黑山，治天德城備虜。禮部尚書李絳見唐鶻兵馬對峙，爲免唐鶻「夫婦之邦」，化親爲敵，以爲非計之至，乃奏言，曰：

> 回鶻盛強，北邊空虛，一爲風塵，則弱卒非抗敵之夫，孤城爲不守之地。……夫邊憂有五，請歷言之。……北狄西戎，素相攻討，故邊無虞。今回鶻不市馬，若與吐蕃結約解仇，則將臣閉壁憚戰，邊人拱手受禍。……臣謂宜聽其婚，使守蕃禮，所謂三利也。和親則烽燧不驚，城堞可治，盛兵以畜力，積粟以固軍，一也；既無北顧憂，可南事淮右，申令於垂盡之寇，二也；北虜恃我戚，則西戎怨愈深，內不得寧，國家坐受其安，寇掠長息，三也。今舍三利，取五憂，甚非計。
>
> 或曰降主費多，臣謂不然。我三分天下賦，以一事邊。今東南大縣賦歲二十萬緡，以一縣賦爲婚貲，非損寡得大乎？今惜婚費不與，假如王師北征，兵非三萬、騎五千，不能捍且馳也。又如保十全之勝，一歲輒罷，其饋餉供

擬，豈止一縣賦哉？帝不聽。[278]

何以帝不聽？蓋國庫空虛之故。國庫何以空虛？蓋內討強節度（藩鎮）需費孔急，而有司度和親費無所出之故。於是，遣宗正少卿李誠、太常博士殷侑往諭不可和親。此時，唐朝又陷入內憂外患，故對外武將既不能戰，對外文官雖主張和親以安邊，卻連和親費用也無所出，國貧至此豈能不危？國既危，又如何轉危為安？聯「翁婿之邦」以制「舅甥之邦」，乃李泌說德宗「以子代父」雪恥之策。回鶻既先代唐平定內亂，其後則轉為代唐剪除外患。

貞元十二年（796年），吐蕃寇慶州及華池，殺略吏人。是歲，吐蕃尚結贊死。明年，贊普死，其子足之煎立。邢君牙築永信城於隴州以備吐蕃，吐蕃使者農桑昔來請脩好，朝廷以其無信，不受。[279]二十年，贊普死，遣工部侍郎張薦弔祠，其弟嗣立，再使使者入朝。順宗立，建元永貞（805年），以左金吾衛將軍田景度、庫部員外郎熊執易持節往使。憲宗初（806年），遣使者脩好，且還其俘。又以使告順宗喪，吐蕃亦以論勃藏來。後比年來朝，然以五萬騎入振武拂鵝泉，萬騎至豐州大石谷，抄回鶻還國者。[280]總之，唐蕃關係時好時壞，交好時大致僅存舅甥名分往來，或入朝貢獻或求邊境互市，交惡時則寇邊抄略，甚至及於具翁婿關係的回鶻。尤有甚者，甫遣行人，來修舊好，使節猶在京，而烽火已及近郊。

278　《新唐書》卷二百一十七上，〈列傳第一百四十二上・回鶻上〉，頁6126-6127。

279　《新唐書》卷二百一十六下，〈列傳第一百四十一下・吐蕃下〉，頁6099。

280　《新唐書》卷二百一十六下，〈列傳第一百四十一下・吐蕃下〉，頁6100。

　　穆宗長慶元年（821年）六月，吐蕃聞唐鶻和親，犯青塞堡，爲鹽州刺史李文悅所逐。[281]九月吐蕃遣使來朝且請盟，詔許之。以大理卿劉元鼎爲盟會使，右司郎中劉師老副之，詔宰相與尙書右僕射韓皋、御史中丞牛僧孺、吏部尙書李絳、兵部尙書蕭俛、戶部尙書楊於陵、禮部尙書韋綏、太常卿趙宗儒、司農卿裴武、京兆尹柳公綽、右金吾將軍郭鏦及吐蕃使者論訥羅盟於京師西郊。[282]十月十日，與吐蕃使盟，其詞曰：

> 中夏見管，維唐是君；西裔一方，大蕃爲主。自今而後，
> 屏去兵革，宿忿舊惡，廓焉消除，追崇舅甥，曩昔結援。
> 邊埃撤警，戍烽韜煙，患難相恤，暴掠不作，亭障甌脫，
> 絕其交侵，襟帶要害，謹守如故，彼無此詐，此無彼虞。
> 嗚呼！愛人爲仁，保境爲信，畏天爲智，事神爲禮，有一不
> 至，搆災於躬。[283]

吐蕃贊普及宰相鉢闡布尙綺心兒等亦寄盟文要節，云：

> 蕃漢二邦，各守見管本界，彼此不得征，不得討，不得相
> 爲寇讐，不得侵謀境土。若有所疑，或要捉生問事，便給
> 衣糧放還。今並依從，更無添改。[284]

281　《新唐書》卷二百一十六下，〈列傳第一百四十一下・吐蕃下〉，頁6102。
282　《新唐書》卷二百一十六下，〈列傳第一百四十一下・吐蕃下〉，頁6102。
　　《舊唐書》卷一百九十六下，〈列傳第一百四十六下・吐蕃下〉，頁5263-5264。
283　《舊唐書》卷一百九十六下，〈列傳第一百四十六下・吐蕃下〉，頁5264。
284　《舊唐書》卷一百九十六下，〈列傳第一百四十六下・吐蕃下〉，頁5265。

吐蕃參預盟約之官十七人皆列名。劉元鼎等又與論納羅同赴吐蕃本國就盟，帝仍敕元鼎到彼，令宰相以下各於盟文後自書名。方盟時，吐蕃以壯騎屯魯州，靈州節度使李進誠與戰大石山，破吐蕃三千騎。[285]雙方大臣參與盟約者悉載名於策，為何載名於策，蓋用以昭信天下。惟唐蕃方盟即敗盟開戰，或謂唐蕃尚未定界，或稱盟約未有違約懲罰規定，缺乏約束力所致，乃徒具形式，聊備一格而已。

　　長慶二年二月，吐蕃遣使來請定界。六月，復遣使來朝。是月，劉元鼎自吐蕃使還，報命，奏云：「去四月二十四日到吐蕃牙帳，以五月六日會盟訖。」[286]元鼎還國時，吐蕃元帥尚塔藏館客於大夏川，集東方節度諸將百餘，置盟策於臺上，令邊境相關將帥遍曉，且戒各自保境，毋相暴犯。盟策署彝泰七年。[287]尚塔藏館客遍曉盟策，頗有呼籲唐蕃邊將各遵守盟約之意。

3. 以「翁婿關係」解「舅甥關係」之危

　　就唐鶻和親而論，德宗對迴鶻可汗請婚，所以迅速許以咸安公主降嫁，乃因期待迴鶻：「昔為兄弟，今為子壻，子壻半子也。此猶父，彼猶子，若患西戎，子當除之」的和親功效。顯然，咸安公主降嫁，對天下地位每況愈下的德宗而言，華夷或漢胡和親，可讓「猶如父子關係」的「子壻」勤王，代為抵抗西戎吐蕃，護衛唐朝安全。此即以最親密之「翁婿關係」抗衡已疏遠之「舅甥關係」的策略。迴鶻於唐朝降嫁咸安公主於天親可汗後，均依遊牧民族收繼

285 《舊唐書》卷一百九十六下，〈列傳第一百四十六下‧吐蕃下〉，頁5265。
　　《新唐書》卷二百一十六下，〈列傳第一百四十一下‧吐蕃下〉，頁6102。
286 《舊唐書》卷一百九十六下，〈列傳第一百四十六下‧吐蕃下〉，頁5265。
287 彝泰乃墀祖德讚之年號，而彝泰七年即長慶元年，西曆821年。

婚制，繼尙公主。因此天親可汗卒，其子忠身可汗立。忠身卒，奉誠可汗立。奉誠卒，其相立爲懷信可汗，皆從胡法，繼尙公主。故四任回鶻可汗與唐朝之和親均屬「夫婦之邦」中，至親的唐鶻「翁婿關係」。故咸安公主爲唐朝力挽狂瀾於既倒，遂成爲唐朝和親外蕃之範例。

《冊府元龜》稱：迴鶻自咸安公主歿後，屢歸款請，欲繼前好，久未許之。[288]唐朝中衰後，改採「以北狄制西戎，以迴鶻制吐蕃」的「以親制疏」之策，然何以久未許和親？蓋財政匱乏所致。史載，憲宗元和八年（813年），迴鶻遣使伊難珠來請和親。十二年，迴鶻又遣摩尼僧寺等八人至，帝使有司計之，禮費需五百萬貫。時帝方內討強節度，計時度費，未遂其請，乃以摩尼常爲迴鶻信奉使，宰臣言其不可，改遣宗正少卿李誠、太常博士殷侑往諭。憲宗元和末（820年），回鶻請婚彌切。憲宗以北虜（迴鶻）有勳勞於王家，西戎（吐蕃）卻比歲爲邊患，遂許以女妻之。穆宗立，迴鶻又使合達幹等來，固求婚，許之。主，憲宗女也，帝第十妹。至是乃封爲太和公主出降。[289]此即，以「和親」建構「夫婦之邦」，用「夫婦倫」之典範以規範、維繫天下秩序的戰略思考，同時也成爲唐朝的重要國策。

不久可汗死，使者臨封冊其後嗣爲登囉羽錄沒蜜施句主毗伽崇德可汗。可汗已立，帝爲〔公〕主建府，以左金吾衛大將軍胡証、

---

288 王欽若等編纂，周勛初等校訂，《冊府元龜》卷九百七十八，〈外臣部二十三·和親〉，頁11337。

289 《新唐書》卷二百一十七下，〈列傳第一百四十二下·回鶻下〉，頁6129。
王欽若等編纂，周勛初等校訂，《冊府元龜》卷九百七十八，〈外臣部二十三·和親〉，頁11337。

光祿卿李憲持節護送，太府卿李說爲婚禮使，冊拜主爲仁孝端麗明
智上壽可敦，告於廟，天子御通化門餞主，群臣班辭於道。可汗遣
伊難珠、句錄、都督思結等以葉護公主來逆（迎）女，部渠二千
人，納馬二萬、橐它（駱駝）千。惟四夷使中國，其眾未嘗多此，
乃詔許五百人至長安，餘留太原。穆宗長慶元年（821年）五月丙
申，迴鶻都督宰相公主摩尼等五百七十三人入朝迎公主，詔於鴻臚
寺安置。癸亥，勅太和公主出降迴鶻爲可敦，宜令中書舍人王起赴
鴻臚寺宣示之。[290]穆宗許婚的理由，大致與憲宗相同，即迴鶻自
咸安公主歿後，不但請婚彌切，而且有勳勞於王家，中國因內有強
節度，據地爲藩鎮，外有吐蕃常爲邊患，故對內採「聯迴鶻以平強
節度」，對外也採「聯迴鶻以制吐蕃」之策。

　　穆宗爲維續日趨有名無實的天朝秩序，勢須與國勢強盛之部
族國家和親，建構爲「翁婿關係」的「夫婦之邦」，結爲盟親以抗
敵。既許婚，雙方乃展開婚儀籌備，如次：

　　　甲子，以左金吾衛大將軍胡証檢校戶部尚書持節充送公主
　　　入迴鶻及加冊可汗使，光祿寺卿李憲加兼御史中丞充副
　　　使，太常博士殷侑改殿中侍御史充判官，以前曹州刺史李
　　　銳爲太府卿兼御史大夫持節赴迴鶻充昏禮使，宗正少卿嗣
　　　寧王子鴻兼御史中丞充副使，以虞部員外郎陳鴻爲判官。
　　　六月乙亥，加李憲御史大夫。

290 王欽若等編纂，周勛初等校訂，《冊府元龜》卷九百七十八，〈外臣部二十三·
　　和親〉，頁11337。
　　《新唐書》卷二百一十七下，〈列傳第一百四十二下·回鶻下〉，頁6129。

> 戊寅，迴鶻奏：以一萬騎出北庭，一萬騎出安西柘吐蕃，
> 以迎太和長公主歸國。
>
> 丙戌，太和長公主出降迴鶻，宜特置府，其官屬宜准親王
> 府例。七月乙卯，正衙冊太和長公主為迴鶻可敦。[291]

雙方既已籌備就緒，乃先進行皇帝暨百官送行儀式，然後為迴鶻遠迎儀式，最後則為唐鶻送迎之交接儀式。此外，尚有防患共敵吐蕃趁機劫持與安全防衛佈署。

辛酉，長公主發赴迴鶻國，帝以半仗御通化門臨送，百僚於章敬寺前立班，儀衛頗盛，士女傾城觀瞻。十月，豐州奏：迴鶻五百騎至界首以迎公主。十一月甲寅，振武節度使張惟清奏：准詔發兵三千人赴蔚州，數內已發一千人訖，餘二千人待太和公主出界即發遣。又奏：得天德軍轉牒，云迴鶻七百六十人將馳馬及車，相次至黃盧泉迎公主。豐州刺史李佑奏：迎公主迴鶻三千騎於柳泉下營。[292] 最後，則是護送公主與迎接公主的交接儀式。總之，婚儀場面浩大，禮儀莊嚴，顯現出泱泱大國的皇家威儀與國家威信。

在婚禮儀式中，迴鶻使節對唐使表示：初公主尚可信宿（安置）迴鶻牙帳，（待）可汗遣數百騎來，請與公主先從他道去。唐朝使節胡証，堅定答曰：不可。雙方對答，顯現出職責與國風不同之處，茲引述如次：

---

291 王欽若等編纂，周勛初等校訂，《冊府元龜》卷九百七十八，〈外臣部二十三・和親〉，頁11337。

292 王欽若等編纂，周勛初等校訂，《冊府元龜》卷九百七十八，〈外臣部二十三・和親〉，頁11337。

　　虜使曰：前咸安公主來時，去花門數百里，即先去。今何
　　　　　獨拒我？

　　胡証曰：我奉天子詔，送公主以授可汗。今未見可汗，豈
　　　　　宜先往？[293]

從雙方使者在婚禮儀式的對話中，我們可以清楚看到唐使胡証在婚禮過程中，除堅持親自「送公主以授可汗」之外，所使用的語詞，既非「皇帝」，也不是表現「翁婿關係」的「岳父」，而是「天子」。因「皇帝」只是「中國最高統治者」之稱，而「天子」則是「華夷共主」之稱謂，乃「皇帝天可汗」之意。所以，此次「唐鶻和親」所代表的意義，就是「天子」對「可汗」的賜婚，既非「皇帝治中國」的狹隘意義，而是「天子治天下」的政治聯姻與天下秩序的布局，所以不只是代表大唐「皇室一家」的私喜慶，而是代表華夷「天下一家」的公慶典。

　　經過胡証的說明，鶻使乃止。「既至虜廷，乃擇吉日冊公主為迴鶻可敦。可汗先昇樓東嚮坐，設氈幄於樓下以居〔公〕主，使群胡主教公主以胡法。公主始解唐服而衣胡衣，以一嫗侍出樓前西嚮拜，可汗坐而視，公主再俯，拜訖復入氈幄中，解前所服而被可敦服。通裾大襦，皆茜色金飾，冠如角前指。復出樓前俯拜可汗，如初禮。虜先設大輿曲辰，廡前設小座，相者引出，公主昇輿，迴鶻九相分負其輿，隨日右轉於廷者九，公主乃降輿昇樓，與可汗俱東嚮坐。自是臣下朝拜謁，并拜可敦。可敦自有牙帳，命二相公出

---

[293] 王欽若等編纂，周勛初等校訂，《冊府元龜》卷九百七十八，〈外臣部二十三・和親〉，頁11338。

入帳中。証等將歸，可敦宴之，帳中留連號啼者竟日，可汗因贈漢使以厚賑」。[294]公主可敦在「帳中留連號啼者竟日」，代表對親人、親情、故鄉、家國的別離與不捨，爲了重振大唐天下，乃犧牲感情，邁入陌生而孤單的新世界，成爲天子御命終生駐紮異域，代表家國與天下的「大使」。

至此，在迴鶻可汗帳前舉行之婚禮，終告結束。二年正月癸卯，駙馬都尉鄭何送太和公主至迴鶻後，還朝。十月，金吾大將軍胡証護送太和公主至迴鶻，也於託附可汗妥當之後，返朝復命。[295]迴鶻可汗與唐朝公主，爲「唐鶻和親」之〈五倫天下關係論〉建立了至親無比之「翁婿關係」的「夫婦之邦」，雙方透過「夫婦倫」的倫理典範，以規範唐鶻「翁婿之邦」的倫理＝相敬如賓與愛屋及烏的雙邊關係。

是時，裴度方伐幽、鎮等藩鎮，迴使渠將李義節以兵三千佐天子平河北，然迴鶻因於安史之亂時，基於唐鶻「翁婿關係」之故，每在攻城平亂之時，雖無奪占土地之虞，但有乘勝抄掠財富女子之習，議者懲艾前患，建議不聽其援助，然迴鶻騎兵已及豐州，使者乃厚賜之，令鶻兵去豐州歸國。[296]敬宗即位（824年），可汗旋死，其弟曷沙特勒立，遣使者冊爲愛登裏羅汩沒密施合毗伽昭禮可汗，賜幣十二車。文宗初，又賜馬直〔值〕絹五十萬。大和六年（832年），可汗爲其下所殺，從子胡特勒立，使者來告。明年，

---

294 王欽若等編纂，周勛初等校訂，《冊府元龜》卷九百七十八，〈外臣部二十三・和親〉，頁11338。

295 王欽若等編纂，周勛初等校訂，《冊府元龜》卷九百七十八，〈外臣部二十三・和親〉，頁11338。

296 《新唐書》卷二百一十七下，〈列傳第一百四十二下・回鶻下〉，頁6130。

遣左驍衛將軍唐弘實與嗣澤王溶持節冊爲愛登裏羅汨沒蜜施合句錄毗伽彰信可汗。開成四年（839年），其相掘羅勿作難，引沙陀共攻可汗，可汗自殺，國人立厂盍駁特勒爲可汗。方歲饑，遂疫，又大雪，羊、馬多死，未及命。武宗即位（840年），以嗣澤王溶臨告，乃知其國亂。[297]迴鶻因其國內長期動亂，無力外顧，遂喪失其扮演國際角色之力。

於是，可汗牙部十三姓奉烏介特勒爲可汗，南保錯子山。黠戛斯（吉爾吉斯）已破迴鶻，得太和公主；又自以李陵後（裔），與唐同宗，故遣使者達幹奉公主來歸。烏介怒，追擊達幹殺之，劫公主南度磧，邊人大恐。宰相李德裕建言：迴鶻曩有功，今饑且亂，可汗無歸，不可擊，宜遣使者贍安之。公主亦遣使者來言烏介已立，因請命。

明年，迴鶻奉公主至漠南，入雲、朔，殺掠甚衆，乃召諸道兵合討。宣宗（847-859年）務綏柔荒遠，遣使者抵靈州省其酋長，迴鶻因遣人隨使者來京師，帝即冊拜嗢祿登裏邏汨沒蜜施合俱錄毗伽懷建可汗。後十餘年，一再獻方物。懿宗七年（866年），迴鶻大酋僕固俊自北庭擊吐蕃，斬論尚熱[298]，盡取西州、輪臺等城，又使達幹米懷玉朝唐且獻俘，因請命，詔可。其後王室亂，貢會不常，史亡其傳。[299]迴鶻史至此斷絕不載。

最後，僅以吐蕃都元帥尚塔藏與唐朝盟會使劉元鼎之間的對談

---

297 《新唐書》卷二百一十七下，〈列傳第一百四十二下·回鶻下〉，頁6130。
298 《新唐書》〈吐蕃下〉載：咸通七年，僕固俊斬尚恐熱首，傳京師。〈回鶻下〉則記爲斬論尚熱盡取西州。《新唐書》卷二百一十六下，〈列傳第一百四十一下·吐蕃下〉，頁6108。
299 《新唐書》卷二百一十七下，〈列傳第一百四十二下·回鶻下〉，頁6131-6134。

為題，先行摘錄，然後析論唐鶻和親與唐蕃和親之所以造成唐鶻蕃三方天下關係的親疏遠近發展。茲先摘錄如次：

> 尚塔藏問：迴紇，小國也。我以丙申年踰磧討逐，去其城
> 　　　　　郭二日程，計到即破滅矣，會我聞本國有喪而
> 　　　　　還。迴紇之弱如此，而唐國待之厚於我，何哉？
> 劉元鼎答：迴紇於國家有救難之勳，而又不曾侵奪分寸土
> 　　　　　地，豈得不厚乎。[300]

尚塔藏聽畢默然。顯然可知，藏方之失乃在於：但知「國力強弱」的硬實力，而不知「姻親倫理」之軟實力的可貴。故唐朝皇帝厚迴鶻而薄吐蕃，不亦宜乎。

　　就〈五倫天下關係論〉的「夫婦之邦」而言，「舅甥關係」遠不如「翁婿關係」之親近且密切。吐蕃因遺忘唐蕃關係始於「堂兄妹婿關係」與「封貢關係」，更不知唐蕃曾有「君父」對「臣子」般的密切關係，遑論其受〈五倫天下關係論〉各「倫理典範」的規範。其中，夫婦關係、父子關係、堂兄妹婿關係均歸家族倫理規範；君臣封貢關係歸政治倫理規範。僅就家族的倫理規範而言，唐蕃和親之「堂兄妹婿關係」的「第一代和親」，其親密度當猶如「類翁婿關係」般，乃是家族倫理規範中，不但最具尊卑意識而且最親近密切，是親情油然的起始鏈結。然而，吐蕃除第一代和親的贊普棄宗弄贊因天可汗太宗許婚而喜出望外，因珍惜而虔誠朝貢，

300　《舊唐書》卷一百九十六下，〈列傳第一百四十六下‧吐蕃下〉，頁5265。
　　《新唐書》卷二百一十六下，〈列傳第一百四十一下‧吐蕃下〉，頁6103-6104。

更因在太宗升遐時主動上奏願意勤王以護持「皇帝天可汗」的安定繼位，因忠誠可嘉而受第二代皇帝天可汗的「冊封」，成爲「君臣之邦」。惟其後代在權臣秉政之下，但知恃強爭霸西域，寇唐邊境，以致造成唐蕃「舅甥關係」的「夫婦之邦」淪爲寇讎，完全踰越「倫理典範」之規範。因此，疏遠之隔代姻親的「舅甥之邦」無法取代起始姻親的「翁婿之邦」。是故，《舊唐書》論評吐蕃對晚唐之非行，曰：「時縱寇掠，雖每遣行人，來修舊好，玉帛纔至於上國，烽燧已及於近郊，背惠食言，不顧禮義，即可知也。夫要以神明，貴其誠信，平涼之會，畜其詐謀，此又不可以忠信而御也。孔子曰：「夷狄之有君，不如諸夏之亡也。」[301]誠哉斯言。

　　因此，未擁有共同「歷史文化價值」的二邦，雖擁有「和親」關係，但無〈五倫天下關係論〉之「夫婦倫」的「倫理規範」仍難以「平天下」，何況遭逢但知「國家利益」之邦國，最後仍難圓「國治天下平」之現實政局，故由此可知參與各方均須培養其共識的「歷史文化價值」與「天下秩序原理」，始易於共同創造共有、共治、共享、共識、共遵的「天下秩序」。就此而言，〈王化論〉的角色扮演大矣。

　　總之，在〈五倫天下關係論〉中，「初代姻親」遠非「後代姻親」所可比擬，「翁婿之邦」絕非「舅甥之邦」所可匹敵。此即，唐末仍能假「翁婿之邦」＝回鶻之刀，斬「舅甥之邦」＝吐蕃宰輔論尙熱之命，並傳首京師，大敗吐蕃的道理所在。不過，此時的回鶻也已步履蹣跚，走到了朝代終點，而唐朝則因受困於藩鎭，最終也亡於強節度，「皇帝天可汗」的唐朝天下，遂爲五代更迭所

---

301 《舊唐書》卷一百九十六下，〈列傳第一百四十六下・吐蕃下〉，頁5267。

取代。正因處於時代終末，更顯現出唐鶻「翁婿關係」之「夫婦之邦」的可貴。

縱觀唐蕃締結盟約之時代大勢而言，德宗晚期吐蕃雖因其國勢日漸衰落，然猶略勝於大亂之後的晚唐，故西川節度使韋皋乃聯合迴鶻，屢敗吐蕃。德宗貞元九年（793年），唐朝收復鹽州、夏州等失地。貞元十二年、十三年，掌權近二十年的吐蕃大相尚結贊與執政四十三年的贊普赤〔樨、墀〕松德贊相繼過世，吐蕃開始緩和與唐朝的緊張關係。[302] 穆宗長慶元年（821年），吐蕃分裂，國勢大衰，無力外侵，乃請唐蕃會盟，倡舅甥二主，商議社稷如一，再續舊親之情，重申鄰好之義，爲此大和，結立大和盟約，永無淪替。其後，又會盟於長安西郊，約以清水會盟所劃邊界爲界，立碑大昭寺，史稱長慶會盟或唐蕃舅甥會盟。宣宗大中年間（847-859年），唐收河西、隴右失地，懿宗咸通（860-873年）年間，復河湟、涼州之土，咸通四年（863年），置涼州節度使。從此，唐蕃緊張關係趨緩，逐漸走向和平。惟自唐僖宗乾符二年（875年）爆發黃巢之亂後，唐蕃均已分別邁入朝代的終末，乏力外顧邊圉。

再就吐蕃政情而言，墀祖德贊贊普立幾三十年，病不事，委任大臣，故不能抗中國，邊候晏然。死，以弟達磨嗣位。達磨嗜酒，好畋獵，且凶愎少恩，政益亂。會昌二年（842年），贊普死，論贊熱等來告，天子命將作監李璟弔祠。無子，以其妃綝之兄子乞離胡爲贊普，始三歲，妃共治其國，致其國內亂。大相結都那見乞離

---

302 馬勇，〈論唐憲宗、穆宗時期的唐蕃關係〉，《雲南民族大學學報》（哲學社會科學版），卷26期3，（2009年5月），頁105。

耿振華，〈唐蕃和戰對唐代兵制變遷及和親政治的影響〉，《蒙藏季刊》，卷21期1，（2012年3月），頁31。

胡不肯拜，曰：「贊普支屬尚多，何至立綝氏子邪？」哭而出，用事者共殺之。別將尚恐熱宣稱：「宰相兄弟殺贊普，天神使我舉義兵誅不道」，乃與宰相尚與思羅戰於薄寒山。宰相思羅敗走松州，恐熱遂併有其眾，擒思羅，縊殺之。[303]

宣宗大中四年（850年），沙州首領張義潮，奉瓜、沙、伊、肅、甘等十一州地圖以獻。帝嘉其忠，命使者齎詔收慰，擢義潮為沙州防禦使，俄號歸義軍，遂為節度使。懿宗咸通二年（861年），義潮又奉涼州來歸。七年，北庭迴鶻僕固俊擊取西州，收諸部。鄯州城使張季顒與吐蕃尚恐熱戰，破之，收器鎧以獻。僕固俊又與吐蕃大戰，斬尚恐熱首，傳京師。此時，吐蕃已衰敗，中原亦多故，王命不及。[304]不久，唐為朱溫所簒，梁繼唐代興。從此，時代遂由皇帝天可汗的大唐轉為梁唐晉漢周等五代諸王朝乍興乍滅，天下擾嚷不安。

---

303 《新唐書》卷二百一十六下，〈列傳第一百四十一下・吐蕃下〉，頁6104-6105。
304 《新唐書》卷二百一十六下，〈列傳第一百四十一下・吐蕃下〉，頁6107-6108。

第六章
五代的五倫天下關係

　　唐朝繼漢之後，再現「中華世界帝國」之風采威儀，文治武功震動天下，要荒戎狄尊之為天可汗。然安史之亂後，藩鎮割據地方，中央鞭長莫及，契丹則趁機興起於遼河流域，至遼太祖耶律阿保機時，國力漸強。916年（後梁太祖貞明二年，遼太祖神冊元年），耶律阿保機稱帝建國，國號為契丹，帝號稱大聖大明天皇帝，旋定都於內蒙臨潢府（赤峰）。雖蟠踞關外，但以長城為界，鄰接五代諸朝，因見中國分裂，故時謀逾越長城，南下窺伺中原。相對的，五代諸朝則以黃河流域為根據地，雖據長城以抗契丹，但時思假借契丹之力，以逐鹿中原，遂予契丹可乘之機。其情勢與隋末群雄思假突厥之力以逐鹿中原相似，但缺乏唐太宗的不世出之才。

　　遼太祖天贊五年（926年），耶律阿保機先滅渤海國，繼攻燕國（幽州）後，進窺後梁、後唐，取平、灤、營諸州等戰略要地，於是進謀南下，擬趁唐末中原紛亂之機，五代王朝更迭，乍起乍滅之局，統一天下。因此，雙方形成錯綜複雜的東方型天下關係，成為今日考察五代時期之「五倫天下關係」的至佳題材。[1]

---

[1] 張啓雄，〈中國規範傳統國際關係的「五倫天下關係論」理論論述——五代宋遼五倫國際關係的倫理解析〉，許倬雲、張廣達編，《唐宋時期的名分秩序》（台北：政大出版社，2015年），頁129-157。

相對於契丹企圖南下兼併天下之舉，唐朝則在859、875年相繼爆發裘甫、王仙芝與黃巢之亂，席捲大江南北12行省，歷時25年，從此國勢衰落，回紇、吐蕃、南詔等外患乘機而起。為了平息內亂外患，乃重用節度使，卻形成藩鎮割據的政局，唐哀帝天祐四年（907年）唐亡。此時，正是中原因藩鎮割據，而陷入分崩離析，形成五代迭興之局。其中，後梁乃首開中國五代十國朝代更迭亂局之始的王朝，最後天下統一於宋太祖建隆元年（960年，遼穆宗應曆十年），計易姓共八氏，歷時54載。

第一節　後梁的五倫天下關係

唐僖宗時，中原爆發黃巢之亂，黃巢部屬朱溫降唐，賜名全忠，受封為梁王，任宣武軍節度使，據汴州（開封），為唐末藩鎮勢力之最。天祐元年（904年），朱全忠在長安劫持唐昭宗至洛陽，加害後另立李祝為帝，即唐哀帝。天祐四年（907年），唐哀帝禪位於朱全忠。朱全忠篡唐後，改國號為大梁，建元開平，是為梁太祖，都汴京（開封），史稱後梁。

又，在朱全忠篡唐前，李克用因功受封為晉王。朱全忠篡唐後，下制削奪李克用官爵，蓋李克用仍奉唐朝天祐年號為正朔所致。其時蜀王遺書晉王，稱：「請各帝一方，俟朱溫既平，乃訪唐室立之，退歸藩服」。李克用復書不許，並慷慨表示：「誓於此生，靡敢失節。」[2]史稱：「李克用雖出於夷狄（沙陀），而終身

2　《資治通鑑》卷二百六十六，〈後梁紀・太祖開平元年〉，頁8675。

爲唐臣，亦天性之忠純也。」[3]因此，李克用在朱溫篡唐之後，曾企圖運用《中華世界秩序原理》之〈五倫天下關係論〉的「君臣倫」與〈奉正朔論〉，除繼續「奉唐正朔」，使用天祐年號外，並揭舉「反梁復唐」的旗幟，更以河東爲根據地，據山西，進謀河北。當時，梁與晉各自遣使爭取契丹援兵，李克用並擬於殲滅朱溫後，以冊封契丹爲酬，故晉之李克用的天下地位仍略高於契丹。由此可知，契丹成爲中原豪傑爭取結盟的對象，處於機動而較有利的地位。惟中原豪傑因各擬結契丹，圖謀以二對一之優勢，與群雄爭天下。

　　據《新五代史》所載：梁將篡唐，晉王李克用使人聘于契丹，阿保機以兵三十萬會克用於雲州東城。置酒，酒酣，握手「約爲兄弟」。克用贈以金帛甚厚，期共舉兵擊梁。阿保機遺晉馬千匹，既歸而背約，遣使者裊笏梅老聘梁。梁朱溫遣太府卿高頎、軍將郎公遠等報聘阿保機。逾年，（高）頎還，阿保機遣使者解里隨頎，以良馬、貂裘、朝霞錦聘梁，「奉表稱臣，以求封冊」。梁復遣郎公遠及司農卿渾特以「詔書」報勞，別以記事「賜」之，約共舉兵滅晉，然後「封冊，爲甥舅之國」，又使（契丹）以子弟三百騎入衛京師。[4]顯然，梁因篡唐，而成爲承唐之後的新中央政權，較群雄更接近於新正統，有利於梁之縱橫捭闔。

　　由上可窺，梁、晉與契丹之間透過〈五倫天下關係論〉的「倫理」，實行合縱連橫。先是晉王李克用約契丹阿保機共舉兵擊

3　《資治通鑑》卷二百六十六，〈後梁紀・太祖開平元年〉，頁8675。

4　歐陽修，《新五代史》卷七十二，〈四夷附錄第一〉，（台北：鼎文書局，1980年），頁887。

　　《資治通鑑》卷二百六十六，〈後梁紀・太祖開平元年〉，頁8679。

梁，雙方遂於酒酣耳熱之際，結爲「兄弟」，以示結盟，並於擊敗梁後加以「冊封」。此時，契丹因羽毛未豐，故與晉王李克用結爲「兄弟之邦」，以共擊後梁朱溫。顯然，後晉與契丹雖結爲「對等」的「兄弟關係」，但仍有倫理上的微小差距，即「長幼有序」或「兄前弟後」的國格差別。另，契丹阿保機則因懼後梁朱溫報復，故又遣使於後梁，並「奉表稱臣，以求冊封」，於是後梁與契丹就形成「君臣之邦」。大體而言，「君臣之邦」較諸「兄弟之邦」，在形勢上，更占有利地位。因此，朱溫得以對阿保機下「詔書」，「賜」記事，並與契丹約共舉兵滅晉後，加以「封冊」，行「和親」，約爲「甥舅之國」。

就《中華世界秩序原理》之〈五倫天下關係論〉與〈名分秩序論〉而言，在契丹阿保機的眼中，契丹曾是唐朝臣下，而後梁乃承唐天可汗之後的皇帝，是爲正統。是故，認爲梁大於晉，也大於契丹。另，契丹因與晉王結爲「兄弟」，故成爲「兄弟之邦」的**對等國格**，但仍有差別，其差別在於「**兄前弟後**」。若以圖示來表示契丹對梁、對晉之三邊關係的話，大致可以概括如次。∵梁＞契丹，梁＞晉，∴晉≧契丹。再就梁與契丹的雙邊關係而言，契丹因對梁「奉表稱臣，以求封冊」，故梁對契丹行文使用「詔書」，顯然是「君對臣」的關係。「君」對「藩臣」和親，則將先形成「翁婿關係」，至其後世則可能演變爲「表兄弟關係」、「舅甥關係」或「外公孫關係」等「夫婦之邦」，此皆倫理性的階層天下關係。

一般而言，「中華世界帝國」成員間的正常「天下關係」，因「一君多藩」之故，君藩間往來採〈事大交鄰論〉，國際政治因基於現實的權力政治（power politics），故有「以小事大、以弱事強」＝「弱小朝貢強大，強大冊封弱小」的原則，雙方遂形成具有

「君君臣臣」＝「君禮臣忠」之「倫理典範」的「君臣之邦」，弱小與弱小之間也形成具有「倫理典範」＝「兄友弟恭」和「兄前弟後」的「兄弟之邦」。但後梁篡唐，因有承繼大唐天可汗餘緒之形象，故四鄰常誤以「梁」為正統。在後梁、後晉以及契丹等三國之間，基於〈五倫天下關係論〉的「君臣倫」、「兄弟倫」、「夫婦倫」，最終呈現出「君臣之邦」、「兄弟之邦」、「舅甥之邦」等三種「倫理性」階層天下關係。確實實現與否，端視「君邦」在「治天下」時，是否具有超越性的權威、權力以及做為君主的倫理性「賢德」。在《中華世界秩序原理》中，因「君臣之邦」涵蓋「父子之邦」，蓋君上愛民如赤子，臣民事君如事父母，故在其歷史文化價值上，「君臣之邦」也隱含了「父子之邦」，此即「君父、臣子」語彙的來源所在。因此，在五代之初，規範天下＝「中華世界」之《天下秩序原理》的〈五倫天下關係論〉，即已連鎖性的出現了「五倫天下關係」之四種倫理型態。至此，五倫中唯一尚未出現之「倫理性」天下關係的型態，就只剩非階層性之以「敵禮」相待的「敵體」＝「朋友之邦」。在〈五倫天下關係論〉的規範制約下，五代首開受「兄弟倫」規範的「兄弟之邦」，遂為後世之旗鼓相當且爭持不下的匹敵政權或國家之間開創了宋遼「兄弟之邦」的天下秩序與天下體系。

　　進一步分析的話，契丹因為對後梁「奉表稱臣，以求冊封」，於是雙方就形成「君臣之邦」。可是，《新五代史》上又載：梁遣使契丹，約共舉兵滅晉，然後封冊為「甥舅之國」。[5] 封冊為「甥舅之國」，即梁對契丹行「和親」之意。在大唐的「皇帝

<hr>

5　歐陽修，《新五代史》卷七十二，〈四夷附錄第一〉，頁887。

「天可汗」天下裡，一旦君臣和親，就形成「君臣之邦」＋「夫婦之邦」（＝「翁婿之邦」或「舅甥之邦」）等多層面性「階層倫理」的天下關係。由此觀之，後梁之權力與權威顯然尚不足於服萬國，何況尚未「統一天下」，故仍不具〈正統論〉之「君父臣子」的正統帝位，或只能退而求其次，採取「夫婦倫」的「舅甥之邦」結好梁契雙邊關係。故「舅甥之邦」乃五代繼唐之後與北荒西域諸藩邦，或與吐蕃之間，締結「舅甥之邦」盟約後，於雙邊約定上再次出現於「中華世界帝國」所進行之「甥舅關係」的階層天下秩序。

在〈五倫天下關係論〉上，當翁婿之盟或舅甥之盟的兩造都是稱帝的帝國時，在雙邊或多邊會盟之際，就〈名分秩序論〉而言，其天下地位，因基於「翁＞婿」，故「岳父之邦＞女婿之邦」，自不待言。及其子孫因與他邦和親，就會演變成為舅甥關係，茲以圖式分析如次。∵舅＝帝，甥＝帝，舅＞甥，∴舅帝＞甥帝。這是將「國格」與「家格」相互結合而成的倫理性階層天下秩序，同時也是皇室間將「家族倫理」秩序推廣為「天下倫理」秩序的典型案例。若再進一步加以延伸的話，和親也可能出現「表兄弟關係」與「外公孫關係」之「夫婦之邦」的「倫理性」階層天下秩序。為了防止和親兩造之親近度因世代遞減之故，親近度較高的「翁婿之邦」不退化為親近度較低的「舅甥之邦」，在漢唐時代的匈奴、突厥以及回紇等北荒西域民族均採不斷和親的方式，利用「親上加親」來確認結盟的牢靠與否。

姑不論契丹領袖阿保機如約與否，或是梁太祖朱溫冊封阿保機與否，此種形諸天下文書的承諾，都是當時中國的傳統歷史文化價值，也是當時「中華世界帝國」的《中華世界秩序原理》＝《天下秩序原理》及其所創建的倫理性階層天下秩序體制，在不同的歷

史文化價值下所建構的天下秩序原理，在二個完全不同的天下體系裡，其約束力在「夷狄天下體系」當然不及在「中華天下體系」裡，來得強韌有力。但在中央階層喪失其權力與權威之時，反而更能一窺「中華世界＝天下」之倫理性階層天下關係的全貌。因此，借用五代的亂世史例，應當更能將《中華世界秩序原理》之「倫理性」階層天下關係呈現出來，並依其個案史例加以解說，當可提出完全不同於《國際法》或《國際關係》之西方型國際秩序原理，從而顯現出規範東方天下秩序關係之《中華世界秩序原理》的論述。

第二節　後唐的五倫天下關係

唐朝末年，李克用助唐平黃巢之亂，受封爲晉王，任河東節度使，駐守太原。盧龍節度使劉仁恭則據幽州，常慮幽州（北平一帶）不固，築館於大安山，其棟宇壯麗擬於帝者，稱：「此山四面懸絕，可以少制衆」[6]，故其非但城中無備，且窮奢極侈。唐哀帝天祐二年（905年）冬十月，耶律阿保機以劉仁恭據幽州，扼住契丹南下中原與西進河東之要道，而李克用則不滿劉仁恭騎牆於後梁與晉王（朱溫與李克用）之間，謀約契丹會盟以共擊劉仁恭。[7]於是，契丹「太祖（阿保機）以騎兵七萬會克用于雲州，宴酣，克用借兵以報〔唐乾寧四年，897年〕劉仁恭木瓜澗之役，太祖許之，易袍馬，「約爲兄弟」。及進兵擊仁恭，拔數州，盡徙其民以

6　《資治通鑑》卷二百六十六，〈後梁紀‧太祖開平元年〉，頁8671。
7　邢義田，〈契丹與五代政權更迭之關係〉，《食貨月刊》復刊卷1期6，1971年9月，頁10。

歸」。[8]此時，阿保機尚未稱帝，他與李克用「約爲兄弟」，此乃契丹與晉王李克用，首開五代倫理性「兄弟之邦」的先例。

明年（906年）十二月群臣勸進，太祖阿保機三讓從之，元年（907年）春正月，告天，即皇帝位，群臣上尊號曰天皇帝。《遼史》稱：夏四月丁未朔，唐梁王朱全忠廢其主，尋弑之，自立爲帝，國號梁，遣使來告。[9]《舊五代史》稱：天祐四年（開平元年，907年），阿保機「大寇雲中，後唐武皇（李克用）遣使連和，因與之（阿保機）面會于雲中東城，大具享禮，延入帳中，**約爲兄弟**，謂之曰：唐室爲賊所篡，吾欲今多大舉，弟可以精兵二萬，同收汴（梁）洛（陽），安巴堅（阿保機）許之，賜與甚厚。」[10]晉王因不齒朱溫逆謀篡唐，乃謀聯契（丹）以制梁，遂以兄自居，以弟稱阿保機，約爲兄弟，然後晉契「兄弟之邦」共舉兵以攻梁。

此時，《中華世界秩序原理》，尤其是其〈五倫天下關係論〉的「君臣倫」與「兄弟倫」，開始成爲五代諸王朝利用「倫理」＝「歷史文化價值」，來規範「對手」的縱橫捭闔手段，也是北朝在五代時期運用〈五倫天下關係論〉來規範「五代天下體系」的《天下秩序原理》。其中，後梁使用「君臣倫」與「夫婦倫」，晉王則使用「兄弟倫」來規範它與契丹的政治倫理關係。契丹則視

8　脫脫，《遼史》卷一，〈本紀第一・太祖上〉，（台北：台灣中華書局，1965年），頁1。

9　《遼史》卷一，〈本紀第一・太祖上〉，頁1-2。

10　薛居正，《舊五代史》卷一百三十七，〈外國列傳第一・契丹〉，（台北：台灣中華書局，1965年），頁1。
　　《資治通鑑》卷二百六十六，〈後梁紀一・太祖開平元年〉，頁8679。

對方的國家權力大小與族國利害關係，依違於梁、晉之間，並從中獲取契丹的最高國家利益。

　　因李克用與阿保機結爲兄弟，故朱溫決定結好契丹以破晉契兄弟盟約，乃遣太府卿高頎、軍將郎公遠等報聘阿保機。《遼史》載，天祐三年（906年）二月，「汴州朱全忠遣人浮海奉書幣、衣帶、珍玩來聘。」[11]阿保機乃遣使者解里聘梁，「奉表稱臣，以求封冊」。梁復遣郎公遠及司農卿渾特以「詔書」報勞，別以記事「賜」之，約共舉兵滅晉，然後「封冊爲甥舅之國」[12]，以破晉王聯合契丹以攻後梁之謀，且尤勝於晉。因此，就〈封貢體制論〉而言，在名分上，梁契將成爲「君臣之邦」，並約和親，梁契又將成爲「夫婦之邦」或「甥舅之國」。在形勢上，「君臣之邦」加上「夫婦之邦」，必然大於「兄弟之邦」，故在〈爭天下論〉上，梁晉爭天下，梁之勝算遠大於晉。

　　李克用聞阿保機「奉表稱臣，以求封冊」，且梁復遣公遠及司農卿渾特以「詔書」報勞，約共舉兵滅晉，然後行「和親」爲「夫婦之邦」或「封冊，爲甥舅之國」，乃大恨。是歲克用病，臨卒，以一箭囑莊宗，期必滅契丹。事實上，梁使渾特等至契丹，阿保機既不能如約，「梁亦未嘗封冊」。[13]但是，梁晉運用〈五倫天下關係論〉來縱橫捭闔，圖謀結合契丹之用意至爲明顯。相對的，契丹生息於天下之中，熟悉《天下秩序原理》，也利用中國的〈五倫天下關係論〉，以謀契丹最高的族國利益。

11　《遼史》卷一，〈本紀第一・太祖上〉，頁1。
　　邢義田，〈契丹與五代政權更迭之關係〉，頁10。
12　《新五代史》卷七十二，〈四夷附錄第一〉，頁887。
13　《新五代史》卷七十二，〈四夷附錄第一〉，頁887。

　　李克用原先對契丹「期共舉兵擊梁」，但因契丹態度丕變，「阿保機遣晉馬千匹」後，「既歸而背約」。[14]契丹遂由承諾晉遼會兵共擊梁於半渡，迅即轉為背約。[15]此時，契丹之戰略考量，根據王船山的分析，「當是時，朱溫彊而克用弱，助溫以夾攻克用，滅之也易；助克用以遠攻溫，勝之也難」。[16]由此觀之，當時之天下情勢，因朱溫（梁）獨強，而李克用（晉）較弱，契丹雖然仍非朱溫敵手，卻可成為縱橫捭闔於天下，行勢力均衡的操控者，成為或利用或創造天下情勢變化的謀利者。

　　907年，朱溫篡唐稱帝，同年阿保機也趁機建國稱帝。阿保機懼朱溫以此為藉口出兵征伐，乃遣使聘梁，「奉表稱臣，以求封冊」，以免朱溫以阿保機稱帝為由，藉機出兵懲罰以避禍。反觀朱溫則藉此機會，約其共舉兵滅晉，然後封冊，為「甥舅之國」。「奉表稱臣，以求封冊」，為「甥舅之國」，看似委屈，實為避禍之道。又，梁太祖三年（開平三年、909年）春二月，遣郎公遠來聘契丹。契丹旋即背晉，遣使聘梁，皆強弱異勢所致。梁為了攏絡契丹，復遣使以詔書報勞，而且「約共舉兵滅晉」，然後再封契丹為「甥舅之國」。

　　契丹阿保機擁兵30萬，不可謂不強。契丹何以屈己為弟，西向聯晉，何以又屈己為臣而南下聘梁，介入中原的晉梁對抗？就立國未久，稱帝日淺的阿保機而言，蓋其大患來自北方渤海女真，中原對契丹而言，此時正是尊強梁以圖自保，壓弱晉以求自強，趁機

---

14 《新五代史》卷七十二，〈四夷附錄第一〉，頁887。
15 邢義田，〈契丹與五代政權更迭之關係〉，頁11。
16 王夫之，《讀通鑑論》卷二十八，〈五代〉，（台北：中華書局，1965年），頁3。

崛起東北，稱霸北方的好時機。此即契丹之所以背晉聘梁的情勢，
對晉「結爲兄弟」可避免兩面受敵，對梁「奉表稱臣，以求封冊」
則可保存實力順勢崛起。既結好梁晉，則可全力對付渤海女眞。至
於結好梁晉，何以一方爲兄弟，另方爲君臣，蓋晉弱梁強所致。換
句話說，聯弱抗強或可取得勢力均衡，但聯強壓弱則既可求生存，
也能追求發展所致，何況已先放低身段，請求冊封。此即具草莽性
格與強勢領導作風的阿保機，爲因應形勢所採取之族國生存發展的
策略。

　　惟李克用最後竟因契丹背晉投梁，憂憤而死，子李存勗襲封爲
晉王。916年（梁貞明二年、遼神冊元年）十二月，據司馬光《資
治通鑑》所載：「晉王（李存勗）方經營河北，欲結契丹爲援，常
以叔父事阿保機，以叔母事述律后」。[17]胡三省對晉王李存勗爲何
「以叔父事阿保機，以叔母事述律后」一事，註曰：蓋「以晉王克
用〔曾〕與阿保機結爲兄弟也。」[18]由此也可佐證，《中華世界秩
序原理》之〈五倫天下關係論〉的確實行於中國與周邊國家間的天
下。晉土因以姪事叔，晉遼遂成爲〈五倫天下關係論〉之「兄弟
倫」中的「叔姪關係」。又，據《舊五代史》載：莊宗（晉王）初
嗣世，亦遣使告哀，賂以金繒，求騎軍以救潞州（山西長治）。
〔契丹〕答其使曰：「我與先王爲兄弟，〔其〕兒即吾兒也，寧有
父不助子耶」，許出師，會潞，平而止。[19]契丹皇室反而利用「叔
姪」身分，甚至故意使用具有「父子」意味的身分，承認後晉莊宗

17　《資治通鑑》卷二百六十九，〈後梁紀四・均王上下・貞明二年〉，頁8810。
18　《資治通鑑》卷二百六十九，〈後梁紀四・均王上下・貞明二年・註〉，
　　頁8810。
19　薛居正，《舊五代史》卷一百三十七，〈外國列傳第一・契丹〉，頁1。

爲侄兒，仍是《中華世界秩序原理》〈五倫天下關係論〉之「兄弟倫」或「父子倫」的叔侄或兒輩關係。

　　923年（後唐莊宗同光元年），晉王李存勗稱帝於魏州（河北大名），建國號唐，史稱後唐，旋進軍汴京，滅後梁，因以繼承唐朝皇室自居，遂定都洛陽，對外皆稱天子。明宗天成元年（莊宗同光四年，926年），李嗣源叛莊宗，發動政變，即位爲後唐明宗。秋七月壬申，李嗣源遣供奉官姚坤告哀於契丹，契丹主阿保機聞莊宗爲亂兵所害，仰天大哭曰：

> 晉王與我約爲兄弟，河南天子，即吾兒也。昨聞中國亂，欲以甲兵五萬往助吾兒，而渤海未除，志願不遂。[20]

《資治通鑑》亦載：「我朝定[21]（＝契丹語，朋友之意）兒也。吾方欲救之，以渤海未下，不果往，致吾兒及此。」[22]由上可知，契丹皇室或認爲「叔侄」身分，帶有「父子」意味，也可能依據〈五倫天下關係論〉「兄弟倫」之「叔侄」關係，對「兒輩」擴大推論，演爲「父子倫」的「叔父侄兒」關係，故中文稱侄爲侄子或侄兒。又，侄稱叔爲叔父，稱伯爲伯父，故侄屬於「兄弟倫」中的兒輩。總而言之，後唐與契丹的天下秩序關係仍是基於「兄弟倫」的「兄弟之邦」。

　　阿保機又對姚坤曰：「我兒既沒，理當取我商量，新天子安得

20 歐陽修，《新五代史》卷七十二，〈四夷附錄第一〉，頁889。

21 司馬光曰：「虜言朝定，猶華言朋友也」。
　　《資治通鑑》卷二百七十五，〈後唐紀四·明宗天成元年〉，頁8989。

22 《資治通鑑》卷二百七十五，〈後唐紀四·明宗天成元年〉，頁8989。

自立？」又曰：「吾聞此兒有宮婢二千人，樂官千人，放鷹走狗，嗜酒好色，任用不肖，不惜人民，此其所以敗也。我自聞其禍，即舉家斷酒，解放鷹犬，罷散樂官。我亦有諸部樂官千人，非公宴不用。我若所爲類吾兒，則亦安能長久？」[23]又，謂坤曰：「吾能漢語，然絕口不道於部人，懼其效漢而怯弱也。」[24]《資治通鑑》也載：「聞吾兒專好聲色遊畋，（不恤軍民，）宜其及此。」[25]契丹上耶律阿保機何以能自制若此，奮發圖強至此？蓋阿保機自從攻幽州（北平一帶）之後，「頗有窺中國之志，患女眞、渤海等在其後，欲擊渤海，懼中國乘其虛，乃遣使聘唐以通好。」[26]正因爲契丹志在爭天下，故「稍並服旁諸小國，而多用漢人，漢人教之以隸書之半增損之，作文字數千，以代刻木之約。又制婚嫁，置官號。乃僭稱皇帝，自號天皇王。」[27]因此，阿保機乃趁機向唐明宗使者姚坤要求：「爾當先歸，吾以甲馬三萬會新天子幽、鎮之間，共爲盟約，與我幽州，則不復侵汝矣。」[28]阿保機之所以願以軍援明宗以換取幽州之地，就是希望北上得以取渤海女眞，然後西進既可經太原以窺雲朔，復得先入洛陽，然後直驅崤函以窺關中的戰略要地。

天贊五年（926年）契丹主阿保機攻渤海國，拔其夫餘城，旋病死於夫餘城。其妻述律以次子德光智勇兼備，遂立爲天皇帝，改

23　《新五代史》卷七十二，〈四夷附錄第一〉，頁889-890。
24　《新五代史》卷七十二，〈四夷附錄第一〉，頁890。
25　《資治通鑑》卷二百七十五，〈後唐紀四‧明宗天成元年〉，頁8989。
26　《新五代史》卷七十二，〈四夷附錄第一〉，頁889。
27　《新五代史》卷七十二，〈四夷附錄第一〉，頁888。
28　《新五代史》卷七十二，〈四夷附錄第一〉，頁890。

元天顯。德光志在中原，乃謀取燕雲十六州，以入主中原。因此，乃西徙以寇雲朔之間。明宗患之，以石敬瑭鎮河東，總大同等軍禦之。[29]

　　長興四年（933年）明宗死，子李從厚即位，是為閔帝。翌年，明宗養子李從珂發動兵變，於推翻閔帝後，自立為帝，史稱廢帝。自即位以來，契丹雖然強盛，但是李從珂恥於以中華而事夷狄。故在外交上不願為壓制心腹之患石敬瑭而承歡於契丹。相對的，其權臣石敬瑭則因懷抱異志，故在君臣權力鬥爭上，對契丹則勤於屈膝結納。清泰三年（936年），臣下李崧謀於同僚呂琦，呂琦認為：河東若有異謀，必結契丹為援。契丹母以贊華（長子）在中國，屢求和親，但求瓶刺（地名）等未獲，故和未成耳。今誠歸瓶刺等與之和，歲以禮幣約直十餘萬緡遺之，彼必驩然承命。如此，則河東雖欲陸梁無能為矣。二人乃密言於帝，帝又謀於薛文遇。薛文遇對曰：「以天子之尊，屈身奉夷狄，不亦辱乎！又，虜若循故事求尚公主，何以拒之？」因誦戎昱《昭君詩》曰：「安危託婦人。」帝意遂變。乃召崧、琦怒責，曰：「朕一女尚乳臭，卿欲棄之沙漠邪？」自是群臣不敢復言和親之策。[30]此時，契丹在阿保機與耶律德光的戮力經營下已茁長壯大，睥睨天下。

　　唐朝的和親公主計有20位，其中唐帝曾四度以親生女為和親公主降嫁周邊民族。唐太宗雖不世出，但亦得力於和親，而開創出空前的「皇帝天可汗體制」，唐憲宗也曾以親生女為和親公主出降回鶻，故回鶻不但代唐平安史之亂，而且以婿為半子名義為翁復

29　《新五代史》卷七十二，〈四夷附錄第一〉，頁890-892。

30　《資治通鑑》卷二百八十，〈後晉紀一‧高祖天福元年〉，頁9139-9140。

仇，終於擊退吐蕃入侵，此即唐鶻以「翁婿之邦」擊敗唐蕃「舅甥之邦」的典型史例。李從珂因不捨愛女出降契丹，對和親具有二國結好或聯盟也無深刻認識，以致陷家國天下於危亡之境。

　　後唐李從珂，自清泰元年（934年），在唐契對抗情勢下，又與河東節度使石敬瑭相互猜忌，石敬瑭因懼而舉兵叛變。清泰三年（936年），後唐派兵討伐石敬瑭。石敬瑭被圍，先後派遣趙瑩、桑維翰赴契丹，在耶律德光帳前，涕泣哀求援兵。契丹以獻幽薊（燕雲）十六州，年納歲絹三十萬匹爲條件，石敬瑭也許割幽薊十六州等爲酬，耶律德光始率軍南下，擊敗後唐軍，進軍洛陽，後唐遂亡。李從珂未能體得中國與四鄰間的和親要義，因惜小愛而終失大愛。

第三節　後晉的五倫天下關係

　　934年因石敬瑭叛唐，（後）唐遂遣張敬達等討之。石敬瑭遣使求救於德光。是歲九月，契丹出兵雁門，車騎連亙數十里，將至太原，遣人謂敬瑭曰：「吾爲爾今日破敵可乎？」敬瑭報曰：「皇帝赴難，要在成功，不在速，大兵遠來，而唐軍甚盛，願少待之。」使者未至，而兵已交（戰），敬達大敗。石敬瑭夜出北門見德光，**約爲父子**。敬達敗，退保晉安寨，德光圍之。德光謂敬瑭曰：「吾三千里赴義，義當徹頭〔徹尾〕。」乃築壇晉城南，立**敬瑭爲皇帝**，是爲後晉高祖。德光又自解衣冠被之，**冊曰：「咨爾子晉王，予視爾猶子，爾視予猶父。」**其後，楊光遠殺張敬達降晉，晉高祖遂自太原入洛陽，德光送至潞州，趙德鈞、延壽出降。德光謂晉高祖曰：「大事已成。吾命大相溫從爾渡河，吾亦留此，

俟爾入洛而後北。」臨訣，執手噓欷，脫白貂裘以衣高祖，遺以良馬二十匹，戰馬千二百匹，戒曰：「子子孫孫無相忘！」時太宗（耶律德光）天顯九年也。[31] 石敬瑭既與契丹約爲父子，契晉遂成爲「父子之邦」，契丹爲父，後晉爲子，又接受契丹冊封爲「皇帝」，契晉關係遂又成爲「君臣之邦」，契丹爲君，後晉爲臣，故歷史上對其屈服於外力，遂併而貶稱爲「兒皇帝」。這是以天朝自居，且號稱爲天下中心之上國，乃開有史以來所受之莫大屈辱。不過，若純就〈五倫天下關係論〉而言，這是中外逆轉式的「父子之邦」與「君臣之邦」。

936年（清泰三年、天福元年）十月甲子，石敬瑭先受契丹耶律德光冊封爲晉王，十一月丁酉石敬瑭再受耶律德光冊封爲大晉皇帝，約爲父子。石敬瑭終於在契丹扶持下，正式取代後唐，建國號爲晉，立年號爲天福，定都汴京（開封），史稱後晉高祖。契丹太宗乃以幽州爲燕京，改天顯十一年爲會同元年（938年），更其國號爲大遼，置百官，皆依中國，參用中國之人。晉高祖每遣使聘問，奉表稱臣，歲輸絹三十萬匹，其餘寶玉珍異，下至中國飲食諸物，使者相屬於道，無虛日。[32] 其後德光雖約高祖「不稱臣，更表爲書」，但「稱兒皇帝，如家人禮」。[33] 秋七月，遼太宗又遣中書令韓頲「奉冊高祖（石敬瑭）爲英武明義皇帝。」[34] 是年冬十月，

31　《新五代史》卷七十二，〈四夷附錄第一〉，頁892-893。

32　《新五代史》卷七十二，〈四夷附錄第一〉，頁894。

33　《新五代史》卷七十二，〈四夷附錄第一〉，頁894。

34　《新五代史》卷七十二，〈四夷附錄第一〉，頁894。
　　《遼史》卷四，〈本紀第四・太宗下〉，頁1。
　　盧逮曾，〈五代十國對遼的外交〉，《學術季刊》，卷3期1，1954年9月，頁30-34。

「晉遣使來謝冊禮」，[35]石敬瑭於稱帝後，爲了依約遣使納絹獻地於遼，於是「遣趙瑩來賀，以幽、薊、瀛、莫、涿、檀、順、嬀、儒、新、武、雲、應、朔、寰、蔚十六州，並圖籍來獻」。[36]從此中原喪失燕雲十六州的戰略屏障，其禍尚延及後世宋朝，導致中國經常陷入來自北方的威脅，在欲振乏力下，中華上國的尊嚴逐漸受到考驗，使原本具超越性名號「皇帝天可汗」的天下地位開始受到嚴峻挑戰，同時也開「華夷變態」之先聲，夷狄轉爲上國，無異與中華共享大唐「天可汗」之天朝餘蔭。

另，在唐晉交替之際，中原因國力大不如前，「夷夏之防」日強，「華夷之辨」漸嚴，石敬瑭因契丹之力而得以稱帝建國，非但不能「用夏變夷」，反而以遼爲君父，受遼冊封爲晉皇帝，以致淪爲臣下；更有甚者，又以中華「天子」之至尊，「事契丹甚謹，奉表稱臣」，竟認耶律德光爲父，稱遼太宗爲「父皇帝」，卑辭自稱爲「兒皇帝」。尤其是，「每契丹使至，帝於別殿拜受詔敕，歲輸金帛三十萬之外，吉凶慶弔，歲時贈遺，玩好珍異，相繼於道」，何況契丹若「小不如意，輒來責讓，帝常卑辭謝之」。[37]其中，尤以天福七年（942年）「契丹以晉招納吐谷渾，遣使來讓，帝憂悒不知爲計」。[38]據統計，晉遼自936年通使，至944年晉使張暉遭扣未歸爲止，計8年，「問遺往返無虛月」，事無大小，必先請命而後敢行，行後又須專使謝恩，金帛珍玩貢奉無數，服事

35　《遼史》卷四，〈本紀第四・太宗下〉，頁1。
36　《遼史》卷四，〈本紀第四・太宗下〉，頁1。
　　《新五代史》卷七十二，〈四夷附錄第一〉，頁894。
37　《資治通鑑》卷二百八十一，〈後晉紀二・高祖天福三年〉，頁9188。
38　《資治通鑑》卷二百八十三，〈後晉紀四・高祖天福七年〉，頁9236。

無微不至，歲幣以時，買歡以金，沿邊租賦，按時送納，雖畢生小心奉待，仍不免因斥讓而不知所措，擁皇帝之尊，卻甘於矮化，淪為兒臣，終於引發知恥之士，寧死不屈，捨生取義。[39]史載：「晉使者至契丹，契丹驕倨，多不遜語。使者還，以聞，朝野咸以為恥。」[40]正因為如此，所以激發出強烈的華夷思想與民族思想。

　　正因為石敬瑭對契丹曲意奉承，凡事皆卑辭以對，奉事唯謹，令朝臣引以為恥，反思正名變革之道，而不計後果，於是有景延廣挺身而出。誠所謂：知恥近乎勇，是可忍孰不能忍，願捨生取義，寧亡晉國以救天下。石敬瑭死後，石重貴繼立，是為出帝。出帝初立，大臣「議奉表稱臣，告哀於契丹」，景延廣則請「致書稱孫而不稱臣。」[41]此即，「孫皇帝」語源之始。為了決定對遼方針，朝臣旋即分為二派。(1)現實派：以桑維翰、李崧為首，認為：「屈身以為社稷，何恥之有。陛下如此，他日必躬擐甲冑，與契丹戰，於時悔無益矣。」[42]乃主張繼續維持遼晉君臣關係，甚至遊說出帝曰：制契丹而安天下，非用維翰不可。[43](2)知恥派：以景延廣為代表，主張「可以為孫，而不可為臣」。[44]於是，朝廷於議決國家大政方針之際，現實派大臣決定沿襲舊制，「議告契

39　盧逮曾，〈五代十國對遼的外交〉，頁35。

40　《資治通鑑》卷二百八十一，〈後晉紀二・高祖天福三年〉，頁9188-9189。

41　《新五代史》卷二十九，〈晉臣傳第十七・景延廣〉，頁322。
　　司馬光，《資治通鑑》卷二百八十三，〈後晉紀四・高祖天福七年〉，頁9242。

42　《資治通鑑》卷二百八十三，〈後晉紀四・高祖天福七年〉，頁9242。
　　邢義田，〈契丹與五代政權更迭之關係〉，頁14。

43　《新五代史》卷二十九，〈晉臣傳第十七・桑維翰〉，頁320。

44　《新五代史》卷二十九，〈晉臣傳第十七・景延廣〉，頁322。

丹，致表稱臣。」[45]然而知恥派宰相景延廣獨排眾議，堅稱：「但致書稱孫而已」。惟就現實而言，滿朝「大臣皆知其不可而不能奪」。[46]對此，史評稱：「及少主新立，釁結兵連，敗約起爭，發自延廣。然則晉氏之事，維翰成之，延廣壞之」，實未見公允。[47]蓋耶律德光曾約石敬瑭，親言：後晉對契丹，「不稱臣，更表為書，稱兒皇帝，如家人禮」。[48]最後，出帝採納景延廣之議。契丹大怒，遣使來責讓，且言：「何得不先承稟，遽即帝位。」[49]但見耶律德光背信違約，而非少主新立毀約。弱小之國雖戰戰競競事大亦難以自存，強大之國雖背信違約弱國也難以究責，此皆因不以「倫理典範」立國而喪失大是大非，凡事皆以「強權即公理」（power politics）來論斷的國際現實。

於是，耶律德光「怒其不先以告，而又不奉表，不稱臣而稱孫，數遣使者責晉。晉大臣皆恐，而景延廣對契丹使者語，獨不遜，德光益怒。」[50]景延廣謂契丹使者喬瑩曰：「先皇帝北朝所立，今天子中國自冊，可以為孫，而不可為臣。且晉有橫磨大劍十萬口，翁要戰，則來，佗日不禁孫子，取笑天下」。情勢發展至此，晉出帝決定改變石敬瑭對契丹舊有的從屬政策，於是對遼表示：「但稱孫不稱臣，以告高祖喪」。契丹責其違反舊例，後晉宰相景延廣因以稱臣為恥，稱：「可戰而不可屈」。[51]根據《遼史》

45　《新五代史》卷二十九，〈晉臣傳第十七・景延廣〉，頁322。

46　《新五代史》卷二十九，〈晉臣傳第十七・景延廣〉，頁322。

47　《新五代史》卷二十九，〈晉臣傳第十七・景延廣〉，頁324。

48　《資治通鑑》卷二百八十一，〈後晉紀二・高祖天福三年〉，頁9189。

49　《資治通鑑》卷二百八十三，〈後晉紀四・高祖天福七年〉，頁9243。

50　《新五代史》卷七十二，〈四夷附錄第一〉，頁894。

51　《資治通鑑》卷二百八十三，〈後晉紀四・高祖天福七年〉，頁9253。

太宗會同五年（942年）秋七月庚寅條所載：

> 晉遣金吾衛大將軍梁言，判四方館事朱崇節來謝〔弔
> 祭〕，書稱孫，不稱臣。遣客省使喬榮〔瑩〕讓之，景延
> 廣答曰：先帝則聖朝所立，今主則我國自冊，爲鄰爲孫則
> 可，奉表稱臣則不可。榮〔瑩〕還，具奏之，上始有南伐
> 之意。[52]

因此，耶律德光乃興問罪之師，大破晉軍，陷汴京（開封），出帝
與太后爲降表，自陳過咎。德光將至京師，出帝與太后出郊奉迎，
德光辭不見，曰：「豈有兩天子相見于道路邪！」四年正月丁亥朔
旦，晉文武百官班於都城北，望帝拜辭，素服紗帽以待。德光被甲
衣貂帽，立馬于高岡，百官俯伏待罪。德光入自封丘門，遂入晉
宮，封出帝負義侯，遷於黃龍府。癸巳，入居晉宮。甲午，德光胡
服視朝於廣政殿。乙未，被中國冠服，百官常參，起居如晉儀，而
氈裘左衽，胡馬奚車，羅列階陛，晉人俯首，不敢仰視。二月丁巳
朔，金吾六軍、殿中省仗、太常樂舞陳於廷，德光冠通天冠，服絳
紗袍，執大珪以視朝，大赦，改晉國爲大遼國，開運四年爲會同
十年。[53] 要之，耶律德光既併晉於契丹，乃於會同十年（947年）
元旦，以中原皇帝儀仗入汴梁，御崇元殿受百官恭賀，[54] 遂滅晉，
乃改「大契丹」國號爲「大遼」，並改會同十年爲大同元年，又改

《新五代史》卷二十九，〈晉臣傳第十七·景延廣〉，頁324。
52 《遼史》卷四，〈本紀第四·太宗下〉，頁5。
53 《新五代史》卷七十二，〈四夷附錄第一〉，頁896-897。
54 《遼史》卷四，〈本紀第四·太宗下〉，頁8。

「汴京」爲「東京」。

　　總之，天子亦稱皇帝，天子代表天下，皇帝代表國朝，石晉皇帝對外稱兒皇帝、稱孫皇帝，雖是「一家之事」，卻屬「國恥」。然以天下至尊，依託外力受冊封，固屬天下共恥。石敬瑭因「受契丹冊封爲大晉皇帝，並尊遼太宗爲父，而卑稱自己爲兒皇帝」一事，造成「中華世界帝國」＝「中國＋周邊」之「宗藩關係」的傳統「名分秩序」爆發倫理性「天下關係」的倫理秩序逆轉，導致原本屬於「華居中以御四夷」之「內華夏而外夷狄」的歷史文化價值及其宗藩秩序爲之崩解。因之，其宗藩關係也由「君父」對「臣子」的「君臣倫＋父子倫」而走向流動不定的「五倫天下關係」。

　　此一「倫理性」的天下政治秩序變化，乃因代表天下之「中華」國力衰敗所致。中華既無力「尊華攘夷」，遂開「華爲臣、夷爲君」＋「華爲子、夷爲父」＝「華爲臣子，夷爲君父」的逆轉式「五倫天下關係」之首例。不過，無論是「華華間」的「易姓革命」，還是「華夷間」的「入主革命」，雙方各自遵守「倫理典範」，乃是維持〈五倫天下關係論〉之天下秩序的不二法門，而中華擁有絕對性的武力優勢與遵守並維護其〈五倫天下關係論〉之倫理典範的榜樣，實現「內聖外王」的理想，才是穩定天下秩序邁向長治久安之道。

第四節　後漢的五倫天下關係

　　耶律德光因出身遊牧民族，故其人馬出征時大多不給糧草，常遣騎分出四野，劫掠人民，號爲「打草穀」。德光既滅晉，乃遣其部族酋豪及通事爲諸州鎮刺史、並以節度使統之，括借天下錢帛

以賞軍。後晉遺民被其毒，遠近怨嗟。後漢高祖劉知遠爲河東節度使，起太原，故所在州鎮多殺契丹守將歸漢，德光大懼，乃於大同元年四月（947年4月）引軍北歸，行至欒誠，得疾，卒於殺胡林。[55]又因中原抗暴四起，耶律德光所留諸州鎮刺史、節度使無力鞏固統治。劉知遠因素掌兵權，乃乘機收拾殘局，迅即奄有中原，遂於947年即位於晉陽，建國號爲漢，史稱後漢，是爲高祖。

事實上，劉知遠在輔佐石敬瑭取得政權後，出鎮河東，就曾違反《禮記》〈郊特牲〉所言：「爲人臣者無外交，不敢貳君也」的古訓，他不但交好契丹，且在遼太宗天顯十二年（937年）時朝貢契丹。根據《遼史》所載，稱：「太原（節度使）劉知遠，……遣使來貢」。[56]可見，劉知遠在河東時即對石敬瑭早有貳心。及聞耶律德光入汴，並不率軍馳援，但一面派兵嚴守河東四境，以防遼軍入侵，一面遣安陽王峻奉表詣耶律德光，以賀入汴，並朝獻貢物，以謀結遼圖己。因此，耶律德光曾賜詔褒美，並進書親加「兒」字於劉知遠姓名之上，意圖以待石敬瑭爲「兒皇帝」之故智，用來對待劉知遠，力圖建立「父子之邦」。又，因劉知遠「遣使來貢」，耶律德光乃謀以臣禮待之，企圖構建「君臣之邦」，進而仿效《中華世界秩序原理》之「君父臣子倫」，用以建立以大遼爲中心的天下秩序。

此外，劉知遠又遣北都副留守太原白文珂入獻奇繪名馬，以討好遼朝。契丹主知劉知遠觀望不至，及文珂還，使人謂知遠曰：「汝不事南朝，又不事北朝，意欲何所俟耶？」[57]由此可知，此

---

55 《新五代史》卷七十二，〈四夷附錄第一〉，頁898-899。

56 《遼史》卷三，〈本紀第三・太宗上〉，頁7。

57 《資治通鑑》卷二百八十六，〈後漢紀一・高祖天福十二年〉，頁9336。

時，劉知遠在名義上雖事南朝，然心不在後晉；雖不事北朝，但意圖交好北朝，故德光知其意在交好遼朝，以圖代晉而有天下。947年，耶律德光於滅晉後，在東京（汴京）建國號大遼，踐祚稱帝改元爲大同元年，旋引軍北返，劉知遠知時過則機不再來，遂不再觀望，立即稱帝於晉陽。

948年春正月漢主劉知遠殂，子承祐立，建元乾祐，是爲隱帝。於是，契丹聯帝唐議攻漢，次年冬十月，遣諸將率兵攻卜貝州。[58]950年12月，承祐命郭威率軍北征，至澶州（濮陽）擊敗南下的遼軍。郭威將士數千人忽大譟，「裂黃旗以被威體，共扶抱之，呼萬歲震地，因擁威南行。郭威乃上太后牋，請奉宗廟，事太后爲母。」[59]太后，不得已以郭威爲侍中監國。廣順元年（951年），春正月，丁卯，漢太后下誥，「授監國符寶，即皇帝位」，郭威遂即位於崇元殿，制曰：「朕周室之裔，虢叔之後，國號宜曰周。」[60]遂改國號爲周，建元廣順。史稱後周，是爲後周太祖。

相對於後周，後漢高祖劉知遠之弟劉崇見郭威篡後漢自立，亦於951年在太原即位，建國號爲北漢。後周旋攻劉崇，劉崇則謀聯遼以抗後周。951年4月，劉崇乃遣使遼朝，自稱「侄皇帝致書於叔天授皇帝」，請求冊立。因「以侄事叔」，故漢遼國家關係成爲〈五倫天下關係論〉之「兄弟倫」的叔侄關係。天祿五年（951年）六月辛卯朔，劉崇爲周所攻，乞援於契丹，「遣使稱姪，乞援，且求封冊。」遼世宗即遣燕王述軋和樞密使高勳，往冊北漢

---

58 《遼史》卷五，〈本紀第五・世宗〉，頁1。

59 《資治通鑑》卷二百八十九，〈後漢紀四・隱帝乾祐三年〉，頁9447。

60 《資治通鑑》卷二百八十九，〈後漢紀四・隱帝乾祐三年〉，頁9449-9450。

主劉崇爲「大漢神武皇帝」。[61]九月庚申朔，自將南伐，師次歸化州，祭其父讓國皇帝於行宮，旋遇察割反，遭弒而罷。[62]同月丁卯，穆宗即皇帝位，群臣上尊號爲天順皇帝，改元應曆，並遣使告哀於後漢，冬十一月，漢、周、南唐各遣使來遼弔祭。次年六月，漢爲周所攻，遣使求援，遼命右相高模翰赴援。[63]由此可知，五代之際，北漢在契丹保護下，以二對一，後周亦莫可奈何。北漢雖非亂世正統，也不記入五代王朝更迭史，但因與宋朝統一中國、遼與北漢建立「叔姪＋君臣」的「五倫天下關係」相關，故特一筆述及。

又，因北漢向契丹稱姪求援，並請求叔皇帝冊封一事，乃繼後唐李存勖之後，又一件欲以結好契丹做爲奧援，遂自稱姪而以叔父事遼，並接受遼朝冊立爲大漢神武皇帝，再開「華爲姪、夷爲叔」、「華爲臣、夷爲君」之逆轉式〈五倫天下關係論〉的「兄弟倫」＋「君臣倫」之例。顯然，此時東亞的政治秩序，乃華夷所共創、共建的天下秩序，雖各領風騷若干年，但此乃亂世之非正常的天下關係。至於，太平時期的天下秩序則大都「以華爲主、以夷爲輔」的天下關係，如漢唐的中華世界秩序。惟因規範「中華世界帝國」之《中華世界秩序原理》＝規範「天下」之《天下秩序原理》也有〈華夷可變論〉，允許「華夷變態」式的夷狄入主中國，如遼金元清等朝代，雖然他們曾經統治中國，但是幾乎都「化夷爲華」，同化於中華歷史文化價值之中，最後形成「多元一體」的

---

61 脫脫，《遼史》卷五，〈本紀第五‧世宗〉，頁2。
　　《資治通鑑》卷二百九十，〈後周紀一‧太祖廣順‧元年〉，頁9460、9462。
62 脫脫，《遼史》卷五，〈本紀第五‧世宗〉，頁2。
　　陶晉生，《宋遼關係史研究》，（台北：聯經出版事業公司，1984年），頁16。
63 脫脫，《遼史》卷六，〈本紀第六‧穆宗上〉，頁1。

「中華民族」。這種爲了維護天下秩序與《天下秩序原理》的運作機制，與西方基於民族國家（nation state）與民族主義所形成之追求「國家利益」的《國際法》與《國際關係》截然不同，故不可爲了「以西非東」而錯將西方之《國際法》與《國際關係》的秩序原理用來詮釋東方的《天下秩序原理》所形成之天下秩序。否則，將有天差地遠之虞。

第五節　後周的五倫天下關係

大同元年（947年）四月，遼太宗耶律德光於滅晉北歸時，崩於欒城，從征的讓國皇帝長子兀欲即位於樞前，九月葬嗣聖皇帝於懷陵，丁卯行柴冊禮，受群臣所上玉冊，燔柴祀天，於是群臣上尊號曰天授皇帝，改大同元年爲天祿元年。[64]是爲遼世宗。

周太祖廣順元年（世宗天祿五年，951年）春正月，郭威篡後漢，自立爲帝，建國號爲周，是爲太祖，史稱後周。同年，郭威遣朱憲伴送遼使歸蕃，兼致書敘革命之由。[65]春二月，郭威遣姚漢英、華昭允使契丹，以「書辭抗禮」留漢英等。[66]後周僅以「書辭抗禮」，即以雙方地位對等的國書致契丹皇帝，使節即遭契丹扣留。顯然，契丹對中原五代諸朝，常以上國自居以圖支配天下秩序，故「書辭抗禮」對契丹而言，就是以下犯上的大不敬侵犯。換句話說，契丹仍以後唐、後晉、北漢之例對待後周。同時，也呈現出東方的天

---

64 《遼史》卷五，〈本紀第五・世宗〉，頁1。
65 《遼史》卷五，〈本紀第五・世宗〉，頁2。
66 《遼史》卷五，〈本紀第五・世宗〉，頁2。
　　陶晉生，《宋遼關係史研究》，頁16。

下秩序關係，在國力不對稱，強弱不一的天下秩序中，並不允許出現對等國交，因此在東亞不存在西方式主權對等的「朋友之邦」≒「友邦」，但有旗鼓相當，互行「敵禮」的「敵體」存在。

同年夏四月，周遣田敏使遼，「約歲輸錢十萬緡」，北漢主也遣使厚賂契丹，自稱「姪皇帝致書於叔天授皇帝」，請行冊禮。[67]後周雖願以歲幣金帛輸遼，但堅持「書辭抗禮」，不願降格以對。顯然，亟欲打破不對等的邦交關係。六月辛卯朔，自立於太原的劉崇為後周所攻，乃遣使稱姪乞援，且求封冊，契丹即遣燕王樞密使高勳冊為大漢神武皇帝。[68]在西方，援外國家與受援國家之權力雖有所不同，甚至有侵略者與被侵略者之分，但其主權對等，地位均一。此點，正是東西方「天下vs.國際」之秩序原理所最為不同之處。因此，東方強大的國家可以冊封弱小國家，成為上國。但在成為上國的同時，須為臣服於其的弱小屬藩負起存國存祀責任，此即所謂的「興滅國繼絕祀」義務，在歷史文化價值或《天下秩序原理》上，稱之為〈興滅繼絕論〉。

遼天錄五年（947年）九月癸亥世宗遇害，穆宗繼位，群臣上尊號曰天順皇帝，改元應曆，遣劉承訓告哀於北漢。冬十一月，周遣使來弔祭。乙亥詔朝會依嗣聖皇帝故事用漢禮，十二月甲辰北漢遣使獻弓矢鞍馬。[69]喪國告哀與關係國弔唁，在東方的天下秩序中，乃除了〈封貢體制論〉的朝貢與冊封之外，用以顯示雙方關係或親或疏之政治意義中，最為重要的傳統睦鄰禮儀。至於五代與遼朝之「五倫天下關係」，請參閱表一，如次：

---

67 《資治通鑑》卷二百九十，〈後周紀一・太祖廣順元年〉，頁9460。
68 《遼史》卷五，〈本紀第五・世宗〉，頁2。
69 《遼史》卷六，〈本紀第六・穆宗上〉，頁1。

表一　五代與遼朝之五倫天下關係略表

國號 五代	稱號	國號 遼	稱號	五倫關係
1. 後梁	帝	遼	帝	稱臣：阿保機對梁，奉表稱臣。後，又約為甥舅之國，然未如約。 倫理：梁遼乃君臣倫，為君臣之邦
2. 後唐	帝			稱兄：唐遼先約為兄弟，後以姪事叔 倫理：兄弟倫，為兄弟之邦
3. 後晉	子 臣 帝			稱臣：晉受遼冊封為大晉皇帝 稱子：石敬瑭以遼為父，晉為子 倫理：晉遼為君臣倫＋父子倫 君父之邦vs.臣子之邦
	孫 帝			稱孫：出帝對遼稱孫、不稱臣 倫理：父子倫，約為父子之邦
4. 後漢	帝			邦交：敵體抗禮，兄弟之邦或友邦 倫理：朋友倫＋遼方片面父子倫 友邦＋遼自稱父子之邦
（北漢）	姪 臣 帝			稱姪：劉崇對遼稱姪求援請封 稱臣：封劉崇為大漢神武皇帝 倫理：晉遼為君臣倫＋兄弟倫 君叔之邦vs.臣姪之邦
5. 後周	帝			邦交：因堅守書辭抗禮，為敵體抗禮 倫理：朋友倫，為朋友之邦
宋太祖 宋太宗	帝			邦交：敵體抗禮，兄弟之邦或友邦 倫理：朋友倫→兄弟倫

出處：依五代與契丹（遼）的五倫天下關係論述與理論架構作成，並請參考
　　　圖一，頁25。

　　959年，後周世宗爲規復燕雲十六州，對遼開戰，並奪回瀛、莫二州。此時，天下局勢開始有了重大改變，後周世宗經過短暫而有效的整軍經武後，終於擊敗契丹，並爲中原與北朝之新關係投下

了時代變革的新契機。不久，周世宗病歿，恭帝繼立。960年，後周禁軍領袖趙匡胤於陳橋兵變中，因受部將之擁戴而黃袍加身，遂即帝位，建國號為宋，是為宋太祖。

第七章
宋遼「兄弟之邦」體制的建立

　　宋太祖建隆元年（960年）八月，黃袍加身的趙匡胤爲了統一中國，將有事於北漢，乃密訪武勝節度使張永德，尋求出兵策略。張永德表示：太原兵少而悍，加以契丹爲援，未可倉卒取也，必先絕其援然後可圖。[1]終太祖之世，因北漢與契丹結爲「叔侄關係」的「兄弟之邦」，並接受契丹的冊封，也形成「君臣之邦」。太祖雖力圖統一中國，但力有未逮。又鑒於天下亂離，人心思治，遂在北邊探東和契丹，西平北漢之策，但徒勞無功。及太宗即位，始於太平興國四年（979年）親征北漢。北漢主劉繼元求援於契丹，因契丹與北漢不但具有屬叔侄關係，而且曾封其爲「大漢神武皇帝」，故亦具君臣關係，乃遣使詰問宋朝興師伐北漢之故。自此，宋遼和平結束，聘問不通。[2]北漢劉繼元因不堪宋太宗帥軍日夜猛攻，乃遣客省使李勳上表納欵，太宗命通事舍人薛文寶齎詔招撫。劉繼元遂率官屬素服紗帽請罪，詔釋之。[3]太宗於掃平北漢之後，統一中國，結束了五代十國的混亂局面。

1　（宋）彭百川撰，《太平治蹟統類》（適園叢書52。台北：藝文印書館，出版年不詳）卷二，〈太祖太宗親征北漢〉，建隆元年八月條，頁24-25。
2　陶晉生，《宋遼關係史研究》，頁21。
3　（宋）彭百川撰，《太平治蹟統類》卷二，〈太祖太宗親征北漢〉，太平興國四年正月條，頁36-39。

　　總之，宋朝太祖、太宗因受傳統歷史文化價值〈大一統論〉
的影響，圖謀統一中國，對抗遼國，進而規復燕雲十六州。於是，
太祖乃在開寶四年（971年）滅南漢、975年降江南（南唐）。宋
太祖崩後，弟太宗立，繼承遺志，也於978年滅吳越、979年降北
漢，除燕雲十六州尚未光復外，大致統一中國。同年，太宗亦企圖
北伐契丹，光復燕雲十六州。相對的，遼也於景宗乾亨二年（980
年）入侵瓦橋關，統和六年（988年）遼軍攻陷涿州、祁州。遼在
軍事上雖略占優勢，但仍與宋大致旗鼓相當，故也無力深入宋地。
從此，雙方陷入征戰，雖互有勝負，但宋遼均因國力所限，大致止
於相互抗衡而已。於是，天下大勢形成宋遼二強對峙局面。[4]

第一節　勢均力敵下的宋遼兄弟之邦

　　宋眞宗景德元年（遼統合二十二年、1004年），遼聖宗率軍
南下，遼軍直撲澶州（河南省濮陽），威脅汴京，朝野震動。適好
爲契丹所俘並授以觀察使的王繼忠，從契丹捎來信息，稱「北朝欽
聞聖德，願修舊好」。眞宗謂輔臣，曰：「朕念往昔全盛之世，亦
以和戎爲利。……又念自古獯鬻爲中原強敵，非懷之以全德，威之
以大兵，則獷悍之性，豈能柔服。」[5]宋爲讓契丹畏威懷德，除整
軍備戰外，亦謀和遼。眞宗一面強調抗遼決心，稱：若「遺之貨

4　張啓雄，〈中國規範傳統國際關係的「五倫天下關係論」理論論述——五代宋遼
　　五倫國際關係的倫理解析〉，許倬雲、張廣達編，《唐宋時期的名分秩序》，
　　頁158-176。

5　李燾，《續資治通鑑長篇》卷五十七，（北京：中華書局，1980年），眞宗景德
　　元年閏九月乙亥，頁1268。

財，斯可也。所慮者，關南之地曾屬彼方，以是為辭，則必須絕議，朕當治兵誓衆，躬行討擊」，一面則以手詔令轉王繼忠奏契丹主，稱：「今覽封疏，深嘉懇誠。朕富有寰區，為人父母，儻諧偃革，亦協素懷。」[6]遂為未來的宋遼和平共存打開一扇窗口。

至於契丹大軍因有備而來，銳不可擋，宋欲遷都以避，宰相寇準力主真宗親征，遂行抵澶州登城督戰，宋軍氣勢為之大振，遼軍則因主帥巡守陣營，單騎意外陣亡，雙方遂於次年（1005年1月）達成停戰協議，宋遣曹利用與蕭太后談判，締結《澶淵誓書》（澶淵盟約），史稱「澶淵之盟」。契丹原以索取關南故地為言，宋使曹利用則沮之，謂：

> 北朝既興師尋盟，若歲希南朝金帛之資以助軍旅，則猶可議也。其接伴政事舍人高正始遽曰：今茲引眾而來，本謀關南之地，若不遂所圖，則本國之人負媿〔愧〕多矣。利用答以：稟命專對有死而已，若北朝不恤後悔，恣其邀求，地固不可得，兵亦未易息也。其國主及母聞之，意稍息〔緩〕，但欲歲取金帛。〔曹〕利用許遺絹二十萬匹，銀一十萬兩，議始定。[7]

於是，雙方議定，宋輸遼歲幣、歲絹「每歲以絹二十萬匹，銀一十萬兩」。就〈名分秩序論〉的「名實論」觀之，在敵強我弱時，儒家文化，正如宋朝觀念，容易傾向於「捨實求名」。相

---

6 《續資治通鑑長篇》卷五十七，真宗景德元年閏九月乙亥，頁1268-1269。

7 《續資治通鑑長篇》卷五十八，真宗景德元年十二月癸未，頁1290。

對的，遊牧習俗，如遼朝觀念，容易傾向於「捨名求實」。所以，宋朝在名分觀的指導下，願意輸利予遼，換取「中華」或「正統」之名，而遼則傾向於願為「敵體」以換取所需的幣帛。扼要言之，宋寧願「取名捨利」，遼則願意「捨名取利」。如此一來，各取所需，故盟約易成。宋朝何以寧願取名捨實？蓋心存「苦撐待變，以待他日」故也。

又，在雙方議定宋輸遼歲幣歲絹後，契丹遣王繼忠見曹利用，言：「南北通和，實為美事。國主年少，**願兄帝南朝**」。[8]因之，宋遼成為「兄弟之邦」。再就〈名分秩序論〉而言，以「年齒大小」的客觀事實為基礎，宋朝當然樂於為「兄邦」，而視遼朝為「弟國」。此時，遼朝儒化或漢化未深，早已滿足於宋遼為「兄弟之邦」的待遇。《遼史》亦載遼聖宗統和二十二年十二月（宋真宗景德元年，1005年）稱：「戊子，宋遣李繼昌請和，以太后為叔母。」[9]因遼聖宗年齒稍幼，宋真宗較長，故遼聖宗以宋真宗為兄，宋真宗稱遼聖宗為弟，乃約為「兄弟之國」。宋遼兩造因同意約為「兄弟之國」，故依「兄弟倫」之倫理，宋真宗稱遼聖宗之母蕭太后為叔母，蓋雙方推而廣之，遂及於宋遼皇室之長、晚輩，其後更衍生兄弟、叔侄、叔祖侄孫等三代間「兄弟之邦」的輩分倫理與稱號尊卑的變化。

另，在慶陵出土的《遼聖宗哀冊文》中，也有命使者赴宋結好兄弟之盟，遵「兄弟倫」，守「倫理典範」，「敦友愛」以期於長

8　《續資治通鑑長篇》卷五十八，真宗景德元年十二月癸末，頁1291。

9　《遼史》卷十四，〈本紀第十四‧聖宗五〉，頁3。
　　陶晉生，《宋遼關係史研究》，頁25。

久的記載，如次：

> 疊伸誠款，懇求繼好，乞効刑牲，供奉金帛，助贍甲兵，
> 尊聖善，而庶稱兒姪，**敦友愛而願作弟兄**，保始終之悠
> 久，著信誓於丹青。[10]

其中，「兄弟倫」的倫理典範就是「**敦友愛**」，即「兄友弟恭」之
謂也。且弟兄繼好，後世仍願稱兒姪，始終如一，共其悠久，信誓
永垂丹青。

　　於是，雙方得以展開邦國間的外交聘問，皇室間得在〈五倫天
下關係論〉下遂行「兄弟倫」的名分秩序禮儀往來。從此，宋遼間
以〈五倫天下關係論〉和〈名分秩序論〉作爲往來的準則，替代以
戰爭爲手段來解決雙方的紛爭，同時爲天下與蒼生帶來可長可久的
和平盛世。

　　雙方於盟約締結後第二年，宋朝遣使赴遼賀蕭太后生辰，宋
眞宗於致書時，「自稱南朝，以契丹爲北朝」，拋棄大宋、大遼的
名分之爭。宋遼遂於百餘年間不再爆發重大衝突或戰事。雙方禮尚
往來，通使殷勤，互使共達三百八十次之多，遼朝邊地發生飢荒，
宋朝也會派使在邊境賑濟，宋眞宗崩逝消息傳來，遼聖宗也「集蕃
漢大臣舉哀，后妃以下皆爲沾涕」。[11]因澶州又名澶淵，遂開《中
華世界秩序原理》〈五倫天下關係論〉之「兄弟倫」的典型先例，

---

10 田村實造，《中國征服王朝の研究》上，（京都：東洋史研究會，1964年），
　　頁193。

11 〈澶淵之盟〉，《維基百科，自由的百科全書》，（2017年3月5日查閱）。

足爲後世師法，尤其是值得自近代以迄今日西方國家所執掌之國際秩序，幾乎無日不戰，無時不爭的國際社會所深思、反省，進而效法。

　　較諸西方《國際關係》或《國際法》之主權對等，《中華世界秩序原理》〈五倫天下關係論〉之「兄弟倫」的「兄弟之國」與西方「友邦」的觀念，最爲接近，易於銜接，且較西方更爲優越。蓋西方國際關係的最主要目的，就是追求「國家利益」，以致缺乏倫理的規範，甚至主張國際關係必須排斥倫理才能規範國際秩序，殊不知「法理」乃最後一道防線，在法庭裁判之前或訴諸戰爭之前，先經過「倫理典範」的規範約制，更能防範戰爭於未然，讓國際社會依循「名分」來追求「秩序」。因民族國家（nation state）總是一味追求一族一國之「國家利益」而「交征利」，以致造成國家間相互傾軋，結果形成「強欺弱，衆暴寡」的現實。何況，歐洲自締結西伐利亞條約以來，若論戰爭其大者有30年戰爭、百年戰爭、第一次世界大戰以及第二次世界大戰，舉世動盪；小者更不計其數，幾乎有無日不戰，無戰不大量死傷的後果。

　　反觀宋遼所締結的「兄弟之邦」，因爲奉行「敦友愛」的「兄友弟恭」，不但遵行〈五倫天下關係論〉「兄弟倫」之「長幼有序」的「倫理典範」，而且也遵奉〈名分秩序論〉所締造之「兄友弟恭」、「兄前弟後」的倫理秩序。此種〈五倫天下關係論〉與〈名分秩序論〉＝由「因名定分」走向「因分定序」，然後「循序運作」邁向「秩序井然」之境的天下倫理與秩序，對東方國家而言，都是耳熟能詳之事，因爲自小即受教於家族、薰陶於社會之中，故早已從中體得教養，並身體力行，進而善加運用轉爲國家儀節，最後推廣到天下邦際關係，形成天下禮儀，故雖無養成學校實

施長期特殊教育訓練，亦能奉行不輟。然後，外交可以專注於天下專業事務，並依其倫理秩序的邏輯與天下形勢發展的圓潤運轉，而得以造福全球，追求太平盛世。

　　由於宋遼君主，壽命長短不一，生歿年月，各有不同，故以締約第一代，即宋眞宗與遼聖宗之年齒長幼爲基準點，決定「孰兄孰弟」之稱謂。兄弟名分既告確定，則以此名分爲基準，形諸秩序，並傳諸後世而不變。又因祖、父、子之「輩份序列」不同，故造成「輩分差序」有別，導致「兄弟倫」之親等昇降，其稱謂亦隨帝王之駕崩、繼位而有上下輩分之調整。茲表列如下頁。

　　分析言之，在澶淵之盟後，宋遼爲結束戰爭締結澶淵之盟，約爲兄弟之邦。基於生卒年月之先後、壽命之長短、輩分之高下，以定「祖、父、子」之親等昇降，然後有「兄弟」、「伯侄、叔侄」或「伯孫、叔孫」等之輩分區隔。依家族倫理而論，雙方之親等級距，相差愈多則尊卑愈顯著，尊卑愈顯著則禮儀之榮寵愈加複雜。是故，「依名定分、因分定序、循序運作」之名分秩序愈加嚴格。茲分析如次：

1. 宋眞宗生於968年，相對的，遼聖宗生於972年，宋眞宗較遼聖宗長三歲，故於兄弟之盟時，宋眞宗爲兄、遼聖宗爲弟。就〈名分秩序論〉而言，其輩分序列之定位，係基於「年齒差序」而定其長幼尊卑之名分秩序。

2. 宋仁宗生於1010年，遼聖宗生於972年。因聖宗與眞宗同輩，眞宗駕崩後，仁宗繼位，故聖宗高仁宗一輩。據此輩份消長，宋仁宗須尊稱遼聖宗爲叔，而自稱爲侄。輩份消長的關鍵在於「宋眞宗駕崩」。

表一　澶淵之盟後宋遼兄弟之邦輩分序列表

輩分傳承	宋帝	生卒年月(在位期間)	稱謂	輩分序列	稱謂	生卒年月(在位期間)	遼帝	輩分差序
第1代	真宗	968年12月-1022年3月(997-1022)	兄	祖／父子—父子	弟	972年1月-1031年6月(982-1031)	聖宗	判定基點：年紀決定長幼 宋真宗長遼聖宗三歲，宋長遼幼，宋為兄、遼為弟
第2代	仁宗		侄	祖父子—祖父子	叔		聖宗	判定基點：輩分優於長幼 宋真宗先駕崩，遼聖宗高宋仁宗一輩，宋為侄、遼為叔（因聖宗為弟故稱叔）
	仁宗	1010年5月-1063年4月(1022-1063)	兄	祖父子—祖父子	弟	1016年4月-1055年8月(1031-1055)	興宗	遼聖宗駕崩後，興宗繼位，遼興宗年齒晚宋仁宗六年，宋長遼幼，宋為兄、遼為弟
	仁宗		伯	祖父子—祖父子	侄		道宗	仁宗壽長、興宗壽短（歿），仁宗高道宗一輩，宋為伯、遼為侄（因興宗為弟故稱伯）
第3代	英宗	1032年2月-1067年1月(1063-1067)	兄	祖父子—祖父子	弟	1032年9月-1101年2月(1055-1101)	道宗	宋仁宗駕崩，英宗繼位，宋遼皇帝同年出生，月份宋長遼幼，宋長遼幼，宋為兄、遼為弟
第4代	神宗	1048年5月-1085年4月(1067-1085)	侄	祖父子—祖父子	叔		道宗	道宗壽長、英宗壽短（歿），遼道宗高宋神宗一輩，宋為侄、遼為叔（因遼為弟故稱叔）
第5代	哲宗	1077年1月-1100年2月(1085-1100)	侄孫	祖父子—祖父子	叔祖		道宗	道宗壽長、神宗壽短（歿），哲宗繼位 遼道宗高宋哲宗二輩 宋為侄孫、遼為叔祖
	哲宗		兄	祖父子—祖父子	弟	1085年6月-1128年（1101-1128)	天祚帝	遼道宗駕崩，天祚帝繼位，宋哲宗長遼天祚帝八歲，宋長遼幼 宋長遼幼，宋為兄、遼為弟
第6代	徽宗	1082年11月-1135年6月(1100-1125)	兄	祖父子—祖父子	弟		天祚帝	哲宗駕崩，徽宗繼位，宋徽宗較遼天祚帝早生三年 宋長遼幼，宋為兄、遼為弟
締約兩造：宋遼		天下關係：兄弟之邦			適用倫理：兄弟倫			締約成果：和平共存122年[12]

出處：本表依陶晉生《宋遼關係史研究》頁26-27、《維基百科》〈宋真宗、仁宗、英宗、神宗、哲宗、徽宗〉條（2013年8月1日查閱）、方詩銘等編著《中國史曆日和中西曆日對照表》等之資料比對後作成。至於序列，本書圖四、圖六亦具參考價值。

---

12 根據統計，宋遼「兄弟之邦」在165年中，兩朝和平時期長達122年之久，而失和時期則僅43年而已。

3. 宋仁宗生於1010年，遼興宗則生於1016年。遼聖宗駕崩後，興宗繼位，宋遼皇帝之父輩俱逝，宋遼國交關係，再由叔侄關係回歸兄弟關係。因遼興宗年齒較宋仁宗晚六年，故宋長遼幼，宋為兄、遼為弟，關鍵為「遼聖宗駕崩」。

4. 宋仁宗生於1010年，遼道宗生於1032年。遼道宗為遼興宗之皇位繼承人。因仁宗壽長而興宗壽短，故仁宗與興宗同輩，而高遼道宗一輩，故宋為伯、遼為侄。宋遼國交關係，所以由兄弟輩轉為伯侄輩，關鍵在於「遼興宗駕崩」。

5. 宋仁宗駕崩後，宋英宗繼位，英宗生於1032年與遼道宗同年出生，屬於同輩。惟因宋英宗生於2月，較生於同年9月的遼道宗約年長半歲有餘，故宋英宗為兄，遼道宗為弟。宋遼國交關係之所以由伯侄輩轉為兄弟輩，關鍵在於「宋仁宗駕崩」。

6. 宋神宗生於1048年，遼道宗不但早生於宋神宗，而且還是其父執輩的叔父，故宋遼皇室聘交關係，宋神宗須降格一等為侄，遼道宗則升格為叔，成為叔侄關係。宋遼國交關係之所以由兄弟輩轉為叔侄輩，關鍵在於「宋英宗駕崩」。

7. 宋哲宗生於1077年，因其父神宗與遼道宗之輩分為叔侄關係，故宋哲宗對遼道宗之輩分，共需降格二等，成為侄孫對叔祖的關係。宋遼國交關係之所以由叔侄輩轉為叔祖輩，關鍵在於「宋神宗駕崩」。

8. 宋哲宗生於1077年，遼天祚帝生於1085年，計哲宗較天祚帝長8歲。宋遼輩分序列突然又由侄孫對叔祖關係回歸到宋長遼幼，

聶崇岐，〈宋遼交聘考〉，《燕京學報》期27，北京：1940年6月，頁4。

陶晉生，《宋遼關係史研究》，頁23。

乃因「天祚帝是遼道宗的孫子」，故回歸到宋為兄、遼為弟的同輩，但有長幼先後的輩分差序關係。宋遼國交關係之所以由侄孫對叔祖輩回歸兄弟輩，關鍵在於「遼道宗駕崩」。

9. 宋徽宗生於1082年，遼天祚帝生於1085年，計徽宗較天祚帝長3歲。徽宗雖是哲宗的皇位繼承人，但二人為兄弟平輩關係，故宋徽宗與遼天祚帝仍是宋長遼幼，宋為兄、遼為弟的同輩關係，但有長幼先後的輩分差序。宋遼國交關係之所以仍停留於兄對弟的兄弟輩，乃因宋哲宗駕崩，而宋徽宗繼位，其皇位繼承為「兄終弟及」的帝位傳承所致。關鍵在於「宋哲宗駕崩」。

　　此外，我們也可以依據圖二：〈五倫天下關係論〉「兄弟倫」皇室倫理座標圖，來觀察宋遼兄弟之邦，其皇室間所遵行的「兄前弟後」倫理關係。就理論而言，從「X軸」之座標（0.1）與（-0.1）的正負數據，可以判斷出宋遼兩造間的兄弟之邦，「雖平等，但有兄前弟後」的倫理階層關係；又從「Y軸」之座標（1）（-1）的正負數據與代表尊卑的「>」符號，可以判斷出上下尊卑的倫理關係。所以（0.1, 1）>（-0.1, 1）；（-0.1, 1）>（0.1, -1）；（0.1, -1）>（-0.1, -1）。（0.1, 2）>（-0.1, 2）；（-0.1, 2）>（0.1, -2）；（0.1, -2）>（-0.1, -2）。其他，亦可依此邏輯加以類推。從而，判斷出其君臣父子間之上下尊卑倫理關係與兄弟間之前後左右的宋遼皇室間倫理關係。

第二節　以名分秩序交涉取代戰爭的百年和平體制

(一) 澶淵之盟的和平體制

　　自唐末以降，天下亂離。五代之時，中國朝代更迭頻繁，契丹亦捲入中原爭霸。宋建隆元年（遼穆宗應曆十年、960年）趙匡胤建國稱帝，形成宋遼對抗的新形勢。宋太祖鑒於天下之所以分崩離析，朝代更迭頻仍，在於節度使擁兵自重，藩鎮割據，方乃採強幹弱枝之策，斷行杯酒釋兵權，以文治天下。此時，天下人心思治，宋遼亦期待太平盛世到來。遼景宗保寧六年（宋太祖開寶七年、974年）十一月，遼涿州刺史耶律琮因有感於家國亟需休養生息，乃致書宋權知雄州內園使孫全興，強調人臣雖無外交，但苟有利國家，亦可專之。內稱：

> 琮受君命，出守雄邊。臣論交於境外，言則非宜，事有利於國家，專之亦可。西北兩地，古今所同，曷嘗不屢載歡盟，時通贄幣。往者晉氏後主，政出多門，惑彼彊臣，忘我大義，干戈以之用，生靈於是罹災。今茲兩朝，本無纖隙。若或交馳一介之使，顯布二君之心，用息疲民，重脩舊好，長爲與國，不亦休哉。琮以甚微，取于斯義，遠希通悟，洞垂鑒詳。[13]

　　因此，宋太祖乃命孫全興以書答聘。《遼史》景宗保寧六年

---

[13] 《太平治蹟統類》卷二，〈太祖經略幽燕〉，開寶七年十一月條，頁3。

三月亦載，「宋遣使請和，以涿州刺史耶律昌朮加侍中，與宋議和。」[14]八年閏三月，遼「遣欸附使克實克謹思奉書來聘，稱契丹國，上命閤門副使郝崇信至境上迓〔迎〕之」。[15]可見，遼景宗與宋太祖趙匡胤已有良好的互動。其互動乃源於契丹所言：「交馳一介之使，顯布二君之心，用息疲民，重脩舊好，長爲與國，不亦休哉」的提議，宋太祖始命孫全興答聘契丹，以修好宋遼關係。保寧七年（宋開寶八年、975年）「春正月甲戌朔，宋遣使來賀」，「八年春正月癸酉，宋遣使來聘。」[16]從此，爲宋遼走向節慶互賀，喪事互悼，有事則交聘的良性循環奠下基礎。

開寶九年（太平興國元年、976年）六月，癸丑太祖崩逝，甲寅太宗即位。[17]宋遣使告喪於契丹，契丹亦遣使來弔喪，旋又遣使來賀太宗登極，並賀次年正旦。太平興國四年（遼乾亨元年、979年）太宗親征，滅北漢。遼以宋太宗滅其所冊封且具叔侄關係之「大漢神武皇帝」，宋遼關係因此交惡，進而交戰，直到締結澶淵之盟，計25年間，雙方互不通使臣。[18]澶淵之盟時，雙方議定，宋遺遼歲幣銀一十萬兩，歲絹二十萬匹，互不侵犯國權領土。宋帝以年齒稍長於遼帝，故宋方爲兄，遼方爲弟，因而建立了「兄弟之邦」。一旦雙方互有紛爭之處，約共同遵守名分秩序，並以交涉取代戰爭。事實上，雙方在天下聘交往來上，確實爆發不少爭端，但都在共遵「兄弟之邦」之名分秩序的前提之下，互以倫理交涉取代

14　《遼史》卷八，〈本紀第八・景宗上〉，頁2。

15　《太平治跡統類》卷二，〈太祖經略幽燕〉，開寶七年十一月條，頁3。

16　《遼史》卷八，〈本紀第八・景宗上〉，頁3。

17　《太平治跡統類》卷二，〈太祖太宗授受之懿〉，開寶九年六月條，頁15-18。

18　陶晉生，《宋遼關係史研究》，頁21。

武力戰爭，因而得以避免戰爭，維持和平共存，總計122年之久，確實值得提供國際社會或愛好和平的有志之士參酌。期間，宋遼雖有爭端但無戰爭，堪稱天下共存共榮的和平體制。茲羅列其倫理性的名分秩序交涉，如次。

(二) 以尊名定分之交涉取代戰爭

1. 座次高低之爭

遼聖宗開泰初年（宋真宗大中祥符年間、1015年前後），遣〔蕭〕和尚「使宋賀正，將宴，典儀者告，班〔次，坐〕節度使下。〔蕭〕和尚曰：「班次如此，是不以大國之使相禮，且以錦服為賜，如待蕃部。若果如是，吾不預宴。」宋臣不能對，易以紫服，位視執政，使禮始定。[19]儀典之座次與班次，遂成宋遼交涉的重要爭點。

由上可知，真宗時，宋朝以中華正統自居，而視契丹為夷狄，故在禮儀上並未以「中華」或對等的大國待之，而所賜錦服仍如待小國或蕃部之服色。因此代表遼國出使宋朝的賀正使蕭和尚拒絕與宴。透過交涉，宋乃易服色為較崇高的紫服，並改位次為執政席。至此，宋遼雙方的使節禮儀，乃告定案，並開始付諸實行。

2. 座次高低之紛爭再起

宋仁宗天聖五年（遼聖宗太平七年、1027年）辛巳，契丹遣林牙、昭德節度使蕭蘊、政事舍人杜防來賀乾元節。〔宋〕知制誥程琳為館伴〔接待〕使，蘊出位圖指曰：「中國使者至契丹，坐殿上，位高；今契丹使至中國，位低，請升之。」琳曰：「此真宗皇

---

19 《遼史》卷八十六，〈列傳第十六・蕭和尚・特末〉，頁3。

帝所定，不可易。」防又曰：「大國之卿，當小國之卿，可乎？」琳又曰：「南北朝〔宋遼〕安有大小之異？」防不能對。上令與宰相議，或曰：「此細事，不足爭。」將許之，琳曰：「許其小，必啓其大。」固爭不可，薀乃止。[20] 所謂「薀乃止」，並不表示蕭薀不爭，而是連宰相都認爲「此細事，不足爭」，故暫不破壞「兄弟之邦」互遣慶賀使致慶的節慶氛圍，以待事緩則圓之機。

就理論而言，「兄弟之邦」基本上平等對待，但當兄弟同列並座時，根據其「倫理典範」則應爲「兄前弟後」，而非絕對平等。此乃杜防之所以「不能對」的道理所在。雖然在政治聘交實務上，常不在意細微末節，但是在〈名分秩序論〉或華夷思想上，尤其是民族主義高漲的時代裡，特別注重「名分秩序」的安排。對等的兩造，根據〈名分秩序論〉，故意給對方使節穿小鞋，即違背「倫理典範」，乃行不合「名分」，爲不符「秩序」的禮儀，都是不符天下禮儀的行爲，是爆發邦交紛爭的火種。

根據傳統歷史經驗而言，強大的國家因擁有絕對優勢，故要求「名實合一」，弱小的國家因無力對抗強權，常「捨實求名」，以「苦撐待變」換取「以待將來」的機會。又，強弱在伯仲之間或略顯不對稱的交涉時，小強常「捨名求實」，相對的，小弱則「捨實求名」，因此只要條件不過分苛求，交涉容易成功。相反的，棋逢敵手，旗鼓相當或不分軒輊之時，較易兩敗俱傷，所以雙方容易見好就收，蓋無勝算則趨理性之故。相較之下，遼國比宋朝更易「捨名求實」，蓋遼在有利可圖之下，容易妥協。但當遼朝覺得宋朝懼遼或畏戰之時，遼方就會提出名利雙收的苛刻條件。如後述遼興宗

---

20 《續資治通鑑長篇》卷一百五，〈仁宗・天聖五年〉，頁2439。

既提出歲增幣帛，又要求使用送納字眼，蓋遼看穿宋有畏遼之心，乃示宋以開戰決心。此外，若再以待客座次而論，宋爲東家，則以遼爲西席，或以客爲尊則居上位。但若純就「兄弟之邦」而言，宋爲兄國，遼爲弟邦，依「兄前弟後」的倫理典範，宋朝若略居上位，亦屬理所當然。

3. 陞契丹使坐次以示兄弟對等

　　宋仁宗慶曆二年（遼興宗重熙十一年，1042年），十一月壬申，「詔閤門自今契丹使，不以官高下，並移坐近前。舊例，垂拱殿燕〔宴〕，契丹使坐在西皇親、節度使位少〔稍〕後；集英殿大燕，在學士少後，並近南別行。至是，蕭偕言：北朝坐南使班高，而南朝坐北使位絕下。既許陞坐，偕又言：與北朝儀制未同。故又遇大燕、移參知政事皆在東。陞契丹使坐自此始。」[21]

　　宋程琳因口才便給，遼使杜防雖爲之語塞，但口舌之爭，雖能暫屈對方，卻未能眞正解決問題，更不能讓遼方感覺受到對等尊重而心服。直到宋仁宗時，始調升遼使座次，以解決宋遼因座次在名分秩序上的隔閡，從而讓雙方邦誼更上一層樓，既解決宋遼座次紛爭，又增進雙方情誼，「兄友弟恭」的「倫理典範」於是發揮作用，而朝向有益二國邦交和諧發展，進一步邁向天下太平之道。

4. 歷史領土歸屬紛爭的名分交涉

　　遼興宗時，遼曾用劉六符計，向宋索取瓦橋關以南十縣土地。蓋關南十縣土地，乃石敬瑭割與契丹燕雲十六州中的瀛、莫二州。其後，周世宗曾率軍奪回瓦橋關以南十縣土地。趙匡胤肇建宋朝後，繼承後周天下，領有瓦橋關以南十縣土地。宋太宗興師滅北

---

21 《續資治通鑑長篇》卷一百三十八，〈仁宗・慶曆二年〉，頁3321。

漢時，又取得晉陽。對此，契丹耿耿於懷。

　　遼興宗重熙十年（宋仁宗慶曆元年、1041年）十二月乙未，平章事胡撻剌上聞：宋設關河，治壕塹，恐為邊患，與南北樞密蕭孝穆、蕭貫寧謀取宋舊割關南十縣地，遂遣蕭英、劉六符使宋，丁酉議伐宋，詔諭諸道。及劉六符使宋，答以「請增銀絹十萬兩匹，以易之」。[22]十一年春正月庚戌，載「遣南院宣徽使蕭特末、翰林學士劉六符使宋，取晉陽及瓦橋以南十縣地。」[23]宋仁宗慶曆二年（1042年）三月己巳，劉六符攜國書來宋，國書曰：

> 弟大契丹皇帝謹致書兄大宋皇帝，粵自世修歡契，時遣使軺，封圻殊兩國之名，方冊紀一家之美。……曷若以晉陽舊附之區，關南元割之縣，俱歸當國，用康黎人。如此，則益深兄弟之懷，長守子孫之計。[24]

於是，朝廷議所欲與，不許割地，而許以信安僖簡王允寧女與其子梁王洪基結婚，或增歲賂，獨富弼以結婚為不可。……上欲因今使〔劉六符〕答之，令〔館伴〕昌朝問六符。六符辭曰：「此於太后則善，然於本朝不便也。」昌朝曰：「即如此，而欲以梁王求和親，皇帝豈安心乎？」[25]夏四月庚辰，富弼復書反駁遼方，稱：

---

22 《遼史》卷八十六，〈列傳第十六・蕭和尚・特末〉，頁3。
　　《遼史》卷十九，〈本紀第十九・興宗二〉，頁2。
23 《遼史》卷十九，〈本紀第十九・興宗二〉，頁1-2。
　　《遼史》卷八十六，〈列傳第十六・蕭和尚・特末〉，頁3。
24 《續資治通鑑長篇》卷一百三十五，〈仁宗・慶曆二年〉，頁3229-3230。
25 《續資治通鑑長篇》卷一百三十五，〈仁宗・慶曆二年〉，頁3231。

瓦橋內地，晉陽故封，援〔引〕石氏〔後晉〕之割城，述
周朝〔後周〕之復境，繫於異代，安及本朝。……遽興請
地之言，殊非載書〔誓書〕之約。[26]

八月丙申，宋遣富弼、張茂實奉書聘遼，「以結婚及增歲幣二事往
報契丹，惟〔任其〕所擇。」富弼等至，劉六符任接待使，遂與富
弼展開鬥智。其鬥智對話如次：

> 六符曰：北朝皇帝堅欲割地，如何？
> 富弼曰：北朝若欲割地，此必志在敗盟，假此爲名，南朝
> 　　　　決不從，有橫戈相待耳。
> 六符曰：若南朝堅執，則事安得濟？
> 富弼曰：北朝無故求割地，南朝不即發兵拒卻，而遣使
> 　　　　好辭，更議嫁女益歲幣，猶不從，此豈南朝堅執
> 　　　　乎？[27]

　　爲何將劉六符與富弼間的對話，稱爲鬥智呢？誠如後述，蓋
劉六符早即與遼興宗套招，欲求買空賣空，將遼舊有土地，但今爲
宋領之關南十縣爲題議約，要求宋方以歲幣來換取土地，然後再以
宋方之歲幣來爲燕雲十六州之漢民減稅，以收買漢人民心。爲防宋
方不從，又脅以兵威，遂藉口宋方擴張邊防，當有窺遼領土野心，
故群臣競請舉兵。及富弼使遼，晉見契丹國主興宗，二人也展開對

---

26 《續資治通鑑長篇》卷一百三十五，〈仁宗・慶曆二年〉，頁3234-3235。
27 《續資治通鑑長篇》卷一百三十七，〈仁宗・慶曆二年〉，頁3283。

話，茲亦摘錄如次：

> 富弼問：兩朝人主，父子繼好垂四十年，一旦忽求割地，
> 　　　　何也？
>
> 國主曰：南朝違約，塞雁門，增塘水，治城隍，籍民兵，
> 　　　　此何意也？群臣競請舉兵，而寡人以謂〔為〕不若
> 　　　　遣使求關南故地，求而不得，舉兵未晚也。
>
> 富弼曰：北朝與中國通好，則人主專其利而臣下無所獲。
> 　　　　若用兵，則利歸臣下而人主任其禍。故勸用兵者，
> 　　　　皆為其身謀，非國計也。
>
> 國主驚曰：何謂也？
>
> 富弼曰：晉高祖欺天叛君，求助於北，末帝昏亂，神人棄
> 　　　　之。是時，中國狹小，上下離叛，故北朝全師獨
> 　　　　克，雖虜獲金幣，充牣諸臣之家，而壯士健馬，物
> 　　　　故大半，此誰任其禍者？今中國提封萬里，所在精
> 　　　　兵以萬計，北朝用兵，能保必勝乎？
>
> 國主曰：不能。
>
> 富弼曰：勝負未可知。就使其勝，所亡士馬，群臣當之
> 　　　　歟？抑人主當之歟？若通好不絕，歲幣盡歸人主，
> 　　　　臣下所得止奉使者歲一二人耳，群臣何利焉。
>
> 對談結果：〔契丹〕國主大悟，首肯者久之。[28]

---

28 《續資治通鑑長篇》卷一百三十七，〈仁宗‧慶曆二年〉，頁3283-3284。
脫脫等撰，《宋史》卷三百一十三，〈列傳第七十二‧富弼〉，（台北：鼎文書
局，1980年），頁10250-10251。

於是，富弼又對遼興宗補充說明，宋何以更動邊防的理由，如次：

> 富弼曰：塞雁門者以備元昊也。塘水始於何承矩，事在通
> 好前，地卑水聚，勢不得不增。城隍皆修舊，民兵
> 亦舊籍，特補其闕耳，非違約也。
>
> 興宗曰：微卿言，不知其詳。然寡人所欲得者祖宗故地
> 耳。
>
> 富弼曰：晉高祖以盧龍一道略契丹，周世宗復伐取關南，
> 皆異代事。宋興已九十年，若各欲求異代故地，豈
> 北朝之利乎？
>
> 結果：國主無言。[29]

翌日，契丹國主召富弼同獵，富弼又以「兄弟之邦」情誼反覆，陳必不可狀，且言：北朝既以得地為榮，南朝必以失地為辱。兄弟之國，豈可使一榮一辱哉？獵罷，六符曰：吾主聞公榮辱之言，意甚感悟。今惟有結昏可議耳。富弼對此「和親」之議，稱：婚姻易生嫌隙。本朝長公主出降，齎送不過十萬緡，豈若歲幣無窮之利哉？契丹主諭弼使歸，曰：俟卿再至，當擇一受之，卿其遂以誓書來。於是，富弼歸朝復命。旋又返遼交涉，然「契丹不復求婚，專欲增幣。」[30]

契丹國主乃對富弼曰：姻事使南朝骨肉暌離，或公主與梁王不相悅，則將奈何？固不若歲增金帛，但無名爾，須於誓書中加

---

29 《續資治通鑑長篇》卷一百三十七，〈仁宗・慶曆二年〉，頁3284。
30 《宋史》卷三百一十三，〈列傳第七十二・富弼〉，頁10252。

一「獻」字乃可。弼曰：「獻」乃下奉上之辭，非可施於〔匹〕敵國。況南朝爲兄，豈有兄獻于弟乎？國主曰：南朝以厚幣遺我，是懼我也，「獻」字何惜？弼曰：南朝皇帝守祖宗之土宇，繼先皇之盟好，故致幣帛以代干戈，蓋惜生靈也，豈懼北朝哉。今陛下忽發此言，正欲棄絕舊好，以必不可冀相要爾，則南朝亦何暇顧生靈哉。[31]富弼毫不示弱，形成遼主與宋臣針鋒相對。

契丹國主又曰：「南朝遺我之辭當曰獻，否則曰納。」弼爭之，契丹主曰：「南朝既懼我矣，於二字何有？若我擁兵而南，得無悔乎。」弼曰：「自古唯唐高祖借兵於突厥，當時贈遺，或稱獻納。其後頡利爲太宗所擒，豈復有此禮哉！」弼聲色俱厲，契丹知不可奪，乃曰：「吾當自遣人議之。」復使劉六符來宋。弼歸奏曰：「臣以死拒之，彼氣折矣，可勿許也。」[32]然朝廷竟從晏殊議，許稱「納」字。[33]積弱不振的宋朝，至此對遼之歲幣，遂由「遺」字轉爲「納」字，由贈送降爲繳納，雖未使用較爲屈辱的貢獻字眼，但亦有損號稱天朝之國格。

九月乙丑，宋遼「誓書」載曰：「每歲年增絹一十萬匹，銀一十萬兩。前來銀絹，般〔搬〕至雄州白溝交割」。總計遼歲得金帛五十萬兩匹，因勒碑紀功。不過，在「誓書」上，遼朝仍尊宋朝爲兄而自稱弟，誓文稱：「弟大契丹皇帝謹致書於兄大宋皇帝闕下」。[34]同月壬寅，遼遣耶律仁先、劉六符，「使宋約和。」是

31　《續資治通鑑長篇》卷一百三十七，〈仁宗‧慶曆二年〉，頁3292。
32　《宋史》卷三百一十三，〈列傳第七十二‧富弼〉，頁10251-10252。
　　《續資治通鑑長篇》卷一百三十七，〈仁宗‧慶曆二年〉，頁3285-3286。
33　《續資治通鑑長篇》卷一百三十七，〈仁宗‧慶曆二年〉，頁3293。
34　《續資治通鑑長篇》卷一百三十七，〈仁宗‧慶曆二年〉，頁3293-3294。

時，富弼遊說遼興宗，稱：「遼與宋和，坐獲歲幣，則利在國家，臣下無與。與宋交兵，則利在臣下，害在國家。上〔興宗〕感其言，和好始定」。[35]

總之，宋遼關南十縣之爭，其地原屬中國，五代時期契丹漸強，改隸契丹，五代末宋初，中國轉強，地歸周、宋。遼索宋領有十縣故地，宋願以歲增銀十萬兩、絹十萬疋，以易地。經雙方同意，以物易地，換取和平。宋經濟發達，遼物資不足，各退一步，各取所需。遼使因有國力為後盾，竟以口舌憑空贏得歲幣銀絹各十萬，遼方以為稱職，加官同平章事，宋則贏取和平。宋遼雙方透過使節交涉，終不失舊好。惟史實上，是否確屬如此？實堪玩味。

按遼在澶淵之盟時，即已由宋取得歲幣三十萬兩匹，何以又藉機提出以宋方所擁有之關南土地為交涉議題，要求宋朝以幣帛各十萬兩匹交換遼方舊有關南土地，否則兵戎相見。遼方是否過於貪得無厭？其實，根據《老學庵筆記》所載，此乃劉六符為了收買燕雲漢人之民心歸附，契丹所精心設計的謀略。因此，富弼赴遼交涉以歲幣交換土地，反而誤中遼朝君臣所精心安排之詭計？《老學庵筆記》對此，詳載劉六符與遼宋增幣換地之謀略，稱：

> 遼人劉六符，所謂劉燕公者，建議於其國，謂：「燕薊雲朔，本皆中國地，不樂屬我。非有以大收其心，必不能久。」虜主宗真問曰：「如何收其心？」曰：「斂於民者十減其四五，則民惟恐不為北朝人矣。」虜主曰：「如國用何？」曰：「臣願使南朝，求割關南地，而增戍閱兵以

> 脅之。南朝重於割地，必求增歲幣。我說不得已受之。
> 俟得幣，則以其數對減民賦可也。」宗真大以爲然，卒用
> 其策得增幣。而它大臣背約，纔以幣之十二減賦，民固已
> 喜。及洪基嗣立，六符爲相，復請用元議。洪基亦仁厚，
> 遂盡用銀絹二十萬之數，減燕雲租賦。故其後虜政雖亂，
> 而人心不離，豈可謂虜無人哉！[36]

蓋劉六符早已胸有成竹，妥擬以地換幣之策，令宋增歲幣，而遼則
藉宋之歲幣爲燕雲之民減稅，以收買民心。其後，劉六符相遼，
疾且篤。遼道宗（耶律洪基）臨問，遺言：「燕雲實大遼根本之
地，願深結民心，無使萌南思也。」洪基乃詰其深結之道，六符對
以「省徭役，薄賦歛，洪基深嘉納之，遂減賦稅三分之一。」[37]此
即，宋遼爲爭雄州與涿州間拒馬河兩屬之地時，燕雲漢人未嘗南思
助宋抗遼的道理所在。

　　遼雖用劉六符之計，誣宋關南十縣爲遼之故地，希望從宋朝每
歲取得幣帛各十萬兩匹以交換土地，看似遼朝完全勝利而宋朝則全
面敗北。實則宋朝因經濟遠較遼朝發達，故宋朝不論新增二十萬兩
匹歲幣，或舊有歲幣三十萬兩匹，都可透過榷場貿易回收，所以宋
朝在負擔歲幣五十萬兩匹時的經濟並未因之而萎縮，甚至進而企圖

---

36 陸游，《老學庵筆記》（台北：新興書局，1978年）卷七，頁7。
　　蔣武雄，〈遼代劉六符兄弟與遼宋外交〉，《中央大學人文學報》（桃園：中央大學文學院，2014年4月），頁31-32。
37 （宋）徐夢莘，《三朝北盟會編》（成都：巴蜀書社，2000年）卷十九，頁10。
　　蔣武雄，〈遼代劉六符兄弟與遼宋外交〉，《中央大學人文學報》（桃園：中央大學文學院，2014年4月），頁32，註93。

透過榷場貿易來影響遼對宋的政治態度與邦交。

　　宋真宗咸平五年（1002年）夏四月癸巳，「契丹新城都監种堅移文靜上，求復置榷場。朝議以敵情翻覆，未之許。」[38]可見，遼方確實有設置榷場經貿的需求，宋也以政治戰略的角度，企圖影響契丹對宋態度的友善與否。遼朝態度翻覆則拒絕貿易，友善則惠予通商。景德二年（1005年）二月辛巳，宋遼關係因已改善，故「令雄州、安肅軍復置榷場，仍移牒北界，俾勿於他所貿易。」[39]由此可見，宋朝雖然經濟發達，但是需要從榷場貿易的盈餘回收三十萬或其後五十萬兩匹的歲幣需求，榷場就是回收的管道，至於遼朝則因經濟較宋朝遲滯，需要從榷場貿易取得所需物質，而每年五十萬的歲幣可以補償他的購買力與財經赤字。總之，榷場貿易是宋遼雙方共利相生，相互依賴的經濟體系。

　　然若僅就以歲幣交換土地之交涉而言，遼得其名、利，而宋僅得土地之實。惟再就關南土地而言，宋朝早在繼承後周而有天下時，即已取得關南領土。宋朝與遼朝交涉關南領土之歸屬，可爭而未力爭，實可謂賠了夫人又折兵。何以至此？追根究柢，蓋積弱不振所致。何以積弱不振？蓋矯枉過正所致。為何矯枉過正？蓋鑒於五代軍閥割據，尾大不掉而採強幹弱枝之策，重文輕武過甚所致。

　　宋遼因國力相當，其利害關係雖各有不同，但因雙方早已建立「兄弟之邦」，故得基於〈五倫天下關係論〉之「兄友弟恭、兄前弟後」的倫理，〈名分秩序論〉之「名分秩序」，而以遣使和平交涉解決紛爭，最後乃得以銀絹交換土地，因此天下得免干戈相向，

38　《續資治通鑑長篇》卷五十一，〈真宗‧咸平五年〉，頁1127。

39　《續資治通鑑長篇》卷五十九，〈真宗‧景德二年〉，頁1315。

並奠下百餘年的太平。反觀今日領土紛爭，動輒訴諸干戈，武力相向，塗毒百姓，不恤民生。然在東方，因國家組成天下，天下涵蓋國家，或與西方民族國家大有不同。宋遼僅憑《天下秩序原理》，遣使交涉，竟能各有所獲，和平收場，誠非易事。

5. 雄涿間兩屬地的紛爭交涉

宋雄州與遼涿州之間，有地曰拒馬河，以河爲界，北界屬遼，南界屬宋，素有向雄州與遼涿州納租民戶，爲宋遼兩屬之地，既屬宋遼緩衝地，亦是紛爭地。景德二年（1005年）丁卯，雄州言容城縣狀，稱：「戎人（契丹）大驅馬越拒馬河放之，其長〔官〕遣人持雉兔來問遺，求假草地。」[40]眞宗曰：

> 拒馬河去雄州四十餘里，頗有兩地輸租民戶，然其河橋乃雄州所造，標立疆界素定。豈得〔勣〕輒渡河畜牧，此蓋特已通和，謂無間阻，可亟令邊臣具牒，列誓書之言，使聞於首領，嚴加懲戒。況今歡好之始，尤宜執守，不可緩也。[41]

可見雙方以拒馬河爲界，且列於宋遼誓書之上。

神宗熙寧五年（1072年）六月丙子，雄州守將張利一等奏北界〔涿州〕差兵過拒馬河巡（行），欲候其來即遣官引兵驅逐，示之以強，彼乃帖服。王安石曰：「恐不宜如此。」上曰：「彼兵直過河，距雄州城下數里，不驅逐非便。」安石曰：「雄州亦自創添

---

40 《續資治通鑑長篇》卷一百三十七，〈眞宗・景德二年〉，頁1325。
41 《續資治通鑑長篇》卷一百三十七，〈眞宗・景德二年〉，頁1325。

弓手過北界巡，即彼兵來未爲大過。今戎主非有倔強，但疆吏生
事，正須靜以待之，若爭小故，恐害大計。就令彼巡兵到雄州城
下，必未敢攻圍雄州。若我都不計較，而彼輒有鹵掠侵犯，即曲在
彼，我有何所害？」神宗乃令戒「利一等無得妄出兵。」[42]時值王
安石變法，雖然君臣都有姑息之意，但神宗猶主張應予驅逐，可是
王安石卻主張以靜制動，待其來犯再論曲直是非以責之。或許王安
石認爲國力尚不足以與遼抗衡，而主張在變法成功之前，不宜輕舉
妄動。於是神宗乃下詔，令雄州「以理約攔出界及移文詰問，未宜
輕出人馬以開邊隙。」[43]七月戊子，更從經略使孫永之請，下詔令
雄州，「自今無故不得鄉巡，免致騷擾人戶。遇探報有北界巡馬過
拒馬河，即委縣官相度人數，部押弓手以理約攔。」[44]由上可知，
遼方已差兵巡行宋屬南界，宋方猶唱「靜以待之，若爭小故，恐害
大計」之空談，乃姑息、怕事、畏戰的表現，無異鼓舞契丹南下，
完全喪失「兄弟之邦」所應相互尊重，恪守倫理之分際。

　　八月壬午，宋朝君臣議論：曾與契丹締結和親而爲「舅甥
之邦」的西夏，既得宋歲賜，而「進表不依舊式，但謝恩而不設
誓，又不言諸路商量地界事」。王安石表示：「夏國既稱臣，未
嘗入覲，以此伐之，亦便有辭。臣以爲不患無辭，患無力制之而
已。」[45]宋朝連西夏都無力制服，況奢言制服遼朝。王安石又說：
「陛下既未能堪事，即未宜使邊鄙有事；陛下欲勝夷狄，即須先強

42　《續資治通鑑長篇》卷二百三十四，〈神宗・熙寧五年〉，頁5692。
43　《續資治通鑑長篇》卷二百三十四，〈神宗・熙寧五年〉，頁5692。
44　《續資治通鑑長篇》卷二百三十五，〈神宗・熙寧五年〉，頁5700。
45　《續資治通鑑長篇》卷二百三十七，〈神宗・熙寧五年〉，頁5760。

中國。」[46]可見宋朝確知己方積弱不振,而無力振威以令四鄰欽服中國。八月甲申,樞密院欲令雄州牒〔行文〕涿州理會〔處理〕(歲幣)送納字。王安石認為:「恐不足理會。」吳充表示:「恐自今公牒一向稱送納,即難理會。」事實上,增歲幣銀帛各一十萬兩匹早已定案,交涉前約所訂「改納為遺」,乃中央應辦之交涉事務,奈何命令雄州地方官處理。因此,王安石又說:

> 天命陛下為四海神民〔之〕主,當使四夷即敘〔受命〕。今乃稱契丹母為叔祖母,稱契丹為叔父,更歲與數十萬錢帛,此乃臣之所恥。然陛下所以屈己如此者,量時故也。今許其大如此,乃欲與彼疆場之吏爭其細,臣恐契丹豪傑未免竊笑中國。且我欲往,當先計其如何報我。今計涿州不過不報,即於我未為得伸,若更稱引中國許物書〔誓書〕有納字,即我未有以難彼,更為挫屈,又引得彼言辭不遜,不知朝廷如何處置。[47]

雖然群臣憤慨有加,但仍須顧及宋遼為兄弟之邦,必須以交涉取代衝突,故神宗指示:「姑令雄州做牒本進呈」[48],以備交涉。

　　宋朝群臣既不滿於「遺歲幣」被遼方改為「納歲幣」,也齒於稱「契丹母為叔祖母,稱契丹為叔父」,況須「歲與數十萬錢帛」。惟礙於國朝欲振乏力,竟連「涿州」地方之小,都無可奈

何，況於遼國之大。其實，僅就兄弟之邦而言，宋方稱「契丹母爲叔祖母，稱契丹爲叔父」，原即本於「兄弟之邦」的倫理，何況「宋爲兄國」、「遼爲弟邦」，宋猶長於遼，何恥之有？宋之所以言「恥」，蓋源於自許天朝，故「天命陛下爲四海神民〔之〕主，當使四夷即敘」的觀念。宋德雖高，然力不足於平天下，而天朝之名並非憑空可得，除了德譽四方，功高五帝外，尚須天縱英明，用服天下。昔天子擁六軍，諸侯有三軍，今則宋遼匹敵，未敢振而之力，況論平天下，無異奢言。所以王安石又說：「陛下欲治強敵，當先自治臣屬，使直在我，然後責敵國之曲。」[49]故欲治強敵，當先自強，待力強德備，而後受尊爲天可汗，始能制強敵而服群雄。

　　反觀宋遼何以爲區區雄州一口鋪地〔館驛〕而爭論不休？蓋互信薄弱所致。八月丁酉，雄州言契丹巡馬又過河。樞密院以爲必將添置口鋪，僉言當與理會。蔡挺謂：「彼謀深。」安石曰：「若契丹有謀，不應如此紛紜。以契丹之大，乃區區爭雄州一口鋪地，是何計策？縱我不與之爭，乞與一口鋪地，於彼有何所利？於我繫何強弱？我修館驛，彼邊臣即以爲南朝必是相次要占據兩屬地，於此作城鎮，須理會。彼契丹邊臣如此者，以爲若理會後，南朝爲我拆去，即是我有功，因此獲官寵。契丹不察邊臣情狀，所以如此紛紜，今我邊臣亦與彼情狀無異。陛下若能照察，即邊事自然寧息。」[50]因此，王安石又於九月丙午朔建議：「口鋪事不足計，惟修守備爲急切。」[51]惟一修守備，則宋遼必又捲入戰備競爭的惡性

49　《續資治通鑑長篇》卷二百三十七，〈神宗・熙寧五年〉，頁5762-5763。

50　《續資治通鑑長篇》卷二百三十七，〈神宗・熙寧五年〉，頁5772。

51　《續資治通鑑長篇》卷二百三十七，〈神宗・熙寧五年〉，頁5787。

循環。總之，待敵之道，不恃敵之不來，而恃我有以備之，故國不可一日無守備以待敵。

九月丁未，雄州差北界口鋪人戶借車搬銀絹，涿州不聽。樞密院欲牒涿州，稱誓書內明言屬南朝口鋪，慶曆間，北界不合修，請詳累牒毀拆。僉以為如此，示以必爭，又恐更生契丹疑惑，遂至交兵。文彥博曰：「交兵何妨？」王安石曰：「河北未有備，如何交兵無妨？」彥博曰：「自養兵修備到今日，如何卻無備？」上〔神宗〕曰：「朕實見兵未可用，與契丹交兵未得。」彥博曰：「契丹若移口鋪，侵陵我，如何不爭？」安石曰：「朝廷若有遠謀，即契丹占卻雄州，亦未須爭，要我終有以勝之而已。」彥博曰：「彼占吾地，如何不爭？占雄州亦不爭，相次占瀛州又不爭」。上曰：「呼契丹為叔，契丹鄰敵乃呼為皇帝，豈是不畏彼？歲賜與金帛數千〔十〕萬已六七十年，六七十年畏契丹，非但今日。」彥博曰：「吾何畏彼？但交兵須有名。」上曰：「患無力，豈患無名！」[52]總之，宋終不能戰，不能戰則國無後盾，既失後盾，徒憑交涉，則交涉亦有時而窮。宋遼交涉之道，植基於匹敵，因匹敵若非共存即共亡，故須有以備之方能止戰。宋遼雙方既勢均力敵則可止戰。此時，若能戰，也不畏戰，以此為後盾，力行交涉，求名分，循秩序，則天下太平，或可求而得之。

宋朝以文立國，體質原本孱弱，因重文抑武而知守不知攻，以致因重守而不知戰、不能戰、不敢戰，終於由天下淪為國朝，而非「大一統」有為王朝，僅得與遼平分天下。遼雖侵犯兩屬之地，宋因懼為區區之地而與遼失和，終至交戰，而處處委曲求全，但求不

52　《續資治通鑑長篇》卷二百三十七，〈神宗‧熙寧五年〉，頁5787。

開戰而已。又因再三委曲求全而忿忿不平，又因忿忿不平而思發奮圖強，雖有王安石變法革新，以求強國致勝之道，但因國朝缺乏強大的國防實力以爲後盾，故連神宗皇帝都痛感國朝「患無力」，又因國朝自知有無力之憾，故喪失據理力爭的交涉膽識，終至交涉步步陷於被動，最後竟連交涉拒馬河畔區區一口鋪地，亦一事無成，遑論遵循歷代王朝故事，遂行《中華世界秩序原理》之〈大一統論〉，平天下以建大一統王朝。

　　總而言之，兄弟之邦的倫理典範，在於「兄友弟恭」；兄友弟恭之道，在於「兄前弟後」。「兄友弟恭之倫理」與「兄前弟後之秩序」，行則天下太平，廢則天下紊亂。

6. 修史的華夷正統之爭

　　遼道宗大安末（宋哲宗紹聖元年，1094年），〔劉輝〕爲太子洗馬，上書言：「**西邊諸番**爲患，士卒遠戍，**中國之民**疲于飛輓，非長久之策。爲今之務，莫若城于鹽濼，**實以漢戶**，使耕田聚糧，以爲西北之費。」遼壽隆二年（宋哲宗紹聖三年，1096年），復上書曰：「宋歐陽修編《五代史》，**附我朝於四夷，妄加貶訾**。且宋人賴我朝寬大，許通和好，得盡**兄弟之禮**。今反令臣下妄意作史，恬不經意。臣請**以趙氏初起事蹟，詳附國史**。」上嘉其言，遷禮部郎中，詔以賢良對策。劉輝所言多中時病，擢爲史館修撰卒。[53]

　　由上引文可知，遼爲何以西邊（周邊）爲夷狄而自稱中國，蓋其華夷觀乃源於中華或中國之華夷思想，在「尊華攘夷」的刺激下，導致契丹的華夷觀不斷高揚。加上，契丹據燕雲十六州，亦擁

---

53 《遼史》卷一百四，〈列傳第三十四・文學下〉，頁2。

中原土地漢民，擢為官員，故「契丹者，自公卿翰苑州縣等官，無非漢兒，學誦書識字者，必取富貴」[54]，又起而與宋爭正統。其中，尤以在宋遼澶淵盟約後，宋遼結為「兄弟之邦」，而歐陽修竟在其所編纂《新五代史》中將契丹定位為夷狄，因此遼朝太子洗馬劉輝乃建議以其人之道還制其人，遼亦編國史，仿宋編史體例，尊遼貶宋，尊遼為華，貶宋為夷，並以遼為正統，列宋為閏統，甚至加以貶訾，然後附隸於「遼史」的「四夷附錄」中。

　　蓋宋遼雖締約，結為兄弟之邦，但歐陽修基於「華夷思想」與「正統論」，在其《新五代史》中將契丹列入〈四夷附錄〉，可見以歐陽修為首的宋人仍鄙夷契丹，並貶訾契丹為夷狄，致引發向以「中國」自居，並曲稱中國為「漢」的遼朝官員之不滿，建議其朝廷亦修遼史，將宋朝初起事蹟，詳附遼朝國史，並貶為臣隸遼朝蕃民。顯然，歐陽修《新五代史》的「華夷思想」與「正統論」已引發契丹族與遼朝廷之華夷情結和不滿，最後因其史館修撰劉輝驟逝，而隱忍下來，故在脫脫的《遼史》卷一百一十五，〈列傳〉的「外紀」中，僅列入高麗與西夏二國[55]而已，也未對宋提出交涉而結束此案。

　　總之，宋遼因國力相當，戰成不手，乃訂澶淵之盟，結為兄弟之邦，基本上宋遼對等，在倫理典範上兄友弟恭，但在倫理秩序上則兄前弟後，並共同攜手走向太平盛世。宋遼雖然締結為兄弟之邦，但因華夷觀念仍不免發生尊己為華，貶他為夷，雖以名分交涉取代戰爭，但因利害衝突而有以幣帛交換土地等矛盾，可謂不一而

---

54 徐夢莘，《三朝北盟會編》（成都：巴蜀書社，2000年）卷十九，頁10。
55 《遼史》卷一百一十五，〈列傳第四十五‧外紀‧高麗‧西夏〉，頁1-6。

足。惟最後都能透過交涉解決矛盾，至於無力解決的問題則止於內部討論而隱忍不發，最後透過「兄友弟恭」之倫理規範與「兄前弟後」之名分秩序的遵守，最後終於創造出宋遼122年的和平盛世，足堪今日爭戰不斷之亂世借鑑。

結　論

第一節　論述

　　和親本非漢族或中國對外交好或聯盟的外交政策。漢朝的和親政策，起因於漢匈衝突。就漢匈戰鬥力而言，匈奴的兵力建築在生活條件與戰鬥條件一致的前提下，是機動力極高的騎兵戰鬥部隊。相對的，漢朝是農業民族，適合以城池為據點，雖以防守為主要考量，但也行進可攻退可守的步騎戰鬥。劉邦率三十萬以步兵為主的大軍，對抗冒頓單于控弦四十萬的騎兵，因力不如人而兵敗被圍於平城，從此屢屢苦於北方邊防。分析而言，匈奴騎兵因其「生活條件與戰鬥條件一致者強」而勝；反之，漢軍則因「生活條件與戰鬥條件相離者弱」[1]，故旋即在戰場上敗下陣來。

　　在歷史上，漢族原無國對國之「華夷和親」或「漢胡和親」的經驗與文化。漢胡和親所以首先出現於漢朝，乃因兵敗於匈奴，在軍事劣勢下，不得已透過對胡人生活習性的了解與知識，終於設計出為呼應匈奴習俗之「收繼婚制」而實行的「華夷和親」政策，以為緩兵之計。這是以「和親」換取「和平」的戰略，所以和親只是手段，和平共存是短期目標，而收服匈奴來朝才是最終目的。至於匈奴垂涎的豐厚嫁妝，只不過是促成和親後漢匈華夷和諧的重要

---

[1]　蔣百里，《國防論──「戰」與「不戰」的經典論述》（香港：香港中和出版，2011年），頁23、30。

手段而已。總之，漢朝的和親政策，始於為了解決漢匈衝突，乃採「和親」結合「漸而臣之」的戰略。茲分析如次。

一、華夷和親的戰略考慮

「華夷和親」的最終目的，在於透過「漸而臣之」戰略考量，以建立君臣關係。在「漸而臣之」的目的達成之前，不只在於形成華夷皇室之間或國家之間的「翁婿關係」、「表兄表弟關係」、「舅甥關係」以及「外公外孫關係」，而建立此類姻親關係的主要目的，乃在於子婿、表兄弟、外甥、外孫掌權或執政，才有大益於雙方邦交與和平共存。在「朕即國家」的時代，想要介入強敵內政，但缺乏著力點時，華夷之皇室間的和親就是最好的辦法，但絕非根本之計。根本辦法仍在於君臣民之間的全面交流與通婚，最後形成華夷一體的文化與天下一家。

漢朝根據戰略規劃，提出「歲用絮繒、酒食奉之，嫁以公主，漸而臣之」的軟實力辦法。就短程目標而言，提供絮繒等遊牧民族不能生產的絲織品與良酒美食等生活物資，以達到解兵息民的和平共存目的。尤其是「漢所餘，彼所鮮，數問遺」，才有珍貴與關切之感；必要時可依所需多次餽贈，才有及時雨之感，甚至允許開邊市，行貿易以滿足遊牧民族的活物資。唯有在滿足其生活所需的條件下，才能發揮應有的效應。惟就長程目標而言，則需利用遊牧民族相互之間常以聯姻示好，用以結盟對外的習俗，將公主遠嫁戎狄以和親，勢須先加以籠絡，然後才能利用其不斷和親以親上加親的姻親關係以「漸而臣之」，是為長久之策。惟「漸而臣之」的根本辦法，在於漢須先轉弱為強，然後恩威並濟，始有奏效之機。

在漢武帝之前，漢朝因承秦末戰亂、楚漢相爭之後，國困民

疲，乃採黃老治術，與民休養生息，因而常處弱勢。直到漢武帝之時，因受歷代蓄積國力之賜，先已國富民足，繼而整軍經武，於是形勢逆轉，漢胡強弱易勢。於是，漢武帝決意不再忍辱，乃改採攻勢，不但主動出擊，而且大敗匈奴，從此扭轉國勢。因此，華夷和親，乃是爭千秋而非爭一時的天下、國家長遠大計。

二、華夷和親的戰略步驟

根據劉敬〔賜姓前稱婁敬〕的設計，「和親」的目的在於「毋戰以漸臣」，故皇帝必須採取如下七步驟：(1)以嫡長或親生公主妻單于；(2)厚奉遺之，使彼知漢女送厚；(3)蠻夷必慕以為關氏（皇后）；(4)生子必為太子以代單于；(5)然後使辯士風諭以禮節（教以姻親家族倫理），(6)冒頓在，固為子婿；死，外孫為單于，豈曾聞孫敢與大父亢禮哉，(7)因此，可「毋戰以漸臣」也。此七步驟成，則「天下一家」之理想境界即可達成。

此乃劉敬針對遊牧民族匈奴而為歷代中國所設計之既具有戰略高度，又有具體可行的實施步驟，最了不起之處則在於其戰略目的乃在於「以敵人之道還制敵人」的先「以夷制夷」、「以敵制敵」，然後勝於敵，最終則達成「毋戰以漸臣」的「臣敵之道」與華夷共存共榮之目標。所以，劉敬為中國首先開創透過和親以臣服敵人，化戰爭為和平，化掠奪為經濟物質交流，最後則共享「天下一家」的理想。

具體來說，其方法就是以公主妻單于，建立「翁婿姻親」，厚給嫁妝，以滿足其生活所需，因之建立漢朝公主的關氏地位，待公主生子繼位為太子，以備將來取代單于統治匈奴。至其成果，乃冒頓健在時，固然是漢家子婿；將來去世，外孫立為單于，漢匈成為

「外公孫關係」的夫婦之邦，雙方關係就更形緊密。就規範家族關係的五倫而言，「祖尊而孫卑」，外孫豈敢與外祖父抗禮。同理可推，「祖父之國」應當尊於「外孫之邦」。據此而論，漢人的家族倫理已日漸滲透到戎狄成爲匈奴的部族國家倫理，因而兩造形成受〈五倫天下關係論〉之「愛屋及鳥」＝「倫理典範」規範的天下國家關係。

　　兩造既結爲「夫婦之邦」，再透過〈五倫天下關係論〉之「倫理典範」的歷史文化價值而影響對方，並形成「華夷一體、天下一家」的「天下共同體」。此時，因天下情勢已邁向終極目標，故「毋戰以漸臣」的時代來臨將指日可待。在邏輯推理上，以〈夫婦倫〉爲中心的五倫天下關係，一步緊扣一步，而且步步相隨，直到新的和平到來。這就是雖不戰而匈奴逐漸臣服於天下的戰略思維所在。

三、華夷和親政策的執行

　　從漢廷決策執行之觀點來看的話，漢高帝的華夷和親政策，竟因呂后反對，不能依照原戰略設計，讓長公主降嫁，而改封宗室女爲公主以代魯元[2]降嫁冒頓單于。然後派劉敬爲使，前往匈奴締結和親之約。根據戰略設計，歲奉匈奴絮繒、酒食，各有數，「約爲兄弟以和親」，冒頓乃少止。結果，劉邦與冒頓雙方約爲「兄弟之邦」，降嫁公主，邦交關係略有改善。漢匈二國變成「私爲翁婿之邦」的家族關係，並接受「夫婦倫」的倫理規範；「公爲兄弟之

2　按魯元乃漢高祖劉邦與呂后所生唯一公主，早於冒頓求和親前即嫁與趙王張耳子張敖爲妻。

邦」，也受「兄弟倫」的倫理規範。漢匈爲什麼先「約爲兄弟」以「和親」，而不是先「約爲朋友」以和親？

根據禮俗，朋友可以聯姻，兄弟則否。蓋朋友無血緣關係，而兄弟則有血緣羈絆不可通婚。惟在實際運作上，如桃園結義的異姓兄弟則可通婚，蓋無血緣關係所致。再就親疏關係而論，家族倫理規範下的「兄弟之親」猶勝於社會倫理規範下的「朋友之親」，故漢朝於開國始建天下之際，因和親而開創「夫婦之邦」乃建立在「兄弟之邦」的基礎之上，且在「倫理典範」的規範上，不但必須遵守「夫婦之邦」的倫理典範＝愛屋及烏，而且也得遵守「朋友之邦」的倫理典範＝朋友有信，同時也得接受「兄弟之邦」之長幼有序的倫理典範之規範等，計三重倫理典範之約束。

此外，劉邦雖因戰敗而受到屈辱，但以儒家禮教爲中心的《中華世界秩序原理》則利用對方渴望之「華夷和親」而開始將倫理典範傳播到異質文化的北荒與西域，故〈五倫天下關係論〉也開始對以匈奴爲首的天下關係產生「由無而漸，由漸而多」的影響力，讓匈奴學習如何遵守儒家禮教的天下規範。其中，南匈奴堪稱「夫婦之邦」的典型範例。

司馬光曾批判劉敬的和親之策爲非計，稱：「建信侯謂冒頓殘賊，不可以仁義說，而欲與爲婚姻，何前後之相違也。夫骨肉之恩，尊卑之敘，唯仁義之人能知之，奈何欲以此服冒頓哉！蓋上世帝王之御夷狄也，服則懷之以德，叛則震之以威，未聞與爲婚姻也。且冒頓視其父如禽獸而獵之，奚有於婦翁！建信侯之術，固已疏矣；況魯元已爲趙后，又可奪乎！」[3]確有其顧慮與道理存在。

3　《資治通鑑》卷十二，〈漢紀四〉，高帝九年，頁382-383。

因爲漢匈雙方，一爲農耕民族，一爲遊牧民族，其性格不同、種族不同、語言不同、文化不同，生活習俗不同，禮教有別，如何影響？影響到何種程度？其深度如何？其廣度如何？不過，如仔細分析的話，這種情況應該只是不易於一時收立竿見影之效而已，既非不能文化觸變（acculturation），[4]也非不能影響溝通。雖稱「唯仁義之人能知之」，但司馬光確實忽略《中華世界秩序原理》之〈王化論〉具有教化的功能，透過儒家教化的普及，或文化交流的頻度與學習功能，人人「皆可以爲堯舜」，雖然一時不能收服冒頓，但放長眼光，卻可以通過〈王化論〉收服其子孫，故成功與否端視日後漢匈文化交流之頻度、廣度以及深度而定。何況因愛而及其家人近親，乃人性共通之所在，因「夫婦倫」典範「愛屋及烏」而推己及人，故可由親而疏、由近而遠，由淺而深，何況五倫關係人皆有之，日常生活同受規範，不待學習而知之，只是深淺有別而已。因此，由「五倫家族關係」走向「五倫天下關係」並非不可能，只是有待雙方日後之長期交流與努力罷了。

何況，在「王化」與「華夷混血」融合成爲「小中華」，甚至化身成爲「中華」之前，它就已成爲漢唐所苦心建構經營的一條由鮮卑、烏桓經大漠南北的匈奴、突厥，到西域烏孫、回鶻，以迄青海吐谷渾，甚至延長到西藏地區的吐蕃，都成爲防衛中國之「和親長城」，也成爲戍守天下的「塞防邦鏈」，稱之「塞防島鏈」而無愧。延伸而言，東夷＋西戎＋南蠻＋北狄＋中國＝天下。中國居中以撫四夷，四夷居外以衛中國，中國與四夷則透過《中華世界秩序

---

4 平野健一郎著，張啓雄、馮青、周兆良、黃東蘭等譯，《國際文化論》，頁51-143。

原理》的〈華夷可變論〉，而輪番入主中國，如五代遼金元清，而形成「天下共同體」，並於「天下一家」之中，因甘苦與共而共存共榮。所以說，東夷＋西戎＋南蠻＋北狄＋中國，就是具有進攻退守之戰略制高點的互援體制，「族國島鏈」環繞中國形成「天下共同體」，「天下共同體」則守護「族國島鏈」，中心與周邊因結無一體，故稱之爲「天下共同體」。

雖然天下與邦國或天朝與周邊之間也有齟齬，而且「塞防邦鏈」或「族國島鏈」之外的異民族或異國家也曾有犯中國之念，但是已先阻絕於「塞防邦鏈」或「塞防島鏈」的「活長城」，何況即使能夠突破「活長城」，尚有依地形建構的防線「萬里長城」可資進攻退守，以逸待勞伺機出擊來犯的敵人。又，《中華世界秩序原理》尚有〈以不治治之論〉等次級天下秩序原理，可採取「因時制宜、因地制宜、因人制宜、因俗制宜、因教制宜」的羈縻府州政策，直到「化夷爲華」的〈王化論〉實現前，可澈底實行「民族自治、汗國自治、王國自治、地方自治」的體制，直到最終融合成爲「一體多元」的「中華民族」目標爲止。

總結從漢高帝以迄漢武帝之前的漢匈和親，自高帝將宗女封爲公主許嫁冒頓單于以來，惠帝於三年春再以宗室女爲公主降嫁匈奴單于，但冒頓單于雖和親卻仍驕橫如故，甚至曾以悖慢之辭致書以辱高帝之妻呂后。文帝即位，復修和親。但匈奴一旦缺乏物資，則每歲入邊，燒殺擄掠人民物資，然後復言和親之事。因此，漢文帝親自致函匈奴單于，劃分漢匈國界，表示：「長城以北引弓之國受令單于；長城以內冠帶之室朕亦制之」，進而強調：「兄弟之邦」在於「有信」、「約分明而不食言」、「使無負約，有信」等倫理典範。「有信」雖然是「朋友倫」的倫理典範，但是文帝則藉此用

為「兄弟之邦」的倫理典範，責備匈奴未能確實遵守倫理規範。景帝元年（西元前156年），漢遣使至代下與匈奴和親。三年秋，復與匈奴和親。五年夏，再遣公主下嫁匈奴單于。終景帝之世，雖然邊境無大寇，但仍不時有小入盜。換句話說，漢匈雖然和親，但歲歲入寇，又同時請求和親。所以，和親的效果雖然有限，但是「大寇」與「小入盜」的為患程度，其輕重緩急還是大為不同。漢初，為了與民休養生息，行黃老治術。透過文景之治，漢雖已國富但兵仍不強，故漢匈間仍行「親上加親」的一而再，再而三的「和親」政策，以交好匈奴。此時，漢匈關係屬於「翁婿關係」的「夫婦之邦」。

　　漢匈邦交的好壞與和親至為密切，歸納其國家行為，不外如下：「匈奴入寇，漢則約匈為兄弟，奉以物資，結以和親，匈奴為患乃稍止，但旋即故態復萌，燒殺擄掠之後，再請和親」，遂成循環模式。簡言之，漢之所以對匈和親，乃因其國力相對劣勢，為求和平，只好接受片面且屈辱性的華夷和親，因而陷入惡性循環之中。據此，漢武帝乃痛下決心改弦更張，定下：四夷請婚，「必先內聘，然後遣女」的規矩。同時，開始整軍經武，尋求優勢國力，以土導華夷天下政局，並適用「中華邦際體系」的《天下秩序原理》＝《中華世界秩序原理》，以規範「夷狄邦際體系」。

　　西漢因文景之治，休養生息而國力豐沛，復結合漢武帝整軍經武，遂精煉出優勢國力，乃謀結西域「行和親」以共滅胡。武帝即位之初，決定聯西域諸國以圍攻匈奴。建元二年（西元前139年）派張騫出使西域，張騫第一次出使西域的目的是聯合大月氏，夾擊匈奴。因此遍歷天山南路諸國，熟知西域邦際情勢。漢武帝又於元狩四年（西元前119年）第二次命張騫出使烏孫，以「斷匈

奴右臂」，張騫改行天山北路，經伊犁至烏孫。烏孫遣使獻馬，表
示願得尚漢公主，爲昆弟。烏孫遵武帝「先聘後婚」定制，以馬千
匹爲聘，強化了漢朝的騎兵。元封中，乃封江都王建女細君爲翁主
以妻之，形成漢烏「夫婦之邦」中至親的「翁婿關係」。烏孫昆莫
（王）年老，依遊牧民族「收繼婚制」欲使其孫岑陬尚公主。翁
主不聽，上書言狀，天子報曰：「從其國俗，欲與烏孫共滅胡。」
可見，武帝聯烏孫以滅匈奴之意志，極爲堅決。及公主死後，復以
楚王戊之孫解憂爲公主，以妻岑陬。岑陬且死，又將國家交與其季
父翁歸靡，復尚公主解憂。翁歸靡死，岑陬子泥靡代立，號狂生，
復尚公主解憂。公主求歸，漢武帝爲了聯烏孫以滅匈奴，遂令公
主「從其國俗」。對公主而言，和親就是犧牲小我以奉獻大我，蓋
家國天下處於生死存亡之際。自此，漢絕匈奴和親，匈奴亦屢次興
兵侵邊，漢則累次出兵擊破匈奴。終武帝之世，漢屢屢出兵深入匈
奴，窮追二十餘年，從此主導了華夷天下政局。

　　宣帝初立，仍行和親以安邊境。匈奴則因五單于爭立，相互
攻戰兼併，死傷慘重，最後形成呼韓邪單于與郅支單于並立，相互
攻伐之局，匈奴盛極而衰。漠南匈奴呼韓邪單于，因勢弱乃叩關內
附請封，遂以和親形成漢匈至親之「翁婿關係」的「夫婦之邦」，
化爲「內屬蕃國」，至其子孫則演爲「表兄對表弟」、「舅父對外
甥」、「外孫對外公」等漢胡皇室聯姻的「漸而臣之」天下和親
政局。後漢承襲前漢體制，對漠南匈奴呼韓邪單于續行「和親」體
制。此時，頑強的漠北匈奴郅支單于則據漠北以抗漢，雖已勢孤，
但仍頑強。

　　再就後漢前後漢匈大勢而言，前漢既已步入時代終末，乃先
有王莽以符命篡位失政，其後又倡王者改制，蔑視四夷，擅改封號

等乖張措施，以致四夷皆叛，天下大亂。不久，光武帝開國建政。後漢初年，匈奴借天下動盪之機，逐漸恢復國勢，敵漢勢力重新抬頭。後漢亦因光武建政伊始，國力未豐，對北匈奴仍未能有效制衡，雖結以「和親」，然因尚處弱勢，亦難以〈五倫天下關係論〉「夫婦之邦」中，至親之「翁婿關係」的倫理典範「愛屋及烏」，來規範漢北匈奴，遂與叛新歸漢的南匈奴和親，既可聯南匈以制北匈，復可鞏固後漢政權，進而開創一統天下的新政局。因此，聯南制北遂成後漢王朝的國家政策。

由於後漢與南匈奴結爲一體，於是北單于惶恐，乃還所略漢人，以示善意。光武帝建武二十七年（51年），北單于遣使至武威，請求和親，光武帝召公卿廷議，然猶豫不決。皇太子（即明帝）建言，表示：南單于新附，北虜懼於見伐，故傾耳而聽，爭欲歸義親漢。今漢非但未能出兵反而交通北虜，料南單于恐將有二志，且北匈降者不復來矣。光武帝以爲是，乃令武威太守拒絕北匈，勿受其使。從此，後漢逐漸採聯南匈以制北匈之策，試圖走向強勢外交，主導漢匈天下政局的變化。

明帝永平五年（62年）冬，北匈奴率騎入侵五原塞，遂寇雲中，至原陽，南單于代漢守邊，擊退北匈奴。明年，北匈強盛，又數寇邊，漢廷引以爲憂。適北單于謀與後漢互市，並遣使請求和親。明帝冀與其交通，不復爲寇，乃許之。明帝企圖透過漢匈邊市與和親，提供匈奴所需物資以緩北匈入寇，進而以「華夷和親」，結爲「夫婦之邦」中，至親之「翁婿關係」的「倫理典範」，用以規範北單于，以達成「天下一家」的太平天下。此時，適遇鄭眾由北匈返京，力持不可，諫稱：伏聞北單于所以要求漢使來匈，目的在於離間南單于，堅西域三十六國之向心，進而揚漢和親，誇示鄰

敵。若遣使赴北匈，則南匈將自危而動搖，烏桓亦將離心。況南單
于久居漢地，具知形勢，一旦離析，旋爲邊害。惟明帝主意已定，
未信北匈請和親乃離間之計，不從所諫，必待仁至義盡而後用兵。
明帝既已同意和親，東漢與北匈遂結爲「夫婦之邦」。此次和親，
終因北匈奴違背倫理，棄信背義，遂成後漢與北匈奴間的「末次和
親」。從此，漢匈步入一決雌雄的決戰階段。

　　於是，明帝乃開始弊軍經武，待國力一告充實，即對北匈奴展
開有效反擊。明帝永平十六年（73年），漢軍四路出擊北匈奴，
竇固、耿忠追擊北匈奴至天山，奪取伊吾（哈密）。及漢和帝之
時，更進一步乘勢追擊北匈奴。和帝永元元年（89年），竇憲、
耿秉率軍大敗北匈奴，一路追擊至燕然山（蒙古杭愛山）。和帝永
元三年（91年），漢軍再次出擊北匈奴，於金微山（阿爾泰山）
大敗北單于，將北匈奴逐出漠北高原，北單于被迫西遁，揮師入
歐，伺機直搗神聖羅馬帝國，並攻陷羅馬。歸納而言，北匈奴因受
到後漢與南匈奴的腹背夾擊，國力不支乃西竄入歐，從此退出蒙古
高原，後漢取得全面勝利。

　　總之，先就前漢約匈奴爲兄弟之邦，迄漢末成帝和親外邦，
謀收「漸而臣之」之效而言，漢匈兩國先以「兄弟」相稱，曾使
用「有信」爲倫理典範。但匈奴仍依然故我，不時入寇，不但掠
奪物資，而且尋求和親，謀尙漢公主。入寇與和親成爲匈奴的兩手
策略。雖然入寇有武力衝突問題，但是和親也有華夷習俗的文化衝
突。胡人有子輩繼承父輩「妻群母」的習俗，因此出嫁胡人的公主
會遭遇晚輩「尙公主」的收繼婚制難題。這種父死子繼，兄終弟及
的收繼婚制與漢人儒學的禮教文化價值觀衝突，絕非生長於漢朝禮
教文化下的公主所能輕易適應。因而「漢胡和親」每每發生公主上

書求歸，而皇帝爲了政治目的卻只能令其「從胡俗」，致使公主哀嘆有家歸不得之心酸。此外，以公主和親，嫁爲匈奴單于或烏孫昆莫之后妃，因而形成婿對翁、表弟對表兄、外甥對舅父、外孫對外公等漢胡華夷皇室和親關係，然後完成「漸而臣之」的天下政局盤算，並非短暫期內所能達成。故對漢朝而言，也算是漢朝前期和親外交策略的挫折。尤其是公主下嫁前，單于或可汗都已成婚，甚至早有三妻四妾，前後漢之公主難以直接成爲閼氏、夫人或可敦，生子無法成爲太子。因非太子，雖仍擁有封地官職，但依序難以繼承單于或昆莫的國家統治地位，對漢胡華夷的長久和平，雖有貢獻但非一蹴可幾。此一結果，與當初劉敬所預設之華夷和親戰略思考，頗有出入。

此外，國力的強弱也影響華夷和親的效果。敵強我弱，華夷和親成爲一邊侵犯，一邊請婚，予取予求的對象，效果不彰。反之，我強敵弱的華夷和親才能扮演融合華夷，漢胡一體，達成和平共存或共存共榮的效果。因此，必須到前漢中葉，經武帝整軍經武，擊破匈奴，匈奴因之分裂，淪爲弱勢，中國才逐漸收到透過「和親」以收「漸而臣之」的功效。

綜上而言，華夷和親雖能緩兵禍於一時，惟若不乘機整軍經武，終非長久之策。漢朝因劉敬提出藉「和親」以行「漸而臣之」戰略，故能忍辱負重，因和親而利用短暫的和平，厚植國力，並整軍經武，換取強大，以圖制敵而不制於敵的自強之道，最終達成制人而不制於人之境，甚至可積極領導天下走向共存共榮的天下共同體。故弱勢國家徒靠和親以謀自存，或僅靠敵方分裂而圖坐收漁利，或將徒然陷於自取其辱之境。此外，民族融和也絕不只是華夷或漢胡間帝王家的和親而已，更應廣泛包括全民通婚的民族大熔

爐冶煉，普遍通婚混血以及交流來往，才是融合華人之文與胡人之武，成為有守有為，文武合一的根本之道。

又從戰略角度來看，弱勢中國之所以行漢匈唐厥和親的理由在於：(一)消極面在於獲得喘息的機會。從高帝至文景為第一階段。(二)積極面在於累積國力，整軍經武，等待形勢逆轉之機，尋求勝出之道，並在華夷世界建立「天下定於一」的漢朝天下。以漢武帝整軍經武為轉機，國際政局遂邁入第二階段。第二階段又可分為三步驟：1. 整軍經武，以求自強。2. 遠交近攻：連西域北荒，以斷匈奴右臂；和親烏孫，以謀共擊匈奴，力求勝出。3. 定於一尊，以建天下共同體：漢武帝擊破匈奴後，又窮追匈奴二十餘年，不給匈奴喘息入侵的機會。漢宣帝更採遠交近攻之策，趁匈奴天災人禍，抗爭分裂等內外交迫之機，迫使南匈奴臣服，然後專力對付北匈奴。東漢明章以後則更進一步，經常採取以小搏大的戰術收服西域諸國，更採以迅雷不及掩耳之勢，大破北匈奴。最終迫使北匈奴因失國喪地而南下西域，再從西域西遁歐洲，最後漢朝取得「天下一統」的勝利。

一般而言，西漢於武帝時國富兵強，在擊破匈奴之後，窮追匈奴二十餘年，漢宣帝時更收服南匈奴，令其叩關稱臣內附，成為內屬蕃臣。相對的，東漢班超等經營西域之功臣多投筆從戎之輩，故予人西漢武勇而東漢文弱之感。其實，考諸歷史，大破匈奴並將其逐出亞洲者，乃東漢文武都護將帥接力所為，而非創建騎兵善於機動戰鬥的西漢，其道理安在？蓋西漢長於戰術戰略的機動戰鬥，東漢則站在西漢的基礎之上，善於外交，由班超等善於經營西域的文武兼備都護，因先置敦煌為就近調兵遣將之基地，進而將外交折衝與軍事參謀相互結合，布局政治戰略，爭取西域與國，甚至將西

域三十六國置於西域都護府指揮之下以羈縻之，用以對付匈奴。西
域一旦爆發事故，西域都護府旋即成爲臨時就地調兵遣將的指揮中
心，故東漢多出既勇於冒險患難，又能發揮戰力突襲匈奴的文人都
護。因渠等駐紮西域督護府調兵遣將，進而配合竇憲、耿夔等大將
軍元帥的大會戰，乃能再三擊潰強悍的北匈奴。最後，匈奴因退無
可退，乃西竄歐洲，攻陷羅馬。因此，匈奴從西域北荒遁入歐洲，
進而攻陷羅馬的路線，也成爲大唐時代歐洲爲貫穿歐亞陸路，行通
商貿易之絲路的先聲。

　　就戰略而言，西漢武帝正如趙武靈王變法胡服騎射般，尋求汗
血馬以強化騎兵，最後得以匈奴之道還制匈奴；又因經營西域，而
得以斷匈奴右臂，然後在大會戰中，大敗匈奴而告勝出。東漢則站
在西漢強化騎兵，經營西域的基礎上，以文武全才的儒將全力經略
西域，故能眞正斬斷匈奴右臂，並以武將行大會戰，最後將匈奴逐
出西域北荒。至於隋朝，文帝則以過人智略，知人善任，先採分化
強敵之策，再扶弱攻強，然後建立隋厥共同體，收服突厥，而獲得
「聖人可汗」尊稱。至於短於內政，但具外交長才的隋煬帝，也能
克紹箕裘，繼承隋厥共同體，因而獲得突厥尊稱爲「至尊可汗」，
遂開唐朝太宗皇帝因普受西域北荒遊牧民族之推崇愛戴而獲得至高
無上的「天可汗」尊號。

　　至於唐朝，因於開國之初，即採遠交近攻之策，並以迅雷不
及掩耳之聲勢威服天下。太宗時更以知軍且能征善戰之將帥運籌帷
幄，以諸路大軍分進合擊爲戰略，然後以雷霆萬鈞之勢破敵，進而
服敵，善待西域北荒，因而獲取「天可汗」的至高尊號，再結合中
華的「皇帝」尊號，乃開創華夷史上空前的「皇帝天可汗」尊號，
因而建立「天下一統」的大唐世界帝國。及唐末，由於藩鎭割據，

國勢衰頹，因而形成後梁、後唐、後晉、後漢以及後周等中原五代更迭與契丹間因互動而產生之「五倫天下關係」，計有君臣之邦、父子之邦、舅甥之邦、兄弟之邦、敵體之邦（朋友之邦），一一輪番上陣，因而躍上五代天下關係的政治舞台，最後趙匡胤因黃袍加身而出面收拾五代殘局，遂結束五代亂局，建立北宋王朝，從此形成北宋與契丹共存互爭的並列時代。

宋朝乃是文弱的王朝，遼朝則是契丹經長期漢化而化野爲文的王朝，因此宋遼大致勢均力敵。在澶淵會戰中，宋朝因贏得僥倖，遼朝則輸得冤枉。在澶淵之盟後，雙方因既無鬥志也無戰意，於是二分天下，中國遂喪失「大一統」之機，但卻贏得百餘年的和平。因此，宋遼雙方因旗鼓相當而顯現出與近代西方「國際關係」中，類似「友邦」的類型，稱爲「兄弟之邦」。不過，宋遼雙方因透過「長幼有序」與「兄友弟恭」的「倫理典範」，來規範其「兄弟之邦」的「天下關係」。

查中國自兩漢隋唐以來，天下之所以能長治久安，乃因對其周邊遊牧民族行「和親」政策，並以和親作爲最高政治戰略以指揮其「化敵以爲親」、「制敵以維和」的軍事戰略，最後達成「天下一統、長治久安」的太平盛世目的。總括中國兩漢隋唐前後之開國明君的武功韜略而言，無不出於帝擇將帥，帥韜將隨，故兵隨將轉，如心使臂，臂之使指，是以帝明則帥謀，帥謀則將強，將強則兵猛，兵猛則攻無不克，戰無不勝，因攻無不克，戰無不勝，故中華天下但備戰而不黷武。承平之時，則修其文治，講信修睦，遂得以屢創長治久安的中華天下。

又，從漢朝劉敬創「漸而臣之」的和親戰略來看，漢朝利用和親戰略將漢匈二國，由「敵體抗禮」的「朋友之邦」，轉變爲

講究「有信」之「兄弟倫」的「兄弟之邦」，然後行「和親」，納入〈五倫天下關係論〉的規範。此即，將非血親的「兄弟之邦」中，代表國家的「王室」，納入「夫婦倫」的「夫婦之邦」，然後透過倫理的轉換，從翁婿、表兄弟、舅甥、外公外孫等家族倫理規範中，將五倫的「倫理典範」付諸實現。最後，透過「君臣倫」與「父子倫」之倫理典範下的「封貢線」走向「君臣之邦」或「君父對臣子」的倫理關係之中。「君父倫」的倫理典範，就是「君臣有義」或「君禮臣忠」、「父子有親」或「父慈子孝」，以讓漢匈的天下國家關係變成既是天下倫理關係，也是家族倫理關係。換句話說，就是「天下一家」的倫理秩序關係。

天下在〈五倫天下關係論〉的「倫理典範」規範下，各依〈名分秩序論〉，由「因名定分」走向「因分定序」，然後「循序運作」而邁向「秩序井然」之境。乍看之下，似乎流於書生之見，其實是戰略設計與邏輯推演的結果。最重要之處，乃因它具有著力點與可行性，著力點就是和親，可行性就是透過〈五倫天下關係論〉的「倫理典範」之規範與〈名分秩序論〉的邏輯運作，故「皇帝天可汗」以「尊名分、定秩序」為務，以讓天下秩序「循序運作」，則天下秩序就自然步上軌道而「井然有序，運作自如」。是故，中國雖採〈以不治治之論〉，以行不治之治，故雖不治而自治，雖垂拱亦郅治，蓋〈以不治治之論〉之治道的積極意義，就在於完成「民族自治、汗國自治、王國自治，地方自治」的最終目的，此即唐朝在西域北荒設置「羈縻府州」體制的意義所在。

至於隋唐實行和親的根本目的，整體而言，首先在於建構天下與族國間的親善關係，其次在於效法遊牧民族透過和親建立結盟關係，進而選擇重要的周邊族國以親生公主或冊封宗室翁主、郡主

等爲公主代表唐朝與周邊族國建立多邊性、累積性，甚至全面性的天下國家「安全體系」，將環中國的「夫婦之邦」聯合起來，建構成爲「五倫天下關係」性的「夫婦之邦」等規範性「倫理長城」，來維繫天下秩序，甚至透過結拜關係而建立「兄弟之邦」，以補強「夫婦之邦」的不足，進而透過〈封貢體制論〉，將〈五倫天下關係論〉實行於天下，成爲來朝貢受冊封的君臣關係，並將「敵體之邦」≒「朋友之邦」先轉型成爲「兄弟之邦」，再透過和親以轉型成爲「夫婦之邦」，最後則將「兄弟之邦」、「夫婦之邦」、「父子之邦」全數轉型成爲「君臣之邦」，於是形成「皇帝天可汗」之「天下」＋「國家」的建構與天下安全體系。總之，〈五倫天下關係論〉正是在西力東漸之前，即在尙未有西方《國際法》與《國際關係》之「條約體制」的「國際集體安全體制」之前，「中華天下國家集體安全體制」乃是經由「聖人可汗」與「至尊可汗」所創造的「天下共同同體」，透過累積而成爲「皇帝天可汗」，最後經「皇帝天可汗」的精心布局而建構出來的「族國島鏈」式的天下共同安全體制。

　　換句話說，中國合四鄰邦國而成爲天下。中國居天下之中，東臣海上王國，西服草原汗國，南領吐蕃邦國，北臣游牧行國。此時，歷代王朝居中國以治天下，屬藩居外以治其邦國掌其部族，故中國日漸擴大爲天下，天下就是中國和藩屬，唯有國治才能天下平，只有守在四夷才能安四鄰平天下。此即孟子所說：「人有恆言，皆曰天下國家。天下之本在國，國之本在家，家之本在身」[5]之循序漸進的道理所在。

5　《孟子・離婁章句上》，《十三經注疏》。

　　若進一步分析的話，天下國家＝天下＋國家＝天下＋國＋家。它的演進過程，就是因血緣組成家，家再擴大成為氏族，氏族又併合成為國家，國家透過宗法組織與封建制度，而走向「齊家治國平天下」的天下共同體。分而言之，天下的沿海屬藩，以耕讀維生，故尚文治，具有國家形態，天下共主施以〈以不治治之論〉，屬於王國自治部分。天下的內陸屬土，以騎馬放牧為生，故尚武治，具有行國形態，天下共主則施以〈不完全以不治治之論〉或〈不完全實效管轄論〉，屬於半民族自治部分。天下共主之所以成為天下共主，建立天下共同體，乃因其能文能武，王霸雜之，對內設置郡縣，施行「實效管轄」，對外則封建「藩屬土」，改行〈以不治治之論〉的民族自治、汗國自治、王國自治所致。

　　若再區分隋唐而論，隋文帝於開皇二年（582年），因突厥南下建立汗國，遂與中原新建王朝的隋朝對抗。其後，突厥分裂成為東西兩汗國。東突厥沙鉢略可汗位於漠南的隋朝北境，西突厥達頭可汗則位在漠北。隋文帝掌握東西突厥的對抗契機，企圖利用和親政策，聯合東突厥沙鉢略可汗，以對抗西突厥。同樣的，東突厥沙鉢略可汗也為了對抗西突厥，企圖利用和親，以聯合隋朝對抗西突厥，進謀稱霸突厥，遂在天下關係上暴露了可乘之機。對以突厥為首的西域北荒戎狄而言，「和親」就是結盟與情誼的象徵，屬於聯手抗敵制敵的盟友，於是「和親」就成為隋朝與突厥間的結盟工具，為天下關係扮演華夷分合的關鍵性角色。

　　於是，沙鉢略可汗乃以和親為名，請尚千金公主。他以「皇帝＝婦父」，「可汗＝兒例」之「君父vs.臣子」的名分秩序，致書隋文帝，強調「羊馬vs.繒綵」等物資的互通有無，並且在財富上不分彼此＝「此國所有羊馬，都是皇帝畜生」vs.「彼有繒綵，都

是此物」，甚至在感情上強調「兩境雖殊，情義是一」，以培養中厥雙方之互賴互信，透過「重疊親舊」，以傳諸「子子孫孫，終不違約」，形成具東方特色的階層性「天下共同體」。

隋文帝也以「和親」爲基礎，強調大隋天子既是沙鉢略可汗之「婦公」＝「妻父」，也視可汗如子。基於家族倫理，在「常使」之外，還特別派遣「專使」代表家族探望「女兒」，因「愛屋及烏」也探望女婿－沙鉢略可汗。隋朝與突厥雙方，因遵循〈夫婦倫〉的「倫理」與「典範」而形成「夫婦之邦」的典型範例。顯然，隋文帝深刻了解周遭異族之思維與生活方式，故能應對自如且遊刃有餘。於是，寵之以「和親」，以便將突厥納入隋朝所安排〈五倫天下關係論〉之下，〈夫婦倫〉秩序體制之中，形成以隋朝爲天下中心的階層天下秩序體制。

由於「翁婿之邦」的感情彌篤，故突厥沙鉢略可汗對隋文帝楊堅執禮甚恭。在天下關係上，雖以「可汗vs.皇帝」之對等頭銜相稱，但是在「皇室」的家族倫理上，則以「夫婦之邦」的「夫婦倫」爲本，以子婿自居，而尊稱婦父爲翁，形成「翁婿關係」＝「女婿vs.岳父」，且希望子子孫孫，親上加親，直到永遠。在天下財經上，突厥對雙方物資表示「我的就是你的，你的就是我的」，故強調羊馬繒綵，互通有無，在翁婿分治的天下，出現類似「財經共享、互通有無」的烏托邦理想。隋文帝雖以「大隋天子」對「大突厥沙鉢略可汗」的對等稱號稱呼突厥可汗，但以「婦公」＝妻父自稱，視「沙鉢略可汗」爲「兒子」，二國關係如一家之親，而時遣特使「看女，復看子婿」，讓雙方綿綿情意，化天下爲一家。透過「和親」，將他國納入己國的「家族倫理」秩序之下，形成「夫婦之邦」的天下秩序關係，進而應用「夫婦倫」之「倫

理」規範天下，以形成良性循環之古典型天下關係，此實爲今日西方國際關係所不及之處，譽爲國際關係之「典範」，亦非過言。故「天下一家」的天下關係，就是建立在具有「倫理」與「典範」的觀念下，所形成的一種較爲人所熟知，且容易遵循的天下規則，因而轉化成爲良性循環的天下秩序，而其「倫理精神」就成爲今日國際關係首須借鑑參酌的典範。

隋文帝在豐沛國力的支撐下，實行「天下一家」的和親政策，安排中華世界秩序，以讓天下回歸承平，因此被突厥尊稱爲「聖人可汗」，爲兩漢以來天下共主的最高尊號。隋煬帝在天下關係上，也克承父業，頗受突厥讚頌，稱「至尊今還如聖人先帝，捉天下四方坐也。還養活臣及突厥百姓，實無少短」。隋煬帝雖然好大喜功，卻也有天下政治長才，在前代累積的國力下，臨御突厥，不但能召集四方君長至中原朝貢，甚至養活突厥君臣百姓，而形成一種古典、包羅華夷的「隋厥共同體」，甚至開創「天下共同體」的雛型，故突厥尊其爲「至尊可汗」。

總而言之，隋朝二代，文帝勤政愛民，恩及北荒胡人，故被尊稱爲「聖人可汗」，而煬帝也在前代累積的豐沛國力支持下，臨御突厥，恩威並濟，同樣的，也被尊稱爲「至尊可汗」，是繼隋文帝「聖人可汗」尊號之後，兩漢以來之天下共主的最高尊稱。其中，尤以「養活臣及突厥百姓」，而且「實無少短」，最爲重要。此即「隋厥共同體」或「天下共同體」之實質內涵，實與衣食父母無異。可見，隋朝待遇啓民可汗甚厚，才能贏得「跪伏甚恭」的果實。由此可知，隋煬帝在外交上，也確能克承其父文帝之功業，具經營天下秩序之長才，開兩漢以來天下共主因功業而備受草原民族尊敬，在日積月累下，汗位尊號始能不斷提升，最後則累增爲「天

「可汗」之至尊稱號。

　　惟再從婚姻犧牲者的角度來看，歷代公主所最不能適應的習俗，仍是胡人有父死子繼、兄終弟及的收繼婚制，父死則「子妻群母」之陋習，將「群母」視為「財產」，而不是將其視為「生命主體」的人，一併加以「繼承」。就往例而觀，此時和親公主無不因文化衝突，而「上表請歸」，以拒絕婚姻「亂倫」。惟匈奴、突厥等西域北荒民族，亦循例上表「請尚公主」或「妻公主」一天了（中國皇帝），為了安撫戎狄，安定天下秩序，亦基於《中華世界秩序原理》之〈以不治治之論〉的「因俗制宜」，照例下令「詔從其俗」，委曲其親生「公主」或宗女「公主」須「入境問俗」。從隋朝天子來看，甚至君臣民來看，這不但是其所治天下基於〈以不治治之論〉的統治原理，也是實行「因俗自治」、「民族自治」、「汗國自治」、「地方自治」的典範。因此，「和親」公主，嫁雞隨雞，嫁狗隨狗，從此成為永駐異域的「終生大使」，為天下太平，貢獻厥偉。

　　唐朝的和親政策，始於唐厥衝突，乃採「和親」結合「遠交近攻」的戰略。唐朝於開國後，承繼兩漢、隋朝以來烝烝日上的國力，同時也繼承其對胡人施行漢胡和親的政策，尤其是到了唐太宗時代，唐朝因變成華夷共主，特別受到戎狄的愛戴，因而被尊為「天可汗」、成為「皇帝天可汗」，遠遠超過僅只統轄西域北荒之一隅的大汗，遑論一般可汗，是乃開華夷有史以來帝號之至尊，尊號之大成。

　　唐朝於開國之初，西突厥屢請和親，高祖不欲委屈公主，乃問計於大臣。封德彝建議：當今之務，莫若遠交而近攻，正可權許其婚，以威北狄。裴矩亦獻計曰：西蕃懸遠，誠如聖旨，但北寇盛

強，數爲邊害。當今之計，須遠交而近攻，權可許婚，且羈縻之。
待中國完實，足抗北夷，然後徐思其宜。此蓋一時之策也。簡單來
說，和親只是唐初因國力不足，而行「遠交而近攻」的一時之策。
唐高祖然之，遂許婚。太宗時，因內憂已定，乃全力部署剿滅東突
厥〔＝北突厥〕之戰。貞觀三年，趁東突厥進擾河西，唐太宗乃遣
李靖等率軍分六路進擊東突厥。翌年初，各路截擊成功，大敗突
厥。二月，約盟友薛延陀腹背夾擊，俘頡利可汗，東突厥諸部紛紛
投降，費時不過三個月左右，東突厥即爲唐太宗所剿滅，威震西域
北荒，紛紛入朝。

　　貞觀四年，西域諸蕃君長至長安詣闕，請太宗爲「天可
汗」。太宗稱：「我爲大唐天子，又下行可汗事乎？」群臣及四夷
皆稱萬歲。唐太宗遂在漢胡的歡呼與共戴下，成爲華夷共主──皇
帝天可汗，在華夷君長的共同擁護下，成爲眞正的天下共主，即
「皇帝天可汗」。從此，唐太宗成爲華夷共主的天子，既是皇帝，
也是天可汗。皇帝統治中華，以爲治天下根幹，天可汗統轄四夷以
爲枝葉繁花，這就是「中華世界帝國」＝「天下共同體」，乃名符
其實的「皇帝天可汗」。是後，唐太宗皆以「皇帝天可汗」的璽書
賜西域、北方君長，納入唐朝中央政府的家國天下體制，並爲唐朝
後世君主所承襲而運行不輟。總之「皇帝天可汗」制度創始於唐太
宗，以恩威並濟、羈縻夷狄治以自治、五倫規範爲中華樹立天下威
信，始有以致之。乃上承隋朝「聖人可汗」、「至尊可汗」之尊
號，進而發揚光大，成爲「皇帝天可汗」，又下接高宗、武后、中
宗、睿宗、玄宗承先啓後，甚至連肅宗、代宗、德宗等也都受惠於
唐太宗對周邊民族歸服，並治以不治的豐功偉業，而得以繼承「天
可汗」的至尊帝號。

　　所以唐朝的五倫天下關係體制，基本上在開國之初即已先承襲兩漢與隋朝的「和親」體制，最後則透過〈封貢體制論〉轉型成為安定天下的「君臣倫」＋「父子倫」的階層體制。唐太宗時，雖然也實行和親以安撫四夷，但他亦曾在唐蕃戰爭上立下不戰勝敵人不和親的先例，憑其高深莫測的大軍分路合擊機動奇襲戰略，屢屢以優勢兵力攻敵於未備而擊破突厥、吐蕃等強敵。又，為了避免二面受敵，先聚焦征服東突厥，再以迅雷不及掩耳之勢，擊破西突厥，震動北荒西域，因而獻上天下共尊的「天可汗」稱號，而成為統治華夷漢胡且實至名歸的「皇帝天可汗」天下體制。其中，我強而敵弱且建構〈不完全以不治治之論〉的「民族自治、汗國自治、地方自治」體制，賦予華夷共存共榮、天下太平的保證，才是西域北荒獻上「天可汗」尊號的道理所在。所以說，〈不完全以不治治之論〉的「民族自治、汗國自治、地方自治」體制就是形成「族國島鏈」的根本。

　　唐太宗既受內陸西域諸蕃尊為天可汗，而「天可汗」絕非只是超越可汗的榮銜而已，它也是一種超越可汗的「共主」制度，因此在「諸蕃渠帥有死亡者」或在紛爭之時，天可汗擁有「下詔冊立其後嗣」之權，此即「天可汗制度」。據此，天可汗當然可「下詔冊立其後嗣」，新可汗一經天可汗冊立，即成為西域北荒各部的合法領袖或汗位繼承人。此外，因皇帝既是中國，也是沿海屬藩的共同皇帝。故太宗成為華夷共主的天子，既是皇帝，也是天可汗，乃成為「中華世界帝國」名符其實的「皇帝天可汗」。是後，唐太宗皆以「皇帝天可汗」的璽書賜西域、北方君長，並為唐代後世天子所承襲。其中，「貞觀之治」，為大唐時代的來臨奠下堅實的根基，其後歷經唐高宗「永徽之治」、武則天「貞觀遺風」，到唐玄宗的

「開元之治」，承先啟後，併稱「大唐四治」。歷經四代的整頓經營積累，大唐國勢達到顛峰狀態，受尊為「皇帝天可汗」毫無愧色。所以說「皇帝天可汗」就是「天下共主」，也是「華夷共尊」的天下領袖，乃盛況空前的中華盛世。

唐太宗以「皇帝天可汗」之尊，對待敵國，將「和親」建立在「戰勝」的態勢權威下，始答應「和親」，為承擔親善外交之「和親公主」的使命奠定優越地位，且能有效維持其天下秩序於長治久安之境。總之，唐太宗為唐朝建立不在武力威脅下交涉和親，確實是具有尊嚴的「和親體制」，成為健康外交，也為以「夫婦倫」之「倫理典範」為規範的「夫婦之邦」建立「倫理秩序」，讓「皇帝天可汗」得以樹立其「天下共主」的崇高政治地位，進而透過家族倫理，以建立其「天下一家」的天下地位與天下秩序。故在以唐朝為領導中心的漢胡天下政治上，帝國在西域北荒之周邊戎狄，諸如吐蕃、突厥、吐谷渾、烏孫、迴紇等，皆以能與大唐和親為榮，並以不能獲天可汗賜婚和親為憾為恥。從此，為「中華式和親」建立健康的體制與天下的榮耀光彩。

然而戎狄可汗請求「和親」，亦非有求必應。其中，但知滿足虛榮之私，而不知先為中華世界安定秩序，率先朝貢「天可汗」，以表現恭順誠心者，不在賜婚之列。更有甚者，竟以「（扣）留天可汗使人」、「以寇邊為要脅」的請婚者，唐太宗皆視其如「叢林之一葉，海水的一滴」，量微質劣，無關大局輕重，而拒絕和親。諸如：貞觀八年吐蕃贊普棄宗弄贊嗣位，遣使朝貢請婚，太宗未許，贊普怒而率其眾二十餘萬，頓於松州西境，稱：來迎公主，又謂：若不嫁公主，即當入寇。旋進攻松州犯邊，為唐軍所敗，吐蕃弄贊乃遣使謝罪，請婚，許之。太宗為唐朝立下「戰勝後許婚」的

「尊嚴和親體制」。蓋太宗以爲大唐公主和親，乃「父家」榮耀「夫家」，故不可戰敗許婚，行屈辱和親。蓋中國既是文化文明的大國、也是代表「皇帝天可汗」治下之中華世界秩序與領導下的華夷共同體及其獨尊的天下地位。

再如，突厥乙毗涉遺可汗，因遣使朝貢，藉機求婚，太宗以其尚知朝貢天下共主的天可汗，雖未許婚，但爲「報其善心」，優撫至甚。請求和親有成有敗，關鍵皆在於其事皇帝天可汗「有無誠心」，或對皇帝天可汗領導諸汗國參與天下生存競爭走向共存共榮時是否存在「褊識」，對協力共造「天下一家」之皇帝天可汗體制的忠誠有無。唐太宗向以知人善任聞名，固有其異於常人之鑑識與決斷的能力。又如，薛延陀來請婚，獻馬朝貢。帝許以女妻之，並在靈州親迎。結果，太宗久等不至，以其頗簡使命，有怠慢之心，況聘禮不備，不能婚嫁，遂絕婚。唐太宗又創下「聘禮不備不婚」的規矩。此外，突厥咄陸可汗遣使求婚，太宗認爲咄陸可汗數年闕〔缺〕朝獻，又膽敢扣留天使，遂絕之。蓋在中華世界秩序之下，藩邦理應率先朝貢「皇帝天可汗」，表現事大誠心，他竟無知到敢扣留皇帝天可汗使人的地步，無異夜郎自大，遂斷其爲不適任國君而拒婚。此等案例昭示，無事大之誠者、不適任做爲君長者等等，均在拒婚之列。

和親，本來就是透過聯姻，結合掌握雙方國政的皇室，將二個國家建構成爲「夫婦之邦」，從此走向以〈夫婦倫〉之「倫理典範」做爲規範的天下秩序。此即，唐玄宗堅持「婚姻，將傳永久，契約須重，禮數宜周」的道理所在，戎狄對漢胡和親切忌只因「嘉尚我國家金帛、子女」，以致「來人既輕，禮亦未足」，故要求戎狄須有「國家信若四時，恩同天地，一言則定」的體認，始可「通

和親」。如來人既輕，禮數亦未足，即是無視於對方之輕重而輕忽禮數，乃視「和親」爲兒戲者，不可和親。

就吐蕃而言，年少的贊普赤德祖贊曾遣使臣來朝，上書唐玄宗，先依和親之家族倫理，以前公主文成入蕃和親，故尊稱唐玄宗爲「皇帝舅」，自稱「外甥」，強調「深識尊卑，豈敢失禮」，不但「宿親」，今又「蒙降金城公主」，唐蕃因而親上加親，「和同爲一家」。因此，赤德祖贊贊普稱：伏望皇帝舅，許從舊好，長令百姓快樂。如蒙聖恩，千萬歲外生（甥）終不敢先違盟誓。由此觀之，親上加親，對唐蕃舅甥關係的再確認與雙方關係好轉爲親善，具有一定影響力。可見，和親仍然是皇室間謀求親善，家國和諧，天下太平，百姓安居樂業的有效手段。總之，唐鶻和親乃「夫婦之邦」的典範，反之，唐蕃的後期和親則屬典型惡例。

另就理論而言，漢胡或華夷「和親」後，雙方將因皇室的世代交替而產生家國關係之稱謂及其親密度的變化。唐朝公主因和親而遠嫁異域，其贊普或可汗即爲子婿，故兩國首先會形成翁對婿的「翁婿關係」。其後，因雙方皇室產生世代交替而發生輩分的差異，因此會有舅父對外甥的「舅甥關係」、外公對外孫的「外公孫關係」、表兄對表弟的「表兄弟關係」等皇室間的姻親關係、輩分稱謂及其親疏關係的變化，因此雙方國交也會隨著世代交替，其關係或稱謂會因時而異，且日趨淡薄與疏遠。其中，唯有唐蕃和親有別於漢匈、唐厥、唐鶻等諸華夷和親。

推其緣由，蓋唐蕃和親之所以有別於其他的華夷和親，乃因吐蕃雖屬遊牧民族，但其在風俗習慣上未聞有「父死子繼、兄終弟及」等收繼婚制度的記載，亦未見降嫁吐蕃的文成公主與金城公主曾因新贊普繼位而尙公主或公主因「收繼婚制」而上書請求歸國等

記載。故唐蕃和親雖歷經數代傳承，但史書記載均定位為「舅甥關係」，故屬於和親中較淡薄疏遠，且聘交關係飄忽不定的關係，吐蕃甚至曾對國力式微的唐朝明白表示「舅甥關係」不等於「君臣關係」的事件。或許是因唐蕃國力較為相當，且在〈天命論〉或〈帝權天授論〉上同屬「敵體抗禮」的國格所致。據此而論，雖然國力相當但有和親關係之「敵體抗禮」的國家關係如唐蕃「夫婦之邦」，與國力相當但無和親關係之「敵體抗禮」的國家關係如宋遼「兄弟之邦」，將會形成二種不同的聘交體制或外交關係。因此，規範雙方皇室之家族倫理及其倫理典範的有無或差異，就會形成各自不同或有所差異的天下倫理典範及其倫理秩序。

事實上，自文成公主降嫁吐蕃贊普松贊干布後，唐蕃關係即為「類翁婿關係」的「舅甥之邦」，松贊干布雖敬畏唐太宗，但自其崩逝後，吐蕃對唐都保持「舅甥關係」的稱謂，乃因吐蕃對唐蕃國格定調為「舅甥關係」之故。又，中宗再降嫁其女金城公主於吐蕃，唐蕃關係並未因之調升為「翁婿關係」，唐蕃情誼也未因之而較「舅甥關係」更為親密。況金城公主降嫁時，贊普赤德祖贊年紀尚小，對以大唐天可汗為中心的天下倫理規範並非不熟稔，而是因為權臣掌握吐蕃大政，贊普影響力有限所致。此時，吐蕃自恃兵強，對唐表疏皆求敵體之禮，故唐蕃和親似與西域北荒大有不同，並未視唐朝皇帝為「皇帝天可汗」，除初代和親的棄宗弄贊贊普外，都未朝貢大唐且未請求冊封，因此在政治上對唐均行「敵體」之禮，只有在唐蕃姻親輩份關係上，承認大唐天可汗為舅，相對的，吐蕃則自稱甥，也未因唐朝再度降嫁金城公主於吐蕃，而將「舅甥關係」調整為「翁婿關係」或〈封貢體制論〉下的「君臣之邦」，仍沿襲舊慣，稱之為「舅甥關係」，持續維持著親密度較為

疏遠的「夫婦之邦」下的「舅甥關係」。因此，吐蕃曾發文要求唐朝修改往來公文中凡與「封貢體制」或「君臣上下」相關的政治性遣詞用字，而且一面犯邊一面要求唐朝簽訂唐蕃「界碑」，如現藏拉薩的唐蕃「舅甥碑」。金城公主甚至一度為唐蕃失和危局而出亡，擬途經箇失密（喀什米爾）國，返回長安未果。更有甚者，吐蕃曾在「唐蕃會盟」時，於會場周遭暗藏兵丁劫盟，如平涼劫盟。尤其是在唐朝內亂外患頻仍之時，乘虛派兵攻陷京城長安。唐玄宗為之蒙塵，太子即位於靈武。從此大唐的「皇帝天可汗」時代為之告終，一去不復返。

　　就唐之「皇帝天可汗」體制而言，和親的目的在於先將四夷納入皇室的家族倫理，藉以規範其天下行為，最後則透過〈封貢體制論〉將其冊封為「翁婿之邦」＋「父子之邦」＋「君臣之邦」，以形成「天下一家」的階層性天下關係與天下秩序。證諸「父子倫」的天下秩序關係亦有相同現象。如：唐玄宗賜敕於突厥登里可汗，稱：朕與可汗先人，情重骨肉，亦既與朕為子，可汗即合為孫，以孫比兒，似疎少許，今修先父之業，伏繼往時之好，此情更重，只可從親，若以為孫，漸成疎遠，故欲可汗今者還且為兒。由此觀之，在天下關係上，血親之間必須嚴守倫理規範，但非血親或擬血親間的倫理關係，因其目的在於保持天下族國之間的「親密度」，而非拘泥於稱謂，蓋「稱謂」只是手段，而非目的，是用來拉近邦交之「親密度」的手段而已。由此可知，唐玄宗所稱「以孫比兒，似疎少許」，故希望突厥登里可汗「還且為兒」，此說雖違背家族輩份倫理，但究其目的就是為了建構政治關係較為親密的「天下一家」，交好突厥而已。

　　若就中西天下體系與國際體系之秩序關係的比較而言，在東

方，和親兩造的後代子孫若爲同輩，即稱表兄弟，上下相差一代則稱爲翁婿或舅甥等關係。當兩國和親一告成立的同時，雙方隨即形成「翁婿之邦」。其後人，若輩份相同的一代則稱爲表兄弟關係，形成皇室家國間的「兄弟之邦」，至於差一代的舅甥關係則形成皇室家國間之「舅甥之邦」，差二代的皇室關係則形成「外公孫之邦」。假若「皇室家國」間，能夠透過普遍的和親，則對具聯姻關係的皇（王）室家族關係而言，就會形成「天下一家」的家族連帶關係，故使用家族「倫理」來規範天下關係的話，將較今日以《國際法》來規範國際關係，更容易達成「天下太平」的目的。

　　其中，「公主」就成爲「父國」所派終生「駐紮」於「夫國」的最得力「親善使節」，兩國透過公主夫婦間的枕邊細語，當較諸派遣全權大使在談判桌前的冰冷折衝更爲有效，更易於進一步拉近兩造之家國、民族、宗藩、天下之間的關係，更重要的是也能促進天下太平，讓天下百姓安居樂業。尤其是，將皇家間的和親化爲全民通婚的話，將會形成眞正的「天下一家」。

　　相對的，《國際法》與《國際關係》也將隨之轉化成爲《國際倫理法》與《國際倫理關係》，進而形成以「倫理典範」規範世界秩序的新時代。可惜，在西伐利亞條約體制下的西歐民族國家間，雖然不乏皇王室通婚，但無相關之家族倫理體制來規範雙方家族的倫理關係與政治外交關係，以化干戈爲玉帛，實其缺憾。相對的，開元之治，正是唐玄宗繼承唐太宗再度開創以〈五倫天下關係論〉統治四夷的「皇帝天可汗」盛世，也是中國史上企圖以「倫理典範」規範「天下」成爲「一家」的時代。當公主陪同駙馬＝單于、可汗或贊普來朝，或朝貢或受封，並尊皇帝爲天可汗之時，正是「中華天下體系」與「夷狄天下體系」相互結合成爲「天下共同

體」＝「中華世界帝國」之際，也是相關各方邁向「天下一家」、「世界大同」的先聲，蓋皇帝天可汗創造天下太平之時，就是人民享受安居樂業之際。

惟安史之亂後，大唐國勢盛極而衰。從前，「天可汗皇帝」為了「平天下」而賜和親；如今，天下的西域北荒，成為替皇帝天可汗「平內亂」，而請和親。此時，建構於平時的「和親」善鄰政策，頓時成為家、國、天下平亂復興的希望。倉皇即位於靈武的肅宗，因肩負家國天下的復興重責，稱：宗社阽危，迴紇烏孫踰絕漠，率兵勤王，兩京底定，難忘厥德，爰申降寧國公主之禮，用答迴紇英武威遠可汗勤王之志。及代宗之時，再冊崇徽公主，下嫁迴紇可汗，為可敦。由於不斷和親，因而親上加親，唐紇關係也就因之而日益親密。德宗之時又封幼女為咸安公主降嫁迴鶻天親可汗。為了家國天下之安寧，大唐公主不得不再度肩負起「令『夫家』為『父家』」興師平天下的勤王重責大任。德宗因迴紇可汗遣使上表稱兒及臣，為了對付吐蕃犯邊，尤以平涼劫盟為甚，乃與迴鶻約共攻吐蕃，亦皆聽命之故，乃許以咸安公主嫁合骨咄祿可汗（天親可汗），並以「翁婿之盟」取代「兄弟之盟」，聯合「翁婿之邦」迴鶻以制「舅甥之邦」吐蕃，以安天下。

其時，迴紇合骨咄祿可汗因請和親，表示：「昔為弟兄，今即子婿。子婿半子也。彼猶父，此猶子也。父若患於西戎，子當遣兵除之」。德宗也相應回稱：「昔為兄弟，今為子婿。子婿，半子也。此猶父，彼猶子，若患西戎，子當除之」。雙方針對侵寇不已的吐蕃，異口同聲強調「子將為父」除敵，父子之親莫過於此。德宗之所以將親生女咸安公主出降回鶻可汗，乃是為了建立「翁婿關係」。唐鶻因「和親」而形成「翁婿關係」的「夫婦之邦」≒「父

子之邦」的結盟關係。因此，回鶻可汗毅然出兵助唐打敗吐蕃，讓唐朝的天下關係逐漸復歸具倫理而正常的天下關係。

考唐蕃結釁，始於開元二年以來，吐蕃大舉進攻甘肅臨洮，劫掠蘭州、渭州，復自恃其強，致書用敵國禮，辭旨悖慢，唐玄宗常感憤怒。開元十年，赤德祖贊（金城公主之夫）親政後，有代表天可汗駐紮吐蕃的金城公主擬逃亡箇失密國返回長安事件、開元十五年，突厥（毗加可汗）曾獻玄宗「吐蕃與小殺書」，暴露赤德祖贊「計議同時入寇」事件、德宗建中二年吐蕃要求唐朝改敕書，以「貢獻」為「進」，以「賜」為「寄」，以「領取」為「領之」的敵體抗禮事件、貞元三年的「平涼劫盟」事件、代宗時赤德祖贊更趁機控制隴右十八州安西四鎮，何況在赤松德贊時，吐蕃更趁唐朝內亂外患之機，出兵攻陷唐都長安等事件，不一而足。其中，尤以攻陷唐都長安事件為最，終於導致唐蕃「夫婦之邦」雖有「舅甥關係」的名義，卻毫無姻親情義，和親有名而無實。至此，恩義完全破滅斷絕，終於導致唐德宗展開以「翁婿之邦」制「舅甥之邦」的絕地反攻。

總之，因吐蕃不以「舅甥倫理」為念，恃強趁弱以「外甥之邦」澈底痛擊「舅父之邦」，以爭霸青海、河西與西域，結果舅甥交惡，「夫婦倫」之「倫理」因之蕩然無存，從此舅甥恩斷義絕。歸納唐蕃和親而言，舉凡雙方透過公主「和親」，且由和親之「汗王」掌握國家大權時，則形成「翁婿之邦」情義，唐蕃關係因太宗擊敗棄宗弄贊後，許嫁文成公主而「有名有實」，故唐蕃關係日益親密，因之而形成「君父vs.臣子」之邦。然而，文成公主因水土氣候未能生兒育女，導致唐朝與吐蕃未能形成血緣的政治親情版圖，遑論「漸而臣之」。因唐在蕃缺乏親唐派系，不利後任「和親

公主」立足於吐蕃。反之，赤德祖贊因年幼而大權旁落，因先由母系權臣掌政，故一向稱唐蕃為「舅甥關係」，卻無法因金城公主降蕃和親而形成「父子倫」的「翁婿關係」情義，何況親如封貢性的「君父vs. 臣子」關係。因此，唐蕃乃日益走向「有名無實」而日漸疏遠，甚至因其「有名無實」而走向對立。夫婦之邦一旦反目，必導致雙方天下秩序關係的不和諧、緊張，甚至戰爭。

此即，唐蕃爆發金城公主企圖從「夫家」吐蕃，經箇失密國，轉赴河西，回歸長安「父家」的逃亡事件，或者在雙方盟誓結好之時，暗藏兵力以圖劫盟的「平涼劫盟」事件，均屬金城公主之夫吐蕃贊普赤德祖贊親政後所爆發之事，何況赤松德贊時，吐蕃更出兵攻陷長安，正好說明唐蕃和親的「夫婦之邦」，不但可能已夫婦反目，而且在贊普世代交替後，唐蕃之恩怨更已積少成多，甚至積重難返，最後在「近親相憎原理」[6]下，唐蕃甚至開始走向勢不兩立的敵對狀態。基於倫理的規範，近親之間因平素即相互依賴寵信，一旦遭到辜負或背叛，則將在其心理結構上更倍感痛心與憎恨，甚至唐蕃兩造因之走向極端，而相互仇視。

唐蕃「夫婦之邦」，既不和諧則「夫婦倫」之倫理與典範，自然也就喪失其應有的規範功能。「和親」本來是為鞏固「夫婦之邦」所設計的邦交潤滑機制，以讓天下關係透過「夫婦倫」，走向「天下一家」的凝結劑，故須有「夫婦之邦」的家族倫理與倫理典範之設計與規範，始能圓融運行而不輟。然而，「夫婦之邦」一旦因國家間的利害衝突而反目，也會造成「近親相憎」的敵對現象。

6　近親相憎的心理結構，與土居健郎所分析之「素蒙寵信」的日本人心理結構，頗有相似之處。請參閱：土居健郎，《「甘え」の構造》，東京：弘文堂，2007年。

其中，以公主「父家」的強弱，決定公主在「夫家」的地位與角色扮演。此外，「夫婦之邦」因反目而造成「近親相憎」的敵對現象，將更激發尋求雪恥復國之機，此即晚唐德宗聯合「翁婿之邦」迴鶻以制「舅甥之邦」吐蕃，雪恥復國以安天下的戰略。

再就唐蕃「舅甥關係」深入分析的話，凡雙方透過公主「和親」且由「贊普」掌握國家大政的話，那麼唐蕃舅甥關係將因「有名有實」而日益親密。反之，贊普因年幼而大權旁落，導致權臣秉政的話，則唐蕃「舅甥關係」勢必因之走向「有名無實」而日漸疏遠，在但知「國家利益」，而不知「和親情義」的狀況下，雙方將因「有名無實」而走向對立。因此，「代代和親」，乃草原民族為建構其「夫婦之邦」，並鞏固其邦交持續所精心設計的救濟機制度，也是走向「天下一家」的潤滑劑。若不此之圖，則其最後的解決之道，將形成由「夫婦之邦」中，其關係至為親密的「翁婿之邦」≒「準父子之邦」擊垮關係較疏遠的「舅甥之邦」。

唐末，由唐鶻聯合組成的唐鶻聯軍，大敗吐蕃，並給予重大教訓，此即「翁婿之邦」親於「舅甥關係」的顯例，故「翁婿倫理」強於「舅甥倫理」，可謂不言自明。據此可知，「翁婿之邦」的凝結力遠強於「舅甥之邦」，如何達成強勁有力的凝結力？據北荒突厥、回紇的習俗以及唐厥、唐紇的一而再，再而三的和親可知，和親乃用於確認結盟雙方關係是否仍然親善，並據以形成，進而認識到以最具上下尊卑關係，且親情最難以割捨的「翁婿之邦」，最為牢靠。

文成公主入蕃和親與金城公主入蕃和親，前者帶來唐蕃和平，後者則武力相向。其結果，乃是二個完全背反和親機制的案例。前者乃善例，後者為惡例。吐蕃因「贊普親政」，而讓唐蕃和親逐步恢復「名實合一」，公主始有著力之處。由於金城公主入

藏，「唐蕃和親」可再由「舅甥之邦」之疏遠關係逐漸恢復成爲至
親的「翁婿之邦」≒「類父子之邦」。此即，唐玄宗之所以說，
「縱有違負之過，詎移骨肉之恩」，期待「自茲已後，更無討襲，
諸軍所守，侵掠並停」，於是遣御史大夫「往申信約」，重修舊
好。因此，金城公主又肩負起唐蕃之翁婿或舅甥間的親善角色，乃
上言稱：請定蕃漢兩界，以爲「長治久安」之計，故金城公主與吐
蕃贊普乃先後上表，建議：於唐蕃邊地「置府」，差使以勘定「邊
界」。贊普更上表，稱：許降公主，皇帝即是阿耶，卑下是兒，一
種受恩，似乎受制於倫理規範而極其恭順。

　　其實，玄宗與金成公主只是同輩的堂兄妹關係，但是吐蕃贊
普上表時，仍稱：許降公主，皇帝即是阿耶，卑下是兒，一種受
恩。表文中，似體現出唐蕃間長幼尊卑的家族倫理與國格的高下。
事實上，許降公主者乃中宗，而非玄宗。因唐玄宗與金成公主乃同
輩的堂兄妹關係，屬於「妻舅」，故赤德祖贊在家族關係上尊稱玄
宗爲「皇帝舅」，而自稱「外生（甥）」，甚至稱「許降公主，皇
帝即是阿耶，卑下是兒，一種受恩」，都非正確用語，比喻爲「阿
耶」對「兒」的「翁婿關係」更屬錯誤。因此，赤德祖贊的美辭，
只是口是心非或大權旁落下的外交辭令，而非出自內心，否則在其
親政之下不可能爆發公主企圖逃亡事件，除了但知國益而不知親情
外，贊普「以婿攻翁」或「以甥攻舅」等不倫不義的以卑犯尊，挑
起邊境戰爭等行爲當難以理喻。相對的，金城公主致力於調和唐蕃
衝突，勘定邊界，行會盟，訂定舅甥碑等，除了有益於雙方交好之
外，其中可能暗藏著公主的眼淚，甚至爲了討好夫婿贊普的歡心，
而掩飾其內心早已明白吐蕃贊普對大唐天可汗懷有二心，其佐證就
是金城公主企圖經箇失密逃歸長安未果的逃亡事件。

可見，「夫婦之邦」必須「名實合一」，接受「愛屋及烏」之倫理典範的規範，誠心奉行「夫婦倫」才能發揮其有效的規範力量，惟有「夫婦倫」的倫理典範發揮其規範力量，邦交才能鞏固長存，天下秩序才會長治久安。

靜觀唐蕃「和親」的話，因其較親的「翁婿關係」時隔日久，遂轉爲較疏的「舅甥關係」，由親密轉爲疏遠，又由疏遠轉爲衝突。相對的，唐鶻則因剛行「和親」關係，故其「翁婿關係」仍處於「準父子之邦」的結盟關係。就「夫婦之邦」而言，雖分有翁婿、表兄弟、舅甥、外公外孫之邦等四大類型，但因新婚，故「翁婿之邦」遠親於「舅甥之邦」，唐鶻關係「遠勝於」唐蕃關係。蓋前者，信而有爲；後者，不倫且失信。同樣都是「夫婦之邦」，何以有此差別？蓋姻親間的親情「親密度」，會隨著時間推移而遞減，會因世代交替而日漸疏遠，故第三代不如第二代，第二代不如第一代親密。因此，和親兩造間的「夫婦之邦」，翁婿關係強於舅甥關係，舅甥關係強於表兄弟關係，表兄弟關係又強於外公外孫關係。爲了彌補「夫婦之邦」之「親情親密度」的「遞減現象」，和親的兩造，代代都需要和親，讓親上加親，以彌補逐代降低之「親情親密度」的「遞減現象」。唐末以「翁婿之邦」攻「舅甥之邦」，就是「以親攻疏」的「親疏原理」，也是西域北荒遊牧民族爲了確認親情或邦交的親密度，所以會一而再、再而三，不斷請求和親以「親上加親」的道理，就在於此。

何只遊牧民族，即使唐朝亦善於運用遊牧民族創造的「和親」觀念，開創「翁婿關係」的「夫婦之邦」。唐朝在草創期，得以「遠交近攻」，謀聯西突厥以制北突厥而迎大唐盛世的到來；在唐太宗強大時，唐朝也曾創造出四夷尊唐爲「皇帝天可汗」；在內

亂時，唐朝更創造四夷為唐勤王，出兵代唐平定安史內亂；在唐朝遇到外患時，又創造出四夷為唐勤王，並出兵協助平定吐蕃侵犯京師，收復長安，又出兵吐蕃以安中國邊境。由於唐朝曾活用「和親」觀念，因此開創出「夫婦之邦」，並且應用聯「翁婿關係」以制「舅甥關係」的「親疏原理」，行「以親攻疏」之策，以安「家國天下」，唐鶻關係可謂已臻化境。不過，倚賴他國必有時而窮，根本之道還是在於自強，尤其是「天可汗」更須以獨強獨大之尊，才能制人而不制於人，何況他須以中心而服四鄰，以單邊而服多邊，才能領導統御天下，完成長治久安。

此外，「和親」的「夫婦倫」，既在〈封貢體制論〉的機制下，發揮朝貢與冊封的作用，復受到〈五倫天下關係論〉之「君臣倫」的影響，使和親的兩造，既可成為「夫婦之邦」，也能成為「君臣之邦」。顯然，透過〈五倫天下關係論〉，家族倫理可以擴大成為天下倫理，「夫婦之邦」也會走向「君臣之邦」，最後則可能促成「天下一家」，實現民族與民族、國家與國家間的「共存共榮」境界，形成命運共同體，進而催生「中華世界帝國」共同體＝「天下共同體」的到來。

總之，隋唐為了建立以「中華」為中心，涵蓋「戎狄」的太平天下秩序，乃活用草原民族的「慕華思想」，因應其「請尚公主」之機，建立「和親」體制，透過「和親」建構以「華」為主體、以「胡」為從體的「夫婦之邦」。夫婦之邦乃是將皇室「家族倫理」擴大成為「天下倫理」，進而結合「封貢體制」，以令「翁婿之邦」，甚至「舅甥之邦」、「表兄弟之邦」、「外公孫之邦」，「奉表稱藩」以收「朝貢歲至」的忠誠，然後將〈夫婦倫〉之「倫理」、「典範」普及於天下，以廣結天下各路之「王室家族」，讓

「華夷世界」轉化成為「中華世界」，建立以隋唐為中心的「中華世界帝國」，透過「聖人可汗」、「至尊可汗」以及「皇帝天可汗」體制以形成「天下一家」的「天下倫理」關係，用以領導「天下秩序」，最後則一起走向「天下為公」的「大同世界」。

　　精要而論，以兩漢隋唐為中心之「中華世界帝國」的「天下秩序原理」，其精華所在就是〈五倫天下關係論〉。〈五倫天下關係論〉乃運用規範「家族關係」的「倫理典範」＝「五倫」的「君禮臣忠、父慈子孝、愛屋及烏、兄友弟恭、朋友有信」，來規範「天下關係」，而漢胡世界乃以「夫婦倫」來規範「夫婦之邦」，因而形成「天下一家」，以安定「天下秩序」，並於實現「共存共榮」，於贏得「天下共尊」後，華夷共同攜手邁向「天下為公」的「大同世界」。此即以「夫婦倫」規範「夫婦之邦」的〈五倫天下關係論〉之理想與極致。

　　總結兩漢隋唐之和親成就而言，中國的「和親文化」來自遊牧民族，經過中國歷史文化價值的融合，特別是透過倫理改造，再經過歷代傑出政治家之戰略制高點的考量與適用之後，又逆輸出到大漠南北，經北荒、西域，到南方吐蕃，成為中國治邊的文化輸出與文治武功的發揮，完成「天下一家」的融合，而建構出「天下共同體」的長治久安，並在「皇帝天可汗」的華夷融合成就之下，培養出共同的歷史文化價值，而締造了歷史的里程碑，達成了有史以來的至高境界。

　　最後，則是關於五代的「五倫天下關係」論述與宋遼「兄弟之邦」論述。考諸「君臣、父子、夫婦、兄弟、朋友」[7]之邦的〈五

7　《孟子・滕文公上》，《十三經注疏》。

倫天下關係論〉思想淵源，正如前述，它乃始於周朝，以倫理爲基礎，以宗法組織和封建組織爲制度，再經歷朝歷代之融合演進所建立的政治體系。[8]證諸唐宋史實，唐代因曾經廣泛利用「賜姓」以增宗臣，漢唐之時因匈奴、契丹曾相繼叩關內附爲內臣，太宗玄宗曾屢次「降嫁公主」，甚至晚唐五代時期藩鎭曾大肆收養「義兒」，以收異曲同工之妙，在在都是利用〈五倫天下關係論〉之〈君臣倫〉＋〈父子倫〉、〈君臣倫〉＋〈兄弟倫〉、〈君臣倫〉＋〈夫婦倫〉、（「權臣」＋「父子」）的文化價值，來建立非血親間之「君對臣」、「父對子」、「翁對婿」、（「上對下」）的護持與忠誠。其中，包括五代石晉之爲契丹的「兒皇帝」、「孫皇帝」，也是基於周朝以來，經歷代而至唐朝五代，基於〈五倫天下關係論〉所變通設計的「君臣倫、父子倫、夫婦倫、兄弟倫、敵體倫（朋友倫）」的倫理模型，甚至是華夷逆轉的倫理模型。又，再從〈五倫天下關係論〉的政治外交實務中，獲取喘息生機或生聚教訓之機，以等待另一波時機的到來。

　　不過，宋朝則爲例外。自趙匡胤建宋以來，因懲於唐末藩鎭強而皇室弱，五代以來亦不免於君弱臣強之政局，乃斷然採取「杯酒釋兵權」之計，以行強幹弱枝之策，遂提倡以文治取代武功，最後宋代形成文化昌盛，文明進步，但武功薄弱，且欲振乏力的文弱政府。在澶淵戰後，雙方勢均力敵，旗鼓相當之故，乃於「澶淵之盟」後，雙方決定建立兄弟之邦，並且以〈五倫天下關係論〉之「兄弟倫」的倫理典範「兄友弟恭」和「兄前弟後」作爲規範，並

8　張啓雄，〈論清朝中國重建琉球王國的興滅繼絕觀〉，《琉中歷史關係論文集》，頁512-513。

決定依照雙方皇帝之年齒高低締結「兄弟之邦」，因宋方年齒高於遼方，故宋爲兄邦，遼爲弟邦。至於後代，則以傳承之輩分高低和年齒上下決定稱謂。在外交上，雙方則依〈名分秩序論〉之「因名定分，依分求序，然後循序運作」的原則，爲往來使節定服色，排座次，然後行禮如儀。結果，雙方獲得122年的和平與繁榮。

　　北宋於統一大江南北後，本應遵循《中華世界秩序原理》的〈大一統論〉，趁機北伐，統一天下。惟於澶淵之戰時，發現宋遼旗鼓相當，若以「零和對決」則兩敗俱傷，乃放棄臥薪嘗膽，改採雙贏策略。因此，宋遼關係遂由「君臣之邦」之爭，演變成爲「兄弟之邦」的和平共處。兄弟之邦，也源於〈五倫天下關係論〉，但是屬於「兄弟倫」的倫理模型。同樣的，「兄弟倫」的倫理，也淵源於周朝所設計之宗法制度和封建制度，因周武王曾冊封姬姓子弟、功臣，甚至土豪爲諸侯，而建國立邦，是爲「君臣倫」、「兄弟倫」下的「君臣之邦」＋「兄弟之邦」。不過，宋遼在〈五倫天下關係論〉之下的「兄弟之邦」，乃肇因於宋遼勢均力敵，故雙方只有「兄弟倫」或「朋友倫」可供選擇。但在中國政治社會史上，朋友倫常與兄弟倫結合在一起，形成如《水滸傳》般的稱兄道弟集團，而非「君臣倫」下所轄之「兄弟倫」的「兄弟之邦」。因此，不論「君臣倫」、「父子倫」、「兄弟倫」、「夫婦倫」所建構的「君臣之邦」、「父子之邦」、「兄弟之邦」，甚至於「夫婦之邦」的模型，不但來自於〈五倫天下關係論〉，而且也都可歸結於《中華世界秩序原理》的理論模型，來加以分析闡述演繹。

　　不過，宋朝自趙匡胤建宋以來，因懲於唐末藩鎮強而皇室弱的太阿倒持，五代以來也不免於君弱臣強之政局，乃斷然採取「杯酒釋兵權」之計，以行強幹弱枝政策，遂提倡以文治代武功，最後形

成文化昌盛，文明進步，但武功薄弱而欲振乏力的文弱政府。

　　總之，就「唐宋變革」而言，放棄〈大一統論〉的「君臣倫」而就〈五倫天下關係論〉的「兄弟倫」，是唐宋變革中最大的變革。不過，再就《中華世界秩序原理》而言，不論「君臣倫」、「父子倫」、「兄弟倫」、「夫婦倫」所建構的「君臣之邦」、「父子之邦」、「兄弟之邦」，甚至於「夫婦之邦」的模型，都來自於〈五倫天下關係論〉。又，為何會在〈五倫天下關係論〉中，選擇締結「兄弟倫」所建構的「兄弟之邦」？其實，宋朝在建國之初，仍堅持〈大一統論〉，實行北伐政策，謀爭天下。雖曾奮力一搏，但力不從心，徒呼奈何。於是宋遼關係遂由爭奪五倫中權力至高的「君臣倫」而急轉直下，突然轉變成為爭奪「兄弟倫」，因而弱化的宋遼乃棄武從文，改行〈五倫天下關係論〉下的「兄弟之邦」，力行「兄弟倫」之「兄前弟後」、「兄友弟恭」的倫理典範與名分秩序。

　　惟就理論詮釋史實而言，「五倫」的倫理，對家族確具規範作用，且史有明證。同樣的，〈五倫天下關係論〉的倫理，對天下≒「中華世界帝國」當然也具有規範力量。就後晉與契丹之關係而論，後晉既對遼稱臣稱子，且受遼冊封為大晉皇帝，石敬塘更以遼為父、晉為子之名分事遼，故在〈五倫天下關係論〉的倫理上，晉遼為「君臣倫＋父子倫」，成為「君父之邦vs.臣子之邦」的聘交關係。其後，石重貴繼位後，以稱臣為恥遂毀前代之約，堅持「但稱孫不稱臣」之論，遂授遼出師名分。遼朝乃以石晉違反臣下職貢為名，興兵滅之。相對的，在〈五倫天下關係論〉下，君父對臣子亦須承擔義務，屬藩一旦遭受外力入侵，則其宗主國必須負起〈興滅繼絕論〉的「存國、存祀」責任。遠者有萬曆十五年（1587

年）四月，豐臣秀吉因統一日本，而志得意滿，以致輕忽中華宗藩體制之強韌，雖稱「假道入唐」，實圖侵略朝鮮，進犯中國。「以前世〔倭〕舟犯江、浙，終不得意，欲先據朝鮮，從陸進兵，以窺遼薊。」[9]朝鮮幾乎爲日所滅。

　　於是，朝鮮乃求救於明廷，最終明朝爲朝鮮出兵，擊敗日本，再造朝鮮，秀吉則受挫，猝死。是爲明朝基於《中華世界秩序原理》之〈興滅繼絕論〉，爲朝鮮存國存祀。近者有同治五年（1879年），明治日本懷抱領土野心，圖謀趁清末列強環攻中國，於其敗亡寸前，強行對琉「廢藩置縣」，清廷爲拯救琉球於既滅，乃擬以「片面最惠國待遇」授日，但提出「琉球三分案」，以犧牲國家利權來換取琉球「王國、王室」得以「存國、存祀」，足見中國〈興滅繼絕論〉之堅韌。[10]當今中國亦有爲保護其往昔屬藩北韓之存亡，於1950年10月，以「抗美援朝」之口號，行〈興滅繼絕論〉之實，遂派遣中國人民志願軍赴朝鮮作戰，直到1953年7月，簽訂了《朝鮮停戰協定》，始結束抗美援朝。惟中國爲鞏固北韓政權，延至1958年始撤軍返國。中國爲什麼要抗美援朝？蓋中國受傳統歷史文化價值＝《中華世界秩序原理》＝《天下秩序原理》之驅使，在不知不覺中表現出中國現代版爲北朝鮮「存國存祀」的〈興滅繼絕論〉。總而言之，「中華世界帝國」以〈興滅繼絕論〉的「存國、存祀」使命和〈五倫天下關係論〉的「倫理典範」規範天下秩序。

9　吳晗編，《朝鮮李朝實錄中的中國史料》，（北京：中華書局，1980年），頁1523。

10　張啓雄，〈論清朝中國重建琉球王國的興滅繼絕觀〉，《琉中歷史關係論文集》，頁495-520。

　　再就史實發展而言，後梁承大唐之後，藉其餘威，以臨天下。朱溫稱帝後，因契丹尚弱小，乃對五代第一代王朝後梁，「奉表稱臣，以求冊封」，因此雙方成為「君臣之邦」。據此，後梁約契丹舉兵共滅晉，然後冊封契丹為「甥舅之國」，梁契成為「夫婦之邦」。實現與否，另當別論。惟在理論上，「夫婦之邦」較諸「君臣之邦」、「父子之邦」，其天下地位顯然較為低下疏遠。正因其地位較為低下疏遠，故需以「和親」補強，結為「夫婦之邦」。後梁之實力與權威，確實仍不足於據〈大一統論〉以「統一天下」，而且尚不具備〈正統論〉中「君父」對「臣子」的帝位，也不合乎〈正統論〉原則，故只能退而求其次，擬以「夫婦之邦」的「夫婦倫」，結好梁契雙邊關係。

　　其後，梁唐相爭，李克用擬聯契丹以制朱梁，並「約為兄弟」，擊破幽州。唐契約為「兄弟之邦」，首開五代天下關係之「兄弟倫」的先例。自此，〈五倫天下關係論〉開始成為五代諸朝對契丹利用「倫理」＝「歷史文化價值」來規範「對手」的縱橫捭闔手段，也是五代時期群雄謀以《中華世界秩序原理》來規範「五代天下體系」的「天下秩序」。其中，「夫婦之邦」乃五代梁契繼唐朝與叶蕃締結「夫婦之邦」盟約後，再次出現於「中華世界帝國」之「甥舅關係」的天下承諾。姑不論契丹阿保機如約與否，或梁太祖朱溫確實冊封阿保機與否，這些無非都是當時傳統中國天下的「歷史文化價值」，也是當時用以規範中國天下之世界秩序的《天下秩序原理》。

　　及後晉石敬瑭舉兵叛後唐，請求契丹援兵，耶律德光遂率軍南下，敗後唐，更進軍洛陽，以亡後唐。於是，耶律德光乃冊封石敬瑭為晉王，旋再改封為大晉皇帝，並約為父子，契晉遂成「父子

之邦」。石敬瑭因引進外力，介入政爭，遂受外力控制，並受冊封
為「兒皇帝」，遂開歷史之先例，成為「華夷變態型」之「君臣
倫」的「君臣之邦」＋「父子倫」之「父子之邦」下的「君父vs. 臣
子」關係，此即華夷逆轉型的〈五倫天下關係論〉。此外，石敬瑭
許割燕雲十六州予契丹，導致中原喪失戰略屏障而積弱不振，禍延
後世，也導致「中華世界帝國」長期陷入華夷逆轉型「五倫天下關
係」的時代。其後，石重貴繼位，以中原皇帝之尊，恥於對外夷稱
臣，表示：「但稱孫，不稱臣」，最後在「可戰而不可屈」的堅持
下，終於為遼朝所滅。故從〈五倫天下關係論〉的「父子倫」來看，
無論「父子輩」或是「祖孫輩」，其實都屬於「父子倫」的一環。

　　後晉亡後，藩鎮劉知遠建立後漢王朝。此前，耶律德光曾賜
詔河東節度使劉知遠，予以褒美，更進書親加「兒」字於劉知遠姓
名之上，意圖以待石敬瑭為「兒皇帝」之故智來對待劉知遠，以謀
重建「父子之邦」。惟劉知遠雖討好遼朝，但不事遼，推其所為應
當是在「尊華攘夷」意識下，止於交好遼朝，以代晉而有天下，故
保持中華之尊而不事遼。後漢白高祖劉知遠在947年稱帝於晉陽，
翌年旋即崩逝，子承祐立，建元乾祐，史稱隱帝。乾祐四年（951
年）正月，郭威篡位稱帝，後漢建國僅四年即遭篡位而亡。

　　又，劉知遠弟劉崇見郭威篡位自立，乃於同年即位於晉陽，建
國號為北漢。四月，劉崇遣使遼朝，自稱「姪皇帝致書於叔天授皇
帝」，請求冊立。六月，遼朝遣使冊立劉崇為「大漢神武皇帝」。
因北漢乃「以姪事叔」，又受遼朝冊封為「大漢神武皇帝」，故漢
遼天下關係乃〈五倫天下關係論〉之「兄弟倫」的叔姪關係與「君
臣倫」的君臣關係。此乃繼後唐李存勗之後，自稱以姪事叔，並接
受遼朝以《中華世界秩序原理》的〈封貢體制論〉冊立為大漢神武

皇帝，因而再開「華爲侄、夷爲叔」、「華爲臣、夷爲君」之華夷逆轉式〈五倫天下關係論〉下的「兄弟倫」＋「君臣倫」之例。

951年郭威篡後漢稱帝，建國號曰北周，史稱後周太祖，旋遣使致書遼朝，以告革命，然以「書辭抗禮」＝「敵體抗禮」＝「地位對等」的國書致契丹皇帝，致其使節旋即遭遼朝扣留。顯然，遼朝以超越五代群雄之共尊皇帝自居，不容中原群雄挑戰。後周（北周）雖願以歲幣金帛輸遼，但堅持「書辭抗禮」，不願降格以對，顯然亟欲打破華夷名分不對等的邦交關係。959年，後周世宗甚至爲規復燕雲十六州而對遼開戰，並奪回瀛、莫二州。此時，天下局勢開始轉變，中原的後周終於擊敗北朝的契丹，遂孕育出新時代的變革契機。

總而言之，五代總計建構出：「君臣倫」的「君臣之邦」、「父子倫」的「父子之邦」、「夫婦倫」的「夫婦之邦」、「兄弟倫」的「兄弟之邦」以及「敵體抗禮」之「朋友倫」的「朋友之邦」等五種類型。「朋友倫」的「朋友之邦」，與近代西力東侵之後，始頻繁見諸西方近代《國際關係》之「友邦」史書之中。東方的「朋友之邦」，在階層化觀念下，雖非終極、穩定的天下關係，但仍以傳統「歷史文化價值」的五倫德目「有信」作爲規範。相對的，西方的「友邦」則僅以爲國家利益的「謀利」作爲規範，大不同於東方的「義利之辨」。反之，若從〈五倫天下關係論〉來看的話，「君臣倫」、「父子倫」、「夫婦倫」、「兄弟倫」、「朋友倫」，所建構出的外交「倫理」合稱「五倫」，是將「倫理德目」融入家國天下，形成人格、家格、國格來規範天下成爲有品有格之天下歷史文化價值的人倫社會。

又從更深一層的「父子輩」或「祖孫輩」來看家族倫理的

話，其實都是出自「父子倫」的一環；再從「兄弟倫」來看，無論
「兄弟輩」、「叔侄輩」或者「叔祖侄孫輩」，仍然都是「兄弟
倫」的一環。這些都是源流於先秦以降所訂定之《十三經》的固有
歷史文化價值，而且都是歷經二千餘年歷史的沿襲、適用、考驗，
並早已鍛鍊成為規範「中華世界帝國」＝「天下」之《中華世界秩
序原理》下的〈五倫天下關係論〉，也是規範天下的《天下秩序原
理》。特別是在隋唐，經五代，以迄宋遼，它發出多元化，色彩獨
具，規範有力，歷久彌新的「倫理」規範力量。

　　〈五倫天下關係論〉，由唐經五代而至宋代，開始由多元走
向單元。此時，「兄弟倫」獨撐時代大局。就《中華世界秩序原
理》〈五倫天下關係論〉而言，國家因實力懸殊，於我強敵弱而勝
負立見之時，其天下關係必然是「君臣之邦」，其倫理就是「君臣
倫」。可是當兩國實力相當，不分軒輊之際，其天下關係就更需要
「倫理」的規範，天下秩序才不會淪為純粹武力較量的零和競賽，
因而造成兩敗俱傷的慘況。

　　基本上，傳統中國的天下關係視域，原即是「五倫天下關
係」，所以西方式民族國家的「列國體制」、「國際社會」格局，
與東方的歷史土壤不同，文化價值有別。因此宋遼時代造就的中
國天下關係成為「兄弟之邦」。在倫理秩序的規範上，看似「兄
弟平等」，其實在「兄弟倫」的倫理秩序之下，所呈現出來的天
下則是「長幼有序」且「兄前弟後」。但中國的歷史常態乃在
〈大一統論〉與〈正統論〉的《天下秩序原理》規範之下，「君
臣倫」＋「父子倫」才是〈五倫天下關係論〉的最後依歸。然在
歷史上，當國家缺乏實力做為後盾時，「君臣之邦」可能轉變為
「夫婦之邦」。可是，強大無比如「皇帝天可汗」的唐太宗也實

行「和親」，成就「夫婦之邦」。蓋前者乃希望藉和親緩其禍，以換取整軍經武的時間，然而後者則是爲了藉和親以規範天下豪傑，以治國平天下。其次，「兄弟之邦」或「朋友之邦」則經常出現弱化或分裂的中國。及王朝末期，更因承平日久而不能居安思危，因而經常出現文弱，甚至腐敗的現象，甚至爆發華夷逆轉式的「君臣之邦」，比如「異族入主中華」的改朝換代。至於，如宋遼般的「兄弟之邦」，或許只是〈五倫天下關係論〉從匹敵的對等體制過渡到君臣的階層體制，而僅止於倫理性天下關係模型的過渡型態而已，其最終天下秩序型態，仍有待於元朝入主中國。

就此而論，宋遼「兄弟之邦」或許僅只是因應一時國力不濟的權宜之計。中國越是處於分合不定的時代，則「天下，合久必分，分久必合」的〈大一統論〉就會應運而生，再基於對大一統的渴望心切，最後的天下政局，必然會逐步走向〈大一統論〉所安排的天下秩序，這就是宋—遼、宋—金間的南北對立局面，最後仍由經華夷變態後產生的元朝出來收拾殘局，最終仍形成天下一統的道理所在。其後，清朝代明朝而有天下的道理或許與元朝代宋朝而有天下的道理不謀而合。

歷史上「中華世界帝國」≒天下的正常外交關係就是「事大交鄰」，宗藩之間，既是「君臣之邦」，也是「父子之邦」，此即所謂的「君父、臣子」之邦。但是，最值得一提的就是〈五倫天下關係論〉中的「兄弟倫」，宋遼兄弟之邦，就是天下分裂時期最典型的和平共存範例，茲歸納其形成的不可或缺要素，如次。

兄弟之邦的倫理是：「兄友弟恭」的典範＋「兄前弟後」的秩序。長幼的判定基點：以年紀決定長幼。尊卑的判定基點：輩分優於長幼。宋遼國交關係，歸納言之，就「皇室」倫理而言，不外下

列幾種方式。(一)∵宋≧遼，∴宋＝兄，遼＝弟。(二)∵宋≧遼，∴宋＝伯，遼＝侄。(三)∵宋≦遼，∴宋＝侄，遼＝叔。(四)∵宋≦遼，∴宋＝侄孫，遼＝叔祖。換句話說，雙方皇室，基於帝王年齒長幼、輩分高低，稱謂因時而變。然就「邦國」之倫理而言，代表「華」或「正統」之邦國爲長，代表「夷」或「閏統」之邦國爲幼。就正閏而論，宋爲長；就華夷而論，宋爲長；就年齒而論，宋爲長；就中原漢部而論，宋亦爲長。最後，再就家族的倫理嫡庶而言，兄國如同嫡長，弟邦就像庶出。大房既是嫡長，二房就是庶出。因爲宋長而遼幼之故，宋爲兄國，遼爲弟國，不亦宜乎。所以就「兄弟倫」而論「邦國關係」，若「兄友弟恭」之「倫理典範」不變的話，則「宋兄遼弟」的天下關係亦永遠不變。不過，其「皇室間」的人倫關係將隨帝王之崩逝、繼位而有所改變，其改變的基礎點就在於輩分的高低與年齒的大小。「宋」對「遼」的邦國地位之所以不變，乃因「兄」對「弟」的「兄友弟恭」關係，故宋爲兄國，遼爲弟邦。

　　據此而論，「邦國」之長幼，不以武力爲憑，而以倫理名分爲尊，故「宋永爲兄邦，遼永爲弟國」。因此，雙方邦國之「名分秩序」，永世不變。但是，雙方之「皇室」，則依年齒或輩分而隨時調整其稱謂，故一旦遇有登基、駕崩情事，則有「兄弟、伯侄、叔姪、侄孫、叔祖」等稱謂之更動。

　　茲就上述表一（頁294）之內涵及其分析，加以歸納的話，可以得到如下結果。

1. 宋遼關係的起始點，定位爲屬於「兄弟倫」的「兄弟輩」。以圖式呈現的話，∵宋→←遼，宋≧遼，∴宋＝兄，遼＝弟。（→←符號，表示敵體抗禮或對等。≧或≦的符號，表示：兄弟雖「地

位對等」，但有「兄前弟後」之別）

2. 宋遼國交關係，所以由兄弟輩轉爲叔侄輩，關鍵在於「宋眞宗駕崩」。宋遼關係屬於「兄弟倫」的「叔侄輩」。以圖式呈現宋降遼升的話，∵宋↓遼↑，∴宋≦遼，宋＝侄，遼＝叔。（↑↓符號，表示輩分升降）

3. 宋遼國交關係，所以由叔侄輩轉爲兄弟輩，關鍵在於「遼聖宗駕崩」。宋遼關係屬於「兄弟倫」的「兄弟輩」。以圖式呈現宋升遼降的話，∵宋↑遼↓，∴宋≧遼，宋＝兄，遼＝弟。

4. 宋遼國交關係，所以由兄弟輩轉爲伯侄輩，關鍵在於「遼興宗駕崩」。宋遼關係屬於「兄弟倫」的「伯侄輩」。以圖式呈現宋升遼降的話，∵宋↑遼↓，∴宋≧遼，宋＝伯，遼＝侄。

5. 宋遼國交關係，所以由伯侄輩轉爲兄弟輩，關鍵在於「宋仁宗駕崩」。宋遼關係屬於「兄弟倫」的「兄弟輩」。以圖式呈現宋降遼升的話，∵宋↓遼↑，∴宋≧遼，宋＝兄，遼＝弟。

6. 宋遼國交關係，所以由兄弟輩轉爲叔侄輩，關鍵在於「宋英宗駕崩」。以圖式呈現宋降遼升的話，∵宋↓遼↑，∴宋≦遼，宋＝侄，遼＝叔。

7. 宋遼國交關係，所以由叔侄輩轉爲侄孫對叔祖輩，關鍵在於「宋神宗駕崩」。以圖式呈現宋降遼升的話，∵宋↓遼↑，∴宋≦遼，宋＝侄孫，遼＝叔祖。

8. 宋遼國交關係，所以由侄孫對叔祖輩回歸兄弟輩，關鍵在於「遼道宗駕崩」。以圖式呈現宋升遼降的話，∵宋↑遼↓，∴宋≧遼，宋＝兄，遼＝弟。

9. 宋遼國交關係，所以仍停留於兄對弟的兄弟輩，關鍵在於「宋哲宗駕崩」。因宋哲宗駕崩，而宋徽宗繼位，乃兄終弟及的帝位傳

承所致。以圖式呈現宋遼關係的話，∵宋→←遼，∴宋≧遼，宋＝兄，遼＝弟。

　　歸納言之，宋遼國交關係，不外下列幾種型態。(一)宋≧遼，∴宋＝兄，遼＝弟。(二)宋≧遼，宋＝伯，遼＝侄。(三)宋≦遼，宋＝侄，遼＝叔。(四)宋≦遼，宋＝侄孫，遼＝叔祖，等四種情況的變化。

　　所以，不論宋≧遼，或是宋≦遼，都是兄弟之邦，屬於「兄弟倫」。不論「宋＝兄，遼＝弟」＝「兄弟倫」，或是「宋＝伯，遼＝侄」＝「兄弟倫」的「伯侄輩」，仍是「兄弟倫」。甚至「宋＝侄，遼＝叔」＝「兄弟倫」的「叔侄輩」，仍是「兄弟倫」。又不論「宋＝侄孫，遼＝叔祖」＝「兄弟倫」的「叔祖侄孫輩」，仍是「兄弟倫」。雖然有「祖、父、子」等三親等的不同，而產生「兄弟輩」、「伯侄輩」、「叔侄輩」、「叔祖侄孫輩」，但是在家族倫理上，仍然都屬於「兄弟倫」。雙方之所以推動倫理的目的，就在於遵守倫理，以名分規範雙方之秩序。雙方須透過「依名定分，依分定序，循序運作，秩序井然」的〈名分秩序論〉，來規範國家行為，奉行「兄弟倫」之「兄友弟恭」、「兄前弟後」之「長幼有序」的「倫理典範」，來創造邦國友誼，又因邦誼友好而創造出邦交鞏固，天下太平的結果，最後雙方都獲得了百餘年的太平天下，故「兄弟倫」的目的，就是為了國泰民安，獲取歷經長久而不墜的天下太平。

　　就上述「兄弟倫」而言，宋遼兩造基本上「對等」，[11]但也不是完全對等，因它仍有極其微細之「倫理差距」＝「兄前弟後」、

---

11 陶晉生，《宋遼關係史研究》，頁39。

「長幼有序」的微妙不同。本文稱之為「不完全對等」。使用「≧」或「≦」的符號，正好可以顯現「兄前弟後」或「長幼有序」的「倫理差距」。基本上，傳統天下關係的兩造對等，但也不是完全對等，其中，「＝」號可顯現兩造對等，而「＜」或「＞」號能代表「兄前弟後」或「兄友弟恭」的微妙「倫理差距」。透過「≧」即「大於等於」或「≦」即「小於等於」，即「宋遼對等，但兄前弟後」之微妙差距，藉此極微小且極微妙之差距，而能贏得百年以上的泰平天下，毋寧是世上少有，錯過不再之美事，它正好可以突顯「中華世界帝國」＝天下之邦際關係乃受「倫理」制約所致。假如今天的西方《國際法》與《國際關係》也能傲效東方《中華世界秩序原理》與〈五倫天下關係論〉，各自以些微的奉獻＝「兄前弟後」或「長幼有序」等「兄友弟恭」的「倫理差距」，而能獲取百餘年的友好與和平，毋寧也是世上少有，錯過不再有，何況化「天下」為「一家」，將「一家」倫理行於「天下」的《中華世界秩序原理》，就是物超所值的天下秩序原理，此即《中華世界秩序原理》之下，〈五倫天下關係論〉所奉獻之「倫理價值」的可貴之處。

　　這是基於「普天之下，莫非王臣，率土之濱，莫非土土」的「天下一家」思想，將家族倫理擴充深化到政治領域，讓政治關係受到倫理的規範，再進一步擴充深化到邦際關係的外交交涉上，以將國家間的武力衝突，透過「倫理」的規範，而「化干戈為玉帛」，止戰於無形，或許這就是宋遼所以獲取百餘年和平的道理所在。不過，就東方「天下秩序原理」、西方「國際秩序原理」的相較而言，戰亂時代並非「中華世界帝國」的常態，而〈五倫天下關係論〉的「兄弟倫」也不是僅止於泰平時代的常規，回歸正統，

邁向大一統，一如大唐般完成〈五倫天下關係論〉之「君臣倫」＋「父子倫」的「朝代繼承」（＝政府繼承），成爲「中華世界帝國」之「正統」的「大一統」朝代，才是中華歷史文化價值與《中華世界秩序原理》的最終歸宿。

　　相對於《中華世界秩序原理》的天下法理，歐美國家間的國際關係，雖有《國際法》爲規範，但是動輒20年、30年戰爭、100年戰爭、第一次世界大戰、第二次世界大戰等長期、超長期戰爭，大型、超大型戰爭，大規模、超大規模戰爭，戰死傷、超戰死傷等戰爭持續不斷，並非人類的幸福所在。戰後迄今，在《國際法》規範下，仍然不斷發生韓戰、越戰、以埃戰爭、以阿戰爭、美伊戰爭、美阿戰爭、波斯灣戰爭、科所沃戰爭、敘利亞戰爭、利比亞戰爭，還有對伊斯蘭國（IS）轟炸、阿富汗戰爭等美歐對東亞、中亞、中東、南歐的戰爭。扼要言之，西方國家雖然標榜有《國際法》以規範國際關係，但戰爭卻接二連三，持續不斷。相反的，在東方史上，因有「倫理規範」，故戰爭偏少、規模偏小、時間偏短，《中華世界秩序原理》之〈五倫天下關係論〉的「倫理規範」，居功厥偉。東方的「倫理」勢將成爲今後改弦更張，安定國際關係的借鑒，爲世界創造和平幸福與長治久安的重要規則與規範力量。

　　最後，在五代所實行的〈五倫天下關係論〉中，不但在具有「敵體抗禮」的「朋友倫」或「類朋友倫」之外，「君臣倫」、「父子倫」、「夫婦倫」以及「兄弟倫」也都曾一一湧現，成爲歷史事實。故無論「君臣倫」的「君臣之邦」，「父子倫」的「父子之邦」，「夫婦倫」的「夫婦之邦」，或「兄弟倫」的「兄弟之邦」，甚至是「朋友倫」的「朋友之邦」，都是源於先秦《十三經》的固有歷史文化價值，並將家族倫理推廣至國家社會天下，成

爲規範天下＝「中華世界帝國」之《中華世界秩序原理》下的〈五倫天下關係論〉之天下秩序原理。由此可知,「五倫天下關係」在以中國爲中心的中華世界,都曾一一輪番出現,而當時正是天下關係流動不定的「大時代」,而不是《中華世界秩序原理》所規範下之正常而穩定的太平時代。中國歷代王朝,在《中華世界秩序原理》的指導下,所眞正建構的天下關係,正是植基於〈君臣倫〉＋〈父子倫〉的「君臣之邦」＋「父子之邦」＝「君父＋臣子」之邦的天下宗藩關係。

可是,歷史演變到了宋遼時期,卻只出現「兄弟倫」而已,這是爲什麼?說穿了,之所以只出現宋遼「兄弟之邦」的道理,乃因宋遼兩造在澶淵打了一場勢均力敵,且不分勝負的關鍵性戰爭,因而訂立了澶淵之盟。換句話說,勝負難分之「勢力均衡」的天下環境,才是締結「兄弟倫」的關鍵所在。正因爲勝負難分,宋遼雙方乃決定運用「兄弟倫」之「長幼有序」、「兄前弟後」的「兄友弟恭」倫理做爲「典範」,進而依照「年齒先後」的順序,訂定可供雙方君主依照「長幼有序」名分,遵行親等「輩分高低」的排行秩序。於是,在〈名分秩序論〉的指導下,「兄弟倫」就成爲規範宋遼兩造之天下秩序關係與交聘行爲的最佳途徑。若能將因依循〈五倫天下關係論〉的「倫理典範」,導入西方的國際關係,令其行禮如儀,而成爲有禮且守禮的國際社會,將是此後東方如何運用其歷史文化價值所形成之《中華世界秩序原理》＝《天下秩序原理》來填補西方國際關係之不足,則善莫大焉。因爲《中華世界秩序原理》擁有歷經數千年錘鍊的特色,或可爲今日病入膏肓的西方國際關係療傷治病,此乃當今《中華世界秩序原理》所應積極結合西方之《國際法》與《國際關係》以扮演救世濟民的角色。

又宋遼因遵循「兄弟之邦」的「兄友弟恭」與「兄前弟後」等「長幼有序」的「名分秩序」，故雙方均須具有「倫理」的共識，一如宋遼須隨時依照「倫理規範」行禮如儀，才能護持歷經百餘年之久的和平與安居樂業政局。因此，希冀和平共存原則長存，仍需透過文化交流，先行普及代表「中華歷史文化價值」之《中華世界秩序原理》的天下秩序原理，才是取得「國際共識」的先決條件，也是中華「歷史文化價值」展現「軟實力」，成為中國歷代華夷王朝得以揮灑自如，發揮治國平天下之道，展現「超實力」＝「軟實力＋硬實力」的超凡力量之處。

同理可證，在強弱迥然有別之際，參與各方所適用之〈五倫天下關係論〉的「倫理」，也可能不是〈兄弟倫〉或〈朋友倫〉，或許是「君臣倫」＋「父子倫」＝「君禮臣忠」＋「父慈子孝」的典範，才能形成穩定且持久的國際或天下秩序原理與國際或天下秩序。或許有朝一日聯合國的地位，可提升為超國家的實體，超主權的權威與力量，國際或天下社會才不會遭「何以利吾國乎」之唯利是圖的國家所把持利用。

又，因非「君臣倫」＋「父子倫」的天下關係，在東方或「中華世界帝國」中，並非穩定的天下體系。之所以不穩定，乃因受「正統論」，尤以「大一統論」的影響所致。證諸中國歷代正統王朝，不論華夷或漢胡，幾乎在各領域、各層面都具有壓倒性之「獨強」、「獨大」、「獨上」、「獨尊」的實力與格局，對邦交關係也持有〈五倫天下關係論〉的諸倫理典範，尤其是因信仰「君臣倫＋父子倫」而要求君臣之邦「君禮臣忠」、父子之邦「父慈子孝」，即必須依循倫理典範，以共享權利、共盡義務的「德治」倫理，因具有「倫理典範」與「倫理秩序」始能建構出歷久不衰且華

夷共遵的名分秩序。此即，傳統「中華世界帝國」在歷史上之所以能長久推動與維持〈五倫天下關係論〉之天下秩序原理與天下秩序於不墜的奧秘所在。

其中，曾為前漢、後漢、唐朝扮演攏絡西域北荒以制匈奴突厥的關鍵因素，就是因「和親」而有終身駐紮西域北荒的公主。因為公主和親而為漢胡建立「夫婦之邦」，唐朝更擴及於青海吐谷渾及西藏吐蕃，因而聲威遠及喀什米爾。中國之所以能拓展以「夫婦倫」為倫理規範之「相敬如賓、愛屋及烏」的〈五倫天下關係論〉下之「五倫天下秩序」，成為天下的互動規則，不但為中國創造緩衝戰爭的時機，並在贏得勝利之後，因相關各方恪守「五倫天下秩序」，而帶來天下太平。雖然今昔大有不同，而且東西亦大有差別，但是仍值得我們思考來日如何相互融合，未來何去何從之道。

近代以降，「中華世界帝國」之所以輸給西方，並非因中華歷史文化價值或《中華世界秩序原理》之法理劣於西方，也非中華世界秩序之規範力不如西方，而是東方或中國錯過了工業革命，以致錯過其壯大天下國家之實力的機會。由於科學思想與科技研發，因具有累積性，故能不斷創造發明，物質文明也因之不斷創新而日新月異，導致東西方快速拉開科技力量的差距。從此，中國與亞非拉美紐澳既無力自衛，也難以自存，遑論為屬藩興滅繼絕，為國際主持正義，為天下造福，甚至為萬世開太平。然而，帝國主義者，相互之間也因利益爭奪，而經常爆發戰爭，互相殘殺，而予後進但具潛力的國家以發展崛起機會，並伺機在彎道超車，且正日益快速發展成為先進國家，甚至一躍成為領導國家，而此種機遇也正悄然改變世界格局。因此，我們更需要理解自己國家的歷史文化價值，及其天下秩序原理，以備未來可以史為鑑，匡時濟世，改造世界格局。

　　總之，「中華世界帝國」的天下體系、天下秩序以及《天下秩序原理》，雖然屬於階層性質，但是以人性與文化爲出發點。其中，〈五倫天下關係論〉雖然是以「階層倫理典範」來規範東方的天下體系，但曾爲其帶來西方史上罕見的和平、穩定、發展以及繁榮。相對的，西方國際關係體系乃源自西伐利亞條約體制之下，在《國際法》上必須是主權獨立的的民族國家，其國際地位對等，此其優點。但自工業革命後，西歐產業發達，爲尋求海外原料並確保海外銷售市場，於是開發「船堅砲利」，挾帶《萬國公法》，將亞非拉美紐澳夷爲殖民地以供搾取，並設官、移民、駐軍，以供統治鎭壓之用。因此，實際上擁有主權獨立的國家僅限歐美的民族國家。對全球而言，近代國際關係是典型的強淩弱、大欺小、眾暴寡，弱肉強食之國際社會，因此人人與國國都必須引以爲鑑戒。即使直到今日，仍然戰爭不斷，且日益頻仍，因此戰爭日益大型化、國際化，甚至使用大量殺傷性武器，以資威嚇，因而導致世界動盪不安，而且持續不已，是其重大缺憾。

　　相對的，大唐「皇帝天可汗」的治天下之道，可以提供不同的治天下之道，以資參酌，也可提供啓發與選擇，進而奉獻世界，並爲世界帶來和平幸福，長治久安，甚至可資比較中西國際秩序原理與國際關係之優劣。

　　另，爲呼應時代需要，隨著國家的大小，實力的強弱，〈五倫天下關係論〉雖主張上下尊卑層級，但擇取與「倫理關係」相稱的邦交關係爲選項，並配合其時代情勢演變，依實力的消長變化而調整其〈五倫天下關係〉的「名分秩序」。歸納言之，唐朝的「五倫天下關係」，不但變化多端，而且充分展現〈五倫天下關係論〉的多樣性，具有因應情勢變化之時空調適性與詮釋邦交關係的

有效性。概括而論，在「中華世界帝國」史上，中國歷代王朝，不論華夷或者漢胡，大都是當代「獨富」、「獨大」、「獨強」、「獨尊」的天下國家，此時只有「君臣倫」＋「父子倫」之「君臣之邦」＋「父子之邦」的五倫天下關係，然而爲安撫周邊藩邦以安定天下國家，也會應屬藩奏請「和親」而形成「夫婦倫」的「夫婦之邦」。因之，乃有「翁婿關係」、「表兄弟關係」、「舅甥關係」、「外公孫關係」的「君臣之邦」＋「父子之邦」。至於，「兄弟倫」與「朋友倫」的形成，大都發生在「大一統」王朝崩解之後或新興王朝建立之前，始有行〈五倫天下關係論〉之「兄弟倫」與「朋友倫」的可能。理由就是因爲雙方旗鼓相當，舉兵並無勝算，在不得已的情勢下，才可能實行「敵體抗禮」或「兄前弟後」的聘交體制。當然，基於「實力不對稱原則」，在壓倒性的優勢下，〈五倫天下關係論〉及其「五倫天下關係」，也可能出現「君臣倫」＋「父子倫」的逆轉式五倫天下關係。不過，對中國而言，「君臣之邦」＋「父子之邦」的「五倫天下關係」，乃歷史上朝代正處於王朝巔峰之際的結果。

　　再就近代以降西方所主導之國際秩序格局而言，雖然在形式上主張國家的主權平等，但是就其國際關係史的記錄而言，其實是強凌弱、大欺小、眾暴寡的國際關係。基本上，都是爲爭奪「國家利益」而戰，因此戰爭持續不斷。何況，西方的國際秩序或國際關係，不似東方擁有〈以不治治之論〉的內政不干涉原則，經常介入他國內政，尤其是列強從未停止其干涉他國內政，肆意向外擴張領土、侵奪利權土地，其道理就在於西方的《國際關係》或《國際法》都缺乏東方式的「倫理規範」與「德治」的普世價值，而只知「何以利吾國乎」的國家利益，因此並無倫理典範可資防範於未

然所致。雖然西方也假「人權」以爲普世價值，而行干涉他國「內政」之實。干涉與否，並無法條規範，更無「倫理道德」做爲「認定基準」，全憑「國家利益」而定干涉與否，以致「人權外交」反而淪爲強權「干涉內政」的侵略藉口，因而喪失其國際行爲應有的正當性。

由此可知，歐美列強所主導之「以西方價值爲中心」的國際社會，其實既非基於〈朋友倫〉以行「信守承諾」的「倫理價值」，也非以「朋友有信」作爲倫理典範，來踐履其國際關係的義務，故在西方追求以「國家利益」爲本的國際關係下，令其踐履東方之倫理典範，當屬緣木求魚，何況切望其以「兄友弟恭」爲前提，以「長幼有序」爲「倫理典範」，來建構可長可久的「倫理秩序」，勢有不能。總之，採用共有的「倫理典範」，來建構天下的「倫理秩序」，較諸以追求「國家利益」做爲典範，來建構「國際關係」，更容易達成長治久安的目的。

又，自近代以來，歐美主導下的國際政局之所以戰亂連年，皆因《國際法》與《國際關係》以追求「國家利益」爲其典範，而形成上下「交征利」的現象，因而無力規範國際秩序所致。茲引《孟子》〈梁惠王章句上〉第一章，所稱：

> 孟子見梁惠王，王曰：叟，不遠千里而來，亦將有以利吾國乎。孟子對曰：王，何必曰利，亦有仁義而已矣。王曰：何以利吾國。大夫曰：何以利吾家，士庶人曰：何以利吾身，上下交征利而國危矣。萬乘之國，弒其君者，必千乘之家；千乘之國，弒其君者，必百乘之家。萬取千焉，千取百焉，不爲不多矣；苟爲後義而先利，不奪不饜。

　　上下交征利，只是國內的爭權奪利而已，假若演變為「國對國」的交征利，則可演變成為國際戰爭，若再擴大演變成為二個國際體系交征利的戰爭，就變成世界大戰。比如：二次大戰後，因美蘇對立惡化，而演變成為「共產主義集團」對「資本主義集團」的尖銳對立，這就隱含著毀滅性的世界大戰危機。

　　據此而論，在展望未來國際社會發展的前提下，於今最能在形式上與號稱主權平等的西方國際關係相銜接，並有「倫理典範」做為國際的規範準則，且有歷史事蹟為根據，又有曾享百年以上之太平幸福者，雖有「敵體抗禮」的「朋友之邦」，也有「朋友有信」的倫理典範可資規範，惟鑒於採資本主義的西方友邦也大多貪圖好利，可能以鄰為壑，但求自身國家之利益而搾取他國，東方也曾有「何以利吾國乎」的警語，故在尋尋覓覓下，認為最接近西方主權對等，且最容易銜接，甚至能取代西方式國際關係者，仍莫過於《中華世界秩序原理》之〈五倫天下關係論〉的「兄弟倫」。因此，建立「捨棄戰爭為手段、既好禮且遇事願遵循〈名分秩序論〉以交涉解決難題的「兄弟倫」邦國，才是能解決難以解決的問題者，互相結為「兄弟之邦」。這種取之於歷史記載的案例，值得披露於世，供有志各方參酌。

　　又鑒於西方自從近代工業革命以後，挾其先進科技與堅船利炮，揮軍全球，攻無不克，戰無不勝，將亞非拉美紐澳夷為殖民地或次殖民地的同時，也將西方語言、宗教、文化以及歐美價值中心主義灌輸到其勢力所及之處，近代西歐遂發展成全世界之宗主國。二次大戰後，美蘇又取代西歐成為全世界的宗主國。蘇聯崩解後，國際社會又從二極化為單極，美國成為全球唯一超強，更建構出美國是世界各國最重要的「朋友」＝「友邦」≒「朋友之邦」，然

而它對非歐美國家的國際體系卻不遺餘力地加以裂解而成為單極體系，其餘則皆處於分崩離析狀態，對美關係遂成為各國求生存、圖發展，謀安全之國家戰略定位下的最高位階。今日，美國確已步入老化的同時，歷史既悠久且文化價值極其豐富優異的新興大國也已告復興崛起。不過，數百年來，西方所建構出來的「強欺弱、眾暴寡」之「友邦」觀念，不但普及世界，而且深根柢固，甚至已經內化成為各國的價值觀，而新興的「文化倫理價值觀」則尚難建立，遑論匹敵或取代。但因西方「友邦」觀念，迄今仍缺乏倫理思惟與倫理典範，於可見未來，唯一足以抗衡者，或許只有類似「友邦」的「朋友之邦」。但因「朋友之邦」的「倫理典範」為「有信」，若以西方式的「友邦」觀念作為殷鑑的話，可知西方國際關係所建構的核心概念，仍是「這合乎我國的利益」，神似「何以利吾國乎」的「國家利益說」，因此也非世界之共利，故最後世界仍難免於因「交征利」而列國離心離德。況違反美國之「國家利益」者，因曾備受戰災之苦，故能取代「友邦」者，將是既具「兄友弟恭」之「倫理典範」的平等觀，又有「兄前弟後」之「倫理秩序」的先後性，終將形成相互謙讓、彬彬有禮的新國際社會。此種謙讓有禮的倫理價值與天下秩序或國際秩序，才是在可見未來的最佳選項，而此一最佳選項，就是受「兄弟倫」之「倫理典範」＝「兄友弟恭」與「兄前弟後」所規範的「兄弟之邦」。

　　西方的國際秩序與國際秩序原理，在東方歷史文化價值轉為強勢天下秩序原理之時，有朝一日東風勢必壓倒西風，因而西方勢須開始尋求「轉型」，甚至或師法或融合東方之天下秩序原理，否則將遭未來東方國家所主導的天下秩序與天下秩序原理所淘汰。相對的，東方歷史曾歷二千餘年考驗之〈五倫天下關係論〉的「倫理

典範」，才是今後國際社會所急需之既具「規範」，也有「法理價值」的未來國際關係之主流。何況，它正在邁向為改革西方之陳年舊痾以振聾啟瞶，棄西方假民主人權之名，行干涉內政之實，假國家利益之名，行經濟掠奪之實，進而假主權平等之名，卻行強淩弱、大欺小、眾暴寡之實。因此，東方不斷奮發革新，進而養精蓄銳，蓄勢待發。在東方日漸崛起的國際形勢下，其天下秩序原理不但精益求精，而且將日益完善，故其政治體制也將日漸完備，其「天下共同體」意識也將日益恢復，從而肩負起維護國際社會秩序的重責大任，普施〈五倫天下關係論〉的倫理秩序，以創造天下和平，造福天下蒼生，則其歷史榮光之再現與中國夢的理想，當指日可待。

　　總結以上論述，西方國際關係強調主權對等乃人之渴望，但它先自敗於其強可淩弱，大可欺小，眾可暴寡，再敗於急功近利，凡事必曰「何以利吾國乎」，因此經常發生「見利忘義」事件，故其戰亂多，規模大，太平少。相對的，東方的天下，其〈五倫天下關係論〉，雖然是階層關係，但是強調「義利之辨」，凡事皆以「倫理」為依歸，以「典範」為規範，故其戰亂少，規模小，太平長。故東西之差別，主要在於歷史文化價值下的天下秩序原理，其「典範」設計的「有無」，「倫理」之規範「行否」，「義利之辨」之平衡與否，「王、霸」與「德、力」之服人與否而已。

第二節　總結

　　傳統中國的天下關係，既然是「五倫天下關係」，究其源頭而言，則始於漢，至唐而大備，其「五倫天下關係」的主要內涵

就是因「和親」所建構的「夫婦之邦」。再根據〈五倫天下關係論〉之「夫婦倫」所建構的「夫婦之邦」而言，其內涵則包括：翁婿關係、〔表〕兄弟關係、舅甥關係、〔外〕公孫關係等四種天下倫理類型。基本上，「夫婦之邦」，始於因「公主和親」而結翁婿關係，終於〈五倫天下關係論〉的「君臣之邦」。不過，若就〈五倫天下關係論〉之「君臣倫」的「君臣之邦」層次而言，「夫婦之邦」的四種倫理類型，都已包攝在「君臣之邦」的層次裡，因此將會形成類似今日「中央政府」對「自治地方政府」的現象，其實務就奠定在〈以不治治之論〉＝民族自治、汗國自治、王國自治、地方自治的理論基礎之上。

　　這種現象，我們可以從「和親」的婚禮儀式中，雙方使節所進行的對話，清楚看到唐朝使臣在「婚禮」過程中所使用的語詞，既非稱「皇帝」，也不稱「翁婿關係」的「岳父」，而是稱「天子」。「天」乃西域北荒遊牧民族的最高信仰，故「天子」即「皇帝天可汗」，是上天指派的「華夷共主」之意。所以「和親」所代表的意義，乃是「天子」對「可汗」的賜婚，為「天子治天下」的政治聯姻，並非只代表「皇室一家」的私家歡慶，更代表「天下一家」的公家喜慶。本文中唐鶻使節的歷史對話，正清楚而明白地表現了「夫婦之邦」的時代倫理與時空意義。

　　「和親」本即具有政治性的戰略目的，其目的在於建立一套環中國之民族與民族、國與天下之間親善的或結盟的關係，將國家安全體制天下化，於是有東和契丹、北和匈奴突厥、西和青海吐谷渾與西域回紇（迴鶻）、南和則與吐蕃等和親。又以「夫婦倫」「愛屋及烏」的倫理典範，全面建構「夫婦之邦」的「天下一家」安全體制。其中，尤以「夫婦之邦」的「翁婿關係」最為牢固。此外，

唐太宗更以結拜關係，與突厥建立「兄弟之邦」以補「和親外交」或「夫婦之邦」的不足。在和親與結拜之外，又透過〈五倫天下關係論〉中的「父子倫」與〈冊封朝貢體制論〉之「君臣倫」，更創造出唐朝長期持續之華夷一體的「皇帝天可汗」體制，最終達成全面性建構「天下國家」的終極目標。〈五倫天下關係論〉所規範下的「夫婦之邦」等邦國的分佈，就像「長城」一樣，環繞著也共同守護著華夷所共同組成的「天下共同體」，期望置於長治久安之境。天下關係常因時而變，因宜而興，因行而勝，因盛而天下安，是以期待〈五倫天下關係論〉之倫理典範與倫理秩序能掀開嶄新的時代序幕。

最後，在農業民族與遊牧民族的爭霸戰爭之中，遊牧民族雖驃悍而機動，但飄忽不定，且乍興乍滅；農業民族則強韌性高，不但擅於防守而且耐於持久戰，尤其因人與土地結合，而得以定居，創造文字，累積文化，發展文明的程度遠高於遊牧民族，所以農業民族容易同化遊牧民族。農業民族雖機動力較低，但因定居容易累積文化，開拓文明。游牧行國雖機動力較高，但因生活受到季節影響較大，須逐水草而居，難以累積文化，發展文明。因此，遊牧民族易同化於農業民族，況遊牧民族常欣羨農業民族生活物資豐富，文明昌盛，文化深厚。就生活層面而言，草原的主人是牧民，農田的主人是農民。在科技尚未昌明的時代，牧民不能農耕，農民難於遊獵。農牧並行，勢有不能。戰爭之際，雙方互有勝負，雖然一戰而勝，但勝而不能有其土地人民。因此，漢朝有漢匈之爭，唐朝有唐厥、唐蕃之爭，最後成功建構大漢帝國、大隋帝國以及大唐帝國，贏取「聖人可汗」、「至尊可汗」以及「皇帝天可汗」的尊稱名號，更進而與周邊民族間，建立了號稱「漢胡大帝國」或「華夷大

帝國」的「天下共同體」。

　宋代有宋遼、宋金、宋元之爭，及至明代，仍有漢蒙之爭。至於清朝，以半農半牧民族之姿，攻克山海關，入主中原，一面同化於農耕文化，一面保持遊牧尚武之風，既能直接統治中原，也能統轄周邊夷狄。清朝不但透過「理藩院」採〈不完全以不治治之論〉以羈縻周邊遊牧民族，統治內陸王公，而且能進而接管沿海農耕民族，並通過「禮部」採〈以不治治之論〉以統轄傳統屬藩韓琉越等王國，威儀日本，以達成「因人制宜、因地制宜、因時制宜、因俗制宜、因教制宜」的「民族自治、王公自治、王國自治、地方自治」，完成歷史上首度真正長期雜揉農耕與遊牧之民族於一堂，並建構出史無前例之具包容力，且宏偉的「中華世界帝國」＝「宗主國＋內屬汗國＋沿海朝貢國」的大清帝國，稱之為全面連結宗藩關係，形成環中國「天下共同體」建構的大時代、大任務而無愧。

　顯然，透過「和親」之「夫婦倫」所形成的「夫婦之邦」，雖於漢唐大有成就，但於今已不合高科技結合工商社會的時宜，今日人人皆可通婚混血以拉近人與人、種族與種族以及國與國之間的差距。不過，宋朝雖告別「和親」，但仍透過「兄弟倫」所形成的「兄弟之邦」倫理，也是受「倫理典範」規範的天下秩序。可見，巧妙各有不同，但存乎一心而已。透過「兄弟倫」之「兄友弟恭」、「兄前弟後」或「朋友倫」之「朋友有信」的倫理典範，讓不同的「民族」或「國家」，透過「文化交流」，在「文化觸變」的過程中「求同存異」，減少「文化摩擦」，並且降低「利害衝突」，進而以累積「互信」來提升「親善」關係，遵守「倫理典範」或「天下規範」，來形成參與者所共有的「新歷史文化價值」，尋求共同的「天下國家利益」之後，以拉近達成彼此的倫理

共識，進而開創「天下共同體」，共同建構天下型共同體的邦交與規則，共同邁向「天下爲公」，實現「世界大同」之道。

　　近代以降，西力因工業革命而得以東漸，東方開始受歐美船堅炮利的襲擊與《萬國公法》之「條約體制」的束縛。在此之前，《中華世界秩序原理》＝《天下秩序原理》是規範東方的國際法，而〈五倫天下關係論〉正是規範東方天下之「天下關係」與「天下秩序」的理論，也是天下以倫理典範作爲規範的天下秩序，因而走向長治久安的治道。反觀西方之國際關係史，在近代之前，也曾普遍存在著國與國之間的「和親」，但因缺乏〈五倫天下關係論〉之「倫理典範」的觀念與規範，故其國際戰亂不止。迄今，其《國際法》秩序原理，正因排斥「倫理典範」而缺乏倫理的觀念與規範，故其《國際法》規範下的國際關係與世界秩序才會戰亂不斷，除第一、第二次世界大戰等超大型戰爭外，近者還有韓戰、越戰、以埃戰爭、波斯灣戰爭、美伊戰爭、美阿戰爭、美敘戰爭、西歐對利比亞戰爭、美歐聯合轟炸敘利亞，列強輪番攻陷伊拉克，興兵再滅阿富汗與ISIS伊斯蘭國。因此，歐美對伊斯蘭世界埋下仇恨的種子，持續戰爭的火種仍隱約可見。歸根究柢，此乃西歐於開創近代國際關係的西伐利亞條約（Peace Treaty of Westphalia）體制時，即已存在重大的缺陷。因爲它允許西歐國家爲了自己的生存發展可向其國際體系之外的國家進行侵略。因此，西方國家在工業革命後，因其近代科技力量而富國強兵，數百年來，經常動輒挾其堅船利炮建構出「強凌弱、大欺小、眾暴寡」之「友邦」觀念。其中，尤以中東伊斯蘭教世界受難最爲深刻。

　　此種藉力干涉他國內政，向外侵略的觀念，今已普及世界，而且深根柢固，甚至已經內化成爲世界各殖民地國家的價值觀。反

觀目前尚屬萌芽階段的新興「倫理價值觀」，仍難於匹敵，遑論取代。但因其「友邦」觀念尚缺乏「有信」之倫理思惟與倫理典範的規範，也導致近代歐美肆意侵略亞非拉美紐澳，甚至在法理根源上連同屬於歐洲但非西歐的東歐、南歐以及印地安美洲也盡皆成為歐美的侵略所在。所以，規範歐美國家的《國際法》本身就是對外侵略的亂源。為什麼《國際法》會成為歐美用以對外侵略的亂源？蓋其《國際法》、《國際關係》的原初內涵，僅止於但知「國家利益」與「強權即公理」之生存競爭的「進化論」，而缺乏「倫理道德價值」的「規範設計」所致，故今日國際戰爭常假借「人權」之名而行「干涉內政」之實，或藉以作為出兵的口實，因而得以此「正當化」其公然對外侵略，甚至將他國夷為殖民地，略奪其戰略資源，進而透過不等價交換，搾取其資源，剝削其勞力，獨占其市場而面無愧色。

　　總而言之，近代歐美因外侵而成為全世界的宗主國。二次戰後，帝國主義解體，殖民地紛告獨立，世界秩序又告重編，美蘇取代西歐成為全世界的宗主國。1990年代初蘇聯崩解後，國際社會又從二極化為單極，美國成為全球唯一超強，於是建構出美國是世界各國最重要的「朋友」＝「友邦」≠「朋友之邦」，於是對美關係成為各國求生存、圖發展，謀求國家安全的最高位階。不過，今日隨著美國逐漸老化的同時，歷史悠久且文化價值極其厚實優異的新興大國，也已逐漸醞釀成熟，漸告復興崛起。就未來新時代的新國際秩序原理而言，於可見的未來，唯一足以抗衡取代的新國際關係理論或許只有類似「友邦」的「朋友之邦」，而「朋友之邦」的「倫理典範」為「有信」，乃有別於西方但知「國家利益」，而不知尚有倫理道德的「修齊治平」之「既舊又新」的觀念。不過，

「有信」的「倫理典範」在〈五倫天下關係論〉中仍只是最弱的一環，蓋西方國際關係所建構的核心概念，乃是「何以利吾國乎」的「國家利益」，所以只知各自追求自己國家之最高「國家利益」，而非追求世界之共利，故其國際關係最後仍難免困於「交征利」而相互「離心離德」。

今後，能取代西方「友邦」者，恐怕只有以既具「兄友弟恭」之「倫理典範」的對等性，又兼具「長幼有序」與「兄前弟後」之「倫理秩序」的微妙性與近接性者，始具承先啓後的可能。或許只有強調「有信」的「朋友之邦」可以拯救西方《國際關係》之歷史文化價值的不足。因此，在可見的未來，扮演最佳的銜接選項，必需具有「倫理性」與「典範性」之藥方，始有療效可供預期。其中，最佳銜接選項，恐怕是受「兄弟倫」之「倫理典範」較高標準規範的「兄弟之邦」，而不是僅止於受「朋友有信」之「倫理典範」所規範的「敵體抗禮」＝「朋友之邦」的天下型國際關係。「兄友弟恭」加上「朋友有信」，當更具說服力，且後者因與西方觀念較近，當更易於接受。

由上可知，歐美列強所主導之「以西方價值爲中心」的「友邦」國際社會，其實並非基於「朋友倫」以行「信守承諾」爲「倫理價值」，更不是採用「朋友有信」爲倫理典範，來踐履其國際關係，維護其國際秩序使然。因此，若在西方一味追求「國家利益」的國際關係下，而求其能採納踐履東方之倫理典範，無異緣木求魚，遑論適用以「長幼有序」、「兄前弟後」爲前提，以「兄友弟恭」爲「倫理典範」，做爲國際之「倫理秩序」，來建構可長可久，且能如宋遼「兄弟之邦」般，可歷經百餘年而無戰爭的和平共存國際社會。總之，採用共有「倫理典範」來建構天下「倫理

秩序」，較諸以追求「國家利益」做為典範，來建構其「國際關係」，以期天下或國際關係之「和平共存」，當更易達成「天下太平」，其「井然有序」的秩序也更易於受到遵循，其夢寐以求的「長治久安」目的當然也更容易達成。

又，近代以降，西方的《國際法》與《國際關係》也早已在清末即全面取代中國歷史文化價值中所具有倫理精神的《中華世界秩序原理》。據此而論，在展望未來國際社會發展的前提下，於今在形式上最合乎西方所「號稱主權平等」的西方國際關係中，除易於銜接之外，尚有「倫理典範」做為規範準則，又有歷史事例可供參酌者，莫過於〈五倫天下關係論〉之「兄弟倫」。因此若全面建構「兄弟倫」的「兄弟之邦」以取代「好利寡信」的「西式友邦」，確實值得省思，並披露於世，以供有志改革之各方參酌取捨，進而建構出一套「新國際法理」與「新世界秩序」。是故，目前能取代「朋友之邦」者，其唯既具「兄友弟恭」之「倫理典範」的平等性，又具「兄前弟後」或「兄弟有序」之「倫理秩序」的可行性，而成為未來的最佳選項，當然就是以受「兄弟倫」之「倫理典範」所規範的「兄弟之邦」與「兄弟倫理」莫屬了。

《中華世界秩序原理》乃規範天下的「國際秩序原理」，它既植基於中華歷史文化價值，也曾融和華夷歷史文化價值於一堂，故有規範天下秩序超越二千年的歷史記錄。用則顯，不用則隱，乃《中華世界秩序原理》＝《天下秩序原理》的特性。近代以降，它因清廷錯過工業革命，而敗於「船堅炮利」，乃暫時隱而不見。有朝一日，當它不但回歸四大發明的精神，而且掌握工業革命的科學思維與原理創新之道時，若善用截彎取直之機，就能在彎道超越，此時就是中國再起之際，也是《中華世界秩序原理》再現規範天下

之時。

惟因不同的國際體系，各有不同的國際秩序原理，各自規範其國際秩序。今日的世界之所以動盪不安，可知西方的國際法秩序原理已經走到盡頭，不足於再有效規範全球各種因不同的「歷史文化價值」所孕育產生之不同的國際體系。將來規範大同世界的天下法秩序原理，必然是：以《中華世界秩序原理》爲主體＋西方的「國際法秩序原理」＋回教體系的「國際秩序原理」＋印度教的「國際秩序原理」＋非洲拉美的「國際秩序原理」之結晶體才能盡善盡美，成爲未來規範「天下爲公」之「大同世界」的「新天下秩序原理」。蓋其包容度越高，融合度越廣的國際秩序原理，才越能成爲此後規範全球各國際體系的共同「世界秩序原理」。此種「世界秩序原理」才是眞正爲「大同世界」秩序原理所準備之全球唯一的集各國際體系之國際秩序原理之大成的《天下秩序原理》，而「中華世界秩序原理」就是未來「新天下秩序原理」的主體與主流，瞻望未來，今日急需化「戰亂國際關係」爲「倫理國際關係」，爲「中華世界秩序原理」過渡到明日的「新天下秩序原理」而努力。

東西國際秩序原理原本即各有所長，因國家都有強弱盛衰之時，故霸道不能也不必永續，何況霸權時有更迭，強盛時不必假國際秩序原理以侵略弱小，衰落時則應及時變法以求自強。王道放諸四海而皆準，鋤強扶弱，興滅繼絕是時代使命。霸道乃植基於權力大小，王道則須兼有匡時濟世的權力與長治久安的大同理想。

王霸之分，雖僅一線之隔，但評價則天差地遠，在於有無普世價值與倫理典範之規範而已。

第三節　中華世界秩序原理的呈現

　　一般而言，以古論今或以今論古，雖應儘量避免，但當胸懷天下之時，難免興起「文以載道」之志，爰再贅數語，以爲總結之導引。因〈五倫天下關係論〉原本即是鋪陳王朝治天下之道的倫理關係，因而形成《中華世界秩序原理》的涉外關係。就〈五倫天下關係論〉而言，其內涵不外乎論其「君臣之邦、父子之邦、大婦之邦、兄弟之邦、朋友之邦」與探其「倫理典範」來規範天下與國家的倫理典範與秩序之關係。或有以爲此研究僅徒具形式意義，無法銜接當代，陳舊已極，不若研究當今西方《國際法》與《國際關係》來得實用多了。但作者認爲本研究獨具意義。蓋「以古鑑今」，頗有啓發性，因西方國際關係乃只知一己之私的「國家利益」，而不知其國家之外尚有「天下之共利」，乃知其不可爲而爲之。蓋如孟子所言，若但知「國家利益」則「以鄰爲壑」，若但知「弱肉強食」則形成「強權即公理」（power politics）的國際社會，若崇尚「以力爲強」必「上下交征利」，因此斥之爲「率獸食人」，若「上下交征利」則「國將不國」。

　　因此，闡明〈五倫天下關係論〉可以彌補西方《國際法》與《國際關係》之不足。東方的〈五倫天下關係論〉可以糾正西方「強權即公理」的缺失，可以爲西方的《國際法》與《國際關係》注入人倫之「倫理道德」的活水，可讓政治外交具有倫理規範，富含人性倫理，讓人人得以避開戰爭與屠殺，免於生靈塗炭。

　　茲總結本文基於傳統中國之天下關係的論述，在其龐大的史料當中，暫時得以抽繹出《中華世界秩序原理》＝《天下秩序原理》的諸次級原理，如次：

1.〈大一統論〉2.〈天命論〉3.〈王化論〉4.〈五倫天下關係論〉
5.〈正統論〉6.〈以不治治之論〉7.〈名分秩序論〉8.〈事大交鄰論〉
9.〈爭天下論〉10.〈奉正朔論〉11.〈帝權天授論〉12.〈封貢體制論〉
13.〈華夷可變論〉14.〈華夷分治論〉15.〈興滅繼絕論〉。

　　其中，〈以不治治之論〉下，尚轄有〈不完全實效管轄領有論〉與〈不完全以不治治之論〉等二種次類型。

　　以上，乃傳統中國在其所實際管轄的土地，所統治的人民，所規範、教化的天下秩序之中，曾在本文出現的諸次級原理。此即〈天命論〉中所稱「普天之下，莫非王臣，率土之濱，莫非王土」的古典意義。因天子統轄天下，故本文亦名之為《天下秩序原理》。

參考文獻

一、**經典**（依宋本《十三經注疏》之先後排序）

（清）阮元校勘《十三經注疏》（台北市：藝文印書館，1960年）。

《詩經·小雅·谷風之什·北山》。

《尚書·洪範》。

《禮記·昏義》。

《禮記·中庸》。

《公羊傳·定公四年》。

《論語·顏淵》。

《論語·八佾》。

《論語·季氏》。

《論語·堯曰》。

《孟子·梁惠王章句上》。

《孟子·滕文公上》。

《孟子·離婁章句上》。

二、**史料**（依朝代先後與筆畫排序）

王欽若等編纂，周勛初等校訂，《冊府元龜》卷九百七十四，〈外臣部十九·褒異〉，（北京：鳳凰出版社，2006年）。

王欽若等編纂，周勛初等校訂，《冊府元龜》卷九百七十八，〈外臣部二十三·和親〉。

王欽若等編纂，周勛初等校訂，《冊府元龜》卷九百九十，〈外臣
　　部三十五‧備禦第三〉。

王欽若等編纂，周勛初等校訂，《冊府元龜》卷三百六十六，〈將
　　帥部‧機略第六〉。

令狐德棻等撰，《周書》卷五十，〈列傳第四十二‧異域下〉，
　　（北京：中華書局，1995年）。

司馬遷撰，《史記》卷六，〈本紀第六‧秦始皇〉，（台北：鼎文
　　出版社，1980年）。

司馬遷撰，《史記》卷一百一十，〈列傳第五十‧匈奴〉。

司馬遷撰，《史記》卷一百二十三，〈列傳第六十三‧大宛〉。

班固撰，《漢書》卷八，〈帝紀第八‧宣帝〉，（台北：中華書
　　局，1965年）。

班固撰，《漢書》卷九十四上，〈列傳第六十四上‧匈奴〉。

班固撰，《漢書》卷九十四下，〈列傳第六十四下‧匈奴〉。

班固撰，《漢書》卷九十六上，〈列傳第六十六上‧西域〉。

班固撰，《漢書》卷九十九中，〈列傳第六十九中‧王莽〉。

范曄撰，《後漢書》卷一下，〈帝紀第一下‧光武下〉，（台北：
　　中華書局，1965年）。

范曄撰，《後漢書》卷一百十八，〈列傳第七十八‧西域〉。

范曄撰，《後漢書》卷一百十九，〈列傳第七十九‧南匈奴〉。

李延壽撰，《北史》卷九十七，〈列傳第八十五‧西域〉，（台
　　北：鼎文書局，1980年）。

李延壽撰，《北史》卷九十七，〈列傳第八十五‧西域‧悅般〉。

魏徵等撰，《隋書》卷一，〈帝紀第一‧高祖上〉，（台北：鼎文
　　書局，1980年）。

魏徵等撰，《隋書》卷五十一，〈列傳第十六・長孫晟〉。

魏徵等撰，《隋書》卷八十四，〈列傳第四十九・北狄・突厥〉。

司馬光編集，《資治通鑑》卷十二，〈漢紀四・高帝九年〉，（北京：古籍出版社，1956年）。

司馬光編集，《資治通鑑》卷一百七十六，〈陳紀十〉。

司馬光編集，《資治通鑑》卷一百九十三，〈唐紀九〉。

司馬光編集，《資治通鑑》卷二百五，〈唐紀二十一〉。

司馬光編集，《資治通鑑》卷二百六，〈唐紀二十二〉。

司馬光編集，《資治通鑑》卷二百一十，〈唐紀二十六〉。

司馬光編集，《資治通鑑》卷二百一十一，〈唐紀二十七〉。

司馬光編集，《資治通鑑》卷二百一十二，〈唐紀二十八〉。

司馬光編集，《資治通鑑》卷二百一十三，〈唐紀二十九〉。

司馬光編集，《資治通鑑》卷二百二十三，〈唐紀三十九〉。

司馬光編集，《資治通鑑》卷二百三十三，〈唐紀四十九〉。

司馬光編集，《資治通鑑》卷二百六十六，〈後梁紀一・太祖開平元年〉。

司馬光編集，《資治通鑑》卷二百六十九，〈後梁紀四・均王上下・貞明二年〉。

司馬光編集，《資治通鑑》卷二百七十五，〈後唐紀四・明宗天成元年〉。

司馬光編集，《資治通鑑》卷二百八十，〈後晉紀一・高祖天福元年〉。

司馬光編集，《資治通鑑》卷二百八十一，〈後晉紀二・高祖天福三年〉。

司馬光編集，《資治通鑑》卷二百八十三，〈後晉紀四・高祖天福七年〉。

司馬光編集，《資治通鑑》卷二百八十六，〈後漢紀一・高祖天福十二年〉。

司馬光編集，《資治通鑑》卷二百八十九，〈後漢紀四・隱帝乾祐三年〉。

司馬光編集，《資治通鑑》卷二百九十，〈後周紀一・太祖廣順元年〉。

劉昫等撰，《舊唐書》卷六十二，〈列傳第十二・鄭元璹〉（台北：鼎文書局，1981年）。

劉昫等撰，《舊唐書》卷六十七，〈列傳第十七・李靖〉。

劉昫等撰，《舊唐書》卷六十八，〈列傳第十八・張公謹〉。

劉昫等撰，《舊唐書》卷九十一，〈列傳第四十一・張柬之〉。

劉昫等撰，《舊唐書》卷一百九十四上，〈列傳第一百四十四上・突厥上〉。

劉昫等撰，《舊唐書》卷一百九十四下，〈列傳第一百四十四下・突厥下〉。

劉昫等撰，《舊唐書》卷一百九十五，〈列傳第一百四十五・迴紇〉。

劉昫等撰，《舊唐書》卷一百九十六上，〈列傳第一百四十六上・吐蕃上〉。

劉昫等撰，《舊唐書》卷一百九十六下，〈列傳第一百四十六下・吐蕃下〉。

劉昫等撰，《舊唐書》卷一百九十八，〈列傳第一百四十八・西戎・吐谷渾〉。

劉昫等撰，《舊唐書》卷一百九十八，〈列傳第一百四十八・西戎・龜茲〉。

劉昫等撰，《舊唐書》卷一百九十九下，〈列傳第一百四十九下·北狄·鐵勒〉。

劉昫等撰，《舊唐書》卷一百九十九下，〈列傳第一百四十九下·北狄·契丹〉。

劉昫等撰，《舊唐書》卷一百九十九下，〈列傳第一百四十九下·北狄·奚〉。

歐陽脩等撰，《新唐書》卷五，〈本紀第五·睿宗皇帝·玄宗皇帝〉，（台北：鼎文書局，1981年）。

歐陽脩等撰，《新唐書》卷四十三下，〈志第三十三下·地理七下·羈縻州〉。

歐陽脩等撰，《新唐書》卷八十三，〈列傳第八·高宗三女·太平公主〉。

歐陽脩等撰，《新唐書》卷八十九，〈列傳第十四·張公謹〉。

歐陽脩等撰，《新唐書》卷二百一十五上，〈列傳第一百四十上·突厥上〉。

歐陽脩等撰，《新唐書》卷二百一十五下，〈列傳第一百四十下·突厥下〉。

歐陽脩等撰，《新唐書》卷二百一十六上，〈列傳第一百四十一上·吐蕃上〉。

歐陽脩等撰，《新唐書》卷二百一十六下，〈列傳第一百四十一下·吐蕃下〉。

歐陽脩等撰，《新唐書》卷二百一十七上，〈列傳第一百四十二上·回鶻上〉。

歐陽脩等撰，《新唐書》卷二百一十七下，〈列傳第一百四十二下·回鶻下〉。

杜佑撰，《通典》卷一百九十七，〈邊防十三・北狄四・突厥上〉，（北京：中華書局，1988年）。

杜佑撰，《通典》卷一百九十八，〈邊防十四・北狄五・突厥中〉。

杜佑撰，《通典》卷一百九十，〈邊防六・西戎二・吐蕃〉。

吳兢撰，《貞觀政要》卷二，〈論任賢第三〉，引自《文淵閣四庫全書》，史部一百六十五，雜史類，（台北：台灣商務印書館，1983年）。

吳兢撰，《貞觀政要》卷九，〈議征伐第三十五〉，引自《文淵閣四庫全書》，史部一百六十五，雜史類。

吳兢撰，《貞觀政要》卷九，〈議安邊第三十六〉，引自《文淵閣四庫全書》，史部一百六十五，雜史類。

王溥撰，《唐會要》卷一，高宗天皇大聖大宏效皇帝，（台北：世界書局，1989年）。

王溥撰，《唐會要》卷七十三，安北都護府。

王溥撰，《唐會要》卷七十三，三受降城。

王溥撰，《唐會要》卷九十四，北突厥。

王溥撰，《唐會要》卷九十四，聖曆元年。

王溥撰，《唐會要》卷九十四，景雲二年。

王溥撰，《唐會要》卷九十六，薛延陀。

王溥撰，《唐會要》卷一百，雜錄。

呂溫撰，《呂衡州文集》卷六，〈三受降城碑銘〉，（台北：新文豐，1985年）。

范祖禹撰，《唐鑑・二》卷三，（上海：商務印書館，1936年）。

張九齡撰，《唐丞相曲江張先生文集》卷十一，〈敕突厥苾伽可汗書〉，（上海：上海書店，1989年）。

張九齡撰《唐丞相曲江張先生文集》卷十四，〈賀破突厥狀並御批〉。

溫大雅撰，《大唐創業起居注・唐鑑・一》卷三，（上海：商務印書館，1936年）。

董誥等編，《欽定全唐文》卷二十四，〈封和義公主出降寧遠國王制〉，（北京：中華書局，1987年）。

董誥等編《欽定全唐文》卷九百九十九，〈突厥可汗默棘連〉。

薛居正修撰，《舊五代史》卷一百三十七，〈外國列傳第一〉，（台北：台灣中華書局，1965年）。

歐陽修撰，《新五代史》卷七十二，〈四夷附錄第一〉，（台北：鼎文書局，1980年）。

歐陽修撰，《新五代史》卷二十九，〈晉臣傳第十七・景延廣〉。

王夫之撰，《讀通鑑論》卷二十八，〈五代〉，（台北：中華書局，1965年）。

脫脫等撰，《宋史》卷三百一十三，〈列傳第七十二・富弼〉，（台北：頂文書局，1980年）。

彭百川撰，《太平治蹟統類》（適園叢書52）卷二，〈太祖太宗親征北漢〉。（台北：藝文印書館，出版年不詳）

彭百川撰，《太平治蹟統類》（適園叢書52）卷二，〈太祖經略幽燕〉。

彭百川撰，《太平治蹟統類》（適園叢書52）卷二，〈太祖太宗授受之懿〉。

李燾撰，《續資治通鑑長篇》卷五十一，〈眞宗・咸平五年〉，（北京：中華書局，1980年）。

李燾撰，《續資治通鑑長篇》卷五十七，〈眞宗・景德元年〉。

李燾撰，《續資治通鑑長篇》卷五十八，〈眞宗・景德元年〉。

李燾撰，《續資治通鑑長篇》卷五十九，〈眞宗・景德二年〉。

李燾撰，《續資治通鑑長篇》卷一百五，〈仁宗・天聖五年〉。

李燾撰，《續資治通鑑長篇》卷一百三十五，〈仁宗・慶曆二年〉。

李燾撰，《續資治通鑑長篇》卷一百三十七，〈仁宗・慶曆二年〉。

李燾撰，《續資治通鑑長篇》卷一百三十八，〈仁宗・慶曆二年〉。

李燾撰，《續資治通鑑長篇》卷二百三十四，〈神宗・熙寧五年〉。

脫脫等修，《遼史》卷一，〈本紀第一・太祖上〉，（台北：台灣
　　中華書局，1965年）。

脫脫等修，《遼史》卷三，〈本紀第三・太宗上〉。

脫脫等修，《遼史》卷四，〈本紀第四・太宗下〉。

脫脫等修，《遼史》卷五，〈本紀第五・世宗〉。

脫脫等修，《遼史》卷六，〈本紀第六・穆宗上〉

脫脫等修，《遼史》卷八，〈本紀第八・景宗上〉。

脫脫等修，《遼史》卷十四，〈本紀第十四・聖宗五〉。

脫脫等修，《遼史》卷十九，〈本紀第十九・興宗二〉。

脫脫等修，《遼史》卷八十六，〈列傳第十六・蕭和尚・特末〉。

脫脫等修，《遼史》卷一百四，〈列傳第三十四・文學下〉。

脫脫等修，《遼史》卷一百一十五，〈列傳第四十五・外紀・高
　　麗・西夏〉。

徐夢莘撰，《三朝北盟會編》卷十九，（成都：巴蜀書社，2000年）。

陸游撰，《老學庵筆記》卷七，（台北：新興書局，1978年）。

胡廣等修，中央研究院歷史語言研究所校刊，《明實錄・憲宗實
　　錄》卷二百二十六，〈成化十八年夏四月癸丑〉，（台北：中
　　央研究院歷史語言研究所，1966年）。

中央研究院近代史研究所編，《清季中日韓關係史料》卷2，208
　　號檔，（台北：中央研究院近代史研究所，1972年）。

日本外務省編纂，《日本外交文書》卷9，47號文書，附屬書1，
　　（東京：日本外交文書頒布會，1954年）。

吳晗編，《朝鮮李朝實錄中的中國史料》，（北京：中華書局，
　　1980年）。

漢城大學校古典刊行會編，《日省錄》，高宗篇12，卷167，（漢
　　城：漢城大學校出版部，1972年）。

福澤諭吉，〈脫亞論〉，《福澤諭吉全集》第十卷，《時事新報論
　　集 三》，（東京：岩波書店，1960年）。

三、**專書**（依筆畫排序）

土居健郎，《「甘え」の構造》，（東京：弘文堂，2007年）。

王堯編著，《吐蕃金石錄》，（北京市：文物出版社，1982年）。

王景海等編，《中華禮儀全書》，（長春：長春出版社，1992年）。

田村實造，《中國征服王朝の研究》上，（京都：東洋史研究會，
　　1964年）。

平野健一郎著，《國際文化論》，（東京：東京大學出版會，
　　2000年）。平野健一郎著，張啓雄等譯，《國際文化論》，
　　（北京：中國大百科全書出版社，2011年）。

安應民，《吐蕃史・附錄二》，（銀川：寧夏人民出版社，1989
　　年）。

林恩顯，《中國古代和親研究》，（哈爾濱市：黑龍江教育出版
　　社，2012年）。

林幹，《匈奴史》，（北京：人民出版社，2010年）。

林幹，《突厥與回紇史》，（呼和浩特：內蒙古人民出版社，
　　2007年）。

林冠群，《玉帛干戈——唐蕃關係史研究》（台北：聯經出版社，
　　2016年）。

岩佐精一郎，〈突厥の復興について〉，《岩佐精一郎遺稿》，
　　（東京：出版社不詳，1936年）。

馬長壽，《北狄與匈奴》，（桂林：廣西師範大學出版社，
　　2006年）。

崔明德，《中國古代和親通史》，（北京：人民出版社，2007年）。

張啓雄，《中國際秩序原理的轉型——從「以不治治之」到「實效
　　管轄」的清末滿蒙疆藏籌邊論述》，（台北：蒙藏委員會，
　　2015年）。

德榮・澤仁鄧珠，《藏族通史・吉祥寶瓶》，（拉薩：西藏人民出
　　版社，2001年）。

陶晉生，《宋遼關係史研究》，（台北：聯經出版事業公司，
　　1984年）。

陳序經，《匈奴史稿》，（北京：中國人民大學出版社，2007年）。

蔣百里，《國防論——「戰」與「不戰」的經典論述》（香港：香
　　港中和出版，2011年）。

澤田勳著，王慶憲、叢曉明譯，《匈奴——古代游牧國家的興
　　亡》，（呼和浩特：內蒙古人民出版社，2010年）。

鄭雯馨，《王莽的經學與政治》，（新北市：花木蘭文化出版社，
　　2012年）。

護雅夫，《古代トルコ民族史研究Ⅰ》（東京：山川出版社，
　　1967年）。

四、論文（期刊與專書論文，依筆畫順序）

朱振宏，〈唐代「皇帝・天可汗」釋義〉，《漢學研究》，卷21
　　期1，2003年。

馬勇，〈論唐憲宗、穆宗時期的唐蕃關係〉，《雲南民族大學學
　　報》（哲學社會科學版），卷26期3，2009年5月。

耿振華，〈唐蕃和戰對唐代兵制變遷及和親政治的影響〉，《蒙藏
　　季刊》，卷21期1，2012年3月。

邢義田，〈契丹與五代政權更迭之關係〉，《食貨月刊》復刊卷1
　　期6，1971年9月。

張云，〈甥舅關係、貢賜關係、宗藩關係及「供施關係」—— 歷代
　　中原王朝與西藏地方關係的形態與實際〉，《西藏歷史問題研
　　究》（北京：中國藏學出版社，2008年）。

張啓雄，〈論清朝中國重建琉球王國的興滅繼絕觀 —— 中華世界秩
　　序原理之一〉，《第二回琉中歷史關係國際學術會議報告・琉
　　中歷史關係論文集》，（那霸：琉中歷史關係國際學術會議實
　　行委員會，1989年）。

張啓雄，〈「中華世界帝國」與近代中日紛爭 —— 中華世界秩序原
　　理之一〉，《近百年中日關係論文集》，（台北：中華民國史
　　料研究中心，1992年）。

張啓雄編撰，〈琉球棄明投清的認同轉換〉，《琉球認同與歸屬論
　　爭》，（台北：中央研究院東北亞區域研究，2001年）。

張啓雄撰、伊東貴之譯，〈中華世界秩序原理の起源 —— 先秦古典
　　の文化的價值 ——〉，《中國 —— 社會と文化》號24，2009
　　年7月。

張啓雄，〈中華世界秩序原理的起源——近代中國外交紛爭中的古典文化價值——〉，吳志攀等編，《東亞的價值》，（北京：北京大學出版社，2010年）。

張啓雄，〈東西國際秩序原理的差異——「宗藩體系」對「殖民體系」〉，《中央研究院近代史研究所集刊》，期79，2013年3月。

張啓雄，〈中國規範傳統國際關係的「五倫國際關係論」理論論述——五代宋遼五倫國際關係的倫理解析〉，許倬雲、張廣達編，《唐宋時期的名分秩序》（台北：政大出版社，2015年）。

張啓雄撰，花井みわ譯，〈傳統的天下共同体の地域統合概念の新發現——歷史經驗と文化價值の分析〉，土田哲夫編著，《近現代東アジアの文化と政治》，（東京：中央大學出版部，2015年）。

張啓雄，〈中国における伝統的国際關係の「五倫国際關係論」規範の理論構造——隋朝の「漢胡和親」における「夫婦倫」倫理秩序の分析〉，伊東貴之編，《「心身／身心」と「環境」の哲学——東アジアの伝統的概念の再檢討とその普遍化の試み》，（京都：国際日本文化研究センター，2018年）。

劉美崧，〈唐代眞公主與回紇的和親〉，《江西師院學報》（哲學社會科學版），第四期，1981年12月。

盧逮曾，〈五代十國對遼的外交〉，《學術季刊》，卷3期1，1954年9月。

蔣武雄，〈遼代劉六符兄弟與遼宋外交〉，《中央大學人文學報》，中央大學文學院，2014年4月。

聶崇岐，〈宋遼交聘考〉，《燕京學報》期27，北京：1940年6月。

Chi-hsiung Chang, Dec. 2013, "New Reflections on the Regional Integration of a Traditional Tienhsia Commonwealth: An Analysis of Historical Experience and Cultural Values.", CONCEPTS AND CONTEXTS IN EAST ASIA, No. 2.

五、雜類

方詩銘、方小芬編著，《中國史曆日和中西曆日對照表》，（上海：上海辭書出版社，1987年）。

〈宋眞宗、仁宗、英宗、神宗、哲宗、徽宗〉，《維基百科，自由的百科全書》。

〈敦煌太守裴岑紀功碑〉，《百度百科》，現藏於新疆維吾爾自治區博物館。

〈澶淵之盟〉，《維基百科，自由的百科全書》。

索　引

一、歷史名詞

二、中華世界秩序原理

269, 270, 280, 282, 291, 292, 315, 323, 324, 325, 326, 339, 356, 357, 359, 360, 361, 362, 363, 368, 369, 370, 372, 381, 384, 385, 386, 387

五倫天下關係論 002, 003, 004, 005, 006, 007, 008, 010, 011, 012, 013, 014, 015, 021, 022, 023, 024, 025, 026, 027, 028, 029, 030, 031, 035, 041, 043, 049, 050, 084, 087, 088, 098, 099, 100, 101, 103, 122, 127, 129, 131, 145, 148, 154, 158, 160, 177, 178, 183, 188, 191, 192, 193, 197, 233, 235, 242, 251, 254, 255, 259, 261, 262, 263, 264, 266, 267, 269, 270, 274, 279, 281, 282, 285, 288, 291, 292, 296, 310, 322, 323, 328, 334, 335, 337, 347, 354, 355, 356, 357, 358, 359, 360, 361, 362, 363, 364, 368, 369, 370, 371, 372, 373, 374, 376, 377, 378, 379, 381, 383, 384, 386, 387

天下秩序原理 001, 002, 003, 004, 005, 006, 023, 037, 080, 099, 108, 131, 138, 145, 148, 161, 170, 191, 233, 255, 263, 264, 265, 266, 267, 282, 283, 284, 310, 325, 326, 354, 359, 360, 363, 368, 369, 370, 371, 372, 377, 378, 381, 385, 386, 387, 388

天命論 007, 008, 186, 187, 220, 241, 345, 387, 388

王化論 009, 111, 139, 140, 165, 169, 255, 324, 325, 387

以不治治之論 017, 023, 080, 101, 103, 111, 113, 128, 129, 138, 140, 145, 148, 150, 161, 162, 163, 165, 167, 170, 171, 193, 194, 196, 325, 334, 336, 339, 341, 374, 378, 380, 387, 388

正統論 044, 264, 316, 360, 363, 371, 387

名分秩序論 047, 093, 262, 264, 289, 290, 291, 292, 293, 300, 310, 334, 356, 367, 370, 376, 387

三、國際關係專有名詞

四、西文專有名詞

國家圖書館出版品預行編目資料

中國傳統「國際關係」之論述：〈五倫天
　下關係論〉的規範性理論建構／張啟雄
　著. -- 初版. -- 臺北市：五南圖書出
　版股份有限公司, 2022.01
　　面；　公分.
　ISBN 978-626-317-272-2（平裝）

1.儒家　2.五倫　3.國際關係

121.2　　　　　　　　　　110016802

4Q0D

中國傳統「國際關係」之論述
〈五倫天下關係論〉的規範性理論建構

作　　者 ─ 張啟雄

發 行 人 ─ 楊榮川

總 經 理 ─ 楊士清

總 編 輯 ─ 楊秀麗

主　　編 ─ 蘇美嬌

美編設計 ─ 王麗娟

出 版 者 ─ 五南圖書出版股份有限公司

地　　址：106台北市大安區和平東路二段339號4樓

電　　話：(02)2705-5066　　傳　真：(02)2706-61

網　　址：https://www.wunan.com.tw

電子郵件：wunan@wunan.com.tw

劃撥帳號：01068953

戶　　名：五南圖書出版股份有限公司

法律顧問　林勝安律師事務所　林勝安律師

出版日期　2022年1月初版一刷

定　　價　新臺幣520元